Antonio R. Damasio

Der Spinoza-Effekt

ANTONIO R. DAMASIO

Der Spinoza-Effekt

Wie Gefühle unser Leben bestimmen

Aus dem Englischen
von Hainer Kober

List

Die Originalausgabe erschien 2003 unter dem Titel
Looking for Spinoza. Joy, Sorrow, and the Feeling Brain
bei Harcourt, Inc.

Der List Verlag ist ein Verlag
des Verlagshauses Ullstein Heyne List GmbH & Co. KG

ISBN: 3-471-77352-5

Gesetzt aus der Sabon 10,8/14,1
Satz: Leingärtner, Nabburg
Herstellung: Helga Schörnig
Druck und Bindung: Clausen & Bosse, Leck
Printed in Germany

Für Hanna

Inhalt

KAPITEL VIER
Seit es Gefühle gibt 161

KAPITEL FÜNF
Körper, Gehirn und Geist 213

9

KAPITEL EINS

Auftritt der Gefühle

Gefühle von Schmerz, Lust und jede Empfindung dazwischen bilden das Grundgefüge unseres Geistes. Häufig übersehen wir diese schlichte Tatsache, weil die Bilder der uns umgebenden Objekte und Ereignisse zusammen mit den Vorstellungen der Wörter und Sätze, die ihrer Beschreibung dienen, einen Großteil unserer überlasteten Aufmerksamkeit beanspruchen. Doch sie sind nicht wegzuleugnen, die unzähligen Emotionen und verwandten Zustände, die ununterbrochene Tonfolge unseres Geistes, das unaufhörliche Summen der allgegenwärtigen Melodien, die erst verklingen, wenn wir einschlafen, ein Summen, das zu einem jubelnden Gesang anschwillt, wenn uns Freude erfasst, oder zu einem düsteren Requiem herabgestimmt wird, wenn wir in Trauer versinken.[1]

Angesichts der Allgegenwart von Gefühlen sollte man meinen, dass sie schon vor langer Zeit wissenschaftlich untersucht worden sind – was sie eigentlich sind, wie sie funktionieren, was sie bedeuten –, doch davon kann kaum die Rede sein. Von allen beschreibbaren geistigen Phänomenen entziehen sich Gefühle und ihre wichtigsten Varianten – Schmerz und Lust – bislang dem Verständnis der Biologie und speziell der Neurobiologie am hartnäckigsten. Das ist umso überraschender, als hochentwickelte Gesellschaften einen schamlosen Kult mit Gefühlen treiben und sie mit viel Aufwand und großen Mühen manipulieren – mit Alkohol, Drogen, Medikamenten, Nahrung, realer Sexualität, virtueller Sexualität, einer Fülle von Konsumformen, sozialen und religiösen Praktiken, die Wohlgefühl hervorrufen sollen. Wir verarzten unsere Gefühle mit Pillen, Getränken, Kuraufenthalten, Fitnessprogrammen und spirituellen Übungen, doch weder Laien noch Wissenschaftler haben bisher erklären können, was genau Gefühle – biologisch betrachtet – eigentlich sind. Dieser Stand der Dinge überrascht mich eigentlich nicht, wenn ich mich daran erinnere, mit welchen Meinungen über Gefühle ich aufgewachsen bin. Die meisten waren einfach falsch. Beispielsweise dachte ich, Gefühle ließen sich auf keinen Fall so exakt definieren wie Dinge, die man sehen, hören oder anfassen kann. Im Gegensatz zu diesen konkreten Objekten seien Gefühle nicht greifbar und immateriell. Als ich anfing, mir Gedanken darüber zu machen, wie es dem Gehirn gelingt, den Geist zu erzeugen, übernahm ich kritiklos die herrschende Auffassung, nach der Gefühle jenseits jeder wissenschaftlichen Analyse liegen. Man konnte untersuchen, wie das Gehirn uns dazu bringt, uns zu bewegen. Man konnte sensorische Prozesse – visuelle oder andere – untersuchen und man konnte untersuchen, wie das Gehirn Gedanken zusammenfügt. Man konnte untersuchen, wie das Gehirn lernt und sich erinnert. Man konnte sogar die emotionalen Reaktionen untersuchen, mit denen wir auf verschiedene Objekte und Ereignisse reagieren. Aber Gefühle – die von Emotionen zu unterscheiden sind, wie wir im nächsten Kapitel sehen werden – entzogen sich dem Zugriff wissenschaftlicher Untersuchungen. Gefühle galten als ewiges Geheimnis. Sie waren privat und unzugänglich. Es ließ sich einfach nicht erklären, wie Gefühle passieren oder wo sie passieren. Mit einem Wort, man kam einfach nicht »hinter« die Gefühle.

Wie das Bewusstsein, so lagen auch die Gefühle jenseits der Grenzen der Wissenschaft – verbannt nicht nur von den Skeptikern, die befürchteten, irgendwelche geistigen Phänomene könnten doch von den Neurowissenschaften erklärt werden, sondern auch von ausgewiesenen Neurowissenschaftlern selbst, die angeblich unüberwindliche Schwierigkeiten als Begründung aufführten. Meine eigene Bereitschaft, diese

Auffassung zu übernehmen, wird durch die vielen Jahre dokumentiert, die ich damit zubrachte, alles Mögliche zu untersuchen, *nur keine* Gefühle. Ich brauchte einige Zeit, um zu erkennen, wie haltlos dieses Verdikt war und dass eine Neurobiologie der Gefühle nicht unrealistischer war als die Neurobiologie des Sehens oder des Gedächtnisses. Doch es gelang mir schließlich in erster Linie deshalb, weil ich mich mit der Realität neurologischer Patienten konfrontiert sah, deren Symptome mich buchstäblich dazu zwangen, ihren Zustand zu untersuchen.

Stellen Sie sich beispielsweise vor, Sie begegnen einem Menschen, der nach einer Schädigung bestimmter Regionen des Gehirns nicht mehr in der Lage ist, Mitgefühl oder Verlegenheit zu empfinden – in Situationen, in denen Mitgefühl oder Verlegenheit angebracht wären –, der aber noch genauso wie vor seiner Erkrankung glücklich, traurig oder ängstlich sein kann. Würde Sie das nicht nachdenklich machen? Oder nehmen Sie einen Menschen, dem infolge einer Schädigung einer anderen Stelle seines Gehirns die Fähigkeit verloren geht, Furcht zu empfinden, wenn er es müsste, der aber trotzdem noch in der Lage ist, mitleidig zu reagieren. Die Grausamkeit neurologischer Erkrankung mag ein bodenloser Abgrund für die Betroffenen sein – die Patienten und diejenigen von uns, die das Leid mit ansehen müssen. Doch das Skalpell der Krankheit ist auch für das einzige versöhnlich stimmende Merkmal verantwortlich: Dadurch, dass die neurologische Erkrankung die normalen Funktionen des menschlichen Gehirns wegschneidet – häufig mit geradezu unheimlicher Genauigkeit –, verschafft sie uns einen einzigartigen Zugang zur Festung des menschlichen Gehirns und Geistes.

Überlegungen zur Situation dieser Patienten und anderer Menschen mit vergleichbaren Leiden warfen faszinierende Hypothesen auf. Erstens, einzelne Gefühle können durch die Schädigung einer bestimmten Gehirnregion verhindert werden; der Verlust eines bestimmten Abschnitts der Schaltkreise

13

im Gehirn bewirkt den Fortfall von spezifischen geistigen Ereignissen. Zweitens schien klar zu sein, dass unterschiedliche Gehirnsysteme ganz verschiedene Gefühle steuern; die Schädigung eines Hirnareals führt nicht dazu, dass alle Gefühle auf einmal wegfallen. Drittens, und das war am überraschendsten, wenn Patienten die Fähigkeit verlieren, eine bestimmte Emotion zu zeigen, verlieren sie auch die Fähigkeit, das entsprechende Gefühl zu erleben. Doch der Umkehrschluss stimmte nicht: Einige Patienten, die ihre Fähigkeit, bestimmte Gefühle zu empfinden, verloren hatten, konnten durchaus noch die entsprechenden Emotionen zeigen. War es also denkbar, dass Emotion und Gefühl zwar Zwillinge sind, die Emotion aber vor dem Gefühl da ist, sodass Letzteres Ersterem immer wie ein Schatten folgen muss? Trotz der engen Verwandtschaft und scheinbaren Gleichzeitigkeit hatte es den Anschein, als gehe die Emotion dem Gefühl voraus. Die Kenntnis dieser besonderen Beziehung öffnete, wie wir noch sehen werden, ein Fenster zur Untersuchung der Gefühle.

Solche Hypothesen ließen sich mit Hilfe von Neuroimaging-Verfahren testen, sodass wir die Anatomie und die Aktivität des menschlichen Gehirns darstellen konnten. Schritt für Schritt, zunächst bei Patienten und dann bei Menschen ohne neurologische Erkrankungen, kartographierten meine Kollegen und ich die Geographie des fühlenden Gehirns. Unser Ziel war es, das Netzwerk der Mechanismen zu erhellen, das unseren Gedanken ermöglicht, emotionale Zustände auszulösen und Gefühle hervorzurufen.[2]

Emotion und Gefühl spielten eine wichtige, aber ganz andere Rolle in zwei meiner vorangehenden Bücher. *Descartes' Irrtum* beschäftigte sich mit der Rolle von Emotion und Gefühl bei der Entscheidungsfindung. *Ich fühle, also bin ich* skizzierte die Rolle von Emotion und Gefühl bei der Konstruktion des Selbst. Im vorliegenden Buch geht es jedoch um die Gefühle selbst – was sie sind und was sie bewirken. Die meisten Untersuchungsdaten, die ich heranziehe, standen noch nicht zur Verfügung, als ich die vorhergehenden Bücher schrieb. Wir verfügen heute über eine solidere Basis zum Verständnis von Gefühlen. Daher handelt es sich bei diesem Buch in erster Linie um einen Zwischenbericht über die Fortschritte der Forschung – über das Wesen der Gefühle und ihre Bedeutung für das menschliche Leben, so wie ich sie als Neurologe, Neurowissenschaftler und regelmäßiger »Benutzer« sehe.

Im Wesentlichen bin ich gegenwärtig der Auffassung, dass Gefühle ein Ausdruck menschlichen Wohlbefindens und menschlichen Elends sind, so, wie sie in Geist und Körper auftreten. Gefühle sind nicht einfach bloßer Zierrat, der Emotionen begleitet und auf den man auch verzichten könnte, sondern häufig Enthüllungen einer Verfassung, die den ganzen Organismus betrifft – buchstäblich ein Heben des Schleiers. Da das Leben ein Drahtseilakt ist, bringen die meisten Gefühle das Bemühen um Gleichgewicht zum Ausdruck, geistige Entwürfe für jene feinen Anpassungen und Korrekturen, ohne die – ein Fehler zu viel – der ganze Akt im Sturz endet. Wenn irgendetwas an uns von der Gleichzeitigkeit unserer Kleinheit und Größe zeugt, dann sind es die Gefühle.

Wie diese Enthüllung ins Bewusstsein tritt, wird seinerseits gerade enthüllt. Das Gehirn verwendet eine Anzahl spezifischer Regionen, die in ihrem Zusammenspiel unzählige Aspekte der Aktivitäten unseres Körpers in Form von neuronalen Karten abbilden. Diese Abbildung setzt sich aus vielen Facetten zusammen und stellt den immer währenden Wandel unseres Lebens dar. Die chemischen und neuronalen Kanäle, die die Signale ins Gehirn transportieren, mit denen sich dieses Porträt des Lebens zeichnen lässt, sind ebenso komplex wie die Leinwand, die sie aufnimmt. Das Geheimnis unserer Gefühle hat heute ein wenig von seinem Geheimnis eingebüßt.

Mit gutem Recht lässt sich fragen, ob der Versuch, die Gefühle zu verstehen, mehr verspricht als die Befriedigung der eigenen Neugier. Davon bin ich aus verschiedenen Gründen überzeugt. Die Neurobiologie der Gefühle und der ihnen vorausgehenden Emotionen ist entscheidend für unsere Auffassung vom Leib-Seele-Problem, einem Problem von zentraler Bedeutung für unser Verständnis dessen, was wir sind. Emotionen und alle ihnen verwandte Reaktionen sind dem Körper zugeordnet, Gefühle jedoch dem Geist. Die Untersuchung der Frage, wie Gedanken Emotionen erzeugen und wie körperliche Emotionen zu jenen Gedanken werden, die wir Gefühle nennen, ermöglicht uns einen einzigartigen Einblick in Körper und Geist, diese beiden so offenkundig disparaten Manifestationen eines einzigen und unauflöslich zusammenhängenden menschlichen Organismus.

Doch diese Bemühungen haben auch einen praktischen Nutzen. Wenn wir die Biologie der Gefühle und ihrer eng verwandten Emotionen erklären, tragen wir wahrscheinlich wesentlich zur effektiven Behandlung einiger der wichtigsten Ursachen menschlichen Leidens bei – unter anderem der Depression, der Schmerzen und der Drogenabhängigkeit. Im Übrigen ist das Verständnis der Gefühle, ihrer Funktion und ihrer Bedeutung eine unabdingbare Voraussetzung für den künftigen Entwurf eines Menschenbildes, das genauer ist als die gegenwärtige Auffassung und das die Fortschritte in den Sozialwissenschaften, der Kognitionswissenschaft und der Biologie berücksichtigt. Warum wäre ein solcher Entwurf von praktischem Nutzen? Weil Erfolg und Versagen der Menschheit in hohem Maße davon abhängen, inwieweit sich die Öffentlichkeit und die Institutionen, die die Geschicke des öffentlichen Lebens lenken, dieses revidierte Menschenbild theoretisch und praktisch zueigen machen. Wenn wir die Neurobiologie der Emotionen und Gefühle verstehen, sind wir wahrscheinlich viel besser in der Lage, Grundsätze und politische Ziele zu formulieren, die menschliches Leid lindern und die Entfaltung menschlicher Möglichkeiten fördern. Sogar die Art und Weise, wie Menschen mit den ungelösten Spannungen zwischen einer transzendenten und einer weltlichen Interpretation ihrer Existenz umgehen, könnte dem Einfluss des neuen Wissens unterliegen.

Nachdem ich meine wichtigsten Ziele erläutert habe, sollte ich wohl erklären, warum ich mich im Titel eines Buches über neue Erkenntnisse zur Natur und Bedeutung menschlicher Gefühle ausgerechnet auf Spinoza berufe. Da ich kein Philosoph bin und dieses Buch nicht von Spinozas Philosophie handelt, stellt sich die Frage: Warum Spinoza? Die kurze Erklärung lautet, dass Spinoza von grundlegender Bedeutung für jede Betrachtung menschlicher Emotionen und Gefühle ist. Spinoza verstand Triebe, Motivationen, Emotionen und Gefühle – eine Gesamtheit, die er *Affekte* nannte – als einen zentralen Aspekt der menschlichen Natur. Freude und Traurigkeit waren zwei wichtige Konzepte seines Versuchs, den Menschen zu verstehen und Vorschläge zu machen, wie er sein Leben besser gestalten kann.

Die lange Erklärung ist viel persönlicher:

Den Haag

1. Dezember 1999. Der freundliche Portier des Hotel des Indes ermahnt mich nachdrücklich:»Sie sollten bei diesem Wetter nicht zu Fuß gehen, Sir. Lassen Sie mich ein Taxi rufen. Der Wind ist stürmisch, fast ein Orkan, Sir. Schauen Sie sich die Fahnen an.« Tatsächlich, die Fahnen stehen senkrecht von den Masten ab, und die Wolken jagen nach Osten. Den Haags Botschaftsviertel scheint abheben zu wollen. Trotzdem lehne ich sein Angebot ab. Ich gehe lieber zu Fuß, sage ich. Es wird schon nichts passieren. Und sieht der Himmel zwischen den Wolken nicht schön aus? Mein Portier hat keine Ahnung, wohin ich gehe, und ich werde es ihm auch nicht sagen. Was hätte er wohl gedacht?

Der Regen hat fast aufgehört, und mit einer gewissen Entschlossenheit kann man dem Wind leicht die Stirn bieten.

Tatsächlich komme ich rasch voran und folge der mentalen Karte, die ich von den Örtlichkeiten habe. Am Ende der Promenade vor dem Hotel des Indes nach rechts. Zu meiner Rechten sehe ich das Grafenschloss und das Mauritshuis, das mit Plakaten von Rembrandts Gesicht geschmückt ist – sie zeigen eine Ausstellung seiner Selbstporträts. Hinter dem Museumsplatz sind die Straßen fast ausgestorben, obwohl ich mitten im Stadtzentrum bin und es ein regulärer Arbeitstag ist. Offenbar ist die Bevölkerung gewarnt worden, lieber zu Hause zu bleiben. Umso besser. Ich erreiche die Spui, ohne mich durch eine Menschenmenge drängen zu müssen. Als ich zur Nieuwen Kerk komme, bin ich mir unsicher und zögere eine Sekunde, doch die Entscheidung ist klar: Ich wende mich nach rechts in die Jacobstraat, dann nach links in die Wagenstraat, dann wieder nach rechts in die Stilleverkade. Fünf Minuten später stehe ich in der Paviljoensgracht vor dem Haus Nummer 72–74.

Die Fassade sieht genauso aus, wie ich sie mir vorgestellt habe, ein kleines Gebäude mit zwei Stockwerken und je drei Fenstern, das übliche Grachtenhaus, eher bescheiden als wohl-

habend. Es ist gut erhalten und dürfte im 17. Jahrhundert nicht wesentlich anders ausgesehen haben. Alle Fenster sind geschlossen, und auch sonst ist kein Anzeichen von Leben zu entdecken. Neben der Haustür, die gut in Schuss und frisch gestrichen ist, hängt eine glänzende Messingglocke. Daneben ist das Wort »Spinozahuis« eingraviert. Entschlossen, aber ohne großen Hoffnung drücke ich auf den Knopf. Drinnen rührt sich nichts, kein Vorhang bewegt sich. Als ich vorhin angerufen habe, hat sich niemand gemeldet. Spinoza ist für den Publikumsverkehr geschlossen.

In diesem Haus hat Spinoza die letzten sieben Jahre seines kurzen Lebens verbracht, und hier ist er auch 1677 gestorben.

Das *Theologisch-politische Traktat* hat er bei seinem Einzug mitgebracht und von hier aus anonym veröffentlicht. Die *Ethik* wurde hier abgeschlossen und nach seinem Tode, fast genauso anonym, publiziert.

Ich habe keine Hoffnung, dass ich das Haus heute noch besichtigen kann, doch ganz vergeblich war mein Kommen nicht. Auf dem bewachsenen Mittelstück, das die beiden Fahrbahnen der Straße voneinander trennt, ein Park mitten in der Stadt, den man hier nicht erwarten würde, entdecke ich Spinoza persönlich. Halbverdeckt vom windgepeitschten Laub sitzt er ruhig und nachdenklich in unerschütterlicher, bronzener Ewigkeit. Er wirkt zufrieden und vollkommen unbeeindruckt von den Turbulenzen des Wetters, was nicht weiter verwunderlich ist, hat er doch zu seiner Zeit weit größere Gewalten überlebt.

Seit einigen Jahren bin ich nun schon auf der Suche nach Spinoza, manchmal in Büchern, manchmal in Städten. Das ist der Grund, warum ich heute hier bin. Ein merkwürdiger Zeitvertreib, wie Sie sehen, ein Zeitvertreib, dem ich eigentlich nie nachgehen wollte. Das es doch dazu gekommen ist, ist im Wesentlichen dem Zufall zu verdanken. Zum ersten Mal habe ich Spinoza als Jugendlicher gelesen – es gibt kein geeigneteres Alter, um Spinozas Ideen über Religion und Politik zu lesen –, doch ich muss ehrlich zugeben, dass einige dieser Ideen zwar einen bleibenden Eindruck hinterließen, dass aber die Verehrung, die ich für Spinoza entwickelte, eher abstrakt blieb. Er faszinierte mich und erschien mir zugleich bedrohlich. Später hatte ich nie den Eindruck, dass Spinoza besonders wichtig für meine Arbeit sei, und so blieb meine Bekanntschaft mit seinen Ideen eher flüchtig. Und doch gab es ein Zitat von ihm, das ich seit langem sehr schätzte – es stammte aus der *Ethik* und betraf den Begriff des Selbst. Als ich es eines Tages zitieren wollte und es daher auf seine Genauigkeit und seinen Zusammenhang überprüfen musste, trat Spinoza wieder in mein Leben. Ja, ich fand das Zitat, und es entsprach wirklich dem auf dem vergilbten Papier, das ich einst an die Wand geheftet hatte, doch dann begann ich von der Stelle, an der ich gelandet war, vorwärts und rückwärts zu lesen und konnte einfach nicht mehr aufhören. Spinoza war noch derselbe wie einst, aber ich hatte mich verändert. Vieles von dem, was mir einst unverständlich erschien, kam mir jetzt vertraut, seltsam vertraut vor, und durchaus von Belang für verschiedene Aspekte meiner derzeitigen Arbeit. Nicht mit allem, was Spinoza geschrieben hatte, war ich einverstanden. Zum einen blieben einige Abschnitte nach wie vor unklar, zum anderen entdeckte ich zwischen einzelnen Ideen Konflikte und Widersprüche, die sich auch nach mehrmaligem Lesen nicht auflösen wollten. Ich war verwirrt und sogar erbost. Meist jedoch befand ich mich in angenehmem Einklang mit den Ideen, ein wenig wie der Held in Bernard Malamuds *Der Fixer*, der nach ein paar Seiten Spinoza weiterliest, als würde er von einem Hurrikan getrieben: »… Ich habe nicht jedes Wort verstanden, aber wenn man sich mit solchen Gedanken beschäftigt, hat man das Gefühl, eine Hexenjagd mitzumachen.«[3] Spinoza untersuchte genau die Themen, die auch mich als Wissenschaftler am meisten beschäftigten – das Wesen von Emotionen und Gefühlen und die Beziehung zwischen Geist und Körper – Themen, die in der Vergangenheit schon viele andere Denker beschäftigt haben. Meiner Ansicht nach scheint Spinoza jedoch Lösungen vorgezeichnet zu haben, die auch heute von der modernen Forschung für viele dieser Probleme vorgeschlagen werden. Das überraschte mich.

Wenn Spinoza beispielsweise sagt: »Liebe ist nichts anderes als Freude, begleitet von der Idee einer äußeren Ursache«, dann unterscheidet er mit großer Klarheit zwischen dem Prozess des Fühlens und dem Prozess, sich eine Vorstellung von einem Objekt zu machen, das eine solche Emotion verursacht.[4] Freude ist eine Sache, eine andere das Objekt, das die Freude verursacht. Am Ende kommen Freude oder Traurigkeit sowie die Vorstellung von den Objekten, die beide verursachen, im Geist zusammen, doch anfänglich sind sie gesonderte Prozesse unseres Organismus. Spinoza hat eine funktionelle Organisation entworfen, welche die moderne Wissenschaft heute empirisch bestätigt: Lebende Organismen sind mit der Fähigkeit ausgestattet, auf verschiedene Dinge und Ereignisse emotional zu reagieren. Auf diese Reaktion folgt ein Gefühlsmuster mit einer spezifischen Ausprägung von Lust oder Schmerz.

Nach einer weiteren These von Spinoza ist die Macht der Affekte so groß, dass die einzige Hoffnung, einen nachteiligen Affekt – eine irrationale Leidenschaft – zu überwinden, darin besteht, ihn durch einen stärkeren positiven Affekt, der von der Vernunft ausgelöst wird, zu überwältigen.»Ein Affekt kann nur gehemmt oder aufgehoben werden durch einen Affekt, der entgegengesetzt und der stärker ist als der zu hemmende Affekt.«⁵ Spinoza empfiehlt mit anderen Worten, eine negative Emotion mit einer noch stärkeren, aber positiven Emotion zu bekämpfen, die durch Vernunft und intellektuelles Bemühen erzeugt wird. Von zentraler Bedeutung für diese Auffassung ist die Annahme, dass wir die Leidenschaften mit Hilfe einer von der Vernunft ausgelösten Emotion und nicht durch die Vernunft allein überwinden müssen. Das ist keinesfalls leicht zu bewerkstelligen, aber Spinoza hielt auch nichts von leichten Vorhaben.

Von großer Bedeutung für die Fragen, mit denen wir uns hier befassen werden, ist Spinozas Auffassung, dass Geist und Körper parallele Merkmale (man könnte auch Manifestationen sagen) derselben Substanz sind.⁶ Durch die Weigerung, Geist und Körper verschiedenen Substanzen zuzuschreiben, bekundete Spinoza zumindest, dass er sich von der damals herrschenden Auffassung des Geist-Körper-Problems distanzierte. Seine Meinung war eine Insel des Widerspruchs in einem Meer der Konformität. Noch faszinierender ist jedoch die folgende These:»Der Gegenstand der Idee, die den menschlichen Geist ausmacht, ist der Körper.«[7] Dieser Gedanke wirft eine interessante Möglichkeit auf. Spinoza hat vielleicht geahnt, welche Prinzipien den natürlichen Mechanismen zugrunde liegen, die für die parallelen Manifestationen von Geist und Körper verantwortlich sind. Wie ich später darlegen werde, bin ich davon überzeugt, dass mentale Prozesse auf den Abbildungen des Körpers im Gehirn beruhen. Diese Ansammlungen neuronaler Muster bilden Reaktionen auf Ereignisse ab, die Emotionen und Gefühle hervorrufen. Nichts konnte mich mehr beruhigen, als auf diese Äußerung von Spinoza zu stoßen und über ihre mögliche Bedeutung nachzudenken.

Das allein wäre schon mehr als genug gewesen, um mich auf Spinoza neugierig zu machen, doch es gab noch andere Aspekte, die mein Interesse weckten. Laut Spinoza streben Organismen natürlich und notwendig danach, ihre Existenz fortzusetzen: Dieses notwendige Bestreben macht ihr eigentliches Wesen aus. Organismen kommen mit der Fähigkeit auf die Welt, ihr Leben zu steuern und auf diese Weise ihr Überleben zu sichern. Ebenso natürlich ist das Bemühen von Lebewesen, eine »größere Vollkommenheit« ihrer Funktionsfähigkeit zu erreichen, einen Zustand, den Spinoza mit Freude gleichsetzt. Alle diese Bestrebungen und Tendenzen geschehen unbewusst.

Nach diesen unsentimentalen und ungeschminkten Sätzen zu urteilen, scheint Spinoza eine Architektur der Lebenssteuerung vorgeschwebt zu haben, die zwei Jahrhunderte später von William James, Claude Bernard und Sigmund Freud aufgegriffen werden sollte. Da Spinoza keinen absichtsvollen Plan in der Natur erkennt und Körper und Geist für ihn aus Elementen bestehen, die in Organismen verschiedener Arten zu verschiedenen Mustern kombiniert auftreten, lassen sich seine Thesen durchaus mit Charles Darwins Evolutionstheorie vereinbaren.

Mit diesem revidierten Konzept der menschlichen Natur bewaffnet schickte Spinoza sich an, die Begriffe von Gut und

Böse, Freiheit und Erlösung mit den Affekten und der Steuerung des Lebens zu verknüpfen. Spinoza ging davon aus, dass die Normen, die unser soziales und privates Verhalten bestimmen, geprägt sein müssen von einem tieferen Wissen um den Menschen, einem Wissen, das mit dem Gott oder der Natur *in* uns in Verbindung stehe.

Einige von Spinozas Ideen sind Bestandteil unserer Kultur, aber soweit ich weiß, beruft man sich bei den modernen Versuchen, die Biologie des Geistes zu verstehen, so gut wie nie auf Spinoza.[8] Das ist an sich schon erstaunlich. Spinoza ist ein Philosoph, der zwar bekannt ist, den man aber nicht kennt. Gelegentlich hat es den Anschein, als sei Spinoza in seiner einsamen und unerklärlichen Pracht aus dem Nichts gekommen, doch der Eindruck täuscht – trotz aller Originalität ist er untrennbar mit den geistigen Strömungen seiner Zeit verbunden. Und er scheint genauso plötzlich wieder verschwunden zu sein, ohne Anhänger gefunden zu haben – ein Eindruck, der ebenso falsch ist, da wesentliche Ideen seiner verbotenen Schriften die Aufklärung beeinflusst haben und über sie hinaus bis in die Jahrhunderte nach seinem Tod hineinwirkten.[9] Dass Spinoza eine solche unbekannte Berühmtheit ist, erklärt sich zum Teil aus dem Skandal, den er zu Lebzeiten verursachte. Wie wir sehen werden (Kapitel sechs), galten seine Ansichten als Ketzerei und waren jahrzehntelang verboten, mit dem Erfolg, dass sie, von seltenen Ausnahmen abgesehen, nur im Zusammenhang mit Angriffen auf sein Werk zitiert werden durften. Diese Angriffe lähmten die meisten Versuche, die Spinozas Anhänger unternahmen, um seine Ideen öffentlich zu diskutieren. Auf diese Weise wurde die natürliche Kontinuität der intellektuellen Anerkennung unterbrochen, die normalerweise dem Lebenswerk eines Denkers folgt. Zwar wurden einiger seiner Ideen aufgegriffen, ihren Schöpfer nannte man jedoch nicht. Aber damit kann man kaum erklären, warum Spinoza zwar an Ruhm gewann, aber weiterhin unbekannt blieb, als sich Männer wie Goethe und Wordsworth für ihn zu begeistern begannen. Eine bessere Erklärung ist vielleicht, dass es nicht leicht ist, Spinoza kennen zu lernen.

Die Schwierigkeiten beginnen damit, dass es mehrere Spinozas gibt, mit denen es Bekanntschaft zu schließen gilt, nach meiner Zählung mindestens vier. Der erste ist der zugängliche Spinoza, der radikale religiöse Gelehrte, der sich im Widerspruch zur Kirche seiner Zeit befindet, der einen neuen Gottesbegriff entwickelt und einen neuen Weg zur Erlösung des Menschen vorschlägt. Der nächste ist Spinoza, der politische Architekt, der Denker, der die Merkmale eines idealen demokratischen Staates beschreibt, in dem verantwortungsbewusste und glückliche Bürger leben. Der dritte Spinoza ist der schwierigste von allen, der Philosoph, der wissenschaftliche Fakten verwendet, eine Methode geometrischer Beweise und Begriffe, mit deren Hilfe er eine neue Auffassung vom Universum und den Menschen formuliert.

Der Blick auf diese drei Spinozas und ihr Beziehungsgeflecht genügt, um einen Eindruck davon zu vermitteln, wie kompliziert Spinoza sein kann. Doch es gibt noch einen vierten Spinoza: den ersten Biologen. Das ist der biologische Vordenker, der sich hinter zahllosen Lehrsätzen, Axiomen, Beweisen, Folgesätzen und Erläuterungen verbirgt. Angesichts der Tatsache, dass viele neue wissenschaftliche Erkenntnisse über den Charakter von Emotionen und Gefühlen mit Thesen übereinstimmen, die Spinoza als Erster geäußert hat, ist die zweite Zielsetzung dieses Buches, die Verbindungen dieser am wenigsten bekannten Thesen Spinozas mit einigen der entsprechenden neurobiologischen Erkenntnissen unserer Zeit aufzuzeigen. Doch es sei noch einmal darauf hingewiesen, dass es in dem vorliegenden Buch nicht um Spinozas Philosophie geht. Ich befasse mich nicht mit Spinozas Denken, insoweit es über die Aspekte hinausgeht, die nach meinem Dafürhalten die Biologie betreffen. Mein Ziel ist bescheidener. Zu den Vorzügen der Philosophie gehört, dass sie im Laufe ihrer gesamten Geschichte die naturwissenschaftliche Forschung antizipiert hat. Umgekehrt tut die Naturwissenschaft meiner Meinung nach gut daran, diese historische Leistung anzuerkennen.

Auf der Suche nach Spinoza

Spinoza ist für die Neurobiologie von Bedeutung, obwohl seine Gedanken über den menschlichen Geist aus einem umfassenderen Interesse an den Bedingungen der menschlichen Existenz erwuchsen. Letztlich ging es Spinoza um die Beziehung des Menschen zur Natur. Er versuchte, diese Beziehung zu verstehen, damit er realistische Vorschläge zur Erlösung des Menschen unterbreiten konnte. Einige der vorgeschlagenen Maßnahmen sind individuell und liegen in der Verantwortung des Einzelnen, andere setzen voraus, dass bestimmte Formen sozialer und politischer Organisation dem Einzelnen zu Hilfe kommen. Spinozas Denken leitet sich von Aristoteles ab, hat aber, wie nicht anders zu erwarten, eine solidere biologische Basis. Lange vor John Stuart Mill scheint Spinoza von einer Beziehung zwischen persönlichem und kollektivem Glück einerseits und zwischen menschlicher Erlösung und der Beschaffenheit des Staates andererseits ausgegangen zu sein. Zumindest hinsichtlich der sozialen Konsequenzen seines Denkens scheint ihm eine beachtliche Anerkennung zuteil geworden zu sein.[10]

Spinoza empfahl einen idealen demokratischen Staat, dessen besondere Kennzeichen sind: Redefreiheit – in dem »jedem das Recht zugestanden wird, zu denken, was er will, und zu sagen, was er denkt«[11] –, Trennung von Staat und Kirche und ein großzügiger Gesellschaftsvertrag, der das Wohl der Bürger und die Harmonie der Regierung fördert. Diese Empfehlung gab Spinoza mehr als hundert Jahre vor der

Unabhängigkeitserklärung und dem Ersten Zusatzartikel der amerikanischen Verfassung. Dass Spinoza im Zuge seiner revolutionären Überlegungen einige Aspekte der modernen Biologie vorwegnahm, ist besonders faszinierend.

Wer also war der Mann, der über Geist und Körper in einer Weise dachte, die dem Denken seiner Zeit nicht nur prinzipiell zuwiderlief, sondern sich mehr als dreihundert Jahre später auch als bemerkenswert aktuell erweisen sollte? Welche Umstände brachten einen solchen Widerspruchsgeist hervor? Wenn wir versuchen, diese Fragen zu beantworten, müssen wir noch einen weiteren Spinoza betrachten, den Mann hinter den drei verschiedenen Vornamen – Bento, Baruch, Benedictus –, einen Mann, der zugleich mutig und vorsichtig war, kompromisslos und unterwürfig, anmaßend und bescheiden, distanziert und freundlich, bewundernswert und anstößig, mit einem ausgeprägten Sinn für alles Beobachtbare und Konkrete und doch radikal spirituell. Nie offenbart er in seinen Schriften persönliche Gefühle, noch nicht einmal in seinem Stil, daher müssen wir uns aus tausend indirekten Anhaltspunkten ein Bild von ihm machen.

Fast ohne es zu merken, habe ich mich auf die Suche nach dem Menschen hinter der Fremdheit des Werkes gemacht. Ich wollte dem Mann einfach in meiner Phantasie begegnen, ein bisschen mit ihm plaudern und ihn um eine Widmung in meinem Exemplar der *Ethik* bitten. Der Bericht über meine Suche nach Spinoza und der Geschichte seines Lebens wurden so zum dritten Ziel dieses Buches.

1632 wurde Spinoza in der wohlhabenden Stadt Amsterdam geboren, buchstäblich mitten hinein in Hollands Goldenes Zeitalter. In demselben Jahr malte der dreiundzwanzigjährige Rembrandt van Rijn nur wenige Schritte von Spinozas Geburtshaus entfernt »Die Anatomie des Dr. Tulp«, das Werk, das seinen Ruhm begründete. Rembrandts Gönner Constantijn Huygens, Staatsmann und Dichter, Sekretär des

Prinzen von Oranien und Freund von John Donne, war unlängst ein Sohn geboren worden, Christiaan Huygens, der einer der berühmtesten Astronomen und Physiker aller Zeiten werden sollte. Auch der zweiunddreißigjährige Descartes, der führende Philosoph seiner Zeit, lebte damals in Amsterdam, in der Prinzengracht, und fragte sich sorgenvoll, wie wohl seine neuen Ideen über die menschliche Natur in Holland und im Ausland aufgenommen werden würden. Schon bald sollte er den jungen Christiaan Huygens in Algebra unterrichten.  Spinoza wurde in eine Welt von bestürzendem geistigen und finanziellen Reichtum hineingeboren, um Simon Schama, einen großen Kenner dieses Zeitalters, zu zitieren.[12]

Bento war der Name, den Spinoza bei seiner Geburt von seinen Eltern Miguel und Hana Debora erhielt, sephardischen Juden aus Portugal, die sich in Amsterdam niedergelassen hatten. Während er in der wohlhabenden Amsterdamer Gemeinde jüdischer Kaufleute und Gelehrter heranwuchs, hieß er in der Synagoge und bei Freunden Baruch. Den Namen Benedictus nahm er mit vierundzwanzig Jahren an, als er aus der Synagoge verbannt wurde. Spinoza gab die Bequemlichkeit des elterlichen Hauses in Amsterdam auf, um die stille und freiwillige Irrfahrt zu beginnen, deren letzte Station die Paviljoensgracht war. Der portugiesische Name Bento, der hebräische Name Baruch und der lateinische Name Benedictus bedeuten alle dasselbe: »Der Gesegnete«. Was bedeutet schon ein Name? Eine Menge, würde ich sagen. Oberflächlich betrachtet mögen alle drei Wörter die gleiche Bedeutung haben, doch hinter jedem steht ein anderer Begriff.

Vorsicht!

Ich muss in dieses Haus hinein, denke ich, doch im Augenblick ist die Tür geschlossen. So bleibt mir nur die Phantasie. Ich stelle mir jemanden vor, der aus einer vor dem Haus vertäuten Barkasse steigt (die Paviljoensgracht war damals eine breite Gracht, die später wie so viele Kanäle in Amsterdam und Venedig zugeschüttet und in eine Straße verwandelt wurde). Der wunderbare van der Spijk, Besitzer des Hauses und Maler, öffnet die Tür. Liebenswürdig führt er den Besucher in sein Atelier, das hinter zwei Fenstern neben der Haustür liegt, bittet um etwas Geduld und geht, um seinem Mieter Spinoza mitzuteilen, dass er Besuch bekommen hat. Spinozas Zimmer liegen im zweiten Stock. Er kommt die Wendeltreppe hinunter, eine jener eng gewundenen, furchterregenden Treppen, für die die holländische Architektur berüchtigt ist. Spinoza trägt seine elegante Fidalgo-Tracht – weder neu noch abgetragen, gepflegt, ein weißer gestärkter Kragen, schwarze Kniehose, eine schwarze Lederweste, eine schwarze Kamelhaarjacke, die er gekonnt um die Schultern gelegt hat, glänzende schwarze Schuhe mit Silberschnallen und vielleicht einen Spazierstock aus Holz, um mehr Sicherheit auf der Treppe zu haben. Schwarze Lederschuhe sind ein Tick von Spinoza. Beherrscht wird seine Erscheinung von dem regelmäßigen und glatt rasierten Gesicht mit den schwarzen Augen, die groß sind und glänzen. Auch sein Haar und die langen Augenbrauen sind schwarz. Er hat einen olivfarbenen Teint, ist von mittlerer Statur und relativ zierlich.

Höflich, sogar freundlich, aber mit unmissverständlicher Direktheit wird der Besucher aufgefordert, ohne Umschweife den Grund seines Besuches zu nennen. Während seiner Bürostunden führt dieser hochherzige Lehrer Gespräche über Optik, Politik und Glaubensfragen. Man serviert Tee. Van der Spijk setzt die Arbeit an seinem Bild fort, meist schweigend, aber gelassen und voll demokratischer Würde. Von seinen sieben temperamentvollen Kindern, die sich in den hinteren Räumen des Hauses aufhalten, ist nichts zu hören. Frau van der Spijk näht. Die Magd ist in der Küche beschäftigt. Vermutlich sehen Sie das Bild vor sich.

Spinoza raucht seine Pfeife, deren Aroma sich mit dem Geruch des Terpentins vermischt, während man Fragen bedenkt, Antworten gibt und das Tageslicht schwindet.

Spinoza empfing zahllose Besucher – unter anderem Nachbarn, Verwandte der van der Spijks, eifrige junge Studenten und staunende junge Frauen, Gottfried Leibniz, Christiaan Huygens und Henry Oldenburg, den Präsidenten der neu geschaffenen Royal Society von Großbritannien. Nach seiner Korrespondenz zu urteilen, war er mit einfachen Menschen nachsichtiger als mit Kollegen. Offenbar konnte er bescheidene Narren ertragen, aber keine anmaßenden.

Ich vermag mir auch den Trauerzug am 25. Februar 1677 vorzustellen, einem grauen Tag wie diesem. Spinozas schlichtem Sarg folgen die Mitglieder der Familie van der Spijk und viele »illustre Männer, sechs Kutschen insgesamt«, ein Zug, der sich langsam zur Nieuwen Kerk bewegt, die nur wenige Minuten entfernt liegt.

Ich gehe zurück zur Nieuwen Kerk und folge dabei dem Weg, den sie damals wahrscheinlich genommen haben. Ich kenne Spinozas Grab auf dem Kirchhof. So begebe ich mich vom Heim des lebenden zu dem des toten Spinozas.

Tore umgeben den Kirchhof, doch sie stehen weit offen. Eigentlich ist es kein Friedhof, nur Büsche, Gras, Moos und schlammige Wege zwischen hohen Bäumen. Das Grab befindet sich dort, wo ich es erwartet habe, im hinteren Teil der Anlage, hinter der Kirche, in südöstlicher Richtung, ein flacher, liegender Stein und ein stehender Grabstein, verwittert und schmucklos. Neben der Inschrift seines Namens steht das Wort »*Caute*«, lateinisch für »gib Acht«. Wie eine unheimliche Mahnung, die daran erinnert, dass sich Spinozas sterbliche Überreste nicht in dem Grab befinden, dass sein Leichnam von Unbekannten gestohlen wurde, als er nach den Begräbnisfeierlichkeiten in der Kirche aufgebahrt lag.

Spinoza hat uns gesagt, dass jedermann das Recht habe, zu denken, was er wolle, und zu sagen, was er denke, aber nicht zu schnell und nicht unbedacht. Achtung, pass auf, was du sagst (und schreibst), sonst finden noch nicht einmal deine sterblichen Überreste Ruhe.

Spinoza verwendete das Wort *caute* auch in seiner Korrespondenz. Es war unter der Zeichnung einer Rose abgedruckt. Während der letzten zehn Jahre seines Lebens schrieb er tatsächlich *sub rosa*, unter dem Siegel der Verschwiegenheit. Im *Tractatus* gab er einen fiktiven Drucker und einen falschen Erscheinungsort (Hamburg) an. Die für den Autorennamen bestimmte Seite blieb leer. Trotz dieser Vorsichtsmaßnahmen und obwohl das Buch auf lateinisch und nicht auf holländisch geschrieben war, verboten die holländischen Behörden es 1674. Wie nicht anders zu erwarten, setzte der Vatikan es auf seinen Index der gefährlichen Bücher. Die Kirche betrachtete das Buch als einen fundamentalen Angriff auf die institutionalisierte Religion und ihre politische Machtstruktur. Danach publizierte Spinoza gar nicht mehr. Was nicht weiter überrascht. Seine letzten Schriften befanden sich am Tage seines Todes noch in der Schublade seines Schreibtisches, doch van der Spijk wusste, was zu tun war: Er lud den gesamten Schreibtisch auf einen Lastkahn nach Amsterdam, wo er an John Rieuwertz, Spinozas eigentlichen Verleger, ausgeliefert wurde. Die Sammlung seiner posthumen Manuskripte – die häufig revidierte *Ethik*, eine *Hebräische Grammatik*, der zweite und unvollendete Teil des *Politischen Traktats* und die *Abhandlung über die Verbesserung des Verstandes* – wurde noch im selben Jahr anonym veröffentlicht. Diese Situation sollten wir nicht ganz vergessen, wenn wir die holländischen Provinzen als Hort geistiger Toleranz preisen. Zweifellos waren sie das, aber auch diese Toleranz hatte ihre Grenzen.

Die meiste Zeit von Spinozas Leben war Holland Republik, und in den reifen Jahren des Philosophen beherrschte der Ratspensionär Johan de Witt das politische Leben. De Witt war ehrgeizig und autokratisch, aber auch aufgeklärt. Es ist nicht ganz klar, wie eng sein Verhältnis zu Spinoza war, aber bestimmt kannte er Spinoza und hat ihn vermutlich vor dem Zorn besonders konservativer calvinistischer Politiker in Schutz genommen, als der *Tractatus* zum Skandal wurde. Seit 1670 besaß de Witt ein Exemplar der Schrift. Es heißt, er habe die Meinung des Philosophen zu politischen und religiösen Fragen eingeholt, und Spinoza habe sich von der Wertschätzung, die ihm de Witt erwiesen habe, geschmeichelt gefühlt. Selbst wenn die Gerüchte falsch sein sollten, steht wohl außer Frage, dass de Witt an Spinozas politischen Gedanken interessiert war und seinen religiösen Ansichten zumindest wohlwollend gegenüberstand. Und Spinoza durfte sich zu Recht in de Witts Obhut sicher fühlen.

1672, in einer der dunkelsten Stunden von Hollands Goldenem Zeitalter, fand die relative Sicherheit Spinozas ein jähes Ende. Infolge einer plötzlichen Wendung der Ereignisse, wie sie für diese politisch so wankelmütige Epoche charakteristisch war, wurden de Witt und sein Bruder von einer Volksmenge erschlagen, weil sie fälschlich in den Verdacht geraten waren, im Krieg mit Frankreich die holländische Sache an den Feind verraten zu haben. Der Pöbel bearbeitete die beiden de Witts mit Knüppeln und Messern, während man sie zum Galgen schleifte, und als man dort angelangt war, brauchte man sie nicht einmal mehr zu hängen. Daraufhin entkleidete die Mengen die Leichen, hängte sie wie Tiere im Schlachthof mit dem Kopf nach unten auf und vierteilte sie. Unter widerwärtigstem Gelächter wurden ihre Überreste als Souvenirs verkauft und roh oder gekocht gegessen. All das fand nicht weit von der Stelle entfernt statt, an der ich jetzt stehe, buchstäblich bei Spinoza um die Ecke. Vermutlich war es auch Spinozas dunkelste Stunde. Die Ausschreitungen schockierten viele Denker und Politiker seiner Zeit. Leibniz war genauso entsetzt wie der unerschütterliche Huygens in der Sicherheit seines Pariser Exils. Spinoza aber war zutiefst verstört. Die grausame Tat enthüllte die schlimmsten Seiten der menschlichen Natur und raubte ihm den so mühsam erworbenen Seelenfrieden. Er bereitete ein Plakat vor, das er *Ultimi Barborum* (»Die Schlimmsten der Barbaren«) nannte und am Schauplatz der schrecklichen Ereignisse anschlagen wollte. Glücklicherweise war auf van der Spijks Lebensklugheit Verlass. Er schloss einfach die Tür ab und rückte den Schlüssel nicht heraus. So verhinderte er, dass Spinoza das Haus verließ und in den sicheren Tod lief. Spinoza weinte öffentlich – das einzige Mal, heißt es, dass andere ihn im Griff unkontrollierter Emotionen sahen. Der sichere Hort geistiger Freiheit war verloren.

Noch einmal betrachte ich Spinozas Grab und erinnere mich an die Inschrift, die Descartes für den eigenen Grabstein bestimmt hatte: »Wer verborgen gelebt hat, hat gut gelebt.«[13] Nur siebenundzwanzig Jahre liegen zwischen den Todesdaten dieser beiden Männer, die einen Teil ihres Lebens Zeitgenossen waren. (Descartes starb 1650.) Beide verbrachten die längste Zeit ihres Lebens im holländischen Paradies, Spinoza aufgrund seiner Geburt, Descartes aus freier Entscheidung – Descartes war schon früh in seiner philosophischen Laufbahn zu der Erkenntnis gekommen, dass seine Ideen wahrscheinlich zum Konflikt mit der katholischen Kirche und der Regierung in seinem Geburtsland Frankreich führen würden, und hatte sich in aller Stille nach Holland abgesetzt. Doch beide sahen sich zu Heimlichkeiten und Verstellungen gezwungen, Descartes sogar zur Verfälschung des eigenen Denkens. Der Grund dürfte klar sein. 1633, ein Jahr nach Spinozas Geburt, wurde Galilei von der Römischen Inquisition verhört und unter Hausarrest gestellt. Im selben Jahr hielt Descartes die Veröffentlichung seiner Schrift *Über den Menschen* zurück und sah sich trotzdem heftigen Attacken gegen seine Ansichten über die menschliche Natur ausgesetzt. 1642 postulierte Descartes im Widerspruch zu seinen früheren Auffassungen eine unsterbliche Seele, die unabhängig vom vergänglichen Körper existiere, möglicherweise um weiteren Angriffen vorzubeugen. Falls dies seine Absicht war, hatte die Strategie zwar letztlich Erfolg, wollte aber zu seinen Lebzeiten nicht so recht greifen. Später verschlug es ihn nach Schweden, wo er als Mentor der Königin Christina wirkte, einer bekannten Freidenkerin. Während seines ersten Stockholmer Winters starb er, erst vierundfünfzig Jahre alt. Über der Dankbarkeit für den Umstand, in so ganz anderen Zeiten zu leben, sollten wir nicht die Gefahren vergessen, die den hart erkämpften Freiheiten noch immer drohen. Vielleicht ist Spinozas *caute* auch heute noch angebracht.

Als ich den Kirchhof verlasse, kreisen meine Gedanken um die merkwürdige Bedeutung dieser Begräbnisstätte. Warum wurde Spinoza, der als Jude geboren wurde, im Schatten dieser mächtigen protestantischen Kirche begraben? Die Antwort ist so kompliziert wie alles, was Spinoza betrifft. Vielleicht hat er hier seine letzte Ruhestätte gefunden, weil das Christentum, nachdem ihn seine jüdischen Glaubensgenossen verstoßen hatten, eine Art Notlösung für ihn war. Natürlich konnte er nicht auf dem jüdischen Friedhof in Ouderkerk bestattet werden. Aber so wirklich zu Hause ist er auch hier *nicht*, denn ein echter Christ – katholisch oder protestantisch – ist er nie geworden. Für viele war er ein Atheist.

Wie das alles ins Bild passt! Spinozas Gott ist weder jüdisch noch christlich. Spinozas Gott ist überall, kein Gott, mit dem man reden kann, der antwortet, wenn man zu ihm betet, ein Gott, der sich in jedem Teilchen des Universums manifestiert und ohne Anfang und Ende ist. Begraben oder nicht begraben, jüdisch oder nicht, Portugiese, aber kein richtiger, Holländer, aber nicht ganz – Spinoza war überall und nirgends zu Hause.

Als ich ins Hotel des Indes zurückkehre, ist der Portier froh, mich heil und unversehrt wiederzusehen. Ich kann der Versuchung nicht widerstehen und erzähle ihm, dass ich auf der Suche nach Spinoza bin, dass ich sein Haus aufgesucht habe. Der brave Holländer ist sprachlos. Verblüfft mustert er mich und sagt nach einer Weile: »Sie meinen ... den Philosophen?« Natürlich weiß er, wer Spinoza war, schließlich hat Holland eines der besten Bildungssysteme der Welt. Aber er hat keine Ahnung, dass Spinoza seine letzten Lebensjahre in Den Haag verbrachte, dass er hier den wichtigsten Teil seines Werks vollendete, starb, begraben wurde und dass nur einige Straßen entfernt ein Haus, ein Standbild und ein Grab von ihm zeugen. Gerechterweise muss ich hinzufügen, dass nur wenige Menschen davon wissen. »Heutzutage spricht man nicht mehr viel über ihn«, sagt mein freundlicher Portier. Wie wahr.

In der Paviljoensgracht

Zwei Tage später kehre ich in die Paviljoensgracht 72 zurück, wo freundliche Menschen mir die Besichtigung des Hauses ermöglichen. Das Wetter ist heute noch schlechter, ein Orkan fegt von der Nordsee her über die Stadt.

In van der Spijks Atelier ist es kaum wärmer und mit Sicherheit dunkler als draußen. Eine Mischung aus Grau und

Grün bleibt mir im Gedächtnis. Es ist ein kleiner Raum, den man sich leicht einprägen kann, um später in der Phantasie mit ihm zu spielen. In der Vorstellung rücke ich die Möbel um, lasse Licht herein und mache Feuer im Kamin. Ich bleibe lange genug sitzen, um mir die Bewegungen von Spinoza und van der Spijk auf dieser kleinen Bühne vorstellen zu können. Am Ende komme ich zu dem Schluss, dass alle Bemühungen meiner Phantasie diesen Raum nicht in den bequemen Salon verwandeln können, den Spinoza verdient hätte. Er ist eine Lektion in Bescheidenheit. In diesem kleinen Zimmer hat Spinoza seine zahllosen Besucher empfangen, unter anderem Leibniz und Huygens. Hier hat er seine Mahlzeiten eingenommen – wenn er nicht zu vertieft in seine Arbeit war und das Essen ganz vergessen hat – und hier unterhielt er sich mit van der Spijks Frau und ihren lärmenden Kindern. In diesem kleinen Zimmer vernahm er außer sich vor Entsetzen die Nachricht von der Ermordung der De Witts.

Wie konnte Spinoza in dieser Enge leben? Zweifellos, indem er in die unendlichen Weiten seines Denkens entkam, eine Landschaft, die viel größer und nicht weniger prächtig war als Versailles und seine Gärten, in denen sich zu jener Zeit Ludwig XIV., kaum sechs Jahre jünger als Spinoza, aber dazu bestimmt, ihn um dreißig Jahre zu überleben, mit seinem großen Gefolge erging.

Emily Dickinson hat wohl Recht, wenn sie sagt, dass ein einziges Gehirn weiter als der Himmel sei, könne es doch mühelos die Gedanken eines klugen Mannes fassen und nebenbei noch die ganze Welt.

KAPITEL ZWEI

Von Trieben und Emotionen

Auf Shakespeare ist immer Verlass

So viel ist sicher – alles steht schon bei Shakespeare. Im letzten Akt von *Richard II.*, als die Krone verloren ist und der Kerker unausweichlich erscheint, erläutert Richard Bolingbroke unwissentlich den Unterschied zwischen dem Begriff der Emotion und dem des Gefühls.[1] Er lässt einen Spiegel bringen, hält ihn sich vor das Gesicht und betrachtet die Spuren der Verwüstung. Dann erklärt er,»diese äußern Weisen der Betrübnis« seien»Schatten bloß vom ungesehnen Gram«, einem Gram,»der schweigend in gequälter Seele schwellt«. Von diesem Gram sagt er noch, er liege»innen ganz«. In lediglich vier Zeilen erläutert Shakespeare, dass sich der einheitliche und scheinbar einzigartige Prozess des Affekts, den wir häufig so leichthin und gleichgültig entweder als Emotion oder Gefühl bezeichnen, in einzelne Elemente zerlegen lässt.

Diese Unterscheidung mache ich mir bei meiner Untersuchung der Gefühle zunutze. Bei der üblichen Verwendung des Wortes Emotion ist der Begriff des Gefühls in der Regel mit eingeschlossen. Doch bei unserem Versuch, die komplexe Ereigniskette zu verstehen, die mit einer Emotion beginnt und mit einem Gefühl endet, hilft uns die grundlegende Unterscheidung zwischen dem Teil des Prozesses, der gezeigt wird, und dem Teil, der verborgen bleibt. Im Rahmen meiner Arbeit nenne ich den ersten Teil Emotion und den zweiten Teil Gefühl, wobei ich jene Bedeutung des Wortes »Gefühl« zugrunde lege, die ich oben skizziert habe. Der Leser ist gebeten, mir in der Wahl dieser Worte und Begriffe zu folgen, da wir mit ihrer Hilfe möglicherweise etwas über die ihnen zugrunde liegende Biologie erfahren. Ich verspreche, dass ich am Ende des dritten Kapitels Emotion und Gefühl wieder vereinen werde.[2]

Im Kontext dieses Buches sind Emotionen also Akte oder Bewegungen, die größtenteils öffentlich und sichtbar für andere sind, während sie sich im Gesicht, in der Stimme und in bestimmten Verhaltensweisen manifestieren. Natürlich sind einige Bestandteile des emotionalen Prozesses für das bloße Auge nicht sichtbar, sondern lassen sich nur durch moderne wissenschaftliche Mittel wie Hormontests und elektrophysiologische Messungen der Hirnwellenmuster erfassen. Dagegen sind Gefühle immer verborgen, wie es nun einmal alle Vorstellungen sind, nur erkennbar für ihren rechtmäßigen Besitzer, das persönlichste Eigentum des Organismus, in dessen Gehirn sie sich abspielen.

Die Emotionen treten auf der Bühne des Körpers auf, die Gefühle auf der Bühne des Geistes.[3] Wie wir sehen werden, sind Emotionen und die Vielzahl verwandter Reaktionen, die ihnen zugrunde liegen, Teil der automatischen und grundlegenden Mechanismen der Steuerung unseres Lebens; jedoch tragen auch Gefühle zu dieser Steuerung bei, wenn auch auf einer höheren Ebene. In der Lebensgeschichte scheinen Emotionen und verwandte Reaktionen den Gefühlen vorauszugehen. Emotionen und verwandte Phänomene bilden die Grundlage für Gefühle, für die mentalen Ereignisse, die das Fundament unseres Geistes bilden und deren Beschaffenheit wir hier klären möchten.

Emotionen und Gefühle sind im Zuge eines kontinuierlichen Prozesses so eng miteinander verknüpft, dass wir verständlicherweise dazu neigen, sie als ein einziges Phänomen wahrzunehmen. Doch selbst in normalen Situationen können wir verschiedene Abschnitte dieses kontinuierlichen Prozesses ausmachen, und unter dem Mikroskop der kognitiven Neurowissenschaft ist es legitim, die beiden Teile voneinander zu trennen. Mit bloßem Auge und einer Vielzahl wissenschaftlicher Methoden kann ein Beobachter die Verhaltensweisen, die eine Emotion ausmachen, objektiv untersuchen. Und wirklich lässt sich das Vorspiel zum Prozess des Fühlens analysieren. Wenn wir Emotion und Gefühl als zwei gesonderte Forschungsobjekte betrachten, können wir leichter entdecken, wie es überhaupt dazu kommt, dass wir fühlen. In diesem Kapitel möchte ich die Hirn- und Körpermechanismen erklären, die für die Auslösung und Ausführung einer Emotion verantwortlich sind. Dabei geht es um die inneren »Mechanismen der Emotion«, nicht um die Umstände, die zu der Emotion führen. Wenn wir uns Klarheit über die Emotionen verschafft haben, werden wir hoffentlich leichter verstehen, wie Gefühle zustande kommen.

Emotionen gehen Gefühlen voraus

Lassen Sie mich bei der Überlegung, warum erst die Emotionen und dann die Gefühle da sind, auf eine Doppeldeutigkeit hinweisen, die Shakespeare in den zitierten Zeilen aus *Richard dem Zweiten* unterläuft. Sie betrifft das Wort *Schatten* und die Möglichkeit, dass Emotion und Gefühl zwar unterschiedlicher Natur sind, aber Letzeres Ersterem vorausgehen könnte. Die äußere Betrübnis sei ein Schatten des unsichtbaren Grams, sagt Richard, eine Art Spiegelbild des Hauptgegenstandes – des Gefühls des Grams –, so wie Richards Gesicht im Spiegel die Hauptperson des Stückes, Richard, widerspiegelt. Diese Doppeldeutigkeit entspricht unserer intuitiven Vorstellung. Wir alle neigen zu der Annahme, das Verborgene sei die Ursache des Sichtbaren. Abgesehen davon wissen wir alle, dass für den Geist allein das Gefühl wirklich zählt. »Da liegt sein Wesen«, sagt Richard und meint den verborgenen Gram – und wir pflichten ihm bei. Gefühle verursachen uns Trauer oder Freude. Im engeren Sinn sind Emotionen Äußerlichkeiten. Doch »hauptsächlich« bedeutet nicht »zuerst« und auch nicht »ursächlich«. Die Hauptrolle, die Gefühle spielen, verschleiert die Frage, wie sie entstehen, und fördert die Auffassung, irgendwie wären da zuerst die Gefühle, die anschließend in Gestalt der Emotionen zum Ausdruck gebracht werden. Diese Auffassung ist falsch und zumindest teilweise dafür verantwortlich, dass eine plausible neurobiologische Erklärung der Gefühle so lange auf sich warten ließ.

Wie sich herausstellt, sind weit eher die Gefühle die Schatten der äußeren Manifestationen von Emotionen. Richard hätte also viel eher sagen müssen – Shakespeare möge mir verzeihen –: »Oh, wie diese äußern Weisen der Betrübnis einen ungesehnen Schatten tiefen Grams ins Schweigen der gequälten Seele werfen.« (Was mich an James Joyce erinnert, wenn er in *Ulysses* sagt: »Shakespeare ist der glückliche Jagdgrund für alle Geister, die ihr Gleichgewicht verloren haben.«[4])

Hier stellt sich nun die Frage, warum Emotionen den Gefühlen vorausgehen.

Die Antwort ist ganz einfach: Zuerst sind da die Emotionen und dann die Gefühle, weil die Evolution zuerst die Emotionen und dann die Gefühle hervorgebracht hat. Emotionen bestehen aus einfachen Reaktionen, die auf simple Art und Weise für das Überleben eines Organismus sorgen und sich daher in der Evolution leicht durchsetzen konnten.

Kurzum, wen die Götter erretten wollten, den machten sie schlau – zumindest könnte man das annehmen. Es hat den Anschein, als sei die Natur, lange bevor die Lebewesen so etwas wie eine kreative Intelligenz besaßen, sogar noch bevor sie ein Gehirn besaßen, zu der Auffassung gelangt, dass das Leben kostbar und gefährdet sei. Wir wissen natürlich, dass die Natur nicht planvoll vorgeht und keine Entscheidungen nach Art von Künstlern oder Ingenieuren trifft, doch dieses

Bild trifft die Sache ganz gut. Alle lebenden Organismen, von den primitiven Amöben bis zum Menschen, sind von Geburt aus mit Mechanismen ausgestattet, die dazu bestimmt sind, die Grundprobleme des Lebens *automatisch*, ohne Denkprozesse im eigentlichen Sinne, zu lösen. Zu diesen Problemen gehören: die Suche nach Energiequellen, die Aufnahme und Verwertung von Energie, die Aufrechterhaltung eines inneren chemischen Gleichgewichts, das mit dem Lebensprozess vereinbar ist, die Erhaltung des Körperbaus durch die Reparatur von Abnutzungserscheinungen und die Abwehr äußerer Verursacher von Krankheit und körperlichen Verletzungen. Die Gesamtheit dieser Steuerungen und das gesteuerte Leben, das dadurch entsteht, lässt sich in einem einzigen Begriff zusammenfassen: Homöostase.[5]

Im Laufe der Evolution wurden die angeborenen und automatischen Fähigkeiten zur Steuerung der Lebensprozesse – die homöostatischen Mechanismen – immer raffinierter. Auf der untersten Ebene der homöostatischen Organisation finden wir einfachste Reaktionen: der gesamte Organismus *nähert* sich einem Objekt oder *meidet* es; er verstärkt seine Aktivität (*Erregung*) oder verringert sie (*Ruhe* oder *Stille*). Auf höheren Ebenen der Organisation finden wir kompetitive oder kooperative Reaktionen.[6] Wir können die homöostatischen Mechanismen als einen großen Baum mit vielen Ästen darstellen, die den automatischen Steuerungen der Lebensvorgänge entsprechen. Für mehrzellige Organismen liefert uns der Baum von unten nach oben das folgende Bild.

AUF DEN NIEDRIGSTEN ZWEIGEN

■ Der Stoffwechselprozess. Dazu gehören chemische und mechanische Komponenten (zum Beispiel endokrine/hormonale Sekretion; Muskelkontraktionen des Verdauungsapparats und so fort), die dazu dienen, das Gleichgewicht des inneren chemischen Haushalts aufrechtzuerhalten. Diese

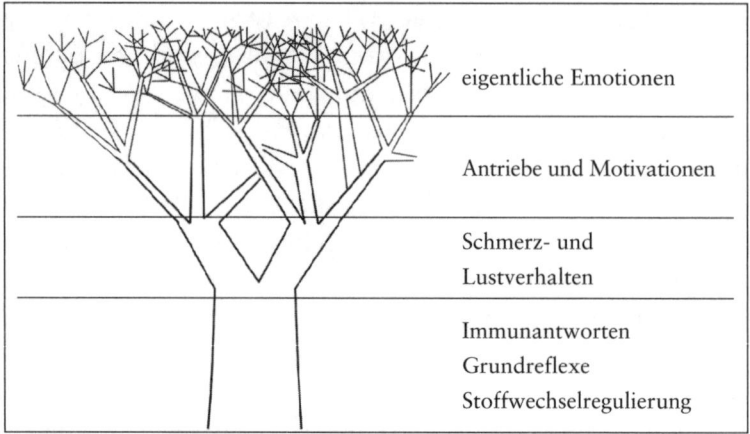

	eigentliche Emotionen
	Antriebe und Motivationen
	Schmerz- und Lustverhalten
	Immunantworten Grundreflexe Stoffwechselregulierung

Abbildung 2.1: Ebenen automatischer homöostatischer Steuerung, vom Einfachen zum Komplexen

Reaktionen bestimmen zum Beispiel Herzfrequenz und Blutdruck (der für die richtige Verteilung des Blutflusses im Körper sorgt); der Ausgleich von Säure und Alkalinität im inneren Milieu (der Flüssigkeiten in der Blutbahn und den Zwischenzellräumen); die Speicherung und Ausschüttung von Proteinen, Fetten und Kohlenhydraten, die erforderlich sind, um den Organismus mit Energie zu versorgen (notwendig für Bewegung, Herstellung chemischer Enzyme und Erhaltung und Erneuerung des Körperbaus).

■ Grundreflexe. Dazu gehören die Schreckreaktion, die Organismen bei plötzlichen Geräuschen oder Berührungen zeigen, und die Tropismen oder Taxes, die Organismen veranlassen, extreme Hitze und extreme Kälte zu meiden oder sich aus der Dunkelheit ins Licht zu bewegen.

■ Das Immunsystem. Es hat die Aufgabe, Viren, Bakterien, Parasiten und giftige chemische Stoffe abzuwehren, die von außen in den Organismus eindringen. Merkwürdigerweise ist es auch in der Lage, chemische Stoffe zu bekämpfen, die auch in gesunden Körperzellen enthalten sind, aber gefährlich werden können, wenn sie von sterbenden Zellen ins innere Milieu freigesetzt werden (z. B. Glutamat). Kurzum, das Immunsystem ist eine erste Verteidigungslinie des Organismus, wenn seine Unversehrtheit von außen oder von innen bedroht wird.

AUF DEN MITTLEREN ZWEIGEN

■ Verhaltensweisen, die normalerweise mit dem Konzept von Lust (und Belohnung) oder Schmerz (und Bestrafung) verknüpft sind.

Dazu gehört eine hochinteressante Gruppe von Mechanismen, die Annäherungs- oder Vermeidungsverhalten des gesamten Organismus in Reaktion auf ein spezifisches Objekt oder eine bestimmte Situation hervorrufen. Vom Menschen, der sowohl fühlen als auch über das Gefühlte berichten kann, werden solche Reaktionen als schmerzhaft oder lustvoll, als Belohnung oder Bestrafung beschrieben. Wenn beispielsweise eine Funktionsstörung mit drohender Schädigung von Körpergewebe vorliegt – wie bei lokalen Verbrennungen oder Infektionen –, senden die Zellen in der betroffenen Region chemische Signale aus, die als nozizeptiv bezeichnet werden (sich also ihrer Wortbedeutung nach auf die »Wahrnehmung eines Schmerzreizes« beziehen). Darauf reagiert der Organismus automatisch mit Krankheits- oder Schmerzverhalten. Das sind deutlich sichtbare oder versteckte Handlungspakete, mit der sich die Natur automatisch gegen den Angriff wehrt. Dazu gehören der vollständige oder partielle Rückzug des Körpers von der Störungsquelle, wenn diese Quelle äußerlich und erkennbar ist; Schutz des betroffenen Körperteils (Halten einer verwundeten Hand; Umfassen von Brust oder Unterleib) und ein Mienenspiel, in dem sich Schrecken oder Schmerz ausdrückt. Ferner gibt es eine Vielzahl von Reaktionen, die für das bloße Auge nicht erkennbar sind und vom Immunsystem organisiert werden. Dazu gehören die vermehrte Produktion bestimmter Typen weißer Blutkörperchen, die Entsendung dieser Zellen in die gefährdeten Körperregionen und die Herstellung bestimmter chemischer Stoffe wie der Zytokine, die dem Körper helfen, das anstehende Problem zu lösen (eindringende Mikroben abzuwehren, geschädigtes Gewebe zu reparieren). Die Gesamtheit dieser Handlungen und die chemischen Signale, die an ihrer Entstehung beteiligt sind, bilden die Grundlage dessen, was wir als Schmerz empfinden.

Genauso wie das Gehirn auf ein Problem im Körper reagiert, reagiert es auch, wenn der Körper vorbildlich funktioniert. Arbeitet der Körper reibungslos, stößt er auf keinerlei Schwierigkeiten, und wandelt er die Energie mühelos um und verbraucht sie, verhält er sich auf eine ganz bestimmte Art und Weise: Er tendiert zur Annäherung an andere, ist entspannt und gelöst, bringt im Mienenspiel Selbstvertrauen und Wohlgefühl zum Ausdruck und produziert eine bestimmte Klasse von chemischen Stoffen, wie zum Beispiel die Endorphine, die für das bloße Auge ebenso unsichtbar sind wie einige Reaktionen des Krankheits- und Schmerzverhaltens. Die Gesamtheit dieser Handlungen und der mit ihnen verknüpften chemischen Signale bilden die Grundlage für das Empfinden von *Lust*.

Schmerz oder Lust werden durch viele Ursachen hervorgerufen – von Störungen bestimmter Körperfunktionen und der optimalen Funktion der Stoffwechselregulation oder durch äußere Ereignisse, die den Organismus schädigen oder beschützen. Doch das *Empfinden* von Schmerz oder Lust ist nicht die Ursache des Schmerz- oder Lustverhaltens und keineswegs eine notwendige Voraussetzung für das Auftreten dieses Verhaltens. Wie wir im nächsten Abschnitt sehen werden, können einige sehr einfache Lebewesen etliche dieser emotiven Verhaltensweisen ausführen, obwohl die Wahrscheinlichkeit, dass sie die Verhaltensweisen fühlen, gering oder gleich null ist.

Auf der nächsthöheren Ebene

■ Eine Anzahl von *Trieben* und *Motivationen*. Beispiele sind in erster Linie Hunger, Durst, Neugier und Erkundungsdrang, Spiel und Sexualität. Spinoza fasst sie unter der treffenden Bezeichnung *Trieb* (*appetitus*) zusammen und verwendet sehr scharfsinnig ein anderes Wort, *Begierde* (*cupiditas*), für die Situation, in denen vernunftbegabte Wesen sich dieser *Triebe* bewusst werden. Das Wort »Trieb« bezeichnet den Zustand eines Organismus, der dem Einfluss eines bestimmten Triebs unterliegt; das Wort »Begierde« setzt voraus, dass der Trieb sowie seine mögliche Erfüllung oder Nichterfüllung bewusst erlebt wird. Diese spinozistische Unterscheidung ist ein hübsches Gegenstück zur Unterscheidung zwischen Emotion und Gefühl, mit der wir dieses Kapitel begonnen haben. Natürlich sind im Menschen Triebe und Begierden genauso unauflöslich verknüpft wie Emotionen und Gefühle.

Fast, aber nicht ganz an der Spitze

■ Die eigentlichen Emotionen. Hier finden wir das Kronjuwel der automatischen Steuerung von Lebensprozessen: Emotionen im engeren Sinn des Wortes – von Freude und Traurigkeit über Furcht und Stolz bis hin zu Scham und Mitgefühl. Und falls Sie sich fragen, was es ganz oben zu entdecken gibt, so ist die Antwort einfach: die Gefühle, mit denen wir uns im nächsten Kapitel beschäftigen werden.

Das Genom sorgt dafür, dass alle diese Mechanismen bei der Geburt oder kurz danach aktiv sind, wozu ein geringer oder gar kein Lernprozess erforderlich ist, obwohl das Lernen im weiteren Verlauf des Lebens wichtig wird für die Entscheidung, wann die Mechanismen eingesetzt werden sollen. Das gilt umso mehr, je komplexer die Reaktion ist. Das Reaktionspaket, das Weinen und Schluchzen zugrunde liegt, ist bei der Geburt fertig und aktiv; die Anlässe, warum wir weinen, verändern sich im Laufe des Lebens mit unseren Erfahrungen.

Alle diese Reaktionen sind automatisch und weitgehend stereotyp und treten unter bestimmten Umständen auf. (Lernprozesse können jedoch die Ausführung dieser stereotypen Muster modifizieren. Unser Lachen oder Weinen spielen wir in verschiedenen Situationen verschieden, genauso wie die Noten, aus denen der Satz einer Sonate besteht, immer wieder anders gespielt werden können.) Alle diese Reaktionen sind in der einen oder anderen Weise, direkt oder indirekt, dazu bestimmt, den Lebensprozess zu steuern und das Überleben zu fördern. Lust- und Schmerzverhalten, Antriebe, Motivationen und die eigentlichen Emotionen werden manchmal als Emotionen im weiteren Sinne bezeichnet, was angesichts ihrer gemeinsamen Form und Funktion der Steuerung so verständlich wie vernünftig ist.[7]

Unzufrieden mit dem Segen bloßen Überlebens scheint sich die Natur im Nachhinein eines Besseren besonnen zu haben: Offenbar geht es der angeborenen Ausrüstung zur Lebenssteuerung nicht um den neutralen Weder-Fisch-noch-Fleisch-Zustand auf halbem Wege zwischen Leben und Tod. Vielmehr zielen die homöostatischen Bemühungen darauf ab, mehr als nur einen neutralen Lebenszustand zu erreichen, den wir als denkende und privilegierte Lebewesen Wohlergehen oder Wohlbefinden nennen.

In ihrer Gesamtheit steuern die homöostatischen Prozesse ununterbrochen die Lebensvorgänge in jeder Zelle unseres Körpers. Diese Steuerung wird mit Hilfe einer einfachen Vorkehrung erreicht: Erstens, etwas ändert sich intern oder extern in der Umwelt eines einzelnen Organismus. Zweitens, die Veränderungen sind in der Lage, das Leben des Organismus zu modifizieren (sie sind eine potenzielle Gefahr für seine Unversehrtheit oder eine Chance, seine Situation zu verbessern). Drittens, der Organismus registriert die Veränderung und verhält sich entsprechend, das heißt, er versucht durch sein Handeln eine möglichst vorteilhafte Situation für die Selbsterhaltung und sein optimales Funktionieren zu schaffen. Alle

Reaktionen erfolgen nach Maßgabe dieser Vorkehrung und sind folglich ein Mittel, um die inneren und äußeren Umstände eines Organismus zu beurteilen und entsprechend zu handeln. Die Schwierigkeit oder Chance wird erkannt und die Aufgabe, die darin besteht, die Schwierigkeit zu beseitigen oder die Chance zu ergreifen, handelnd bewältigt. Wie wir später sehen werden, bleibt sogar bei »eigentlichen Emotionen« – Emotionen wie Trauer, Liebe oder Schuldgefühlen – diese Vorkehrung erhalten, nur dass Einschätzung und Reaktion weit komplexer sind als bei den einfachen Reaktionen, aus denen diese Emotionen im Laufe der Evolution zusammengesetzt wurden.

Es ist offensichtlich, dass der fortwährende Versuch, einen Zustand positiv gesteuerten Lebens zu erreichen, ein tief verwurzelter und höchst charakteristischer Teil unserer Existenz ist – die erste Realität unserer Existenz, wie Spinoza ahnte, als er das unablässige Bemühen (*conatus*) jedes Lebewesens beschrieb, sich selbst zu erhalten. Bestreben, Bemühen und Drang sind drei Wörter, die der Bedeutung des lateinischen Begriffs *conatus* weitgehend entsprechen, so wie Spinoza ihn in den Lehrsätzen 6, 7 und 8 der *Ethik*, Teil III verwendet. Mit Spinozas Worten: »Das Bestreben, womit jedes Ding in seinem Sein zu beharren sucht, ist nichts als das wirkliche Wesen dieses Dinges selbst.« Wenn wir diese Aussage aus heutiger Sicht interpretieren, ist der lebende Organismus laut Spinoza so beschaffen, dass er den Zusammenhalt seiner Strukturen und seiner Funktionen in zahlreichen lebensbedrohlichen Situationen aufrechterhält.

Mit *conatus* ist beides gemeint, der Selbsterhaltungsdrang angesichts von Gefahren und Chancen und die unzähligen Handlungen zur Selbsterhaltung, die den Körper zusammenhalten. Unablässig formt der *conatus dasselbe* Individuum und hält sich an *denselben* Körperbauplan, trotz aller Transformationen, die der Körper durchläuft, während er sich entwickelt, sich erneuert und altert.

Was ist Spinozas *conatus* in modernen biologischen Begriffen? Es ist die Gesamtheit der Veranlagungen, die in den Schaltkreisen des Gehirns festgelegt ist und die, wenn sie von inneren oder äußeren Umständen stimuliert werden, sowohl nach Überleben als auch nach Wohlbefinden streben. Im nächsten Kapitel werden wir sehen, wie die Vielzahl von Aktivitäten, die der *conatus* umfasst, auf chemischem und neuralem Wege an das Gehirn übermittelt werden. Das geschieht sowohl durch chemische Stoffe, die in der Blutbahn transportiert werden, als auch durch elektrochemische Signale, die über die Nervenbahnen übertragen werden. So lassen sich zahlreiche Aspekte des Lebensprozesses an das Gehirn übermitteln und dort in den vielen Kartierungen abbilden, die aus Schaltkreisen von Nervenzellen in bestimmten Gehirnregionen bestehen. Damit haben wir die höchste Ebene der Steuerung von Lebensvorgängen erreicht, die Ebene, auf der die Gefühle Gestalt anzunehmen beginnen.

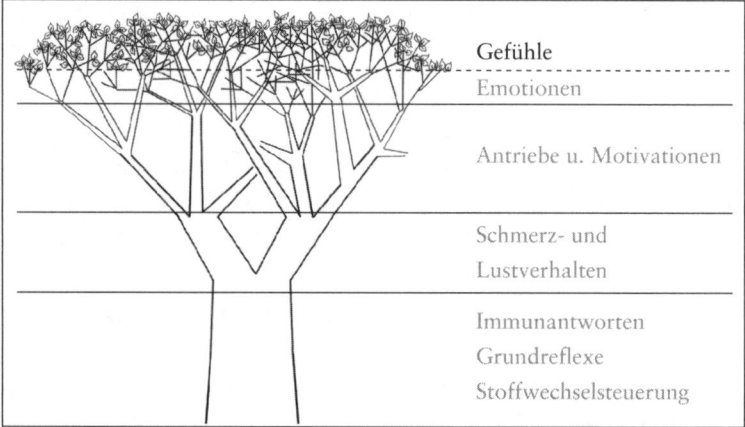

Gefühle

Emotionen

Antriebe u. Motivationen

Schmerz- und Lustverhalten

Immunantworten
Grundreflexe
Stoffwechselsteuerung

Abbildung 2.2: Gefühle bilden eine weitere Ebene der homöostatischen Steuerung von Lebensvorgängen. Sie sind ein mentaler Ausdruck aller anderen Ebenen der homöostatischen Steuerung.

Das Prinzip der Verschachtelung

Wenn wir uns die Liste der regulativen Reaktionen anschauen, die für die Homöostase verantwortlich sind, erkennen wir einen sonderbaren Konstruktionsplan. Sein charakteristisches Merkmal ist, dass einfache Reaktionen als Teilelemente in aufwendigere Reaktionen eingebunden sind, sodass das Einfache in das Komplexe verschachtelt ist. *Teilweise* sind die Mechanismen des Immunsystems und der Stoffwechselsteuerung in die Mechanismen des Schmerz- und Lustverhaltens eingebaut. *Teilweise* sind diese wiederum in die Mechanismen der Antriebe und Motivationen eingebunden (die größtenteils Stoffwechselkorrekturen betreffen und alle mit Schmerz oder Lust zu tun haben). *Teilweise* sind die Mechanismen aller niedrigeren Ebenen – Reflexe, Immunantworten, Stoffwechselsteuerung, Schmerz- oder Lustverhalten, Antriebe – in den Mechanismen der eigentlichen Emotionen enthalten. Wie wir sehen werden, gehorchen die verschiedenen Stufen der eigentlichen Emotionen genau demselben Prinzip. Das Ganze ist kein genaues Abbild der russischen Puppen, weil die komplexeren Teile nicht einfach Vergrößerungen der kleineren, in sie eingefügten Teile sind. So systematisch geht die Natur nicht vor. Trotzdem gilt das »Schachtelprinzip«. Keine der verschiedenen regulativen Reaktionen, die wir hier betrachten, ist ein vollkommen neuer Prozess, der für seinen Zweck speziell entwickelt wurde. Vielmehr besteht jede Reaktion aus einem Flickwerk von Teilen der einfacheren Prozesse der unteren Ebenen. Sie alle dienen demselben übergeordneten Ziel – überleben in einem Zustand des Wohlbefindens –, doch dieses Flickwerk ist außerdem die Antwort auf ein neues Problem, das gelöst werden muss, wenn der Organismus in einem Zustand des Wohlbefindens überleben will. Die Lösung jedes neuen Problems ist notwendig, um das übergeordnete Ziel zu erreichen.

Das Bild einer einfachen linearen Hierarchie wird dem Zusammenspiel dieser Reaktionen nicht gerecht. Deshalb beschreibt die Metapher von einem hohen Gebäude mit vielen Stockwerken nur einen Teil der biologischen Realität. Auch das Bild einer langen Kette, die die verschiedenen Stufen der Existenz miteinander verbindet, will nicht so recht passen. Weit treffender ist die Vorstellung eines hohen, unregelmäßig gewachsenen Baums, dessen Stamm immer höhere und verzweigtere Äste hervorbringt, die in wechselseitiger Kommunikation mit ihren Wurzeln stehen. Überall in diesem Baum finden wir Spuren der Evolutionsgeschichte.

Mehr über Reaktionen im Zusammenhang
mit Emotionen: Von der einfachen homöostatischen
Steuerung zu den eigentlichen Emotionen

Einige der regulativen Reaktionen, die wir betrachtet haben, antworten auf ein Objekt oder eine Situation in der Umwelt – eine potenziell gefährliche Situation, eine Gelegenheit zum Fressen oder zur Paarung –, während andere Reaktionen auf ein Objekt oder eine Situation innerhalb des Organismus antworten. Das kann ein Mangel an verfügbaren Nährstoffe für die Energieproduktion sein, eine Situation, die das Triebverhalten hervorruft, das wir als Hunger bezeichnen und das die Suche nach Nahrung bewirkt. Es kann sich aber auch um eine hormonale Veränderung handeln, welche die Suche nach einem Paarungspartner auslöst, oder um eine Wunde. In letzterem Fall tritt die Reaktion auf, die wir Schmerz nennen. Zum Reaktionsspektrum gehören nicht nur deutlich sichtbare Emotionen wie Furcht und Wut, sondern auch Antriebe, Motivationen und Verhaltensweisen, die mit Schmerz oder Lust verknüpft sind. Sie alle manifestieren sich in einem Organismus, einem Körper, innerhalb dessen Grenzen das Leben abläuft. Alle Reaktionen dienen direkt oder indirekt einem offenkundigen Ziel: dafür zu sorgen, dass sich die inneren Lebensabläufe reibungslos vollziehen. Die Menge bestimmter chemischer Moleküle muss innerhalb vorgegebener Grenzen bleiben, das heißt, sie darf diese weder über- noch unterschreiten, weil das Leben jenseits dieser Grenzen bedroht ist. Auch die Temperatur muss innerhalb sehr nahe beieinander liegender Parameter bleiben. Energiequellen müssen gefunden werden, wobei Neugier und Erkundungssstrategien bei der Suche danach helfen. Sobald diese Energiequellen entdeckt sind, müssen sie einverleibt – buchstäblich: in den Leib aufgenommen – und so umgewandelt werden, dass sie entweder sofort verbraucht oder gespeichert werden können; Abfallprodukte, die bei diesen Umwandlungsprozessen anfallen, müssen ausgeschieden werden; und die Reparatur von abgenutztem oder beschädigtem Gewebe muss so ausgeführt werden, dass die Unversehrtheit des Organismus erhalten bleibt.

Sogar die eigentlichen Emotionen – Ekel, Furcht, Glück, Trauer, Mitleidgefühl und Scham – dienen der Regulierung der Lebensvorgänge, indem sie Gefahren abwenden, dem Organismus helfen, günstige Gelegenheiten zu nutzen, oder indirekt, indem sie der Entstehung und Pflege von sozialen Beziehungen dienen. Damit möchte ich nicht behaupten, dass wir jedes Mal, wenn wir eine Emotion zeigen, unser Überleben oder Wohlbefinden fördern wollen. Nicht alle Emotionen sind gleichermaßen geeignet, uns diesem Ziel näher zu bringen. Sowohl der Kontext, in dem sich eine Emotion ereignet, als auch ihre Intensität sind wichtige Faktoren, die über den potenziellen Wert der Emotion in einer spezifischen Situation entscheiden. Doch der Umstand, dass einige menschliche Emotionen unter heutigen Lebensbedingungen unangepasst sein mögen, stellt ihre Rolle für eine vorteilhafte Regulation der Lebensvorgänge im Verlauf der Evolution nicht in Frage. Wut und Traurigkeit sind in modernen Gesellschaften meist kontraproduktiv. Phobien sind äußerst hinderlich. Aber überlegen Sie, wie viele Leben in entsprechenden Situationen durch Furcht oder Wut gerettet worden sind. Diese Reaktionen dürften sich in der Evolution durchgesetzt haben, weil sie automatisch dem Überleben gedient haben. Das können sie unter bestimmten Umständen sogar noch immer, was wahrscheinlich der Grund dafür ist, dass sie nach wie vor ein fester Bestandteil im Alltag von Menschen und nicht-menschlichen Spezies sind.

Wenn wir die Biologie der Emotionen verstehen und uns klar machen, dass der Wert der verschiedenen Emotionen in unserer heutigen menschlichen Umwelt einer Neubewertung bedarf, können wir daraus Rückschlüsse von großer praktischer Bedeutung für das menschliche Verhalten ziehen. Beispielsweise können wir lernen, dass einige Emotionen extrem schlechte Ratgeber sind, und uns überlegen, wie wir sie entweder unterdrücken oder wie wir unsere Reaktionen auf ihre Ratschläge entschärfen können. Beispielsweise glaube ich, dass Reaktionen, die zu ethnischen oder kulturellen Vorurteilen führen, teilweise auf sozialen Emotionen beruhen, deren evolutionäre Bedeutung darin lag, *Unterschiede* an anderen zu entdecken, weil Unterschiede Risiken oder Gefahren signalisieren konnten. Die Folge war daher Rückzug oder Aggression. Wahrscheinlich waren solche Reaktionen in einer Stammesgesellschaft nützlich, während sie in unserer heutigen keineswegs mehr zuträglich und vollkommen unangemessen sind. Daher sollten wir uns darüber im Klaren sein, dass einige Mechanismen in unserem Gehirn noch immer genauso reagieren, wie sie es in einem ganz anderen Kontext vor Jahrmillionen getan haben. Wir sollten lernen, solche Reaktionen zu vermeiden, und andere Menschen veranlassen, das ebenfalls zu tun.

Die Emotionen einfacher Organismen

Es gibt Belege in Hülle und Fülle für »emotionale« Reaktionen einfacher Organismen. Stellen Sie sich ein einsames Pantoffeltierchen vor, einen einfachen Einzeller, nur Körper, kein

52

Geist, wie es eilig von einer potenziellen Gefahrenquelle in einem bestimmten Bereich seines Behälters fortschwimmt – vielleicht einer stechenden Nadel, zu vielen Schwingungen oder zu großer beziehungsweise zu geringer Wärme. Möglicherweise folgt das Pantoffeltierchen auch eifrig einer ansteigenden Menge von chemischen Nährstoffen zu einem Bereich seines Behälters, wo es eine Mahlzeit findet. Dieser einfache Organismus ist in der Lage, bestimmte Gefahrensignale auszumachen – plötzliche Temperaturschwankungen, heftige Schwingungen oder den Kontakt mit einem spitzen Objekt, das seine Zellmembran durchbohren kann – und zu reagieren, indem es sich an einen sichereren, gemäßigteren oder ruhigeren Ort begibt. In ähnlicher Weise folgt es den Hinweisen auf grüneres, nährstoffreicheres Wasser, nachdem es chemische Stoffe entdeckt hat, die es für seine Energieversorgung und sein chemisches Gleichgewicht braucht. Die Prozesse, die ich für dieses Lebewesen ohne Gehirn beschreibe, entsprechen im Wesentlichen schon den menschlichen Emotionen – Entdeckung von Objekten oder Ereignissen, bei denen Vermeidung und Flucht oder Hinwendung und Annäherung angeraten sind. Die Fähigkeit, auf diese Weise zu reagieren, wird nicht gelehrt – viel Pädagogik findet in der Pantoffeltierchenschule nicht statt. Sie ist in den scheinbar einfachen und doch so komplizierten genetisch festgelegten Mechanismen des hirnlosen Pantoffeltierchens enthalten. Darin zeigt sich, dass die Natur seit langem bestrebt ist, lebende Organismen mit den Mitteln auszustatten, die es ihnen ermöglichen, ihr Leben automatisch zu steuern und zu erhalten, ohne dass Fragen oder Gedanken dazu erforderlich sind.

Ein Gehirn zu besitzen, selbst ein einfach strukturiertes, ist für das Überleben natürlich nützlich und sogar unentbehrlich, wenn die Umwelt höhere Ansprüche an den Organismus stellt als die des Pantoffeltierchens. Denken Sie an eine winzige Fliege – ein kleines Lebewesen mit einem einfachen Nervensystem, aber ohne Wirbelsäule. Sie können die Fliege ziemlich wütend machen, wenn sie wiederholt und erfolglos nach ihr schlagen. Sie wird sie in todesmutigen Sturzflügen umkreisen und den tödlichen Schlägen ausweichen. Doch Sie können die Fliege auch beglücken, indem Sie sie mit Zucker füttern. Deutlich ist zu beobachten, wie ihre Bewegungen in Reaktion auf die labende Speise langsamer und gemächlicher werden. Und geradezu verrückt vor Glück können Sie die Fliege machen, indem Sie ihr Alkohol geben. Das ist kein Märchen: Dieses Experiment ist an der Fliegenart *Drosophila melanogaster* durchgeführt worden.[8] Nachdem sie Äthanoldämpfen ausgesetzt waren, sind die Fliegen ebenso unkoordiniert, wie wir es nach einer vergleichbaren Dosis Alkohols wären. Ihre Bewegungen lassen alle Anzeichen eines Vollrausches erkennen, und sie fallen in ein Reagenzglas hinein wie ein Betrunkener auf einen Laternenpfahl zutorkelt. Fliegen haben Emotionen, obwohl ich nicht behaupte, dass sie Emotionen *fühlen*, von der Reflexion über solche Gefühle gar nicht zu reden. Wer die Komplexität der Regulationsmechanismen der Lebensvorgänge dieses kleinen Tierchens bezweifelt, der sei auf die Arbeit von Ralph Greenspan und seine Kollegen verwiesen, die die Schlafmechanismen der Fliege beschrieben haben.[9] Die winzige *Drosophila* besitzt ein Äquivalent unseres Tag-Nacht-Zyklus, Phasen intensiver Aktivität, die sich mit solchen erholsamen Schlafes ablösen. Bei Schlafentzug zeigt die Fliege die gleichen Symptome, die wir haben, wenn wir unter einem Jetlag leiden. Genauso wie wir brauchen sie dann mehr Schlaf.

Oder denken Sie an die Meeresschnecke *Aplysia california* – wiederum keine Wirbelsäule, wenig Hirn und viel Trägheit. Berühren Sie ihre Kiemen, und sie krümmt sich zusammen, erhöht ihren Blutdruck und steigert ihre Herzfrequenz. Mit anderen Worten, die Schnecke zeigt eine Reihe aufeinander abgestimmter Reaktionen, die, auf Sie oder mich übertragen, vermutlich als wichtige Elemente der Furcht erkannt würden. Emotion? Ja. Gefühl? Wahrscheinlich nicht.[10]

Diese Organismen produzieren die beschriebenen Reaktionen nicht mit Bedacht. Sie *konstruieren* sie auch nicht Stück für Stück, in der Erinnerung an all die Situationen, in der diese Reaktion bereits gezeigt wurde. Vielmehr sind die Reaktionen Reflexe, die automatisch und stereotyp erfolgen. Wie der zerstreute Kunde, der Konfektionskleidung von der Stange nimmt, wählen diese Organismen »Konfektionsreaktionen« aus und ziehen weiter. Allerdings wäre es falsch, solche Verhaltensweisen als Reflexe zu bezeichnen, weil klassische Reflexe einfache Reaktionen sind, während diese Verhaltensweisen komplexe Reaktionsbündel sind. Die Vielfalt der Komponenten und die Koordination der Komponenten unterscheiden auf Emotionen bezogene Reaktionen von Reflexen. Besser bezeichnet man sie als Bündel von Reflexantworten, die teilweise sehr komplex und koordiniert sind. Dank ihnen ist der Organismus in der Lage, auf ein Problem mit einer effektiven Lösung zu antworten.

Die eigentlichen Emotionen

Es gibt eine altehrwürdige Tradition, Emotionen in verschiedene Kategorien einzuordnen. Obwohl die Klassifikationen und ihre Bezeichnungen offenkundig unangemessen sind, gibt es beim gegenwärtigen, vorläufigen Wissensstand noch keine Alternative zu ihnen. Mit wachsendem Wissen werden sich die Bezeichnungen und Klassifikationen vermutlich verändern. Bis dahin sollten wir im Gedächtnis behalten, dass die Grenzen zwischen den Kategorien durchlässig sind. Gegenwärtig halte ich es für sinnvoll, die eigentlichen Emotionen in drei Stufen zu unterteilen: Hintergrundemotionen, primäre Emotionen und soziale Emotionen.

Wie der Name sagt, treten Hintergrundemotionen in unserem Verhalten nicht besonders in den Vordergrund, obwohl sie erstaunlich wichtig sind. Sie haben vielleicht nie besonders darauf geachtet, können aber Hintergrundemotionen vermutlich recht gut lesen, wenn Sie bereits bei jemandem, den Sie gerade kennen gelernt haben, spüren, dass er energisch oder begeisterungsfähig ist, oder wenn Sie in der Lage sind, an ihren Freunden und Kollegen winzige Anzeichen von Unbehagen oder Aufregung, von Gereiztheit oder Ruhe zu bemerken. Wenn Sie sich auf diese diagnostische Kunst besonders gut verstehen, können Sie solche Erkenntnisse auch gewinnen, ohne dass ihr Opfer ein einziges Wort äußert. Sie lesen es an den Bewegungen der Gliedmaßen und des ganzen Körpers ab. Wie heftig? Wie genau? Wie ausholend? Wie häufig? Sie beobachten das Mienenspiel. Wenn gesprochen wird, hören sie nicht auf die Wörter und ihre lexikalische Bedeutung, sondern auf die Sprachmelodie, die Prosodie.

Hintergrundemotionen sind von Stimmungen zu unterscheiden. Mit Letzteren bezeichnet man die Fortdauer einer gegebenen Emotion über einen längeren Zeitraum – Stunden oder Tage –, wie es zum Beispiel in dem Satz »Peter war in schlechter Stimmung« zum Ausdruck kommt. Mit einer Stimmung kann auch die häufige Wiederholung einer bestimmten Emotion gemeint sein, etwa wenn Jane, die sonst ein so ausgeglichenes Mädchen ist, »bei dem geringsten Anlass in die Luft ging«.

Als ich diesen Begriff entwickelte[11], verstand ich unter Hintergrundemotionen die Konsequenz bestimmter Kombinationen von einfacheren regulativen Reaktionen (zum Beispiel grundlegenden homöostatischen Prozessen, Schmerz- und Lustverhalten, Trieben), die nach dem bereits beschriebenen Schachtelprinzip ineinander greifen. Hintergrundemotionen sind der zusammengesetzte Ausdruck dieser regulativen Reaktionen, die sich in jedem Augenblick unseres Lebens bilden und überschneiden. Ich stelle mir Hintergrundemotionen als ein weitgehend unvorhersagbares Ergebnis mehrerer gleichzeitig ablaufender Regulationsprozesse auf dem riesigen Spielplatz vor, den unser Organismus darstellt. Dazu gehören

Anpassungsprozesse des Stoffwechsels, hervorgerufen durch irgendein inneres Bedürfnis, das auf seine Befriedigung wartet oder gerade gestillt worden ist, oder durch irgendeine äußere Situation, die erst eingeschätzt und auf die dann mit anderen Emotionen, Antrieben oder geistigen Prozessen reagiert wird. Das ständig wechselnde Ergebnis dieses Hexenkessels von Interaktionen ist unsere »Befindlichkeit« – gut, schlecht oder irgendetwas dazwischen. Wenn man uns fragt, »wie wir uns fühlen«, konsultieren wir diese »Befindlichkeit« und antworten entsprechend.

Nun lässt sich natürlich fragen, ob es regulative Reaktionen gibt, die *nicht* Teil der Hintergrundemotionen sind, oder welche regulatorischen Reaktionen am häufigsten in der Struktur von Emotionen im Hintergrund wie beispielsweise Entmutigung oder Begeisterung auftreten oder wie Temperament und Gesundheitszustand mit Hintergrundemotionen interagieren. Die Antwort lautet schlicht und einfach: Wir wissen es noch nicht. Die notwendigen Untersuchungen sind noch nicht durchgeführt worden.

Die primären (oder grundlegenden) Emotionen sind leichter zu definieren, weil es einer alten Tradition entspricht, in dieser Gruppe bestimmte auffällige Emotionen zusammenzufassen. Am häufigsten werden Furcht, Wut, Ekel, Überraschung, Traurigkeit und Glück genannt – sie fallen uns zuerst ein, wenn von »Emotionen« die Rede ist. Es gibt gute Gründe für ihre Sonderstellung. Diese Emotionen lassen sich an Menschen aller Kulturen und sogar an Tieren beobachten.[12] Auch die Umstände, die diese Emotionen und die ihnen zugrunde liegenden Verhaltensweisen auslösen, ähneln sich in verschiedenen Kulturen und Arten. Kein Wunder also, dass der größte Teil unseres Wissens über die Neurobiologie der Emotionen aus Untersuchungen über primäre Emotionen stammt.[13] Dabei nimmt die Furcht den ersten Platz ein, was Alfred Hitchcock sicherlich nicht überrascht hätte, jedoch wurden auch schon bei Ekel,[14] Trauer und Glück große Fortschritte gemacht.[15]

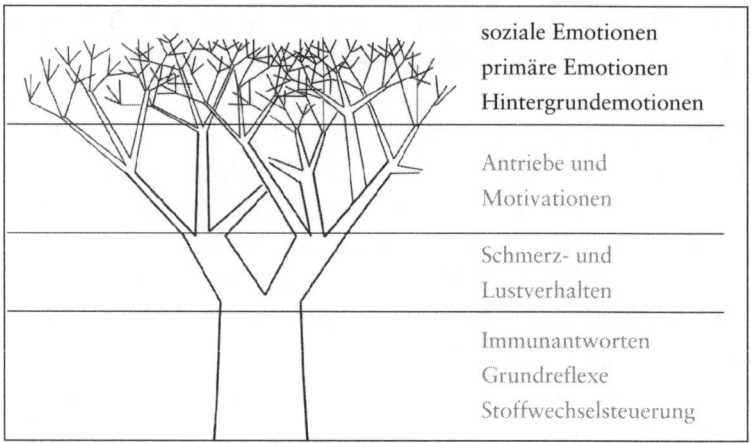

	soziale Emotionen
	primäre Emotionen
	Hintergrundemotionen
	Antriebe und Motivationen
	Schmerz- und Lustverhalten
	Immunantworten Grundreflexe Stoffwechselsteuerung

Abbildung 2.3: Es gibt mindestens drei Arten von eigentlichen Emotionen: Hintergrundemotionen, primäre Emotionen und soziale Emotionen. Auch hier findet das Schachtelprinzip Anwendung. Beispielsweise schließen soziale Emotionen Reaktionen ein, die Elemente der primären und der Hintergrundemotionen sind.

Zu den sozialen Emotionen gehören Mitgefühl, Verlegenheit, Scham, Schuldgefühle, Stolz, Eifersucht, Neid, Dankbarkeit, Bewunderung, Entrüstung und Verachtung. Auch für die sozialen Emotionen gilt das Schachtelprinzip. Ein ganzes Gefolge von regulativen Reaktionen und Elementen, die zu den primären Emotionen gehören, lassen sich in unterschiedlichen Kombinationen als Teilelemente der sozialen Emotionen ausmachen. Die verschachtelte Integration von Teilelementen niedrigerer Stufen ist offensichtlich. Vergegenwärtigen Sie sich, wie die soziale Emotion »Verachtung« das Mienenspiel von »Ekel« übernimmt, einer primären Emotion, die sich in Verbindung mit der automatischen und nützlichen Ablehnung potenziell giftiger Nahrungsmittel entwickelt hat. Sogar die Worte, die wir verwenden, um Situationen zu beschreiben, die in uns Verachtung und moralische Empörung hervorrufen – wir bekunden, wir seien angeekelt –, lassen das Schachtelprinzip erkennen. Auch Elemente von Schmerz und Lust sind unter der Oberfläche der sozialen Emotionen zu erkennen, wenn auch nicht so deutlich wie in den primären Emotionen.

Wir fangen gerade erst an zu verstehen, wie das Gehirn soziale Emotionen auslöst und ausführt. Da das Wort »sozial« unvermeidlich die Vorstellung menschlicher Gesellschaft und Kultur heraufbeschwört, ist unbedingt darauf hinzuweisen, dass soziale Emotionen keineswegs auf Menschen beschränkt sind. Schauen Sie sich um, und Sie werden Beispiele für soziale Emotionen bei Schimpansen, Pavianen und anderen Affenarten finden, bei Wölfen und natürlich auch bei Ihrem Hund und Ihrer Katze. Solche Beispiele gibt es in Hülle und Fülle – der prahlerische Gang eines dominanten Affens; das buchstäblich königliche Gehabe eines dominanten Menschenaffen oder Wolfs, der den Respekt seiner Gruppe einfordert; die Demutsgebärden des Tieres, das nicht dominant ist und sich unterordnen muss; das Mitgefühl, das ein Elefant einem verwundeten oder kranken Artgenossen gegenüber bekundet; oder die Verlegenheit eines Hundes, der etwas Verbotenes getan hat.[16]

Da wahrscheinlich keinem dieser Tiere Emotionen beigebracht wurden, hat es den Anschein, als sei die Veranlagung, soziale Emotionen zu zeigen, tief im Gehirn des Organismus verwurzelt, eine Veranlagung, die jederzeit in einer entsprechenden Situation aktiviert werden kann. Da diese Tierarten aber weder über Sprache noch über andere Kulturtechniken verfügen, werden die allgemeinen Voraussetzungen im Gehirn, die so komplexe Verhaltensweisen ermöglichen, zweifellos durch das Genom dieser Arten festgelegt. Folglich gehören diese Emotionen ebenso wie die bereits erörterten Mechanismen zu den vielen weitgehend angeborenen und automatischen Mechanismen der Lebenssteuerung.

Sind diese Emotionen im engeren Sinn, das heißt, können sie unmittelbar nach der Geburt in der gleichen Weise abgerufen werden, wie es zweifellos für die Stoffwechselregulierung gilt? Die Antwort fällt wahrscheinlich für verschiedene Emotionen unterschiedlich aus. Einige emotionale Reaktionen dürften buchstäblich angeboren sein, andere sind möglicherweise auf minimale Unterstützung durch entsprechende Erfahrungen angewiesen. Robert Hindes Arbeit über die Furcht vermittelt uns wahrscheinlich eine recht zutreffende Vorstellung von den Ereignissen, die sich beim Ausdruck von sozialen Emotionen abspielen. Wie Hinde gezeigt hat, ist bei Affen für die Ausbildung der angeborenen Furcht vor Schlangen nicht nur erforderlich, dass das Junge eine Schlange sieht, sondern auch, dass es die Furcht im Gesicht der Mutter bemerkt. *Einmal* reicht, um die Furcht zu aktivieren, doch ohne dieses »Einmal« tritt das »angeborene« Verhalten nicht in Erscheinung.[17] Ähnliches gilt für soziale Emotionen. Ein Beispiel dafür ist die Ausbildung von Dominanz- und Unterwerfungsmustern im Spiel sehr junger Primaten.

Für jemanden, der in der Überzeugung aufgewachsen ist, soziale Verhaltensweisen seien notwendigerweise das Ergebnis von Erziehung, ist es schwer zu begreifen, dass einfache Tierarten, denen unseres Wissens nach keine Kultur zur Verfügung steht, intelligente soziale Verhaltensweisen zeigen können. Doch das tun sie, und, es sei noch einmal gesagt, sie brauchen nicht viel Gehirn, um uns damit zu verblüffen. Der schlichte Wurm *Caenorhabditis elegans* hat genau 302 Neuronen und rund 5000 interneuronale Verbindungen. (Zum Vergleich: der Mensch hat mehrere Milliarden Neuronen und mehrere Billionen Nervenverbindungen.) Wenn sich diese scharfen kleinen Biester (sie sind Zwitter!) in einer Umgebung mit genügend Nahrung und ohne Stressfaktoren befinden, bleiben sie für sich und fressen allein. Ist die Nahrung hingegen knapp oder ist in der Umgebung ein schädlicher Geruch festzustellen – was eine echte Gefahr für einen Wurm darstellt, dessen Verbindung zur Welt mit der Nase hergestellt wird –, versammeln sich die Würmer an bestimmten Orten und fressen in Gruppen. Für alle Fälle.[18] In diesem natürlich rudimentären und doch sehr weitreichenden Verhalten sind zahlreiche eigenartige soziale Konzepte vorgezeichnet: Sicherheit der großen Zahl, Stärke durch Kooperation, den Gürtel enger schnallen, Altruismus und der ursprüngliche Gewerkschaftsgedanke. Haben Sie wirklich geglaubt, die Menschen hätten sich diese Verhaltensweisen einfallen lassen? Nehmen Sie die Honigbiene, klein und sehr sozial in der Gesellschaft ihres Bienenstocks. Eine Honigbiene besitzt 95 000 Neuronen. Da kann man schon von einem Gehirn sprechen.

Es ist sehr wahrscheinlich, dass die Fähigkeit zu solchen sozialen Emotionen bei der Entwicklung komplexer kultureller Mechanismen der sozialen Steuerung eine Rolle gespielt hat (vgl. Kapitel vier). Außerdem ist offenkundig, dass beim Menschen einige emotionale Reaktionen sozialer Art hervorgerufen werden, ohne dass der die Reaktion auslösende Reiz für den Reagierenden und eventuelle Beobachter unmittelbar ersichtlich wäre. Der Ausdruck sozialer Dominanz und Abhängigkeit ist ein Beispiel dafür – denken Sie an all die merkwürdigen Mätzchen menschlichen Verhaltens in Sport, Politik und Arbeitswelt. Warum manche Menschen Führer und andere Anhänger werden, warum einige achtungsgebietend auftreten und andere sich ängstlich ducken, hat wenig zu tun mit Kenntnissen und Fähigkeiten, sondern vielmehr mit körperlichen Eigenschaften und der Art und Weise, wie jemand bestimmte emotionale Reaktionen in anderen auslöst. Für die Beobachter solcher Reaktionen und die Menschen, die sie zeigen, wirken einige dieser Verhaltensweisen unmotiviert, weil sie von dem angeborenen, unbewussten Apparat hervorgebracht werden, der für soziale Emotionen und Selbsterhaltung zuständig ist. Darwin verdanken wir die Erklärung des evolutionären Aspekts dieser Phänomene.

Aber diese Emotionen sind nicht die einzigen emotionalen Reaktionen rätselhaften Ursprungs. Es gibt noch eine andere Klasse von Reaktionen, die unbewusst entstehen. Wir lernen sie während unserer individuellen Entwicklung. Ich meine die Vorlieben und Abneigungen, die wir unbemerkt im Laufe unseres Lebens erwerben, indem wir Menschen, Gruppen, Objekte, Tätigkeiten und Orte wahrnehmen und emotional auf sie reagieren – ein Phänomen, auf das Freud unsere Aufmerksamkeit gelenkt hat. Merkwürdigerweise könnten diese beiden Kategorien von unabsichtlichen, nicht bewussten Reaktionen – die angeborenen und die erlernten – im bodenlosen Abgrund unseres Unterbewusstseins miteinander verknüpft sein. Man ist versucht zu sagen, dass sich in dieser unbewussten Wechselbeziehung möglicherweise die Überschneidung zweier geistiger Vermächtnisse demonstriert, das von Darwin und das von Freud, zweier Denker, die es sich zur Aufgabe gemacht hatten, die verschiedenen Einflüsse angeborener und erworbener Fähigkeit bzw. Reaktionen in ihren tiefsten Schichten zu erforschen.[19]

Von den chemischen homöostatischen Prozessen bis zu den eigentlichen Emotionen haben alle Phänomene der Lebenssteuerung entweder direkt oder indirekt mit der Unversehrtheit und Gesundheit des Organismus zu tun. Ohne Ausnahme stehen alle diese Phänomene in Beziehung zu verschiedenen Anpassungsprozessen des Körperzustands und führen letztlich zu jenen Veränderungen in der Hirnkartierung von Körperzuständen, die die Grundlage von Gefühlen bilden. Die Verschachtelung des Einfachen im Komplexen sorgt dafür, dass das regulative Prinzip Zweck auch auf den höheren Stufen der Leiter erhalten bleibt. Doch während der Zweck unverändert bleibt, verändert sich die Komplexität. Eigentliche Emotionen sind sicherlich komplexer als Reflexe. Auch diese auslösenden Reize und die Ziele variieren. Die Situationen, die den Prozess in Gang setzen, und der spezifische Zweck verändern sich.

Hunger und Durst sind beispielsweise einfache Antriebe. Der Auslöser dafür liegt gewöhnlich im Körper – die Verringerung einer lebenswichtigen Substanz, nämlich der Energie aus Nahrung und Wasser. Doch das daraus resultierende Verhalten richtet sich auf die Umwelt und umfasst die Suche nach dem fehlenden Etwas, eine Suche, zu der die erkundende Bewegung in der Umgebung und die sensorische Entdeckung des Gesuchten gehört. Das unterscheidet sich nicht so grundlegend von dem, was bei eigentlichen Gefühlen geschieht, sagen wir, bei Furcht oder Wut. Auch da löst ein Objekt die Routineabläufe der adaptiven Verhaltensweisen aus. Doch die entsprechenden Objekte für Furcht und Wut sind fast immer extern (selbst wenn sie aus der Erinnerung und der Phantasie unseres Gehirns stammen, repräsentieren sie in der Regel externe Objekte) und können von höchst unterschiedlicher Beschaffenheit sein (viele physische Reize, entweder evolutionär bedingt oder assoziativ gelernt, sind in der Lage, Furcht hervorzurufen). Die Auslöser von Hunger und Durst sind überwiegend intern (obwohl wir auch Hunger oder Durst bekommen können, wenn wir einen französischen Film sehen, in denen die Personen essen, trinken und fröhlich sind). Ferner treten einige Triebe, zumindest bei nicht-menschlichen Spezies, periodisch auf und sind auf bestimmte Jahreszeiten und physiologische Zyklen beschränkt, zum Beispiel die Sexualität, während Emotionen jederzeit stattfinden und über längere Zeit bestehen bleiben können.

Wir können auch merkwürdige Interaktionen zwischen verschiedenen Klassen von regulativen Reaktionen beobachten. Die eigentlichen Emotionen beeinflussen Triebe und umgekehrt. Durch die Emotion Furcht werden beispielsweise Hunger und Sexualtrieb gehemmt, desgleichen durch Traurigkeit und Ekel. Dagegen fördert Glück den Hunger und den Sexualtrieb. Die Befriedigung von Antrieben – Hunger, Durst und Sexualtrieb zum Beispiel – ruft Glück hervor. Doch misslingt die Befriedigung dieser Triebe, können Wut, Verzweiflung oder Traurigkeit die Folge sein.

Wie bereits erwähnt, bestehen die ständigen Emotionen im Hintergrund aus dem Zusammenspiel der täglich ablaufenden adaptiven Reaktionen wie homöostatische Anpassungen und Antrieben und sind maßgeblich an der Entstehung einer bestimmten Stimmung über einen längeren Zeitraum hinweg beteiligt. Wenn man jedoch die verschiedenen Ebenen dieser regulativen Reaktionen betrachtet, ist man von ihrer bemerkenswerten formalen Ähnlichkeit verblüfft.[20]

Soweit wir wissen, besitzen die meisten Lebewesen, die zu Überlebenszwecken mit Emotionen ausgestattet sind, ein Gehirn, das nicht dazu in der Lage ist, diese Emotionen zu fühlen, oder sich gar Gedanken über diese zu machen. Solche Organismen entdecken bestimmte Reize in ihrer Umgebung und reagieren mit einer Emotion darauf. Alles, was sie dafür brauchen, ist ein einfacher Wahrnehmungsapparat – ein Filter, mit dessen Hilfe sie emotional besetzte Reize entdecken können, und die Fähigkeit, mit einer Emotion zu reagieren. Aller Wahrscheinlichkeit nach fühlen sie nicht wie wir und denken erst recht nicht wie wir. Das ist natürlich nur eine Annahme, doch sie stützt sich auf unsere Vorstellung von dem, was erforderlich ist, um fühlen zu können, eine Vorstellung, die im nächsten Kapitel erläutert wird. Einfacheren Lebewesen fehlen die Hirnstrukturen, die notwendig sind, um in Gestalt sensorischer Karten die Veränderungen abzubilden, die sich im Körper vollziehen, wenn emotive Reaktionen stattfinden und zu Gefühlen werden. Diesen Organismen fehlt auch das Gehirn, mit dem solche Veränderungen im Körper antizipiert werden – die Grundlage für Begierde oder Angst.

Wir sehen also, dass die oben erörterten regulativen Reaktionen für den Organismus, der sie zeigt, von Vorteil sind, und dass die Ursachen dieser Reaktionen – die Objekte oder Situationen, die sie auslösen – sich als »gut« oder »schlecht« beurteilen lassen, je nachdem, wie sie sich auf das Überleben und Wohlbefinden des Organismus auswirken. Doch es sollte auch klar geworden sein, dass das Pantoffeltierchen, die Fliege oder das Eichhörnchen das Gute oder Schlechte an diesen Situationen nicht erkennen und erst recht nicht im Interesse des »Guten« und gegen das »Schlechte« handeln können. Genauso wenig, wie wir Menschen nach dem Guten streben, wenn wir für einen ausgeglichenen pH-Wert in unserem inneren Milieu sorgen oder glücklich oder ängstlich auf bestimmte Objekte in unserer Umgebung reagieren. Unser Organismus bewegt sich aus eigenem Antrieb in Richtung eines »guten« Ergebnisses, manchmal direkt, in Reaktion auf Glück, manchmal indirekt in Reaktion auf Furcht, was zunächst mit der Vermeidung des »Schlechten« beginnt und letztlich zum »Guten« führt. Ich bin der Meinung, und werde in Kapitel vier noch einmal auf diesen Punkt zurückkommen, dass Organismen für sie positive Reaktionen zeigen können, die zu guten Ergebnissen führen, und das sogar, ohne die Entwicklung dieser Reaktionen zu *fühlen*. An der Beschaffenheit dieser Reaktionen lässt sich ablesen, dass die Organismen, während sie so reagieren, sich eine Zeitlang in einem mehr oder weniger ausgeprägten Zustand physiologischen Gleichgewichts befinden.

Aus zwei Gründen kann ich uns Menschen nur aufrichtig beglückwünschen. Erstens, unter vergleichbaren Umständen schaffen diese automatischen Reaktionen Bedingungen im menschlichen Organismus, die, sobald sie einmal im Nervensystem kartiert sind, als angenehm oder schmerzhaft repräsentiert werden und schließlich als Gefühle erkannt werden können. Ich möchte sagen, dass dies die eigentliche Ursache für Glück und Elend des Menschen ist. Nun zum zweiten Grund: Als Menschen sind wir uns der Beziehung zwischen bestimmten Objekten und bestimmten Emotionen bewusst und können *vorsätzlich* danach trachten, unsere Emotionen zu kontrollieren – zumindest bis zu einem gewissen Grad. Wir können entscheiden, welche Objekte und Situationen wir in unserer Umgebung zulassen wollen und mit welchen Objekten und Situationen wir nur unsere Zeit und Aufmerksamkeit verschwenden. Beispielsweise können wir beschließen, keine Fernsehwerbung mehr zu schauen und uns für ihre ewige Verbannung aus den Haushalten aller intelligenten Bürger einsetzen. Durch die Beeinflussung unserer Interaktion mit Objekten, die Emotionen hervorrufen, üben wir tatsächlich eine gewisse Kontrolle über den Lebensprozess aus und führen den Organismus zu größerer oder geringerer Harmonie, wie es Spinoza gewünscht hätte. Damit überwinden wir die Tyrannei, die die emotionalen Mechanismen mit ihren automatischen und seelenlosen Abläufen ausüben. Eigenartigerweise haben die Menschen diese Möglichkeit schon vor langer Zeit entdeckt, ohne die physiologische Grundlage dieser von ihnen verwendeten Strategien zu kennen. So verhält es sich beispielsweise, wenn wir bewusst entscheiden, was wir lesen und mit welchen Menschen wir umgehen. Das tun die Menschen schon seit Jahrhunderten, wenn sie sich an bestimmte soziale und religiöse Vorschriften halten, die eine Modifikation der Umwelt und unserer Beziehung zu ihr bewirken. Das wollen wir erreichen, wenn wir all die Gesundheitsprogramme ausprobieren, die uns Sport und Diät verschreiben.

Es wäre falsch zu behaupten, die regulativen Reaktionen, einschließlich der eigentlichen Emotionen, wären hoffnungslos und unvermeidlicherweise stereotyp. Einige Reaktionen der »unteren Zweige« sind stereotyp und müssen es auch sein – wir sollten uns hüten, der Natur ins Handwerk zu pfuschen, wenn es gilt, die Herzfunktion zu regulieren oder vor Gefahren davonzulaufen. Doch die Reaktionen der »höheren Zweige« lassen sich bis zu einem gewissen Maße modifizieren. Wir können unseren Kontakt mit den Reizen kontrollieren, die die Reaktion hervorrufen. Außerdem können wir im Laufe des Lebens lernen, diese Reaktionen mit modifizierenden »Bremsen« zu versehen. Und schließlich haben wir die Möglichkeit, unsere Willenskraft zu mobilisieren und einfach Nein zu sagen. Manchmal wenigstens.

Die eigentlichen Emotionen:
Eine Hypothese in Form einer Definition

Unter Berücksichtigung der verschiedenen Arten von Emotionen kann ich nun eine Arbeitshypothese in Form einer Definition der eigentlichen Emotion liefern.

1. Eine eigentliche Emotion, wie zum Beispiel Glück, Trauer, Verlegenheit oder Mitgefühl, ist ein komplexer Ablauf chemischer und neuraler Reaktionen, die ein unverwechselbares Muster bilden.

2. Diese Reaktionen produziert das normal funktionierende Gehirn, wenn es einen emotional besetzten Stimulus (EBS) entdeckt, ein Objekt oder ein Ereignis, dessen Gegenwart – entweder konkret oder in der Erinnerung – die Emotion auslöst. Die Reaktionen laufen automatisch ab.

3. Durch die Evolution ist das Gehirn darauf vorbereitet, auf bestimmte emotional besetzte Stimuli mit bestimmten Handlungsrepertoires zu antworten. Doch die Liste der EBS ist nicht auf solche beschränkt, die die Evolution vorgibt. Viele andere kommen hinzu, die im Zuge einer lebenslangen emotionalen Erfahrung gelernt werden.

4. Das unmittelbare Ergebnis dieser Reaktionen ist eine zeitweilige Veränderung des Zustands des Körpers selbst und des Zustands der Hirnstrukturen, die den Körper kartieren und das Substrat des Denkens bilden.

5. Letztlich führen diese Reaktionen – direkt oder indirekt – zu Bedingungen, die dem Überleben und Wohlbefinden des Organismus dienlich sind.[21]

Die klassischen Elemente einer emotionalen Reaktion sind in dieser Definition enthalten, obwohl die Phasen des Prozesses in einer Weise getrennt und gewichtet werden, die ungewöhnlich erscheinen mag. Der Prozess beginnt mit einer Einschätzungs-Beurteilungs-Phase. Zunächst wird ein emotional besetzter Reiz entdeckt. Ich konzentriere mich hier darauf, was nach der Entdeckung des Reizes im Gehirn vor sich geht – am äußersten Ende der Einschätzungsphase. Aus nahe liegenden Gründen verzichte ich bei der Definition der Emotion auf die Gefühle, die nächste Phase in dem Zyklus, der von den Emotionen zu den Gefühlen führt.

Wenn man es ganz genau nimmt, müsste ich auch die Einschätzungsphase auslassen – denn die Einschätzung ist der Prozess, der zur Emotion führt, und nicht die Emotion selbst. Doch würde ich die Einschätzungsphase ganz ausklammern, würde ich den tatsächlichen Wert der Emotionen verschleiern und nicht erhellen: die weitgehend sinnvolle Verbindung zwischen dem emotional besetzten Reiz und den Reaktionen, die unsere Körperfunktionen und unser Denken so tief greifend verändern können. Ließe ich also die Einschätzungsphase weg, könnte meine Beschreibung des Phänomens Emotion leicht zur Karikatur verkommen, denn Emotionen ohne Einschätzungsphase sind völlig bedeutungslos. Wir könnten dann kaum noch erkennen, wie schön und erstaunlich intelligent Emotionen sein und wie gut sie für uns Probleme lösen können.[22]

Die Hirnmechanismen der Emotion

Emotionen sind für Gehirn und Geist ein natürliches Mittel, die Umwelt innerhalb und in der Umgebung des Organismus zu beurteilen sowie angemessen und passend darauf zu reagieren. Tatsächlich unterziehen wir in vielen Fällen die Objekte, die Emotionen hervorrufen, einer bewussten Bewertung – ganz wie es der eigentlichen Bedeutung des Wortes »bewerten« entspricht. Dabei berücksichtigen wir nicht nur die Anwesenheit eines Objekts, sondern auch seine Beziehung zu anderen und seine Verbindung mit der Vergangenheit. Unter diesen Umständen führt der Apparat der Emotionen eine natürliche Bewertung durch, während der Apparat des denkenden Geistes gleichzeitig eine vernunftgemäße Bewertung vornimmt. Wir können unsere Reaktionen sogar modulieren. Und eigentlich ist es eines der wichtigsten Ziele unserer Erziehung, zwischen Auslöser und emotionaler Reaktion einen nicht-automatischen bewertenden Schritt zu setzen. Durch ihn versuchen wir, unsere natürlichen emotionalen Reaktionen zu beeinflussen und sie auf die Erfordernisse einer gegebenen Kultur abzustimmen. All das ist vollkommen richtig, aber mir geht es hier um etwas anderes. Wie ich deutlich machen möchte, können Emotionen auch auftreten, ohne dass das verursachende Objekt bewusst analysiert werden *muss*, von einer Beurteilung der Situation, in der es sich präsentiert, ganz zu schweigen. Emotionen können unter ganz verschiedenen Umständen auftreten.

Selbst wenn die emotionale Reaktion ohne bewusste Kenntnis des emotional besetzten Reizes erfolgt – den ich als ein Objekt definiere, das Triebe und Emotionen auslösen kann –, ist die Emotion trotzdem das Ergebnis einer Situationseinschätzung durch den Organismus. Dabei spielt es keine Rolle, dass die Bewertung dem Selbst nicht richtig bewusst wird. In diesem Zusammenhang hat man einfach den Begriff der Bewertung zu wörtlich genommen und ihn als bewusste Beurteilung verstanden, so als wäre die enorme Leistung, eine Situation automatisch zu bewerten und auf sie zu reagieren, biologisch minderwertig.

Einer der wichtigsten Aspekte in der Geschichte der menschlichen Entwicklung ist die Frage, wie die meisten Objekte, die unser Gehirn umgeben, in die Lage versetzt werden, eine Emotion der einen oder anderen Form auszulösen, eine starke oder schwache, eine gute oder schlechte, und das bewusst oder unbewusst zu tun. Einige dieser Auslösereize sind evolutionär bedingt, andere jedoch nicht. Sie werden durch individuelle Erfahrung von unserem Gehirn mit emotional kompetenten Objekten assoziiert. Vergegenwärtigen Sie sich das Haus, in dem Sie als Kind vielleicht einmal heftige Furcht empfunden haben. Wenn Sie das Haus heute besuchen, empfinden Sie möglicherweise ein Unbehagen, das keinen anderen Grund hat als den Umstand, dass Sie in dieser Umgebung vor langer Zeit eine starke negative Emotion erlebt haben. Es kann sogar geschehen, dass Sie in einem anderen, aber ähnlichen Haus das gleiche Unbehagen empfinden, wieder aus keinem anderen erkennbaren Grund als dem, dass Ihr Gehirn ein vergleichbares Objekt und eine ähnliche Situation gespeichert hat.

In der Grundstrukur Ihres Gehirns gibt es nichts, was Sie veranlassen könnte, auf bestimmte Häuser negativ zu reagieren. Doch Ihre Lebenserfahrung hat Ihr Gehirn veranlasst, solche Häuser mit dem einst empfundenen Unbehagen zu assoziieren. Dabei spielt es überhaupt keine Rolle, dass die Ursache der Furcht nichts mit dem Haus selbst zu tun hatte. Sie können es *Schuld durch Assoziation* nennen. Das Haus ist ein unbeteiligter Zuschauer. Sie sind konditioniert worden, sich in bestimmten Häusern unwohl zu fühlen, vielleicht sogar, eine Abneigung gegen bestimmte Häuser zu empfinden, ohne wirklich zu wissen, warum. Oder sich in bestimmten Häusern wohl zu fühlen, aufgrund genau derselben Mechanismen. Viele unserer vollkommen normalen und banalen Vorlieben und Abneigungen entstehen auf diese Weise. Sogar Phobien, die alles andere als normal und banal sind, können durch diesen Mechanismus erworben werden. Auf jeden Fall stehen wir zu dem Zeitpunkt, da wir alt genug sind, um Bücher zu schreiben, nur noch wenigen Objekten in der Welt emotional neutral gegenüber. Die emotionale Unterscheidung zwischen Objekten ist ihrer Natur nach graduell. Einige Objekte rufen schwache, kaum wahrnehmbare emotionale Reaktionen hervor, andere Objekte starke emotionale Reaktionen, und dazwischen gibt es jede nur denkbare Abstufung. Wir sind sogar im Begriff, die molekularen und zellulären Mechanismen zu entdecken, auf denen emotionales Lernen beruht.[23]

Ferner lernen komplexe Organismen, ihre Emotionen in Einklang mit den individuellen Umständen zu bringen – und hier sind die Begriffe Einschätzung und Bewertung durchaus angebracht. Die emotionalen Modulationswerkzeuge können die Stärke des emotionalen Ausdrucks ohne bewusstes Eingreifen des Organismus anpassen. Ein einfaches Beispiel: Wenn man eine amüsante Anekdote zum zweiten Mal erzählt, hängt die Art und Weise, wie Sie lachen oder lächeln, sicherlich von dem sozialen Kontext des Augenblicks ab – ein Geschäftsessen, eine flüchtige Begegnung im Flur, ein Thanksgiving-Dinner mit Freunden und so fort. Wenn Ihre Eltern ihre Sache gut gemacht haben, brauchen Sie nicht über den Kontext nachzudenken. Die Modulation erfolgt automatisch. In einigen der Anpassungswerkzeuge kommt jedoch ein Urteil von Seiten des Selbst zum Ausdruck und kann zu dem Versuch führen, Emotionen zu modifizieren oder sogar zu unterdrücken. Aus einer Reihe von Gründen, die von ehrenhaft bis widerwärtig reichen, können Sie sich entscheiden, Ihren Ekel oder Ihre Belustigung zu verbergen, die Sie bei der Äußerung eines Kollegen oder eines Geschäftspartners empfinden. Die bewusste Kenntnis des Kontextes und das Wissen um die künftigen Konsequenzen aller Aspekte Ihres eigenen Verhaltens können Ihnen bei der Entscheidung helfen, den natürlichen Ausdruck Ihrer Emotion zu unterdrücken. Wenn Sie älter werden, sollten Sie jedoch versuchen, diesen Aufwand zu vermeiden, er kann eine erhebliche Energieverschwendung darstellen.

Emotional besetzte Objekte können real sein oder aus dem Gedächtnis abgerufen werden. Wir haben gesehen, wie eine nicht-bewusst konditionierte Erinnerung zu einer aktuellen Emotion führen kann. Doch das Gedächtnis ist in der Lage, das gleiche Kunststück auch ganz offen vorzuführen. Beispielsweise können Sie sich den Fast-Unfall, der Sie vor Jahren zu Tode erschreckt hat, ins Gedächtnis rufen und wieder ähnliche Furcht empfinden. Egal, ob es sich um eine aktuelle, frisch geprägte Vorstellung handelt oder um eine aus dem Gedächtnis konstruierte Vorstellung, der Effekt ist im Prinzip der gleiche. Ist der Reiz emotional besetzt, folgt eine Emotion, nur die Intensität ist unterschiedlich. Alle Schauspieler, gleich welcher Ausbildung, nutzen dieses so genannte emotionale Gedächtnis für ihr Handwerk. In einigen Fällen setzen sie sich dem Einfluss bewusster Erinnerungen aus, in anderen lassen sie ihre Erinnerungen unmerklich einsickern, sodass sie unbewusst in die Verfassung versetzt werden, sich in einer bestimmten Weise zu verhalten. Auch unserem stets aufmerksamen Spinoza ist das nicht entgangen: »Der Mensch wird durch das Vorstellungsbild eines vergangenen oder zukünftigen Dinges mit dem gleichen Affekte der Freude und Traurigkeit erregt, wie durch das Vorstellungsbild eines gegenwärtigen Dinges.« [*Ethik*, Teil III, Lehrsatz 18]

Emotionen auslösen und ausführen

Das Auftreten einer Emotion hängt von einer komplizierten Ereigniskette ab. Meiner Meinung nach sieht sie folgendermaßen aus: Die Kette beginnt mit dem Auftreten des emotional besetzten Reizes. Der Reiz, ein Objekt oder eine Situation, die konkret vorhanden sind oder aus dem Gedächtnis abgerufen werden, wird von Ihnen wahrgenommen. Denken Sie an den Bären, auf den Sie bei Ihrer Alaska-Reise stießen (das ist eine Hommage an William James, der seine Erörterung der Furcht mit dem Anblick eines solchen Bären verknüpft hat). Oder denken Sie an ein bevorstehendes Treffen mit jemandem, der Ihnen fehlt.

Neurobiologisch betrachtet müssen Vorstellungsbilder, die sich auf einen emotional besetzten Reiz beziehen, in einem oder mehreren sensorischen Verarbeitungssystemen des Gehirns repräsentiert werden, etwa in den für das Sehen und Hören zuständigen Regionen. Nennen wir es die Darbietungsphase des Prozesses. Egal, wie flüchtig diese Darbietung ist, es werden Signale, die die Anwesenheit des Reizes betreffen, den verschiedenen Regionen im Gehirn zugeleitet, die Emotionen auslösen. Sie können sich diese Stellen wie Schlösser vorstellen, die sich nur mit den passenden Schlüsseln öffnen lassen. Die Schlüssel sind natürlich die emotional besetzten Reize. Festzuhalten ist, dass sie sich ein schon vorhandenes Schloss suchen, statt das Gehirn anzuweisen, ein neues zu bilden. Die Regionen, die Emotionen auslösen, aktivieren anschließend eine Anzahl von Regionen an anderen Stellen des Gehirns, die Emotionen ausführen. Letztere sind die unmittelbare Ursache für den emotionalen Zustand in jenen Körper- und Gehirnregionen, in denen die Prozesse von Emotionen und Gefühlen stattfinden. Schließlich kann dieser Prozess durch Echoschleifen verstärkt werden oder abklingen und ganz aufhören. Neuroanatomisch und neurophysiologisch betrachtet beginnt dieser Prozess, wenn Nervensignale von einer bestimmten Konfiguration (ausgehend von visuellen Kortexarealen mit neuronalen Mustern, die der raschen Annäherung eines gefährlichen Objekts entsprechen) parallel über mehrere Bahnen an mehrere Gehirnstrukturen geschickt werden. Einige der empfangenden Strukturen, etwa die Amygdala, werden aktiv, wenn sie eine bestimmte Konfiguration »entdecken« – wenn der Schlüssel ins Schloss passt –, und senden Signale an andere Hirnregionen. Auf diese Weise wird eine Ereignisfolge ausgelöst, die zu einer Emotion *wird*.

Diese Beschreibung hat große Ähnlichkeit mit dem Eintritt eines Antigens (z. B. eines Virus) in die Blutbahn und der dadurch ausgelösten Immunantwort (der Herstellung einer großen Anzahl von Antikörpern, die in der Lage sind, das Antigen auszuschalten). Das ist kein Zufall, denn die Prozesse gleichen sich formal. Im Falle der Emotion wird das »Antigen« durch das sensorische System dargeboten, und der »Antikörper« ist die emotionale Reaktion. Die »Selektion« wird in einer von mehreren Gehirnregionen vorgenommen, die in der Lage sind, eine Emotion auszulösen. Auch die Bedingungen, unter denen der Prozess auftritt, sind vergleichbar, das Prinzip des Prozesses ist gleich und das Ergebnis ist ebenso nützlich. Wenn es um erfolgreiche Lösungen geht, ist die Natur nicht sehr erfinderisch. Hat sich eine bewährt, versucht es die Natur wieder und wieder mit ihr. Würde dieses Prinzip auch für Hollywood gelten, wären alle Fortsetzungen Kassenknüller.

Einige der Hirnregionen, die wir jetzt als emotionsauslösende Gebiete identifiziert haben, sind die Amygdala in den Tiefen des Temporallappens, ein Teil des Frontallappens, der als ventromedialer präfrontaler Kortex bezeichnet wird, und noch eine weitere Frontalregion im supplementären motori-

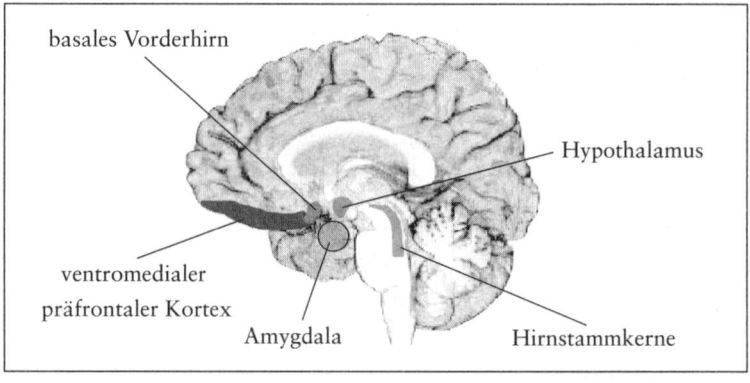

basales Vorderhirn

Hypothalamus

ventromedialer
präfrontaler Kortex

Amygdala

Hirnstammkerne

Abbildung 2.4: Eine minimalistische Ansicht der Hirnregionen, die Emotionen auslösen und ausführen. Dabei kann eine große Vielfalt von Emotionen ausgelöst werden, wenn Aktivitäten an anderen Stellen des Gehirns in einer dieser Regionen, etwa in Teilen der Amygdala oder im ventromedialen präfrontalen Kortex, Aktivität auslösen. Keiner dieser Triggerorte erzeugt selbst Emotionen. Damit eine Emotion entstehen kann, muss die Region Aktivität in anderen Regionen bewirken, beispielsweise im basalen Vorderhirn, im Hypothalamus oder in den Kernen des Hirnstamms. Wie alle anderen Formen komplexen Verhaltens bildet sich eine Emotion aus dem Zusammenwirken mehrerer Regionen eines Hirnsystems.

schen Areal und Gyrus cinguli. Sie sind nicht die einzigen Triggerorte, aber bislang die am besten verstandenen. Diese Auslöseregionen reagieren sowohl auf natürliche Reize, nämlich auf die elektrochemischen Muster, die das Substrat der Vorstellungsbilder in unserem Geist bilden, als auch auf sehr unnatürliche Reize, etwa auf elektrischen Strom, der ins Gehirn geleitet wird. Doch man darf sich nicht vorstellen, dass diese Regionen immer wieder das gleiche stereotype Programm abspulen. Viele Einflüsse können ihre Aktivität verändern. Wiederum lässt sich das durch einfache Vorstellungsbilder oder direkte Stimulation der Hirnstrukturen bewirken.

Untersuchungen der Amygdala bei Tieren, hier besonders den Arbeiten von John LeDoux, verdanken wir wichtige neue Erkenntnisse. Moderne Verfahren des Neuroimaging haben auch die Untersuchung der menschlichen Amygdala ermöglicht, etwa die Studien von Ralph Adolphs oder Raymond Dolan.[24] Diese Studien lassen darauf schließen, dass die Amygdala eine wichtige Schnittstelle zwischen emotional besetzten Reizen visueller und akustischer Natur und der Auslösung von Emotionen ist, besonders, aber nicht ausschließlich, von Furcht und Wut. Neurologische Patienten mit einer Schädigung der Amygdala können diese Emotionen nicht auslösen und empfinden daher auch nicht die entsprechenden Gefühle. Die Schlösser für Furcht und Wut scheinen zu fehlen, zumindest für die normalen visuellen und akustischen Auslösereize. Als man in neueren Studien die Erregung einzelner Neuronen in der menschlichen Amygdala direkt ermittelte, zeigte sich ferner, dass ein größerer Teil der Neuronen auf unangenehme Reize anspricht.[25]

Eigenartigerweise scheint die normal funktionierende Amygdala ihre Auslösefunktion teilweise auch dann wahrzunehmen, wenn wir uns des emotional besetzten Reizes gar nicht bewusst sind. Belege für die Fähigkeit der Amygdala, emotional besetzte Reize zu entdecken, die uns nicht bewusst sind, liefert die Arbeit von Paul Whalen. Als er normale Versuchspersonen in rascher Folge solchen Reizen aussetzte, sodass sie sich des Gesehenen nicht bewusst waren, zeigten die Gehirn-Scans, dass die Amygdala aktiv wurde.[26] Wie aus neueren Arbeiten von Arnie Ohman und Raymond Dolan hervorgeht, können normale Versuchspersonen implizit lernen, dass ein bestimmter Reiz im Gegensatz zu einem anderen (zum Beispiel ein bestimmtes wütendes Gesicht, aber nicht ein anderes wütendes Gesicht) mit einem unangenehmen Ereignis assoziiert ist. Die implizite Repräsentation des Gesichts, das mit dem unangenehmen Ereignisse assoziiert ist, bewirkt eine Aktivierung der *rechten* Amygdala, hingegen die implizite Repräsentation des anderen Gesichts nicht.[27]

Emotional besetzte Reize werden sehr rasch entdeckt, noch bevor die selektive Aufmerksamkeit sie erfasst, wie eine eindrucksvolle Entdeckung zeigt: Wenn Schädigungen des Okzipital- oder Parietallappens einen Gesichtsfeldausfall hervorrufen (oder ein Gesichtsfeld, in dem Reize infolge eines Neglect-Syndroms *nicht* entdeckt werden), »durchbrechen« emotional besetzte Reize (zum Beispiel wütende oder glückliche Gesichter) die Barriere der Blindheit oder des Neglects und werden wahrgenommen.[28] Der auslösende emotionale Apparat erfasst diese Reize, weil sie die normalen Verarbeitungskanäle umgehen – Kanäle, die normalerweise zu kognitiven Einschätzungen führen würden, wäre da nicht die Blindheit oder das Neglect-Syndrom. Der Wert dieses biologischen »Bypasses« liegt auf der Hand: Egal, ob wir aufmerksam sind oder nicht, erfassen *wir emotional besetzte Reize.* Anschließend haben wir die Möglichkeit, unsere Aufmerksamkeit und Gedanken auf diese Reize zu richten.

Eine andere wichtige Auslöseregion ist der Frontallappen, besonders die ventromediale präfrontale Region. Dieses Gebiet ist darauf spezialisiert, die emotionale Bedeutung von komplexeren Reizen zu entdecken, beispielsweise von Objekten und Situationen, natürlichen wie erlernten, die in der Lage sind, soziale Emotionen auszulösen. Das Mitleid, das wir empfinden, wenn wir den Unfall eines anderen Menschen miterleben, oder die Trauer, die ein persönlicher Verlust hervorruft, sind auf die Vermittlung dieser Region angewiesen. Viele Reize, deren emotionale Bedeutung in Zuge unserer Lebenserfahrung gelernt wird – wie im Falle des Hauses, das zu einer Quelle des Unbehagens wird –, lösen die entsprechenden Emotionen über diese Region aus.

Meine Kollegen Antoine Bechara, Hanna Damasio, Daniel Tanel und ich haben gezeigt, dass eine Schädigung des Frontallappens die Fähigkeit zu emotionalen Reaktionen einschränkt, wenn der emotional besetzte Reiz sozialer Natur ist und wenn die angemessene Reaktion eine soziale Emotion wie Verlegenheit, Schuldgefühl oder Verzweiflung ist. Beeinträchtigungen dieser Art wirken sich nachteilig auf das soziale Verhalten aus.[29]

Unlängst hat Ralph Adolphs in einer Reihe von Studien unserer Arbeitsgruppe gezeigt, dass Neuronen in den ventromedialen präfrontalen Regionen rasch und unterschiedlich auf die angenehmen oder unangenehmen emotionalen Inhalte von Bildern reagieren. Einzelzellableitungen in der ventromedialen präfrontalen Region neurologischer Patienten, die im Zusammenhang mit einer chirurgischen Epilepsietherapie untersucht wurden, ergaben, dass zahlreiche Neuronen in dieser Region – in der rechten Frontalregion häufiger als in der linken – sehr stark auf Bilder reagieren, die in der Lage sind, unangenehme Emotionen hervorzurufen. Sie beginnen bereits 120 Millisekunden nach Darbietung des Reizes zu reagieren. Zunächst unterbrechen sie ihr spontanes Entladungsmuster. Nach diesem stummen Intervall feuern sie dann heftiger und häufiger. Weniger Neuronen reagieren auf Bilder, die geeignet sind, *angenehme* Emotionen hervorzurufen, wobei sie aber nicht das Stop-and-Go-Muster der Neuronen zeigen, die auf unangenehme Emotionen spezialisiert sind.[30]

Die Rechts-links-Asymmetrie des Gehirns ist ausgeprägter, als ich angenommen habe, deckt sich aber mit einer

These, die Richard Davidson vor einigen Jahren aufgestellt hat. Ausgehend von elektroenzephalographischen Studien an normalen Versuchspersonen vertrat Davidson die Auffassung, der rechte frontale Kortex sei stärker mit negativen Emotionen assoziiert als der linke.

Um einen emotionalen Zustand zu erzeugen, muss die Aktivität in den auslösenden Regionen mittels neuronaler Verbindungen in die Ausführungsregionen übertragen werden. Zu den bislang identifizierten Regionen, die Emotionen ausführen, gehören der Hypothalamus, das basale Vorderhirn und einige Kerne im Tegmentum des Hirnstamms. Der Hypothalamus ist der große Drahtzieher vieler chemischer Reaktionen, die zu den Emotionen gehören. Direkt oder mittels der Hypophyse gibt er chemische Stoffe in die Blutbahn ab, die das innere Milieu, die Funktion der inneren Organe und die Funktion des Zentralnervensystems selbst verändern. Oxytocin und Vasopressin, zwei Peptide, sind Beispiele für Stoffe, die unter der Kontrolle von Hypothalamuskernen und mit Hilfe des hinteren Hypophysenlappen freigesetzt werden. Eine Vielzahl von emotionalen Verhaltensweisen (etwa Bindung und Pflegetrieb) hängt von der rechtzeitigen Verfügbarkeit der entsprechenden Hormone in den Gehirnstrukturen ab, die für die Ausführung dieser Verhaltensweisen verantwortlich sind. Die lokale Verfügbarkeit im Gehirn von Stoffen wie Dopamin und Serotonin, die auf die neuronale Aktivität einwirken, triggert auf ähnliche Art bestimmte Verhaltensweisen. Beispielsweise scheinen solche Verhaltensweisen, die als lohnend und angenehmen empfunden werden, von der Freisetzung des Dopamins in einem bestimmten Areal (dem ventrotegmentalen Areal im Hirnstamm) und seinem Auftreten in einem anderen Areal (dem Nucleus accumbens im basalen Vorderhirn) abzuhängen. Kurzum, das basale Vorderhirn und die Hypothalamuskerne, einige Kerne im Tegmentum des Hirnstamms und die Hirnstammkerne, die

die Bewegungen von Gesicht, Zunge, Rachen und Kehlkopf steuern, sind letztlich verantwortlich für viele einfache und komplexe Verhaltensweisen, die charakteristisch für Emotionen sind, von Werbungs- oder Fluchtverhalten bis hin zu Lachen oder Weinen. Die komplexen Handlungsrepertoires, die wir beobachten, ergeben sich aus der exakten Koordination, der die Aktivitäten dieser Kerne unterliegen, die einen Teil der Ausführung von Emotionen im Rahmen eines geordneten und konzertierten Zusammenwirkens darstellen können. Jaak Panksepp hat sein ganzes Forscherleben diesem Ausführungs-Prozess gewidmet.[31]

Bei allen Emotionen wirken mehrere Salven neuronaler und chemischer Reaktionen über einen gewissen Zeitraum und in bestimmten Mustern auf das innere Milieu, die inneren Organe und den Bewegungsapparat ein. Mienenspiel, Vokalisationen, Körperhaltungen und bestimmte Verhaltensmuster (Laufen, Erstarren, Werbungsverhalten oder elterliche Fürsorge) werden ausgeführt. Die Körperchemie und die inneren Organe wie Herz und Lunge leisten ihren Beitrag. Emotion bedeutet immer Übergang und Aufruhr, manchmal erdrutschartige Veränderungen des Körperzustands. Durch eine Reihe parallel gegebener Anweisungen kommt es zur Veränderung der Hirnstrukturen, die das Substrat der Vorstellungstätigkeit und Aufmerksamkeitsprozesse bilden. Infolgedessen scheinen einige Gebiete der Großhirnrinde weniger aktiv zu sein, während die Tätigkeit anderer umso mehr zunimmt.

In einem denkbar einfachen Diagramm habe ich im Folgenden dargestellt, wie ein bedrohlicher visueller Reiz die Emotion Furcht auslöst und ihre Ausführung bewirkt.

Um Ihnen eine überschaubare Beschreibung der Prozesse von Emotion und Gefühl zu liefern, habe ich diese so vereinfacht, dass sie sich zu einer einzigen Ereigniskette zusammenfassen lassen. Sie beginnt mit einem einzelnen Reiz und endet mit der Schaffung von Substraten des auf den Reiz bezogenen

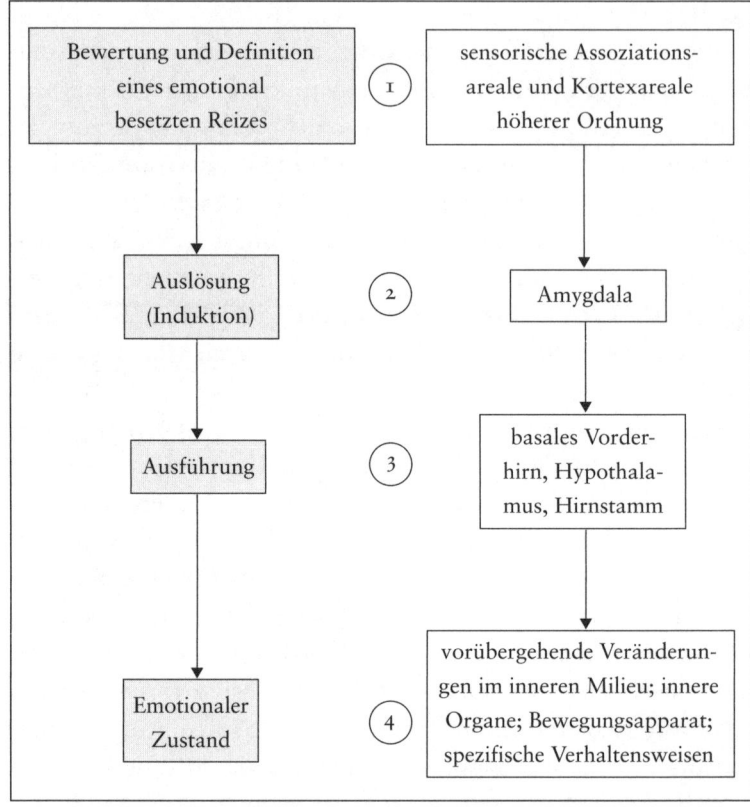

Bewertung und Definition eines emotional besetzten Reizes	1	sensorische Assoziationsareale und Kortexareale höherer Ordnung
Auslösung (Induktion)	2	Amygdala
Ausführung	3	basales Vorderhirn, Hypothalamus, Hirnstamm
Emotionaler Zustand	4	vorübergehende Veränderungen im inneren Milieu; innere Organe; Bewegungsapparat; spezifische Verhaltensweisen

Abbildung 2.5: Ein Diagramm, in dem die Hauptphasen der Auslösung und Ausführung einer Emotion am Beispiel der Furcht dargestellt sind. Die Kästen in der linken senkrechten Spalte bezeichnen die Phasen des Prozesses (1–3) von der Einschätzung und Definition des emotional besetzten Reizes bis zum vollständig entfalteten emotionalen Zustand der Furcht (4). Die Kästen in der rechten senkrechten Spalte bezeichnen die Gehirnstrukturen, die für die Durchführung jeder einzelnen Phase besonders wichtig sind (1–3), und die physiologischen Konsequenzen dieser Ereigniskette (4).

Gefühls. Wie man sich vorstellen kann, breitet sich der Prozess in Wirklichkeit seitlich zu parallelen Ereignisketten aus und verstärkt sich dabei. Der ursprünglich verantwortliche emotional besetzte Reiz bewirkt nämlich häufig den Abruf anderer, verwandter Reize aus dem Gedächtnis, die ebenfalls emotional besetzt sind. Nach und nach können die zusätzlichen Reize die Auslösung derselben Emotion unterstützen, diese modifizieren oder sogar konkurrierende Emotionen induzieren. Die Fortsetzung und Intensität des auf den ursprünglichen Reiz bezogenen Zustands ist also von dem ablaufenden kognitiven Prozess abhängig. Entweder liefern die Erinnerungen weitere Auslöser für die emotionalen Reaktionen oder sie beseitigen diese Auslöser. Die Konsequenz ist entweder eine Verlängerung oder sogar Verstärkung der Emotion oder ihr Abklingen.

Die Entwicklung von Emotionen verläuft also zweigleisig: Auf der einen Seite der Strom der mentalen Inhalte, der die auslösenden Reize der emotionalen Reaktionen mit sich führt, auf der anderen Seite die ausgeführten Reaktionen selbst, die die Emotionen konstituieren und letztlich zur Entstehung von Gefühlen führen. Die Kette, die mit der Auslösung von Emotionen beginnt und sich mit der Ausführung von Emotionen fortsetzt, geht dann weiter mit der Schaffung der körperlichen Entsprechungen für das Gefühl in den entsprechenden somatosensiblen Hirnregionen.

Merkwürdigerweise sind wir zu dem Zeitpunkt, wenn wir das Stadium erreichen, in dem die Gefühle zusammengesetzt werden, wieder im Reich des Geistes – zurück in dem Gedankenstrom, in dem unter normalen Umständen der ganze emotionale Umweg beginnt. Gefühle sind genauso mental wie die Objekte oder Ereignisse, die die Emotionen auslösen. Was die Gefühle von anderen mentalen Phänomenen unterscheidet, ist ihr besonderer Ursprung und Inhalt und der Körperzustand des Organismus – der tatsächliche Zustand oder seine Kartierung in den somatosensiblen Hirnregionen.

In letzter Zeit haben uns zahlreiche neurologische Studien ein genaueres Bild von dem Apparat geliefert, der die Ausführung von Emotionen steuert. Eine sehr aufschlussreiche Beobachtung gelang an einer Frau, die sich einer Behandlung unterziehen musste, weil sie an der Parkinson-Krankheit litt. Nichts deutete darauf hin, dass man im Zuge der Versuche, ihre Symptome zu lindern, Erkenntnisse darüber gewinnen würde, wie Emotionen zustande kommen und in welcher Beziehung sie zu Gefühlen stehen.

Die Parkinson-Krankheit ist eine häufig auftretende neurologische Störung, die die Fähigkeit des Patienten beeinträchtigt, sich normal zu bewegen. Allerdings verursacht das Leiden keine Lähmung, sondern Muskelstarre, Zittern und, vielleicht am schwerwiegendsten, Akinesie, Probleme bei der Initiierung von Bewegungen. Oft sind die Bewegungen verlangsamt, ein Symptom, das man als Bradykinesie bezeichnet. Früher galt die Krankheit als unheilbar, doch seit dreißig Jahren können wir die Symptome durch den Einsatz von Levodopa lindern, eine chemische Vorläufersubstanz des Neurotransmitters Dopamin. In bestimmten neuronalen Schaltkreisen von Parkinson-Patienten fehlt das Dopamin, so wie das Insulin im Blut von Zuckerkranken fehlt. (Die Neuronen, die Dopamin in der Pars compacta der Substantia nigra produzieren, sterben ab, sodass das Dopamin einer anderen Hirnregion, den Basalganglien, nicht mehr zur Verfügung steht.) Leider können die Medikamente, die dazu bestimmt sind, die Dopaminkonzentration in den unterversorgten Schaltkreisen zu steigern, nicht allen Patienten helfen. Und auch in den Fällen, in denen Abhilfe geschaffen wird, besteht die Gefahr, dass das Medikament mit der Zeit seine Wirkung einbüßt oder die Bewegungsabläufe in einer Weise verändert, die keine geringere Behinderung darstellen als die Krankheitssymptome selbst. Aus diesem Grund hat man mehrere Behandlungsalternativen entwickelt, von denen eine besonders viel versprechend erscheint. Dabei werden winzige Elektroden in den Gehirnstamm von Parkinson-Patienten implantiert, sodass sich mit Hilfe eines schwachen Hochfrequenzstroms die Funktionsweise einiger motorischer Kerne verändern lässt. Die Ergebnisse sind in der Regel verblüffend. Wenn der Strom fließt, verschwinden die Symptome wie von Zauberhand. Die Patienten können ihre Hände exakt bewegen und gehen so normal, dass ein Fremder nie auf den Gedanken käme, mit diesen Menschen hätte jemals etwas nicht gestimmt.

Dabei ist die richtige Anordnung der Elektroden ein Schlüssel zum Behandlungserfolg. Dazu verwendet der Chirurg ein stereotaktisches Instrument (einen Apparat, der ihm die Lokalisation der Gehirnstruktur im dreidimensionalen Raum ermöglicht) und führt die Elektroden vorsichtig in den Teil des Hirnstamms ein, der als Mittelhirn bezeichnet wird. Es handelt sich um zwei lange, senkrecht ausgerichtete Elektroden, eine für die linke Seite des Hirnstamms, die andere für die rechte, von denen jede mit vier Kontakten versehen ist. Die Kontakte sind ungefähr zwei Millimeter voneinander entfernt, und jeder Kontakt kann unabhängig von den anderen mit elektrischem Strom stimuliert werden. Durch Stimulation an jeder einzelnen Kontaktstelle lässt sich bestimmen, welcher Kontakt die größte Verbesserung ohne unerwünschte Nebenwirkung zeigt.

Die faszinierende Geschichte, die ich Ihnen erzählen möchte, betrifft eine Patientin, die von meinem Kollegen Yves Agid und seinem Team am Krankenhaus Salpêtrière in Paris behandelt wurde. Sie war 65 Jahre alt und wies eine lange Krankengeschichte mit Parkinson-Symptomen auf, die nicht mehr auf Levodopa ansprachen. Sie hatte vor und nach Ausbruch der Krankheit nie Anzeichen von Depressionen erkennen lassen. Noch nicht einmal unter Stimmungsschwankungen hatte sie gelitten, einer häufigen Nebenwirkung von Levodopa. Psychiatrische Störungen waren weder bei ihr noch in ihrer Familie jemals aufgetreten.

Sobald die Elektroden angebracht waren, verlief die Prozedur zunächst genauso, wie sie sich bei den neunzehn anderen Patienten dieser Gruppe dargestellt hatte. Die Ärzte stellten fest, dass ein Elektrodenkontakt die Symptome der Frau erheblich milderte. Doch das Unerwartete trat ein, als der elektrische Strom durch eine der vier Kontaktstellen auf der linken Seite der Patientin floss, genau zwei Millimeter unter der Kontaktstelle, an der ihr Zustand so verbessert werden konnte. Die Patientin unterbrach das Gespräch, das sie gerade führte, richtete die Augen nach rechts unten, lehnte sich dann ein wenig nach rechts und zeigte den emotionalen Ausdruck von Traurigkeit. Nach einigen Sekunden begann sie plötzlich zu weinen. Tränen liefen ihr über das Gesicht, und ihr ganzes Verhalten brachte Kummer zum Ausdruck. Sie begann zu schluchzen, und während dieser Ausbruch anhielt, begann sie zu erklären, wie unendlich traurig sie sich fühle, dass sie keine Kraft mehr habe, dieses Leben fortzusetzen, wie hoffnungslos und erschöpft sie sei. Auf die Frage, was denn passiert sei, antwortete sie sehr aufschlussreich:

> *Ich stürze in meinen Kopf ab, ich möchte nicht mehr leben, niemanden sehen, nichts hören, nichts fühlen …*
> *Ich habe das Leben satt, ich habe genug … Ich möchte nicht mehr leben, das Leben ekelt mich an …*
> *Alles ist sinnlos … Ich fühle mich wertlos.*
> *Ich habe Angst in dieser Welt.*
> *Ich möchte mich in einer Ecke verstecken … Ich weine natürlich um mich selbst. Es ist alles so hoffnungslos, warum belästige ich Sie damit?*

Der für die Behandlung verantwortliche Arzt erkannte, dass der elektrische Strom für dieses ungewöhnliche Ereignis verantwortlich war, und brach die Behandlung ab. Ungefähr 90 Sekunden nach Abschalten des Stroms normalisierte sich das Verhalten der Patientin wieder. Das Schluchzen hörte genauso unvermittelt auf, wie es begonnen hatte. Die Traurigkeit verflüchtigte sich aus dem Gesicht der Patientin. Auch die sprachlichen Bekundungen ihrer Traurigkeit verstummten. Schon nach kürzester Zeit lächelte sie wieder, wirkte entspannt und war während der nächsten fünf Minuten ausgelassen, sogar fröhlich. Was es damit auf sich habe, wollte sie wissen. Sie habe sich schrecklich gefühlt, aber nicht gewusst, warum. Wodurch sei diese entsetzliche Verzweiflung hervorgerufen worden? Sie war genauso verblüfft wie die Beobachter.

Dabei war die Antwort auf ihre Fragen vollkommen klar. Der elektrische Strom war nicht, wie beabsichtigt, in die allgemeinen motorischen Zentren geflossen, sondern stattdessen in einen der Hirnstammkerne, die bestimmte Verhaltensweisen kontrollieren. Die Gesamtheit dieser Handlungen ruft die Emotion der Traurigkeit hervor. Zu diesem Repertoire gehören Bewegungen der Gesichtsmuskulatur, Bewegungen von Mund, Rachen, Kehlkopf und Zwerchfell, das am Weinen und Schluchzen beteiligt ist, und die verschiedenen Handlungen, die zur Produktion und Beseitigung von Tränen notwendig sind.

Es hatte den Anschein, als sei in Reaktion auf den Schalter, der außerhalb des Gehirns betätigt worden war, auch einer im Gehirn umgelegt worden. Das gesamte Handlungsrepertoire wurde abgerufen wie bei einem gut vorbereiteten Instrumentalkonzert, jeder Schritt zur rechten Zeit am rechten Ort, sodass der Eindruck enstehen musste, das Resultat bezeuge die Existenz von Gedanken, die Traurigkeit hervorrufen – die Existenz von emotional besetzten Reizen, nur dass natürlich keine derartigen Gedanken vor dem unvermuteten Zwischenfall vorhanden waren und dass die Patientin nicht zu solchen Gedanken neigte. Die auf diese Emotionen bezogenen Gedanken stellten sich erst *nach* der Emotion ein.

Hamlet mag sich über die Fähigkeit eines Schauspielers wundern, Emotionen hervorzurufen, ohne einen persönlichen Grund dafür zu haben. »Ist's nicht erstaunlich, dass der Spieler hier, bei einer bloßen Dichtung, einem Traum der Leidenschaft, vermochte seine Seele nach seinen Vorstellungen so zu zwingen, dass sein Gesicht von ihrer Regung blasste, sein Auge nass, Bestürzung in den Mienen, Gebrochne Stimm und seine ganze Haltung gefügt nach seinem Sinn.« Der Schauspieler hat nicht den geringsten Grund für solche Emotionen – er spricht über das Schicksal einer Person namens Hekuba, von der Hamlet zu Recht sagt: »Was ist ihm Hekuba, was ist er ihr?« Doch der Schauspieler beginnt damit, dass er einige traurige Gedanken heraufbeschwört, die anschließend die gewünschte Emotion auslösen und ihm dabei helfen, sie mit seiner Kunst darzustellen. Nicht so in dem seltsamen Fall dieser Patientin. Da ging keine »Vorstellung« ihrer Emotion voraus. Es gab keine Gedanken, die ihr Verhalten hätten induzieren können, keine bedrückenden Ideen, die ihr spontan in den Sinn kamen, und man hatte sie auch nicht aufgefordert, sich irgendwelche bedrückenden Vorstellungen ins Bewusstsein zu rufen. Die zum Ausdruck gebrachte Traurigkeit kam in all ihrer bemerkenswerten Komplexität buchstäblich aus dem Nichts. Nicht weniger wichtig: Einige Zeit, *nachdem* die Manifestation von Traurigkeit vollständig organisiert und im Gange war, bekam die Patientin auch das *Gefühl* der Traurigkeit. Und genauso wichtig: Nachdem sie berichtet hatte, sie sei traurig, stellten sich bei ihr Gedanken ein, die in Einklang mit diesem Gefühl standen – Sorge um ihren Gesundheitszustand, Erschöpfung, Enttäuschung über ihr Leben, Verzweiflung und der Wunsch zu sterben.

Die Abfolge von Ereignissen bei dieser Patientin zeigt, dass zuerst die Emotion Traurigkeit da war. Dann folgte das Gefühl der Traurigkeit, zusammen mit Gedanken jener Art, die gewöhnlich die Emotion Traurigkeit hervorrufen und begleiten können, Gedanken, die charakteristisch sind für die Gemütsverfassung, von der es umgangssprachlich heißt, »ich bin traurig«. Sobald die Stimulation aufhörte, ließen die Manifestationen nach und verschwanden. Emotion und Gefühl

waren nicht mehr zu beobachten. Und auch die bedrückenden Gedanken waren wieder fort.

Die Bedeutung dieses außergewöhnlichen neurologischen
Zwischenfalls liegt auf der Hand. Unter normalen Bedingungen lässt sich nicht erkennen, in welcher Reihenfolge sich
Emotionen, Gefühle und entsprechende Gedanken einstellen,
dazu geht alles zu schnell. Wenn normalerweise Gedanken,
die für Emotionen verantwortlich sind, im Bewusstsein auf-
tauchen, verursachen sie Emotionen, die Gefühle hervorrufen;
diese beschwören andere thematisch verwandte Gedanken
herauf und tragen meist zu einer Verstärkung des emotionalen
Zustands bei. Die heraufbeschworenen Gedanken können
sogar als unabhängige auslösende Reize für weitere Emotionen fungieren und auf diese Weise den vorhandenen affektiven Zustand potenzieren. Mehr Emotion ruft mehr Gefühl
hervor, und dieser Kreislauf setzt sich fort, bis Ablenkung oder
Vernunft dem Ganzen ein Ende setzt. Wenn all diese verschiedenen Phänomene in vollem Gange sind – die Gedanken, die
Emotionen hervorrufen können, die Verhaltensweisen der
Emotion, die mentalen Erscheinungen, die wir Gefühle nennen, und die Gedanken, die eine Konsequenz dieser Gefühle
sind –, lässt sich mittels Selbstbeobachtung kaum noch entscheiden, was zuerst da war. Der Fall der Parkinson-Patientin
hilft uns, die unübersichtliche Sachlage zu klären. Bevor sich
bei ihr eine Emotion namens Traurigkeit einstellte, hatte sie
keine Gedanken, die geeignet gewesen wären, Traurigkeit hervorzurufen, und empfand auch kein Gefühl der Traurigkeit.
Nichts dergleichen. Zuerst kam die Emotion, dann das
Gefühl. Die Ergebnisse lassen zweierlei erkennen: die relative
Autonomie der neuronalen Auslösemechanismen von Emotionen und die Abhängigkeit des Gefühls von der Emotion.

An diesem Punkt stellt sich die Frage, warum das Gehirn der
Patientin überhaupt Gedanken von der Art hervorrief, die
normalerweise Traurigkeit auslösen, obwohl doch die Emo-

tion und das Gefühl nicht durch die entsprechenden Reize motiviert worden waren? Die Antwort hat zu tun mit der Abhängigkeit des Gefühls von der Emotion und mit den faszinierenden Wegen, die unser Gedächtnis geht. Wenn sich die Emotion Traurigkeit ausbildet, folgen ihr augenblicklich Gefühle der Traurigkeit nach. Kurz darauf bringt das Gehirn jene *Art* von Gedanken hervor, die normalerweise die Emotion Traurigkeit *und* Gefühle von Traurigkeit bewirken. Der Grund dafür ist, dass wir durch assoziatives Lernen Emotionen und Gedanken zu einem komplexen wechselseitigen Netz miteinander verknüpft haben. Bestimmte Gedanken rufen bestimmte Emotionen hervor und umgekehrt. Auf diese Weise stehen die Ebenen der kognitiven und der emotionalen Verarbeitung in ständiger Verbindung miteinander. Der Effekt lässt sich experimentell nachweisen, wie in einer Studie von Paul Ekman und seinen Mitarbeitern geschehen. Er forderte Versuchspersonen auf, bestimmte Gesichtsmuskeln in einer bestimmten Reihenfolge zu bewegen, und zwar so, dass ihre Miene ohne ihr Wissen Glück, Traurigkeit oder Furcht zum Ausdruck brachte. Die Versuchspersonen wussten nicht, welcher Ausdruck sich auf ihren Gesichtern abzeichnete. In ihrem Bewusstsein gab es zu diesem Zeitpunkt keinen Gedanken, der in der Lage gewesen wäre, die dargestellte Emotion hervorzurufen. Und doch stellte sich bei den Versuchspersonen das Gefühl ein, das der gezeigten Emotion entsprach.[32] Zweifellos waren Teile des Emotionsmusters zuerst da. Sie unterstanden der Kontrolle des Versuchsleiters und waren nicht durch die Versuchspersonen motiviert. Danach erst kamen die Gefühle. All das deckt sich mit dem, was wir schon aus dem Musical »Anna und der König von Siam« von Rodgers und Hammerstein wissen. Anna (die nach Siam gekommen ist, um die Kinder des Königs zu unterrichten) teilt ihrem furchtsamen Ich und ihrem furchtsamen Sohn mit, dass das Pfeifen einer fröhlichen Melodie Furcht in Zuversicht verwandeln kann: »Das Ergebnis dieses Täuschungsmanövers ist höchst eigenartig. Denn wenn ich die Menschen, die ich fürchte, hinters Licht führe, führe ich auch mich selbst hinters Licht.« Ein psychologisch unmotivierter und »gespielter« emotionaler Ausdruck ist in der Lage, ein Gefühl hervorzurufen. Die Manifestationen von Emotionen beschwören Gefühle und Gedanken jener Art herauf, von denen wir gelernt haben, dass sie mit diesen Manifestationen verbunden sind.

Subjektiv betrachtet ähnelte der Zustand dieser Patientin nach Aktivierung der Elektrode »null links« in gewisser Weise den Situationen, in denen wir bestimmte Stimmungen und Gefühle an uns beobachten, aber deren Ursache nicht entdecken können. Wie oft stellen wir in einem bestimmten Augenblick irgendeines Tages fest, dass wir uns besonders wohl fühlen und voller Energie und Hoffnung sind, ohne den Grund dafür zu kennen? Oder dass wir niedergeschlagen und gereizt sind? In diesen Fällen ist es wahrscheinlich, dass beunruhigende oder hoffnungsvolle Gedanken außerhalb unseres Bewusstseins verarbeitet werden. Trotzdem sind sie in der Lage, den Apparat der Emotionen und damit auch der Gefühle in Gang zu setzen. Manchmal gelingt es uns, den Ursprung dieser affektiven Zustände zu entdecken, manchmal aber auch nicht. Über weite Strecken des zwanzigsten Jahrhunderts suchten viele Menschen die Couch des Psychoanalytikers auf, um mehr über ihre unbewussten Gedanken und die aus ihnen resultierenden, ebenso unbewussten Konflikte herauszufinden. Heute gehen viele Menschen einfach davon aus, dass es mehr Dinge zwischen Himmel und Erde ihres Geistes gibt, als ihre Schulweisheit zu erklären vermag. Und wenn wir den Gedanken nicht ausmachen können, der die Emotionen verursacht, werden wir von unerklärten Emotionen und Gefühlen heimgesucht. Zum Glück sind diese Emotionen und Gefühle weniger heftig und unvermittelt.

Die Arbeitsgruppe von Ärzten und Forschern, die für die weitere Behandlung der Patientin verantwortlich war, untersuchte ihren ungewöhnlichen Fall weiter.[33] Die Stimulation an irgendeinem der anderen Elektrodenkontakte, die dieser Patientin implantiert worden waren, hatte keine unerwarteten Folgen. Wie erwähnt trat die Reaktion bei keinem der anderen auf die gleiche Art behandelten Patienten auf. Bei zwei anderen Gelegenheiten und mit dem Einverständnis der Patienten fanden die Ärzte Folgendes heraus: Erstens, wenn sie der Patientin mitteilten, sie würden den problematischen Elektrodenkontakt stimulieren, tatsächlich aber den Schalter für eine andere Elektrode betätigten, folgte kein Verhalten besonderer Art. Die Ärzte beobachteten nichts Ungewöhnliches, und die Patientin berichtete nichts Ungewöhnliches. Zweitens, wenn der problematische Kontakt ohne Vorwarnung eingeschaltet wurde, erfolgte die gleiche Ereignisfolge wie in der ursprünglichen, unerwarteten Beobachtung. Die Platzierung und Aktivierung der Elektroden standen in einer eindeutigen und unmittelbaren Verbindung zum Auftreten des Phänomens.

Die Forscher führten nach der Stimulation des Kontaktes »null links« auch eine funktionale Bildgebungsstudie durch (mit Hilfe der Positronenemissionstomographie). Ein wichtiges Ergebnis dieser Studie war die ausgeprägte Aktivierung von Strukturen im rechten Parietallappen, einer Region, die an der Kartierung des Körperzustands und besonders der Kartierung der Körperstellung im Raum beteiligt ist. Diese Aktivierung war wahrscheinlich dafür verantwortlich, dass die Patientin während der Stimulation ständig von auffälligen Veränderungen ihres Körperzustands berichtete, unter anderem von der Empfindung, in ein Loch zu fallen.

Der wissenschaftliche Wert von Einzelfallstudien ist immer begrenzt. In der Regel dienen die Befunde als Ausgangspunkt für neue Hypothesen und Forschungen und nicht als Schlusspunkt einer Untersuchung. Trotzdem sind in diesem Falle die Daten sehr wertvoll. Sie sprechen für die Annahme, dass sich der Prozess von Emotionen und Gefühlen in seine Bestandteile zerlegen lässt. Außerdem stützen sie eine Grundthese der kognitiven Neurowissenschaft: Jede komplexe mentale Funktion erwächst aus dem Zusammenwirken *vieler* Gehirnregionen auf verschiedenen Ebenen des Zentralnervensystems, und nicht aus der Aktivität einer einzelnen Region im phrenologischen Sinne.

Ein Schalter im Hirnstamm

Leider ist nicht klar, welcher Hirnstammkern die emotionale Reaktion der Patientin ausgelöst hat. Der fragliche Kontakt scheint sich direkt über der Substantia nigra befunden zu haben, während der Strom selbst irgendwo in ihrer Nachbarschaft geflossen sein dürfte. Der Hirnstamm ist eine sehr kleine Region des Zentralnervensystems und dicht besetzt mit Kernen und Schaltkreisen, die unterschiedliche Funktionen haben. Einige dieser Kerne sind so winzig, dass selbst eine minimale Abweichung von der Standardanatomie zu einer signifikanten Umleitung des elektrischen Stroms führen könnte. Außer Frage steht, dass das Ereignis im Mittelhirn begann und nach und nach jene Kerne aktiviert hat, die für mehrere Teilelemente der Emotion zuständig sind. Nach tierexperimentellen Ergebnissen zu urteilen ist es sogar möglich, dass Kerne in der Region, die wir als periaquäduktales Grau (PAG) bezeichnen, an der koordinierten Produktion der Emotion beteiligt waren. Beispielsweise wissen wir, dass verschiedene Säulen des PGA an der Erzeugung von verschiedenen Arten der Furchtreaktion mitwirken – der Art, die zu Flucht- und-Kampf-Verhalten führt, oder derjenigen, die Erstarrung bewirkt. Das PAG kann auch an Reaktionen der Traurigkeit beteiligt sein. Auf jeden Fall begann innerhalb einem der für die Erzeugung von Emotionen zuständigen Mittelhirnkerne eine Ereigniskette, die ziemlich rasch ausgedehnte Regionen des Körpers erfasste – Gesicht, Stimmapparat, Brustkorb und nicht zuletzt die chemischen Systeme, deren Aktivitäten sich nicht direkt beobachten ließen. Die Veränderungen führten zu einem spezifischen Gefühlszustand. Mehr noch, während sich die Emotion Traurigkeit und die Gefühle der Traurigkeit ausbildeten, rief die Patientin Gedanken ab, die mit Traurigkeit in Einklang standen. Dabei begann die Ereigniskette nicht in der Großhirnrinde, sondern in einer subkortikalen Region. Doch die Auswirkungen glichen denen, die durch den Gedanken an ein tragisches Ereignis oder durch das Miterleben eines solchen entstanden wären. Jeder, der zu diesem Zeitpunkt als Beobachter hinzugekommen wäre, hätte nicht entscheiden können, ob es sich um einen vollkommen natürlichen Emotions-Gefühls-Zustand handelte, einen Emotions-Gefühls-Zustand, der durch die Kunstfertigkeit einer begabten Schauspielerin dargestellt wurde, oder um einen Emotions-Gefühls-Zustand, der durch einen elektrischen Schalter ausgelöst worden war.

Grundloses Lachen

Damit Sie nicht auf den Gedanken kommen, Weinen und Traurigkeit seien ein Sonderfall, möchte ich sogleich hinzufügen, dass sich ein ganz ähnliches Phänomen wie das eben beschriebene auch für das Lachen beschreiben lässt, wie eine Studie unter Leitung von Itzhak Fried gezeigt hat.[34] Auch hier handelte es sich um eine Patientin, die einer elektrischen Gehirnstimulation unterzogen wurde. Der Zweck unterschied sich nur unwesentlich: die Kartierung der Kortexfunktionen. Um Patienten zu helfen, deren epileptische Anfälle auf keine Medikamente ansprechen, kann man die Hirnregion, welche die Anfälle auslöst, chirurgisch entfernen. Vor dem Eingriff muss der Chirurg jedoch nicht nur das zu entfernende Hirnareal genau lokalisieren, sondern auch die Areale bestimmen, die aufgrund ihrer Funktion nicht verletzt werden dürfen, etwa solche, die am Sprechen beteiligt sind. Das erreicht man, indem man das Gehirn elektronisch stimuliert und die Ergebnisse beobachtet.

Als die Chirurgen im Falle der Patientin A. K. mit der Stimulation einer Region des linken Frontallappens begannen, die man als supplementär-motorisches Areal (SMA) bezeichnet, bemerkten sie, dass die elektrische Reizung einer Reihe nahe beieinander liegender Regionen immer wieder Gelächter auslöste. Das Lachen war vollkommen echt, so echt, dass die Beobachter es als ansteckend beschrieben. Es kam aus heiterem Himmel – der Patientin wurde nichs Komisches gezeigt oder erzählt, und sie dachte auch an nichts, was das Lachen hätte auslösen können. Trotzdem fand es statt, ein vollkommen unmotiviertes, aber realistisches Lachen. Erstaunlicherweise stellte sich, analog zum Fall der weinenden Patientin, im Anschluss an das Lachen – trotz seiner unmotivierten Natur – »ein Empfinden von Heiterkeit und Fröhlichkeit« ein. Interessant war auch, dass die Patientin anschließend als Grund des Lachens jedes Objekt angab, auf das sie sich zum Zeitpunkt der Stimulation gerade konzentriert hatte. Zeigte man der Patientin beispielsweise das Bild eines Pferdes, sagte sie: »Das Pferd ist komisch.« Gelegentlich mussten die Forscher selbst als emotional besetzter Reiz herhalten, dann sagte sie: »Oh, Leute, ihr seid einfach zu komisch ... wie ihr da so herumsteht.«

Die das Lachen auslösende Hirnregion war klein, sie maß etwa zwei mal zwei Zentimeter. Die Stimulation benachbarter Punkte verursachte bekannte Phänomene wie die Hemmung des Sprechens (*Speech Arrest*) oder den Abbruch von Handbewegungen. In keinem Fall aber bewirkten diese Stimulationen Lachen. Weiterhin ist darauf hinzuweisen, dass die Patientin bei ihren Anfällen niemals lachte.

Ausgehend von dem bereits skizzierten theoretischen Rahmen bin ich der Meinung, dass die Stimulation der betreffenden Regionen jene Kerne des Hirnstamms aktiviert, die für die motorischen Muster des Lachens zuständig sind. Welche Hirnstammkerne es im Einzelnen sind und in welcher Reihenfolge ihre Aktivierung erfolgt, hat man bislang weder für das Lachen noch für das Weinen ermittelt. Zusammen bieten diese Studien Einblicke in die vielstufigen neuronalen Mechanismen, die Emotionen erzeugen. Nach der Verarbeitung eines emotional besetzten Reizes leiten Kortexareale die konkrete emotionale Reaktion ein, indem sie Aktivitäten in anderen Regionen, zumeist subkortikalen, auslösen, die die Emotion letztlich ausführen. Im Falle des Gelächters hat es den Anschein, als lägen die ursprünglichen auslösenden Areale in der medialen und dorsalen präfrontalen Region, etwa im SMA und im vorderen Gyrus cinguli.

Im Falle von Weinen liegen die entsprechenden auslösenden Regionen wahrscheinlich eher im medialen und dem ventro-präfrontalen Bereich. Die Hirnstammkerne sind die Regionen, in denen sowohl Weinen als auch Lachen ausgeführt werden. Zufällig deckt sich die Erkenntnis, die in der Studie über das Lachen gewonnen wurde, mit unseren eigenen Beobachtungen bei Patienten, deren supplementäres motorisches Areal und des vorderen Gyrus cinguli beschädigt ist.

Wir haben festgestellt, dass diese Patienten Schwierigkeiten haben, ein »natürliches« Lächeln zu zeigen – ein Lächeln, wie es spontan durch einen Witz hervorgerufen wird. Solche Patienten sind auf die künstliche Spielart des »Sag-Cheese-Lächelns« beschränkt.[35]

Die erörterten Studien belegen, dass sich die Stadien und Mechanismen des Emotions- und Gefühlsprozesses trennen lassen – Einschätzungen/Bewertungen führen zur Absonderung eines emotional besetzten Reizes, zu Auslösung, Ausführung und anschließend zu dem entsprechenden Gefühl. Der künstliche elektrische Reiz, der in der Studie über das Lachen verwendet wird, simuliert die neuronalen Ergebnisse, die von der Absonderung eines Reizes, der Lachen auslöst, natürlich hervorgebracht werden. Verantwortlich dafür ist die Aktivität in Hirnregionen und Nervenbahnen, welche die Verarbeitung eines solchen Reizes unterstützt und in die Region des SMA projiziert. Beim natürlichen Lachen kommt der Reiz von innen, im Falle der Patientin A. K. kam er von der Spitze einer Elektrode. Bei der weinenden Patientin wurde der elektrische Reiz auf einer späteren Verarbeitungsstufe gegeben, noch innerhalb der Ausführungsebene, die für die Durchführung von Emotionen zuständig ist – mindestens aber eine Stufe vom Auslösestadium entfernt.

Lachen und noch ein bisschen Weinen

Ein neurologisches Ereignis anderer Art gewährt uns weitere Einblicke in die Beschaffenheit der für die Emotionen zuständigen Hirnstammschalter. Es handelt sich um eine Störung, die als pathologisches Lachen und Weinen bezeichnet wird. In der Geschichte der Neurologie ist das Problem seit langem bekannt, doch erst seit kurzem können wir es anatomisch und physiologisch erklären. Der Patient C., den ich zusammen mit Josef Parvizi und Steven Anderson untersucht habe, lieferte uns ein sehr anschauliches Beispiel für diese Störung.[36]

Als C. einen kleinen Schlaganfall erlitt, der den Hirnstamm in Mitleidenschaft zog, kam der Arzt, der ihn zuerst untersuchte, zu dem Ergebnis, sein Patient habe Glück gehabt. Einige Hirnstamminfarkte enden tödlich und viele bringen für die Betroffenen schreckliche Behinderungen. Aber dieser Schlaganfall schien relativ geringe Bewegungseinschränkungen nach sich gezogen zu haben, und die Aussichten standen gut, dass auch diese Störungen abklingen würden. In dieser Hinsicht nahm C. s Erkrankung auch den erwarteten Verlauf. Völlig unerwartet dagegen und sehr schwierig war ein Symptom, dem Patient, Angehörige und medizinisches Personal völlig ratlos gegenüberstanden. Ohne erkennbaren Grund brach Patient C. in herzzerreißendes

Weinen oder schallendes Gelächter aus. Nicht nur, dass kein Motiv für die Ausbrüche zu erkennen war, sondern auch ihr emotionaler Wert konnte diametral entgegengesetzt zur affektiven Tendenz der Situation sein. Mitten in einem ernsthaften Gespräch über seine Finanzlage konnte C. plötzlich losplatzen, ohne das Lachen unterdrücken zu können. Ähnlich brach C. gelegentlich mitten in einem denkbar belanglosen Gespräch in hemmungsloses Schluchzen aus und war auch hier nicht in der Lage, diese Reaktionen unter Kontrolle zu bringen. Manchmal lösten sich die Ausbrüche in rascher Folge ab, sodass C. kaum die Zeit blieb, Luft zu holen und zu sagen, das er nichts dagegen tun könne, dass weder das Lachen noch das Weinen ernst zu nehmen seien, dass keine Gedanken in seinem Bewusstsein ein so seltsames Verhalten rechtfertigten. Natürlich war der Patient an keinen elektrischen Strom angeschlossen, und niemand betätigte einen Schalter in oder an dem Mann. Doch das Ergebnis war identisch. Durch eine Läsion in dem neuronalen System, dass aus Kernen im Hirnstamm und im Kleinhirn besteht, führte C. diese Emotionen ohne einen echten mentalen Grund aus und ohne sie unterdrücken zu können. Nicht weniger wichtig: Am Ende fühlte sich C. immer etwas traurig oder fröhlich, obwohl er zu Beginn der Episode weder fröhlich noch traurig gewesen war und weder beglückende noch beunruhigende Gedanken gehabt hatte. Halten wir noch einmal fest: Eine unmotivierte Emotion verursachte ein Gefühl und rief einen mentalen Zustand hervor, der mit der Wertigkeit eines Repertoires von Handlungen seines Körpers in Einklang stand.

Die Mechanismen, die uns im Detail ermöglichen, Lachen und Weinen zu kontrollieren und auf den sozialen und kognitiven Kontext abzustimmen, sind bislang ein Rätsel gewesen. Die Untersuchung dieses Patienten löste einen Teil des Rätsels und offenbarte, dass Kerne in der Brücke und im Kleinhirn eine wichtige Rolle im Kontrollmechanismus zu spielen scheinen. Nachfolgende Untersuchungen anderer Patienten in der gleichen Situation und mit ähnlichen Schädigungen haben diese Vermutung bestätigt. Sie können sich diesen Kontrollmechanismus folgendermaßen vorstellen: Innerhalb des Hirnstamms können Systeme von Kernen und Nervenbahnen angeschaltet werden, um ein stereotypisches Lachen oder Weinen zu erzeugen. Ein anderes System im Kleinhirn modifiziert dieses Grundmuster des Lachens und Weinens. Diese Modifikation wird beispielsweise erreicht durch eine Veränderung der Schwelle für Lachen und Weinen, der Heftigkeit und Dauer einiger Teilbewegungen und so fort.[37] Unter normalen Bedingungen kann das System von Aktivität in der Großhirnrinde beeinflusst werden – die verschiedenen Regionen, die zusammenwirken und bei jeder gegebenen Gelegenheit den Kontext repräsentieren, in dem ein emotional besetzter Reiz jene Form des Lachens oder Weinens hervorruft – von sehr heftig bis sehr schwach –, die angemessen ist. Umgekehrt kann das System auch die Großhirnrinde beeinflussen.

Der Fall des Patienten C. liefert zudem seltene Einblicke in das Wechselspiel zwischen dem Einschätzungsprozess, der den Emotionen vorausgeht, und der tatsächlichen Ausführung der Emotionen, die wir betrachtet haben. Die Einschätzung kann den nachfolgenden emotionalen Zustand modifizieren und umgekehrt von ihm modifiziert werden. Wenn die Verbindung zwischen dem Prozess der Einschätzung und dem der Ausführung unterbrochen wird, wie es bei C. der Fall war, können chaotische Verhältnisse die Folge sein.

Während der zuerst beschriebene Fall die Abhängigkeit der Verhaltens- und Kognitionsprozesse von Vielkomponentensystemen gezeigt hat, offenbart der Fall des Patienten C., wie diese Prozesse von einer komplizierten Wechselbeziehung zwischen den einzelnen Komponenten abhängen. Wir sind weit entfernt von der Idee einzelner »Zentren« und ebenso weit entfernt von der Vorstellung, die Nervenbahnen würden nur in eine Richtung verlaufen.

Die Phänomene, die wir in diesem Kapitel erörtert haben – eigentliche Emotionen, Triebe und die einfacheren regulativen Reaktionen –, treten auf der Bühne des Körpers unter der Regie eines Gehirns auf, das von der Natur mit der erforderlichen Klugheit ausgestattet worden ist, eines Gehirns, das von der Evolution alle Voraussetzungen mitbekommen hat, um den Körper lenken zu können. Spinoza hat die angeborene neurobiologische Intelligenz intuitiv erfasst und dieses intuitive Wissen in seinen *conatus*-Aussagen formuliert, der Idee, dass *notwendigerweise* alle lebenden Organismen danach streben, sich zu erhalten, ohne sich dieses Bestrebens bewusst zu sein und ohne individuell beschlossen zu haben, irgendetwas in dieser Richtung zu unternehmen. Mit anderen Worten, sie kennen das Problem gar nicht, das sie zu lösen versuchen. Werden die Folgeerscheinungen dieser natürlichen Intelligenz wieder zurück in das Gehirn abgebildet, entstehen daraus Gefühle, die Basiselemente unseres Geistes. Schließlich können Gefühle, wie wir noch sehen werden, willentliche Bemühungen um Selbsterhaltung lenken und mithelfen bei der Entscheidung darüber, wie diese Selbsterhaltung aussehen soll. Gefühle eröffnen die Möglichkeit, die automatischen Emotionen bewusst zu kontrollieren.

Die Evolution scheint die Hirnmechanismen der Emotionen und der Gefühle stückchenweise geschaffen zu haben. Zuerst war da der Apparat, der Reaktionen auf ein Objekt oder Ereignis erzeugt, Reaktionen, die sich auf das Objekt oder die Umstände richten – das heißt, der Apparat der Emotionen. Danach folgte der Apparat zur Erzeugung einer Hirnpräsentation und dann einer mentalen Vorstellung, einer Idee von den Reaktionen und dem resultierenden Zustand des Organismus – der Apparat der Gefühle.

Der erste Mechanismus, die Emotion, ermöglichte es Organismen, effektiv, aber nicht kreativ auf eine Reihe von Bedingungen zu reagieren, die dem Leben zuträglich oder gefährlich waren – Situationen, die »gut fürs Leben« waren, oder Situationen, die »schlecht fürs Leben« waren, Resultate, die »gut-fürs-Leben« – oder »schlecht-fürs-Leben« sind. Der zweite Mechanismus, das Gefühl, fügte ein mentales Warnsignal für gute oder schlechte Situationen hinzu und verlängerte die Wirkung der Emotionen, indem er Aufmerksamkeit und Gedächtnis dauerhaft beeinflusste. Schließlich führten die Gefühle im fruchtbaren Zusammenwirken zwischen Gedächtnis, Vorstellungsvermögen und Denken zur Entwicklung von Voraussicht und der Fähigkeit, neue, nicht-stereotype Reaktionen zu entwickeln.

Wie so häufig bei der Entwicklung neuer Fähigkeiten hat die Natur zunächst auf das Vorhandene zurückgegriffen, die Emotionen, und sie durch einige neue Elemente ergänzt. Am Anfang war die Emotion, doch am Anfang der Emotion stand das Handeln.

KAPITEL DREI

Gefühle

Was Gefühle sind

Ich möchte meinen Versuch, die Natur von Gefühlen zu erklären, mit einer Frage an den Leser beginnen: Wenn Sie an irgendein Gefühl denken, das Sie empfunden haben, angenehm oder nicht, heftig oder nicht, was ist für Sie der Inhalt dieses Gefühls? Beachten Sie, dass ich Sie nicht nach der Ursache des Gefühls frage, nach seiner positiven oder negativen Wertigkeit, oder nach den Gedanken, die Ihnen im Anschluss an das Gefühl in den Sinn kamen. Ich meine wirklich den mentalen Inhalt, die »Zutaten«, den Stoff, aus dem das Gefühl war.

Lassen Sie sich bei diesem Gedankenexperiment durch ein paar Vorschläge helfen. Vergegenwärtigen Sie sich, wie Sie am Strand lagen, Ihnen die Nachmittagssonne auf die Haut brannte, zu Ihren Füßen das Meer plätscherte, irgendwo hinter Ihnen Pinienzweige rauschten, eine leichte Sommerbrise über Ihren Körper strich, 25 Grad Celsius und keine Wolke am Himmel. Lassen Sie sich Zeit und vergegenwärtigen Sie sich das Erlebnis. Ich hoffe, Sie waren nicht zu Tode gelangweilt, sondern fühlten sich wohl, unerträglich wohl, wie ein Freund von mir zu sagen pflegt. Die Frage lautet: Worin bestand dieses Sich-Wohl-Fühlen? Es folgen einige wenige Hinweise: Vielleicht war die Wärme Ihrer Haut angenehm? Ihr Atem ging leicht, das Ein- und das Ausatmen wurde durch nichts in Brust und Kehle behindert. Ihre Muskeln waren so entspannt, dass Sie jede Bewegung Ihrer Gelenke spüren konnten. Der Körper fühlte sich leicht an, er lag zwar auf dem

Boden, war aber federleicht. Sie spürten Ihren ganzen Körper und fühlten, wie er reibungslos, ohne Probleme, ohne Schmerzen, in schlichter Vollendung arbeitete. Sie hatten genügend Energie, sich zu bewegen, aber aus irgendeinem Grunde zogen Sie es vor, ruhig liegen zu bleiben, eine widersprüchliche Mischung aus der Fähigkeit und Neigung zum Handeln einerseits und dem Genuss der Ruhe andererseits. Mit einem Wort, Sie empfanden Ihren Körper in verschiedenen Dimensionen verschieden. Einige Dimensionen waren offenkundig, und Sie konnten sie lokalisieren. Andere entzogen sich einer Verortung. Beispielsweise fühlten Sie sich wohl und frei von Schmerzen, und obwohl der Ort dieses Phänomens der Körper und seine Funktionen ist, erschien die Empfindung doch so diffus, dass Sie schwer angeben konnten, wo genau sie im Körper stattfand.

Und es gab mentale Konsequenzen des eben beschriebenen Zustands. Als Sie Ihre Aufmerksamkeit von dem bloßen Wohlbehagen des Augenblick abzulenken vermochten, als Sie die Vorstellungen intensivierten, die sich nicht direkt auf Ihren Körper bezogen, stellten Sie fest, dass Ihr Bewusstsein mit Gedanken angefüllt war, die eine neue Welle angenehmer Gefühle auslösten. Die Bilder von Ereignissen, die Sie eifrig als angenehm antizipierten, kamen Ihnen in den Sinn, desgleichen Vorkommnisse, an denen Sie in der Vergangenheit Gefallen gefunden hatten. Ferner bemerkten Sie, dass Ihre Gemütsverfassung, nun ja, glücklich war. Sie dachten auf eine Art und Weise, die Ihnen scharf umrissene Vorstellungsbilder in großer Fülle und ohne Mühe zutrug.

Dieses Wohlgefühl hatte zwei Folgen. Es stellten sich Gedanken zu Themen ein, die mit der Emotion in Einklang standen, und eine Art zu denken, die Form der mentalen Verarbeitung, die die Geschwindigkeit der Bilderzeugung erhöhte und so zu einem intensiven Fluss von Bildern und Vorstellungen führte. Wie Wordsworth in »Tintern Abbey« haben Sie »Gefühle süß im Blut empfunden und im Herzen«.

Was Sie sonst in »Körper« und »Geist« unterteilten, war in Harmonie vereinigt. Alle Konflikte schienen überwunden. Alle Gegensätze hatten ihre Schärfe verloren.

Ich denke, das Charakteristische des angenehmen Gefühls dieser Augenblicke, das, was die inneren Erlebnisse wirklich zu Gefühlen macht und sie von jedem anderen Gedanken unterscheidet, ist die mentale Repräsentation von Teilen oder des gesamten Körpers, wie er auf eine bestimmte Art und Weise funktioniert. Das Gefühl im engeren Sinn war *die Vorstellung vom Körper in einer bestimmten Verfassung.* Bei dieser Definition können Sie für Repräsentation oder Vorstellung auch »Gedanke« oder »Wahrnehmung« einsetzen. Sobald Sie über das Objekt, welches für das Gefühl verantwortlich war, über die Gedanken und die sich daraus ergebende Art zu denken hinaussahen, bekamen Sie den Kern des Gefühls in den Blick. Sein Inhalt bestand aus der Repräsentation eines bestimmten Körperzustands im Gehirn.

Diese Bemerkungen träfen genauso zu auf die Gefühle von Traurigkeit, auf die Gefühle von anderen Emotionen, die Gefühle von Antrieben und die Gefühle von irgendwelchen regulativen Reaktionen, die im Körper stattfinden. Gefühle in dem Sinne, wie sie in diesem Buch verstanden werden, entstehen auch aus jeder Abfolge von homöostatischen Reaktionen, nicht nur aus Emotionen. Gefühle übersetzen die jeweilige Lebens- und Körperverfassung in die Sprache des Geistes. Ich bin der Meinung, dass es charakteristische »Körperverfassungen« gibt, die sich aus verschiedenen homöostatischen Reaktionen zusammensetzen, die von einfach bis komplex reichen. Es gibt auch charakteristische kausale Objekte, charakteristische Gedanken, die diesen folgen, und die entsprechenden Arten zu denken. Beispielsweise ist eine Begleiterscheinung der Traurigkeit eine verminderte Vorstellungstätigkeit bei verstärkter Aufmerksamkeit für die einzelnen Vorstellungen, im Gegensatz zur raschen Vorstellungsfolge und der kurzen Aufmerksamkeitsspanne, die bei intensivem Glücksgefühl zu beobachten sind. Gefühle sind Wahrnehmungen, und meine These lautet, dass die erforderliche Grundlage dieser Wahrnehmung in den *Kartierung des Körpers im Gehirn* geschaffen wird. Diese Karten bilden Teile des Körpers und seine Zustände ab. Spielarten von Lust oder Schmerz sind ein ständiger Teil der Wahrnehmung, die wir Gefühl nennen.

Neben der Wahrnehmung des Körpers gibt es noch die Wahrnehmung von Gedanken, die mit der entsprechenden Emotion in Einklang stehen, und die Wahrnehmung einer bestimmten Art zu denken, einer mentalen Verarbeitungsweise. Wie kommt es zu dieser Wahrnehmung? Sie entsteht aus der Konstruktion von Metarepräsentationen unseres eigenen mentalen Prozesses, einer Operation höherer Ordnung, bei der ein Teil des Geistes einen anderen Teil des Geistes repräsentiert. Dank dieses Vorgangs können wir feststellen, dass sich unsere Gedanken verlangsamen oder beschleunigen, wenn wir ihnen mehr oder weniger Aufmerksamkeit schenken, oder dass unsere Gedanken Objekte und Ereignisse aus der Nähe oder aus einer größeren Entfernung abbilden. Meine Hypothese, in Gestalt einer vorläufigen Definition, lautet also: Ein Gefühl ist die Wahrnehmung eines bestimmten Körperzustands in Verbindung mit der Wahrnehmung einer bestimmten Art zu denken und solcher Gedanken, die sich mit bestimmten Themen beschäftigen. Gefühle entstehen, wenn die bloße Akkumulation kartierter Einzeldaten ein bestimmtes Stadium erreicht. Aus einer ganz anderen Perspektive hat die Philosophin Suzanne Langer diesen Augenblick der Entstehung von Gefühlen eingefangen: Wenn die Aktivität in einem Teil des Nervensystems »ein kritisches Ausmaß erreicht, wird der Prozess empfunden«.[1] Das Gefühl ist eine Konsequenz des fortlaufenden homöostatischen Prozesses, der nächste Schritt im Zyklus.

Die hier skizzierte Hypothese ist unvereinbar mit der Auffassung, Gefühle (oder die Essenz von Emotionen, wenn man

Emotionen und Gefühle als Synonyme ansieht) seien eine Ansammlung von Gedanken zu Themen, die mit dem Etikett eines bestimmten Gefühls in Einklang stünden – im Falle der Traurigkeit etwa mit Gedanken an Verlustsituationen. Ich glaube, diese Auffassung führt zu einer hoffnungslosen Aushöhlung des Gefühlskonzepts. Wären Gefühle tatsächlich nur Häufungen von Gedanken zu bestimmten Themen, wie sollte man sie dann von beliebigen anderen Gedanken unterscheiden? Wie ließe sich ihre funktionale Besonderheit bewahren, die ihren Status als spezifischen mentalen Prozess rechtfertigt? Meiner Meinung nach verdanken die Gefühle ihre funktionale Besonderheit den Gedanken, die den Körper in seinen reaktiven Prozessen repräsentieren. Streichen Sie diesen Kernaspekt, und der Begriff der Gefühle löst sich in Wohlgefallen auf. Streichen Sie diesen Kernaspekt, und Sie dürfen nie wieder sagen, »ich fühle« mich glücklich, sondern nur noch, »ich denke« glücklich. Doch das wirft eine legitime Frage auf: Was macht Gedanken überhaupt »glücklich?«? Wenn wir nicht einen bestimmten Körperzustand von einer Qualität erleben, die wir Lust nennen und die wir im Kontext des Lebens als »gut« und »positiv« empfinden, haben wir nicht den geringsten Grund, irgendwelche Gedanken als glücklich zu empfinden. Oder traurig.

Nach meiner Ansicht ist der *Ursprung* der Wahrnehmungen, die den Kern eines Gefühls ausmachen, klar: Es gibt ein allgemeines Objekt, nämlich den Körper, und dieses Objekt hat viele Teile, die ständig in einer Anzahl von Hirnstrukturen abgebildet werden. Auch die Inhalte dieser Wahrnehmungen sind klar: verschiedene Körperzustände, die auf verschiedene Art in den den Körper darstellenden Karten abgebildet werden. Beispielsweise wird die Mikro- und die Makrostruktur angespannter Muskeln anders abgebildet als die entspannter Muskeln. Gleiches gilt für den Zustand des Herzens, je nachdem, ob es schnell oder langsam schlägt, und für die Funktion anderer Systeme – Atmung oder Verdauung –, die ihre Aufgaben ruhig und harmonisch verrichten können oder mühsam und schlecht koordiniert. Ein anderes Beispiel, und vielleicht das wichtigste, ist die Zusammensetzung des Blutes im Hinblick auf einige chemische Stoffe, von denen unser Leben abhängt und deren Konzentration fortlaufend in spezifischen Hirnregionen repräsentiert wird. Der besondere Zustand dieser Teile unseres Körpers, wie er in der Kartierung des Körpers in unserem Gehirn abgebildet wird, ist der Inhalt von Wahrnehmungen, aus denen Gefühle bestehen. Die unmittelbaren *Substrate* von Gefühlen sind die Abbildungen aller dieser Körperzustände in jenen sensorischen Regionen des Gehirns, die dazu bestimmt sind, Signale aus dem Körper zu empfangen.

Nun könnte man einwenden, es habe nicht den Anschein, als würde die Wahrnehmung des Zustands all dieser Körperteile bewusst erfolgen. Gott sei Dank ist das nicht der Fall. Einige erleben wir sehr genau und nicht immer angenehm – eine Störung des Herzrhythmus, eine schmerzhafte Kontraktion des Darms und so fort. Aber die meisten anderen Teilinformationen erleben wir, so denke ich, in »zusammengesetzter« Form. Bestimmte chemische Muster des inneren Milieus beispielsweise machen sich als Hintergrundgefühle wie Energie, Erschöpfung oder Unbehagen bemerkbar. Wir erleben auch jene Gruppe von Verhaltensveränderungen, die zu Trieben und Begierden werden. Natürlich »erleben« wir nicht, dass der Glukosespiegel in unserem Blut unter die zulässige Schwelle sackt, doch sehr rasch erfahren wir die Konsequenzen dieses Abfalls anhand der Funktionen anderer Systeme (der Muskulatur zum Beispiel) und durch bestimmte Verhaltensweisen (zum Beispiel das Verlangen nach Nahrung).

Ein bestimmtes Gefühl zu empfinden, etwa Lust, ist die Wahrnehmung, dass sich der Körper in einer bestimmten Verfassung befindet. Und um egal welche körperliche Verfassung wahrzunehmen, sind sensorische Kartierungen erforderlich, in denen neuronale Muster erfasst und aus denen mentale Bilder gewonnen werden können. Ich möchte allerdings darauf hinweisen, dass wir noch nicht genau wissen, wie mentale Bilder aus neuronalen Mustern entstehen (in unserem Verständnis klafft eine Lücke, auf die ich in Kapitel fünf zurückkommen werde). Doch wir wissen genug, um davon ausgehen zu können, dass der Prozess von identifizierbaren Substraten getragen wird – im Falle der Gefühle sind es mehrere Kartierungen von Körperzuständen in verschiedenen Gehirnregionen – und anschließend komplexe Interaktionen zwischen verschiedenen Regionen stattfinden. Jedenfalls ist der Prozess *nicht* auf ein Hirnareal beschränkt.

Kurz, der wesentliche Inhalt von Gefühlen ist die Abbildung eines bestimmten Körperzustands. Das Substrat der Gefühle sind neuronale Muster, die einen bestimmten Körperzustand darstellen und aus denen ein mentales Bild des Körperzustands gebildet wird. Ein Gefühl ist im Wesentlichen eine Vorstellung – eine Vorstellung des Körpers, seines Inneren, unter bestimmten Umständen. Das Gefühl einer Emotion ist die Vorstellung des Körpers, der unter dem Einfluss des Emotionsprozesses steht. Wie wir jedoch auf den folgenden Seiten sehen werden, geht die Abbildung des Körpers, die den entscheidenden Teil dieser Hypothese bildet, wahrscheinlich nicht so direkt vonstatten, wie William James einst gedacht hat.

Sind Gefühle mehr als nur die Wahrnehmung von Körperzuständen?

Wenn ich sage, dass Gefühle weitgehend aus der Wahrnehmung eines bestimmten Körperzustands bestehen oder dass die Wahrnehmung eines Körperzustands der Kern eines Gefühl ist, so habe ich die Wörter »weitgehend« und »Kern« nicht von ungefähr gewählt. Der Grund für diese Spitzfindigkeit liegt in der Hypothese/Definition, die ich gerade für das Gefühl formuliert habe. In vielen Fällen, besonders wenn wenig oder keine Zeit zur Verfügung steht, Gefühle zu analysieren, sind sie einzig und allein die Wahrnehmung eines bestimmten Körperzustands. Unter anderen Umständen jedoch gehört zum Gefühl neben der Wahrnehmung eines bestimmten Körperzustands *auch* die Wahrnehmung einer bestimmten damit einhergehenden *geistigen Verfassung* – die Veränderungen der Denkweise, die ich oben zu den Auswirkungen eines Gefühls gezählt habe. Das bedeutet, dass wir neben den Vorstellungsbildern von unserem Körper in einer bestimmten Verfassung auch noch eine spezifische Vorstellung von unserer Denkweise in dieser Situation haben.

Unter bestimmten Bedingungen, möglicherweise in den höchstentwickelten Spielarten des Phänomens, ist dieser Prozess alles andere als einfach. Dann umfasst er folgende Elemente: die Körperzustände, welche den Kern des Gefühls ausmachen und ihm seinen charakteristischen Inhalt geben; die modifizierte Art zu denken, die die Wahrnehmung dieses spezifischen Körperzustands begleitet; und die Gedanken, die thematisch mit der empfundenen Emotion übereinstimmen. Wenn wir das Beispiel einer positiven Emotion betrachten, könnten wir sagen, dass im Gehirn bei solchen Gelegenheiten mehr repräsentiert wird als einfach nur Wohlbefinden – es wird auch Wohl-Denken repräsentiert. Das Fleisch befindet sich in einer harmonischen Verfassung – zumindest sagt das der Geist, und die Kräfte unseres Verstandes sind entweder auf der Höhe des Geschehens oder können auf diese Höhe gebracht werden. Entsprechend geht es bei dem Gefühl von Traurigkeit nicht nur um ein Unwohlsein des Körpers oder um Energiemangel. Häufig geht es auch um nicht effiziente Denkweisen, die kraftlos um eine kleine Anzahl von Verlustvorstellungen kreisen.

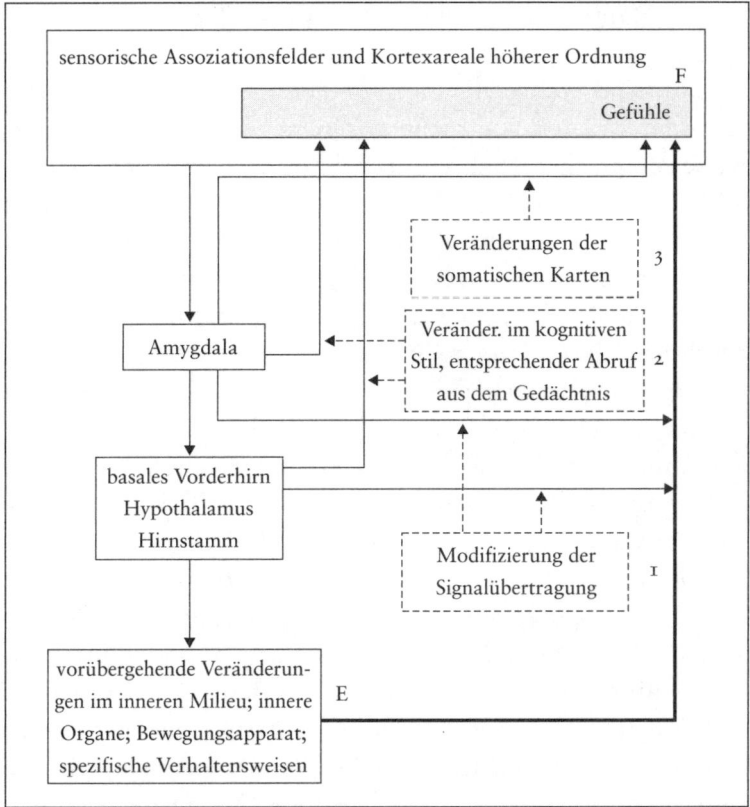

Abbildung 3.1: Die Fortsetzung des Diagramms aus Abbildung 2.5, die uns jetzt bis zu Gefühlen der Furcht führt. Die Signalübertragungen vom Körper ans Gehirn (der äußere Pfeil, der von Kasten E links unten zu Kasten F recht oben führt) können von den auslösenden und ausführenden Regionen modifiziert werden (Pfeile aus Kasten eins mit der Bezeichnung Modifizierung der Signalübertragung). Die auslösenden und ausführenden Regionen beeinflussen den Prozess auch durch Veränderungen im kognitiven Stil und in den entsprechenden Abrufprozessen aus dem Gedächtnis (Kasten 2) und durch direkte Veränderungen in somatischen Kartierungen (Kasten 3), die das unmittelbare neuronale Substrat der Gefühle darstellen. Beachten Sie, dass sowohl die Einschätzungs-Bewertungs-Phase als auch die Gefühlsphase auf zerebraler Ebene stattfinden, nämlich in sensorischen Assoziationsfeldern und Kortexarealen höherer Ordnung.

Gefühle sind Wahrnehmungen und deshalb in gewisser Weise auch mit anderen Wahrnehmungen zu vergleichen. Beispielsweise entsprechen konkrete visuelle Wahrnehmungen äußeren Objekten, deren physische Merkmale auf unsere Netzhaut einwirken und vorübergehend die Muster der sensorischen Karten unseres Sehsystems verändern. Auch bei Gefühlen ist ein Objekt der Ursprung des Prozesses, und die physischen Merkmale dieses Objekts lösen eine Kette von Signalen aus, welche die Kartierungen dieses Objekts im Inneren des Gehirns durchziehen. Genau wie im Fall der visuellen Wahrnehmung lässt sich ein Teil des Phänomens auf das Objekt selbst zurückführen, während ein anderer Teil der inneren Konstruktion zuzuschreiben ist, die das Gehirn von dem Objekt bildet. Doch es gibt einen Unterschied, und zwar einen, der nicht zu unterschätzen ist: Im Falle der Gefühle sind die Objekte und Ereignisse, die den Vorgang auslösen, innerhalb des Körpers und nicht außerhalb seiner Grenzen. Gefühle mögen ebenso sehr geistiger Natur sein wie irgendeine andere Wahrnehmung, doch die abgebildeten Objekte sind Teile und Zustände des lebenden Organismus, in dem das Gefühl entsteht.

Dieser wichtige Unterschied zieht zwei weitere nach sich. Erstens, abgesehen davon, dass Gefühle ursprünglich mit einem Objekt verknüpft sind – dem Körper –, sind sie auch mit dem emotional besetzten Objekt verknüpft, das den Emotions-Gefühls-Zyklus in Gang gesetzt hat. Auf eigenartige Weise ist das emotional besetzte Objekt für die Etablierung des Objekts als Ursprung eines Gefühls verantwortlich. Wenn wir also von dem »Objekt« einer Emotion oder eines Gefühls sprechen, müssen wir diese Aussage genauer definieren und sagen, welches Objekt wir eigentlich meinen. Der Anblick eines atemberaubenden Küstenstreifens ist ein emotional besetztes Objekt. *Der Körperzustand, der aus der Betrach-*

tung dieser Landschaft t resultiert, ist das tatsächliche Objekt im Ursprung t, das dann als Gefühlszustand wahrgenommen wird.

Zweitens und nicht weniger wichtig, das Gehirn hat eine direkte Möglichkeit, auf das Objekt zu reagieren, während sich die Gefühle entwickeln, weil sich der Ausgangspunkt des Objekts im Körper selbst befindet und nicht außerhalb. Das Gehirn kann direkt auf das Objekt einwirken, das es wahrnimmt. Dazu ist es fähig, indem es den Zustand des Objekts modifiziert oder indem es die Übertragung der von ihm ausgehenden Signale verändert. Das ursächliche Objekt einerseits und die Abbildung dieses Objekts im Gehirn auf der anderen können einander mittels einer Art Rückkopplungsprozess beeinflussen, der bei der Wahrnehmung eines äußeren Objekts beispielsweise nicht stattfindet. Sie können Picassos *Guernica* so intensiv, so lange und so emotional betrachten, wie Sie möchten, das wird keinerlei Auswirkungen auf das Gemälde selbst haben. Ihre Gedanken dazu mögen sich natürlich verändern, doch das Objekt bleibt unversehrt, so ist zumindest zu hoffen. Im Falle des Gefühls kann sich das Objekt selbst radikal verändern. Gelegentlich ist es so, als nähme man einen Pinsel und frische Farbe und veränderte das Gemälde.

Mit anderen Worten, Gefühle sind nicht bloß eine passive Wahrnehmung oder ein kurzes Ereignis im Zeitablauf, vor allem nicht beim Gefühl von Freude und der Traurigkeit. Über einen gewissen Zeitraum nach dem Einsetzen eines solchen Gefühls – Sekunden oder Minuten – kommt es fast mit Sicherheit zu einer wiederholten Beteiligung des Körpers und daran anschließend zu seiner dynamischen Veränderung. Wir nehmen eine Reihe von Übergängen wahr. Wir bemerken eine Wechselwirkung, ein Geben und Nehmen.[2]

An diesem Punkt könnten Sie einwenden, die Situation, die ich beschreibe, gelte vielleicht für Gefühle von Emotionen und verwandten regulativen Phänomenen, aber wohl kaum für andere Arten von Gefühlen. Und ich müsste antworten, dass die einzige Verwendung des Wortes »Fühlen« im engeren Wortsinn die Berührung eines Objekt und ihr Ergebnis, eine taktile Wahrnehmung, betrifft. Was die vorherrschende Bedeutung des Wortes »Gefühl« angeht, die Bedeutung, auf die wir uns anfangs geeinigt haben, so würde ich meinen, dass sich alle Gefühle auf fundamentale regulive Reaktionen der oben erörterten Art beziehen, auf Triebe oder auf eigentliche Emotionen, von körperlichem Schmerz bis zu Glücksgefühlen. Wenn wir von dem »Gefühl« einer bestimmten Blauschattierung oder eines Tons sprechen, so meinen wir in Wirklichkeit das affektive Gefühl, das sich einstellt, wenn wir diese Blauschattierung sehen oder diesen Ton hören, egal, wie unmerklich die ästhetische Störung auch sein mag.[3] Selbst wenn wir das Wort »fühlen« (*feeling*) gelegentlich etwas missbräuchlich verwenden – wie es im Englischen gelegentlich geschieht: *I feel I am right about this* (Ich glaube, ich habe Recht damit) –, meinen wir damit, zumindest vage, das Gefühl, dass die Vorstellung begleitet, etwas Bestimmtes zu glauben oder eine bestimmte Ansicht zu haben. Der Grund ist, dass Glauben oder Meinen eine Emotion *verursacht*. Soweit ich es beurteilen kann, gibt es kaum eine Wahrnehmung oder ein Objekt – konkret oder in der Vorstellung –, das emotional wirklich neutral wäre, egal, wie schwach und kraftlos die nachfolgenden Gefühle auch sein mögen.

Vermischung von Gedächtnis und Begierde: ein Exkurs

Im Laufe der Jahre habe ich häufig die Auffassung gehört, wir könnten mit Hilfe des Körpers vielleicht Freude, Traurigkeit und Furcht erklären, aber ganz gewiss nicht Begierde, Liebe oder Stolz. Dieses Widerstreben fasziniert mich immer aufs Neue, und wenn man mir den Einwand persönlich entgegenhält, antworte ich stets auf die gleiche Weise: Warum nicht?

Lassen Sie uns die Sache klären. Dabei spielt es keine Rolle, ob mein Diskussionspartner ein Mann oder eine Frau ist. Immer schlage ich dasselbe Gedankenexperiment vor: Denken Sie an den – hoffentlich noch nicht lange zurückliegenden – Augenblick, als Sie eine Frau oder einen Mann (setzen Sie ein, was Sie vorziehen) gesehen haben, die oder der in Ihnen sekundenschnell einen eindeutigen Zustand der Begierde hervorrief. Versuchen Sie sich, unter Verwendung der von mir eingeführten neurobiologischen Begriffe, klar zu machen, was dabei physiologisch passiert ist.

Das Objekt, das dieses »Erwachen« ausgelöst hat, präsentierte sich in all seiner Pracht wahrscheinlich nicht als Ganzes, sondern in Teilen. Vielleicht war es die Form eines Knöchels, die Ihre Aufmerksamkeit zunächst fesselte, die Art, wie er sich in den Schuh schmiegte und wie er in ein Bein überging, das Sie nicht mehr sehen, sondern sich nur noch vorstellen konnten, weil es unter einem Rock verschwand. (»Sie kam stückchenweise zu mir und hatte mehr Kurven als eine Panoramastraße«, sagte Fred Astaire, als er die Ankunft der verführerischen Cyd Charisse in dem Musical *Bandwagon* beschrieb.) Oder es war die Form eines Halses, der aus einem Hemd hervorschaute. Oder es war der Gang, die Bewegungen, die Energie und Entschlossenheit, die den Körper bewegten. Egal, was es war, das Triebsystem war angeworfen und die entsprechenden Reaktionen ausgewählt. Woraus bestanden diese Reaktionen? Nun, aus Vorbereitungen und Simulationen, wie sich herausstellt. Das Triebsystem veranlasste eine Zahl unmerklicher und vielleicht gar nicht so unmerklicher Körperveränderungen, die zu den üblichen Vorkehrungen für die Trieberfüllung gehören. Keine Sorge, in zivilisierten Verhältnissen wird es wohl nie zu einer solchen Erfüllung kommen. Es handelte sich einfach um rasche Veränderungen im inneren Milieu, Veränderungen der Herzfrequenz und Atmung, die von Ihren nur andeutungsweise vorhandenen Wünschen ausgelöst wurden, um Umlenkungen des Blutflusses, um eine muskuläre Vorbereitung der verschiedenen Bewegungsmuster, die Sie hätten ausführen können, aber wahrscheinlich nicht ausgeführt haben. Die Spannungen in Ihrem Bewegungsapparat verlagerten sich neu, sodass Spannungen entstanden, wo wenige Augenblicke zuvor keine waren, und auch merkwürdige Entspannungen auftraten. Zu all dem kam jetzt auch noch die Phantasie hinzu und ließ die Wünsche deutlichere Gestalt annehmen. Die chemischen und neuronalen Belohnungsmechanismen waren nun vollständig aktiviert, und der Körper zeigte einige der Verhaltenschemata, die mit dem Gefühl der Lust verknüpft sind. Sehr anregend und sehr deutlich abgebildet in den somatosensorischen und kognitiven Hirnregionen. Der Gedanke an das Ziel des Triebs rief angenehme Emotionen und die entsprechenden angenehmen Gefühle wach. Jetzt fühlten Sie Begierde.

In diesem Beispiel wird deutlich, wie nuanciert sich Triebe, Emotionen und Gefühle artikulieren. Wäre das Ziel des Triebs realistisch und zugänglich, würde die Erfüllung eine bestimmte Emotion der Freude hervorrufen und das Gefühl der Begierde, so hofft man, in ein Gefühl der Hochstimmung verwandeln. Würde die Erreichung des Ziels schroff durchkreuzt, würde sich stattdessen ein Gefühl des Ärgers einstellen. Doch bliebe der Prozess eine Zeitlang in der Schwebe, im köstlichen Wolkenkuckucksheim des Tagtraums, dann klänge er schließlich still und undramatisch ab. Tut mir Leid, keine Zigarette danach. Sie sind nicht in einem Film noir.

Unterscheiden sich Hunger und Durst so grundlegend von der sexuellen Begierde? Sie sind einfacher strukturiert, aber von ihrem Mechanismus her nicht wirklich unterschiedlich. Das ist der Grund, warum alle drei so leicht ineinander übergehen und sich gelegentlich auch kompensieren können. Der Hauptunterschied betrifft das Gedächtnis, würde ich sagen, denn die Art, wie wir Erinnerungen abrufen und unsere persönlichen Erfahrungen ständig reorganisieren, spielt bei der Begierde gewöhnlich eine größere Rolle als bei Hunger oder Durst. (Doch hüten wir uns vor Feinschmeckern und Weinkennern, die uns eines Besseren belehren würden.) Wie dem auch sei, es gibt eine vielfältige Wechselbeziehung zwischen dem Objekt der Begierde und einer Fülle von persönlichen Erinnerungen, die dieses Objekt betreffen – frühere Anlässe der Begierde, frühere Sehnsüchte und frühere Lust – real oder vorgestellt.

Sind Bindung und romantische Liebe biologisch erklärbar? Ich wüsste nicht, was dagegen spräche, vorausgesetzt, der Versuch, fundamentale Mechanismen zu beschreiben, wird nicht so übertrieben, dass die besondere persönliche Erfahrung forterklärt und das Individuelle trivialisiert wird. Ganz gewiss können wir Sexualität von Bindung unterscheiden, denn wir wissen heute, wie zwei Hormone, die unser Körper regelmäßig herstellt, die Peptide Oxytocin und Vasopressin, das Sexual- und Bindungsverhalten einer niedlichen kleinen Tierart, der Präriewühlmaus, nachhaltig beeinflussen. Blockiert man die Ausschüttung von Oxytocin bei einer weiblichen Wühlmaus vor der Paarung, wirkt sich das nicht auf das Sexualverhalten aus, verhindert aber ihre Bindung an den Sexualpartner. Sex ja, Treue nein. Die Blockierung der Vasopressinproduktion bei der männlichen Präriemaus vor der Paarung hat einen vergleichbaren Effekt. Die Paarung findet zwar statt, doch das normalerweise monogame Männchen bindet sich nicht an das Weibchen und macht sich nicht die Mühe, seine Partnerin und später ihre Jungen zu beschützen.[4] Sexualität und Bindung sind natürlich noch keine romantische Liebe, aber sie sind ein Teil ihrer Genealogie.[5]

Gleiches gilt für Stolz oder Scham, zwei Gefühle, von denen es häufig heißt, sie fänden keinerlei Ausdruck in Körperhaltung und Mimik. Aber natürlich tun sie das. Ist eine charakteristischere Körperhaltung denkbar als die eines Menschen, der vor Stolz strahlt? Was genau *strahlt*? Die

Augen natürlich, die weit offen und fokussiert sind und darauf brennen, die Welt in sich aufzunehmen; das Kinn ist hochgereckt; Hals und Rumpf sind kerzengerade aufgerichtet; die Brust geschwellt, wenn nicht vor Stolz, so doch von Luft; der Schritt ist selbstbewusst und fest. Das sind nur einige körperliche Veränderungen, die wir sehen können. Vergleichen Sie sie mit dem Erscheinungsbild eines beschämten und gedemütigten Menschen. Natürlich ist die emotional besetzte Situation bei der Scham eine ganz andere. Die Gedanken, die diese Emotion begleiten und sich nach Einsetzen der entsprechenden Gefühle einstellen, sind von denen des Stolzes grundverschieden. Doch auch hier finden wir einen vollkommen charakteristischen und abbildbaren Zustand zwischen dem auslösenden Ereignis und den entsprechenden Gedanken.

Und so wird es auch bei der brüderlichen Liebe sein, dem versöhnlichsten aller Gefühle. Die Modulation dieses Gefühls hängt von dem spezifischen Vorrat an autobiographischen Erfahrungen ab, die unsere Identität definieren. Und doch beruht auch sie, wie Spinoza deutlich erkannt hat, auf Erlebnissen der Lust – körperlicher Lust, was sonst? –, ausgelöst durch Gedanken an ein bestimmtes Objekt.

Gefühle im Gehirn: neue Anhaltspunkte

Die Annahme, dass Gefühle in Beziehung zu neuronalen Karten von Körperzuständen stehen, wird gegenwärtig experimentell überprüft. Vor kurzem haben wir eine Untersuchung über die Muster der Gehirnaktivitäten durchgeführt, die in Verbindung mit dem Gefühl von bestimmten Emotionen auftreten.[6] Die Hypothese, die der Studie zugrunde lag, lautete, dass bei der Manifestation von Gefühlen jene Hirnareale besonders aktiv sein müssen, die Signale aus verschiedenen Teilen des Körpers empfangen und dadurch in der Lage sind, den jeweils aktuellen Zustand des Organismus abzubilden.

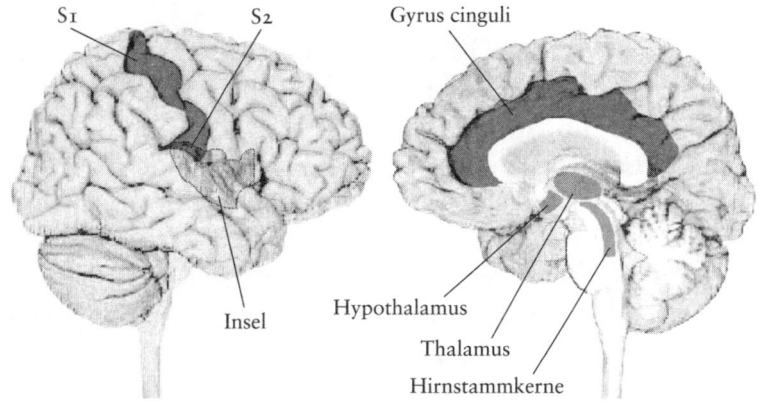

Abbildung 3.2: Die wichtigsten somatosensorischen Regionen von der Ebene des Hirnstamms bis zur Großhirnrinde. Normale Gefühle von Emotion verlangen die Unversehrtheit aller dieser Regionen, aber jede Region spielt eine andere Rolle in dem Prozess. Alle Regionen sind wichtig, aber einige Regionen (Insel, Gyrus cinguli und Hirnstammkerne) sind wichtiger als andere. Die so unauffällig verborgene Insel ist wahrscheinlich die wichtigste von allen.

Zu diesen Hirnarealen, die sich auf verschiedenen Ebenen des Zentralnervensystems befinden, gehören der Gyrus cinguli, zwei der somatosensorischen Kortexregionen, die auch als Insel und SII bekannt sind, der Hypothalamus und mehrere Kerne im Tegmentum des Hirnstamms (dem hinteren Teil).

Um diese Hypothese zu testen, arbeiteten meine Kollegen Antoine Bechara, Hanna Damasio, Daniel Tranel und ich mit mehr als 40 Versuchspersonen zusammen, die sich gleichmäßig auf beide Geschlechter verteilten. Niemand von ihnen hatte jemals an einer neurologischen oder psychiatrischen Erkrankung gelitten. Wir teilten ihnen mit, wir hätten die Absicht, die Aktivitätsmuster in ihrem Gehirn zu untersuchen, während sie eines von vier möglichen Gefühlen empfänden: Glück, Traurigkeit, Furcht oder Wut.

Grundlage der Studie war die Messung des Blutflusses in verschiedenen Hirnregionen mit Hilfe einer Technik, die als

PET (Positronenemissionstomographie) bezeichnet wird. Es ist bekannt, dass der Blutfluss in einer Hirnregion eng mit dem Stoffwechsel der Neuronen in diesem Areal verknüpft ist und dass der Stoffwechsel wiederum mit der lokalen Aktivität der Neuronen korreliert. Wie uns aus der Erfahrung mit dieser Technik bekannt ist, zeigen statistisch signifikante Zunahmen oder Rückgänge des Blutflusses innerhalb einer Region an, dass die Neuronen in der betreffenden Region bei der Durchführung einer geistigen Aufgabe überdurchschnittlich aktiv oder inaktiv sind.

Entscheidend für dieses Experiment war die Suche nach einer Möglichkeit, Emotionen auszulösen. Wir forderten die Versuchspersonen auf, an eine emotionale Episode in ihrem Leben zu denken. Die einzige Voraussetzung: Die Episode musste außerordentlich intensiv sein und mit Glück, Traurigkeit, Furcht oder Wut zu tun haben. Dann wiesen wir jede Versuchsperson an, eingehend an diese spezifische Episode zu denken und sie mit aller Kraft ihrer Phantasie heraufzubeschwören, um das vergangene Ereignis noch einmal so intensiv wie möglich zu vergegenwärtigten. Wie oben erwähnt, ist diese Methode des emotionalen Gedächtnisses eine wichtige Grundlage einiger Schauspieltechniken. Zu unserer Freude konnten wir feststellen, dass die Methode sich auch in unserem Experiment bewährte. Die meisten Erwachsenen haben solche Episoden nicht nur erlebt, sondern können sich auch, wie sich herausstellte, winzige Einzelheiten in Erinnerung rufen und diese Emotionen und Gefühle mit erstaunlicher Intensität buchstäblich noch einmal durchleben.

Wir forderten jede Versuchsperson auf, an eine emotionale Episode aus ihrem Leben zu denken. Einzige Voraussetzung war, dass die Episode besonders intensiv war.

In einer Vorbereitungsphase des Experiments ermittelten wir, welche Emotionen jede Versuchsperson am besten heraufbeschwören konnte, maßen dabei physiologische Parameter wie Herzfrequenz und Hautleitfähigkeit. Dann began-

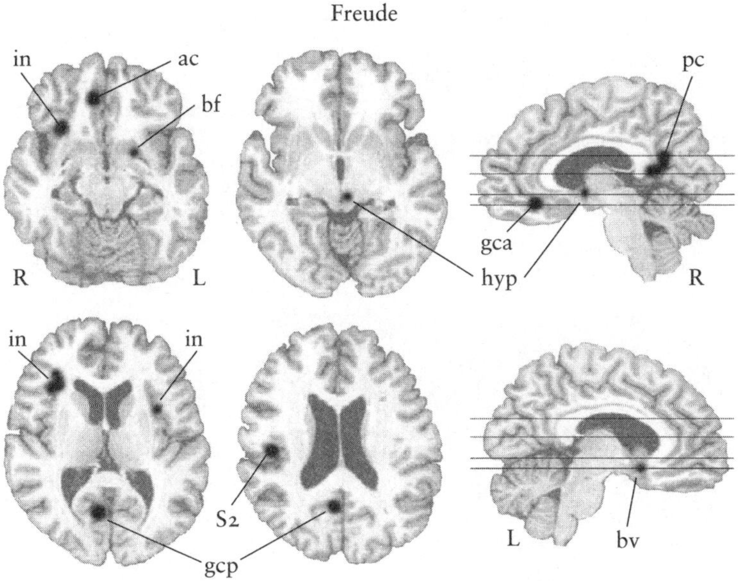

Abbildung 3.3: Die Hirnregionen, die während des Gefühls der Freude in einem PET-Experiment aktiviert wurden. Die beiden Bilder auf der rechten Seite zeigen eine mediale (innere) Ansicht der rechten Hemisphäre (oben) und der linken Hemisphäre (unten). Es gibt signifikante Veränderungen in der Aktivität des Gyrus cinguli anterior (gca), des Gyrus cinguli posterior (gcp), des Hypothalamus (hyp) und des basalen Vorderhirns (bv). Die vier Bilder auf der linken Seite zeigen das Gehirn in axialen (fast horizontalen) Schnitten. Die rechte Hemisphäre ist durch R und die Linke durch L bezeichnet. Interessant ist die signifikante Aktivität in der Region der Insel (in), die auf zwei Schnitten sowohl in der rechten wie der linken Hemisphäre zu erkennen ist, und im Gyrus cinguli posterior (gcp), ebenfalls in zwei Schnitten zu sehen.

nen wir mit dem tatsächlichen Experiment. Wir forderten jede Versuchsperson auf, eine Emotion aus ihrer Erinnerung abzurufen – sagen wir, Traurigkeit –, woraufhin sie begann, sich die besondere Episode in der Ruhe des Scanner-Raums vorzustellen. Vorher hatten wir die Versuchspersonen angewiesen, uns durch ein kleines Handzeichen mitzuteilen, wann

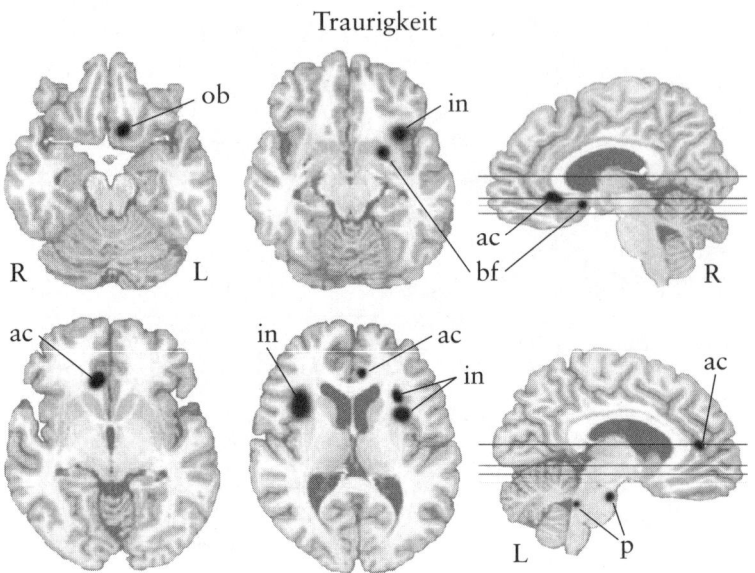

Traurigkeit

Abbildung 3.4: Hirnkartierungen des gleichen Experiments, allerdings diesmal beim Gefühl der Traurigkeit. Eine signifikante Aktivität liegt vor in der Insel (in), abermals in beiden Hemisphären und in mehr als einem Schnitt, aber sie unterscheidet sich vom Aktivitätsmuster der Freude. Gleiches gilt für signifikante Veränderungen im Gyrus cinguli anterior.

sie anfingen, die Emotion zu fühlen. Erst nach diesem Signal begannen wir, Daten über die Gehirnaktivität aufzuzeichnen. Es ging in dem Experiment ausdrücklich darum, die Hirnaktivität in dem Zeitraum zu messen, in dem das eigentliche Gefühl erlebt wurde, und nicht während der Auslösephase, in der ein emotional besetztes Objekt aus dem Gedächtnis abgerufen wurde.

Die Analyse der Daten sprach entschieden für unsere Hypothese. Alle somatosensorischen Regionen, die Gegenstand unserer Untersuchung waren – der Gyrus cinguli, die somatosensorischen Felder der Insel und der Region SII, die Kerne im Tegmentum des Hirnstamms –, zeigten ein statistisch signifikantes Muster von Aktivierung und Deaktivierung. Das ließ darauf schließen, dass die Abbildung der Körperzustände während des Gefühlsprozesses signifikant verändert wurde. Wie wir erwartet hatten, waren diese Muster der Aktivierung oder Deaktivierung außerdem je nach Emotion verschieden. So, wie wir spüren können, dass der Körper sich beim Gefühl der Freude anders verhält als beim Gefühl der Traurigkeit, unterschieden sich in unserem Experiment auch die Abbildungen dieser Körperzustände im Gehirn.

Diese Ergebnisse waren in vielerlei Hinsicht von Bedeutung. Einmal konnten wir befriedigt feststellen, dass eine Emotion tatsächlich mit Veränderungen in der neuronalen Kartierung des Körperzustands einherging. Wichtiger noch, wir hatten jetzt einen zuverlässigen Hinweis darauf, wo wir künftig bei Studien anzusetzen hatten, um der Neurobiologie der Gefühle auf die Spur zu kommen. Den Ergebnissen konnten wir eindeutig entnehmen, dass sich einige Rätsel der Physiologie der Gefühle durch die neuronalen Vernetzungen der somatosensorischen Gehirnregionen und durch physiologische und chemische Abläufe in diesen Vernetzungen lösen ließen.

Die Studie lieferte außerdem auch einige unerwartete und willkommene Ergebnisse. Fortlaufend zeichneten wir die physiologischen Reaktionen der Versuchspersonen auf und konnten feststellen, dass *die Veränderungen in der Hautleitfähigkeit immer dem Handzeichen vorausgingen, das uns über das Einsetzen eines Gefühls informierte.* Mit anderen Worten, die elektrischen Monitore registrierten die seismische Aktivität der Emotion eindeutig, *bevor* die Versuchspersonen die Hand bewegten, um anzuzeigen, dass das Experiment nun wirklich begann. Obwohl wir nicht vorgehabt hatten, uns mit dieser Frage zu befassen, lieferte uns das Experiment weitere Belege dafür, dass zuerst die emotionalen Zustände eintreten und danch die Gefühle kommen.

Ein weiteres aufschlussreiches Experiment befasste sich mit dem Zustand jener Kortexregionen, die mit dem Denkprozess verknüpft sind, nämlich der Kortexareale im lateralen und polaren Bereich des Frontalhirns. Wir hatten keine Hypothese formuliert, die erklärte, wie sich die Arten zu denken, die in unterschiedlicher Form bei verschiedenen Gefühlen auftreten, im Gehirn manifestierten. Doch die Ergebnisse waren sehr einleuchtend. Bei Traurigkeit zeigten sich ausgeprägte Zustände der Deaktivierung in präfrontalen Kortexarealen (die weitgehend auf einen Aktivitätsrückgang in der Gesamtregion schließen ließen). Bei Glück ergab sich der gegenteilige Befund (deutliche Hinweise auf verstärkte Aktivität in der Region). Dieses Ergebnis deckt sich mit der Beobachtung, dass sich die Flüssigkeit des Denkens bei Traurigkeit verlangsamt und bei Glück beschleunigt.

Einige Anmerkungen zu ähnlichen Forschungsergebnissen

Es ist immer angenehm, empirische Belege für die eigenen theoretischen Annahmen zu finden, aber man sollte sich nicht zu sehr auf die eigenen Ergebnisse verlassen, bevor sie durch die Untersuchungen anderer Forscher bestätigt worden sind. Wenn die überzeugenden Hinweise auf die Beteiligung der somatosensorischen Regionen, die wir in unseren Gefühls-Studien entdeckten, wirklich auf Tatsachen beruhten, müssten wir entsprechende Ergebnisse auch in anderen Untersuchungen finden. In der Tat liegen heute übereinstimmende Untersuchungsdaten in Hülle und Fülle vor, die aus ähnlichen Studien stammen (funktionelle Bildgebungsverfahren wie PET und fMR-funktionelle Magnetresonanztomographie) und die eine ausgewählte Sammlung von Gefühlen betreffen.

Von besonderer Bedeutung in unserem Zusammenhang sind die Studien von Raymond Dolan und seinen Mitarbeitern, weil sie ausdrücklich mit Blick auf unsere Arbeit durchgeführt wurden, obwohl auch vollkommen unabhängige Untersuchungen übereinstimmende Ergebnisse erbrachten.[7]

Ob die Versuchsperson das angenehme Gefühl durchlebte, Schokolade zu essen, oder den Zustand wahnwitziger Verliebtheit, die Schuld der Klytämnestra oder Erregung aufgrund erotischer Filmausschnitte, in jedem Falle zeigten sich in den Schlüsselregionen, die wir in unseren Experimenten gefunden hatten (der insuläre und der cinguläre Kortex), signifikante Veränderungen. Diese Gebiete zeigten dort in unterschiedlichen Mustern entweder verstärkte oder verminderte Aktivität, was die Annahme bestätigte, dass Gefühlszustände mit signifikanten Vorgängen in diesen Hirnregionen korrelieren.[8] Wie zu erwarten, waren auch andere Regionen beteiligt, nämlich die Regionen, die an der Erzeugung verwandter Emotionen beteiligt sind, doch hier ging es um die Frage, ob eine veränderte Aktivität in den somatosensorischen Regionen mit Gefühlszuständen korreliert. Wie wir an späterer Stelle dieses Kapitels sehen werden, führen die Gefühle, die mit Drogenkonsum oder dem Verlangen nach Drogen assoziiert sind, ebenfalls zu einer signifikanten Tätigkeit in den somatosensorischen Feldern.

Es gibt eine enge und aufschlussreiche Dreifachbeziehung zwischen bestimmten Arten von Musik, dem Gefühl großer Traurigkeit oder großer Freude und den Körperempfindungen, die wir als »Schauer« oder »Nervenkitzel« beschreiben. Eigenartigerweise rufen bestimmte Musikinstrumente, besonders die menschliche Stimme und bestimmte Kompositionen, emotive Zustände hervor, die mit eine Vielzahl von Hautreaktionen verknüpft sind – Haarsträuben, Erschauern und Erblassen.[9] Vielleicht ist in unserem Zusammenhang kaum etwas so aufschlussreich wie eine Studie, die von Anne Blood und Robert Zatorre durchgeführt wurde. Sie wollten die neuronalen Korrelate lustvoller Zustände erforschen, die durch das Hörerlebnis von Musik verursacht wurden und von Schaudern und dem Gefühl des »kalt den Rücken hinunterlaufen« begleitet waren.[10] Die Forscher fanden diese Korrelate in den somatosensorischen Regionen der Insel und des

Gyrus cinguli anterior, die eine signifikante Aktivität bei musikalisch Stücken zeigen, die eine erregende Wirkung haben. Außerdem korrelierten die Forscher die Intensität der Aktivierung mit dem berichteten Erregungswert der Stücke. Dabei zeigte sich, dass die Aktivierung erst bei den erregenden Stücken (die die Teilnehmer selbst ausgesucht hatten) auftrat und nicht schon beim bloßen Musikgenuss. Merkwürdigerweise vermutet man aus anderen Gründen, dass solche Schauer durch die unmittelbare Verfügbarkeit von endogenen Opioiden in den durch diese Gefühle aktivierten Gehirnregionen verursacht werden.[11] Die Studie ermittelte auch, welche Regionen die emotionalen Reaktionen hinter den lustvollen Zuständen hervorbrachten – zum Beispiel der rechte orbitofrontale Kortex, das linke ventrale Striatum –, und welche Regionen negativ mit dem lustvollen Zustand korrelierten – etwa die rechte Amygdala –, ganz so, wie es in unserer eigenen Studie der Fall war.

Auch Untersuchungen zur Schmerzverarbeitung gehören in diesen Zusammenhang. In einem aufschlussreichen Experiment von Kenneth Casey fügte man den Versuchspersonen entweder einen Schmerz an den Händen zu (ihre Hände wurden in eiskaltes Wasser getaucht) oder verabreichte einen nicht schmerzhaften Vibratorreiz an den Händen, während man gleichzeitig ihr Gehirn scannte.[12] In der Schmerz-Gruppe zeigten sich bemerkenswerte Aktivitätsveränderungen in zwei somatosensorischen Regionen (Insel und SII). Der Vibratorreiz hingegen löste eine Aktivierung in einer anderen somatosensorischen Region (SI) aus, aber nicht in der Insel oder in SII, die Regionen, die am engsten mit den Gefühlen von Emotionen verknüpft sind. In beiden Gruppen erhielten die Versuchspersonen Fentanyl (ein Mittel, das die Wirkung von Morphin simuliert, weil es an den Opioidrezeptoren (Typ) bindet), und man nahm einen erneuten Hirnscan vor. In der Schmerz-Gruppe verminderte das Fentanyl sowohl den Schmerz als auch die Aktivierung in *Insel* und *SII*. In der

Gruppe mit den Vibrationsreizen hatte das Fentanyl keine Auswirkungen auf die Wahrnehmung der Vibrationen und auf die Aktivierung von *SI*. Diese Ergebnisse zeigen recht deutlich, dass es gesonderte physiologische Vorkehrungen einerseits für Gefühle gibt, die mit Schmerz oder Lust zu tun haben, und andererseits für die »Gefühle« taktiler oder vibratorischer Empfindungen. Insel und SII sind stark mit jenen assoziiert, SI mit diesen. An anderer Stelle habe ich darauf hingewiesen, dass die physiologischen Grundlagen der Emotion und der Schmerzempfindung durch Medikamente wie Valium isoliert werden können, sodass die Affektkomponente des Schmerzes beseitigt wird, aber die Schmerzempfindung erhalten bleibt. Die treffende Beschreibung dieser Situation lautet: Man fühlt den Schmerz, aber misst ihm keine Bedeutung bei.[13]

Weitere empirische Beweise

Man hat überzeugend nachgewiesen, dass das Gefühl von Durst mit beträchtlichen Aktivitätsveränderungen im Gyrus cinguli und im insulärer Kortex einhergeht.[14] Der Durstzustand an sich erwächst aus der Feststellung eines Ungleichgewichts des Wasserhaushalts und den subtilen Wechselbeziehungen zwischen Hormonen wie Vasopressin und Angiotensin II einerseits und Hirnregionen wie dem Hypothalamus und dem periaquäduktalen Grau andererseits. Diese Regionen haben die Aufgabe, durststillende Verhaltensweise abzurufen, eine Reihe exakt abgestimmter Hormonausschüttungen und motorischer Programme.[15]

Ich möchte dem Leser die Beschreibung ersparen, wie das Gefühl des Harndrangs oder das der Erleichterung nach der Entleerung der Blase – von Mann oder Frau empfunden – mit Veränderungen im Gyrus cinguli verknüpft ist.[16] Doch ich werde kurz auf die Triebe und Begierden eingehen, die durch erotische Filme erregt werden. Wie zu erwarten, zeigen sich im Gyrus cinguli und im insulären Kortex starke Aktivierungen, die Voraussetzung dafür, dass wir die Erregung fühlen können. Areale wie die orbifrontalen Kortexregionen und das Striatum werden ebenfalls aktiviert – tatsächlich treiben sie die Erregung an. Betrachten wir jedoch das Geschlecht der Versuchspersonen, ergeben sich bemerkenswerte Unterschiede in der Aktivierung einer bestimmten Region, nämlich des Hypothalamus. Bei Männern ist dort eine signifikante Aktivität zu beobachten, bei Frauen nicht.[17]

Das Substrat der Gefühle

Als David Hubel und Torsten Wiesel in den 1950er Jahren ihre viel gerühmte Studie über die neuronale Basis des Sehens begannen, gab es noch nicht den geringsten Hinweis auf die Organisationsformen, die sie in der primären Sehrinde entdecken sollten, nämlich die submodulare Organisation, die es uns ermöglicht, auf ein visuelles Objekt bezogene Kartierungen zu konstruieren.[18] Welcher Mittel sich diese visuelle Kartierung bediente, war ein Rätsel, andererseits gab es klare Hinweise auf das allgemeine Gebiet, in dem nach diesen Geheimnissen zu suchen war, nämlich die Kette von Nervenbahnen und den verschiedenen Stationen der Verarbeitung, die in der Retina anfängt und in der Sehrinde endet. Wenn wir uns heute das Forschungsfeld der Gefühle anschauen, zeigt sich, dass wir gerade ein Stadium erreicht haben, das in vielerlei Hinsicht mit demjenigen zu vergleichen ist, in dem sich die Sehforschung befand, als Hubel und Wiesel ihr Projekt begannen. Bis in jüngste Zeit wehren sich viele Forscher gegen die Einsicht, dass das somatosensorische System ein entscheidendes Substrat der Gefühle sein könnte. Vielleicht ist das ein letzter Rest von Widerständen gegen die Vermutung von William James, dass wir Körperzustände wahrnehmen, wenn wir Emotionen fühlen. In diesem Widerstand drückt sich auch ein seltsames Festhalten an der Idee aus, affektive Gefühle hätten im Gegensatz zum Sehen oder Hören keine sensorische Basis. Die Ergebnisse aus Läsionsstudien und in jüngerer Zeit auch aus den bereits beschriebenen funktionalen Bildgebungsstudien haben diese Einwände unwiderruflich widerlegt. Kein Zweifel, somatosensorische Regionen sind am Gefühlsprozess beteiligt, und ein wichtiger Teil des somatosensorischen Kortex, die Insel, hat daran womöglich mehr Anteil als irgendeine andere Struktur. SII, SI und der Gyrus cinguli spielen ebenfalls eine Rolle, doch ihre Beteiligung ist untergeordnet. Aus verschiedenen Gründen messe ich der Funktion der Insel eine zentrale Bedeutung bei.

Die bereits geschilderten Ergebnisse führen zwei verschiedene Beweisstränge zusammen: Aus der introspektiven Analyse von Gefühlszuständen folgt, dass Gefühle von der somatosensorischen Verarbeitung abhängen müssen. Aus den Daten, die uns neurophysiologische Untersuchungen und Bildgebungsstudien liefern, geht wie beschrieben hervor, dass eine Struktur wie die Insel bei verschiedenen Gefühlszuständen in der Tat verschiedene Aktivitätsmuster zeigt.[19]

Jüngere Ergebnisse aus einem anderen Forschungsfeld lassen diese Konvergenz der Daten noch überzeugender erscheinen. Wie sich nämlich erwiesen hat, enden die peripheren Nervenfasern und Nervenbahnen, die die Informationen aus dem Körperinneren an das Gehirn übermitteln, *nicht*, wie früher angenommen, in der Kortexregion, die die Signale von Tasterlebnissen empfängt (SI, dem primären somatosensorischen Kortex). Vielmehr haben diese Bahnen ein eigenes Zielgebiet, den *insulären Kortex* selbst. Das ist genau die Region, deren Aktivitätsmuster durch Gefühle von Emotionen verändert werden.[20]

Der Neurophysiologe und Neuroanatom Arthur D. Craig ist auf ein wichtiges Ergebnis gestoßen und verdient große Anerkennung für eine Idee, die in den Anfängen der neurophysiologischen Forschung ein wenig untergegangenen ist und in den Lehrbüchern keine Beachtung fand – die Idee, dass wir einen Sinn für die inneren Körpervorgänge haben, einen *interozeptiven* Sinn.[21] Mit anderen Worten, genau die Re-

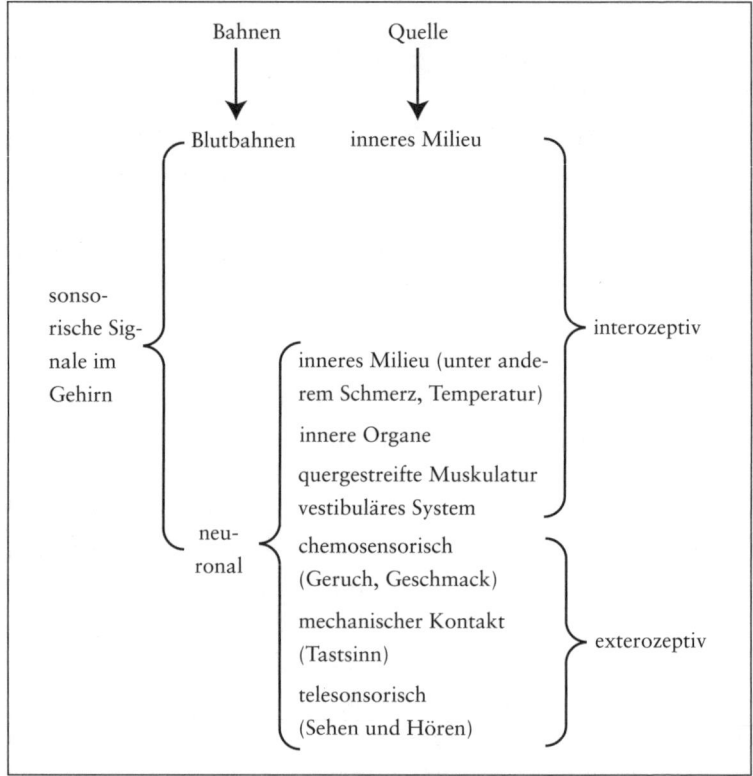

Abbildung 3.5 A: Eine Darstellung der unterschiedlichen Arten von sensorischen Signalen, die das Gehirn empfängt. Es gibt zwei Übertragungswege: den über die Körperflüssigkeit (bei denen beispielsweise chemische Stoffe, die von der Blutbahnbahn transportiert werden, neuronale Sensoren im Hypothalamus oder in periventrikulären Organen wie der Area postrema direkt aktivieren); und den über die Nervenbahnen (elektro-chemische Signale in Nervenbahnen werden durch die Axone von Neuronen übertragen, die ihre Impulse über Synapsen an die Zellkörper anderer Neuronen weitergeben). Dabei gibt es für alle diese Signale zwei Quellen: die

Außenwelt (exterozeptive Signale) und die Innenwelt des Körpers (interozeptive Signale). Emotionen sind im Großen und Ganzen Modifikationen der Innenwelt. Daher sind die sensorischen Signale, welche die Grundlage der Gefühle von Emotionen bilden, weitgehend interozeptiv. Hauptquelle für diese Signale sind die inneren Organe und das innere Milieu, doch auch die Signale, die den Zustand des Bewegungsapparates und des vestibulären Systems betreffen, gehören dazu.[22]

gion, die sowohl aus theoretischen Überlegungen wie auch durch die Ergebnisse funktionaler Bildgebungsstudien mit Gefühlen in Verbindung gebracht wird, erweist sich als Zielregion einer Klasse von Signalen, die aller Wahrscheinlichkeit nach den Inhalt von Gefühlen repräsentieren: Signale, die zu tun haben mit Schmerzzuständen, Körpertemperatur, Hitzeanwandlungen, Kitzeln, Schauern, viszeralen und genitalen Empfindungen, dem Zustand der glatten Muskulatur in Blutgefäßen und anderen inneren Organen, den lokalen pH-Werten, Glukose, Osmolalität, Anwesenheit von Entzündungserregern und so fort. Aus ganz unterschiedlichen Perspektiven scheint sich also zu bestätigen, dass die somatosensorischen Regionen ein entscheidendes Substrat der Gefühle sind und der insuläre Kortex offenbar die Schlüsselregion dieser Gebiete ist. Diese Erkenntnis, die über das Stadium der bloßen Hypothese längst hinausgeht, liefert eine Plattform, von der aus in den folgenden Jahren neue Forschungsansätze entwickelt werden können, um die Neurobiologie der Gefühle genauer zu beschreiben.

Wer ist zu Gefühlen fähig?

Bei dem Versuch, die grundlegenden Prozesse zu entdecken, die Gefühle ermöglichen, gelangt man zu folgenden Überlegungen: Erstens, eine Entität, die in der Lage zu Gefühlen ist, muss ein Organismus sein, der nicht nur einen Körper besitzt,

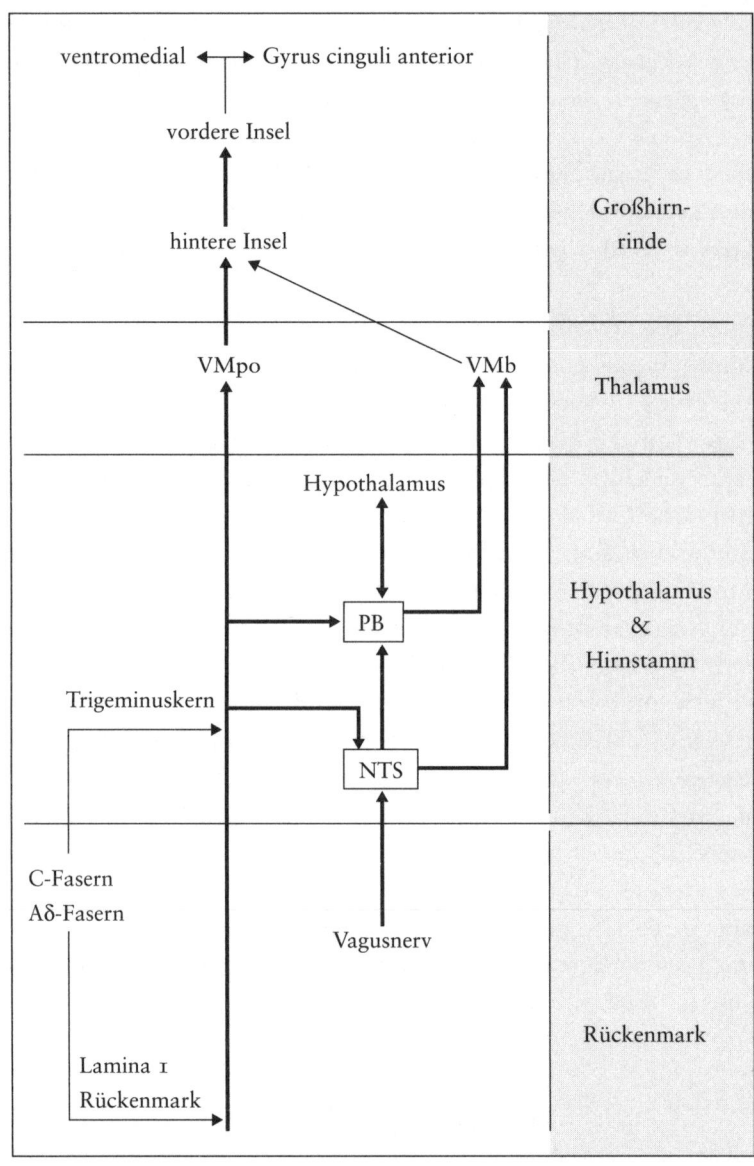

Abbildung 3.5 B: Signalwege vom Körper zum Gehirn. Ein Diagramm der entscheidenden Strukturen, die an der Übermittlung der Signale vom inneren Milieu und den inneren Organen an das Gehirn beteiligt sind. Ein wesentlicher Teil der wichtigen Signale wird durch Bahnen übermittelt, die

über das Rückenmark und den Trigeminuskern des Hirnstamms verlaufen. Auf jeder Ebene des Rückenmarks, in einer Region, die als »Lamina« bezeichnet wird (im Hinterhorn der grauen Substanz des Rückenmarks und im caudalen Teil des Trigeminuskerns), wird die Information durch periphere C- und A-Nervenfasern (dünne, marklose und langsam leitende Fasern) an das Zentralnervensystem übermittelt. Diese Informationen hageln buchstäblich aus allen Bereichen des Körpers auf das Gehirn ein und betreffen so unterschiedliche Parameter wie den Kontraktionszustand der glatten Muskulatur in den Arterien, die lokale Blutflussmenge, die lokale Temperatur, die Präsenz von chemischen Stoffen, die auf erhebliche Verletzungen lokaler Gewebe schließen lassen, die pH-, O_2- und CO_2-Werte. Alle diese Informationen werden an einen besonderen Kern im Thalamus (VMpo) und dann an neuronale Karten in der hinteren und vorderen Insel weitergegeben. Anschließend kann die Insel die Signale an Regionen wie den ventromedialen präfrontalen Kortex und den vorderen Gyrus cinguli senden. Auf dem Weg zum Thalamus werden diese Informationen auch dem Nucleus tractus solitarius (NTS) zugänglich gemacht, der Signale vom Vagusnerv empfängt (einer Hauptbahn für Informationen von den inneren Organen unter Umgehung des Rückenmarks), dem Nucleus parabrachialis (NP) und dem Hypothalamus. NP und NTS senden ihrerseits über einen anderen Thalamuskern (VMb) Signale an die Insel. Interessanterweise verwenden die Bahnen, die die Bewegung des Körpers und seine Position im Raum determinieren, eine vollkommen andere Übertragungskette. Die peripheren Nervenfasern, die diese Signale leiten (Aβ), sind dick und zu schneller Übertragung fähig. Die Teile des Rückenmarks und des Trigeminuskerns, die Signale von Körperbewegungen übertragen, sind ebenfalls anders, das Gleiche gilt für die thalamischen Umschaltkerne und ihr Zielgebiet im Kortex (den somatosensorischen Kortex).

sondern auch die Mittel, diesen Körper in seinem Inneren abzubilden. Wenn wir beispielsweise an Organismen wie Pflanzen denken, die eindeutig lebendig sind und einen Körper besitzen, so können wir unschwer feststellen, dass sie nicht über die Mittel verfügen, um Teile ihres Körpers und die Zustände dieser Teile so darzustellen, wie unser Gehirn das tut. Pflanzen reagieren auf viele Reize – auf Licht, Wärme, Wasser und Nährstoffe. Einige Menschen mit »grünem Daumen« glauben sogar, Pflanzen würden auf tröstende und ermutigende Ansprache reagieren. Doch augenscheinlich fehlt Pflanzen die Möglichkeit, sich Gefühle bewusst zu machen. Die erste Voraussetzung für Gefühle ist also das Vorhandensein eines Nervensystems.

Zweitens, das Nervensystem muss in der Lage sein, Körperstrukturen und Körperzustände in Kartierungen abzubilden und die neuronalen Muster dieser Kartierungen in mentale Muster oder Bilder zu verwandeln. Ohne diesen zweiten Schritt würde das Nervensystem die Körperveränderungen abbilden, die das Substrat der Gefühle sind, ohne in der Lage zu sein, die Vorstellung hervorzurufen, die wir Gefühl nennen.

Drittens, das Auftreten eines Gefühls in der herkömmlichen Bedeutung des Wortes lässt darauf schließen, dass seine Inhalte dem Organismus bekannt sind, das heißt, ein Bewusstsein ist eine weitere Voraussetzung. Die Beziehung zwischen Gefühl und Bewusstsein ist kompliziert. Einfach gesagt, ohne Bewusstsein sind wir nicht in der Lage zu fühlen. Allerdings verhält es sich so, dass die Mechanismen des Gefühls selbst zum Bewusstseinsprozess beitragen, nämlich zur Erzeugung des Selbst, ohne das keine Erkenntnis möglich ist. Den Ausweg aus dieser Schwierigkeit zeigt die Erkenntnis, dass der Gefühlsprozess verzweigt ist und sich auf vielen Ebenen vollzieht. Einige der Schritte, die notwendig sind, um ein Gefühl hervorzurufen, sind identisch mit den Schritten, die für die Erzeugung des Proto-Selbst erforderlich sind, das eine unentbehrliche Voraussetzung des Selbst und letztlich des Bewusstseins ist. Einige dieser Schritte haben unmittelbar mit den spezifischen homöostatischen Veränderungen zu tun, die gefühlt werden, das heißt mit einem spezifischen Objekt.

Viertens, die Gehirnkarten, die das grundlegende Substrat von Gefühlen bilden, zeigen Muster von Körperzuständen, die aufgrund des Befehls anderer Teile desselben Gehirns ausgeführt wurden. Mit anderen Worten, das Gehirn eines fühlenden Organismus erzeugt eben die Körperzustände, die Gefühle hervorrufen, wenn der Organismus auf Objekte und Ereignisse mit Emotionen oder Trieben reagiert. In Organismen, die zu Gefühlen fähig sind, ist das Gehirn also doppelt notwendig. Natürlich ist es erforderlich, um Kartierungen des Körpers zu liefern. Doch bevor es dieser Aufgabe nachkommt, muss es den besonderen Körperzustand, der am Ende als Gefühl abgebildet wird, befohlen oder konstruiert haben.

Damit wird unter Umständen ein Grund erkennbar, warum Gefühle im Zuge der Evolution möglich geworden sein könnten. Wahrscheinlich entstanden Gefühle, weil es im Gehirn Kartierungen zur Repräsentation von Körperzuständen gab. Diese Karten entstanden wiederum, weil die Hirnmechanismen zur Regulation des Körpers sie brauchten, um ihre regulatorischen Anpassungen vorzunehmen, solche Anpassungen nämlich, die im Verlauf einer emotionalen Reaktion stattfinden. Das heißt, Gefühle hängen nicht nur davon ab, dass es einen Körper gibt und dass ein Gehirn vorhanden ist, welches zu Körperrepräsentationen fähig ist, sondern auch davon, dass zuvor die Hirnmechanismen zur Regulierung der Lebensprozesse angelegt worden sind, einschließlich jenes Teils des Apparats, der Reaktionen wie Emotionen und Triebe erzeugt. Wären nicht zuerst die Hirnmechanismen vorhanden gewesen, die den Emotionen zugrunde liegen, gäbe es jetzt möglicherweise nichts Interessantes zu fühlen. Noch einmal, den Anfang bildeten die Emotionen und ihre Grundlagen. Gefühle sind kein passiver Prozess.

Der Unterschied zwischen Körperzuständen und Körperkartierungen

Der Entwurf, den ich bis hierher skizziert habe, ist denkbar einfach. Es ist jedoch an der Zeit, das Problem etwas komplexer zu betrachten. Lassen Sie mich als Hintergrund zwei Aspekte einführen.

Unsere Hypothese lautet, dass alles, was wir fühlen, auf den Aktivitätsmustern der somatosensorischen Hirnregionen beruht. Stünden uns diese somatosensorischen Regionen nicht zur Verfügung, würden wir gar nichts fühlen, so wie wir auch nichts sehen könnten, wenn uns die entscheidenden visuellen Regionen des Gehirns fehlten. Gefühle waren eine Erfahrung, die die somatosensorischen Regionen freundlicherweise zur Verfügung stellten. Das mag an dieser Stelle etwas trivial klingen, doch es sei daran erinnert, dass noch vor kurzem die Forschung strikt vermieden hat, die Gefühle irgendeinem zerebralen System zuzuweisen. Gefühle waren irgendwo dort draußen und waberten nebulös im oder um das Gehirn herum. Doch nun kommt ein potenzieller Einwand, der unserer ungeteilten Aufmerksamkeit bedarf, weil er vernünftig klingt, aber nicht stichhaltig ist. In vielen Fällen fertigen die somatosensorischen Regionen eine genaue Abbildung dessen an, was im Körper vor sich geht, doch in einigen Fällen geschieht das nicht – entweder weil die Aktivität in den Kartierungsregionen oder die dort eintreffenden Signale in irgendeiner Weise modifiziert wurden. Das abgebildete Muster hat seine Genauigkeit eingebüßt. Ist damit die Behauptung widerlegt, dass wir fühlen, was im somatosensorischen Gehirn abgebildet ist? Keinesfalls. Dazu gleich mehr.

Der zweite Aspekt betrifft William James, der die Ansicht geäußert hat, Gefühle seien notwendig zur Wahrnehmung des durch Emotionen veränderten Körpers. Einer der Gründe, warum James' hellsichtige Annahme angegriffen und schließlich für lange Zeit fallen gelassen wurde, beruhte auf der Annahme, dass der Versuch, Gefühle auf die Wahrnehmung tatsächlich vorhandener Körperzustände zurückzuführen, den Prozess des Fühlens verzögern und damit letztlich wirkungslos machen würde. Es braucht seine Zeit, um den Körper zu verändern und diese Veränderungen abzubilden. Nun braucht es aber auch seine Zeit, um zu fühlen, das heißt, um eine mentale Erfahrung der Freude oder der Traurigkeit zu machen, und es gibt nicht den geringsten Anhaltspunkt dafür, dass solche mentalen Erlebnisse rascher erfolgen als der beschriebene Prozess der Körperveränderungen. Im Gegenteil, neuere Befunde lassen darauf schließen, dass Gefühle sich über mehrere Sekunden erstrecken, im Allgemeinen über zwei bis zwanzig Sekunden.[23] Trotzdem ist dieser Einwand nicht völlig abwegig, denn wenn das System stets genauso arbeitete, wie James sich das vorgestellt hat, würde es nicht immer einwandfrei funktionieren. Ich habe Alternativen vorgeschlagen, die von einer entscheidenden Annahme ausgehen: Gefühle entstehen nicht unbedingt aus den tatsächlichen Körperzuständen – was jedoch durchaus der Fall sein kann –, sondern stets aus den tatsächlichen Kartierungen, die fortwährend in den somatosensorischen Regionen konstruiert werden. Vor dem Hintergrund dieser beiden Aspekte können wir nun meine These von der Organisation und der Funktionsweise des Gefühlssystems erörtern.

Reale und simulierte Körperzustände

In jedem Augenblick unseres Lebens empfangen die somatosensorischen Regionen unseres Gehirns Signale, mit denen sie Karten von gerade aktuellen Körperzuständen konstruieren. Wir können uns diese Karten als eine Reihe von Entsprechungen vorstellen, die den somatosensorischen Regionen aus allen Teilen des Körpers zugetragen werden. Dieses klare und eindeutige Bild des Konstruktionsprozesses wird jedoch dadurch getrübt, dass andere Gehirnregionen entweder die Signalübertragung an die somatosensorischen Regionen oder die Aktivität dieser Regionen stören können. Das Ergebnis solcher »Interferenzen« ist höchst merkwürdig. Was unser Bewusstsein betrifft, gibt es nur eine Quelle, die ihm Informationen über die Vorgänge im Körper liefert: Das Aktivitätsmuster, das sich fortwährend in den somatosensorischen

Regionen abzeichnet. Infolgedessen kann jede Störung dieses Mechanismus eine »falsche« Kartierung dessen bewirken, was gerade im Körper vor sich geht.

Natürliche Schmerzlinderung

Ein anschauliches Beispiel für »falsche« Körperkarten ergibt sich unter bestimmten Umständen, wenn das Gehirn Körpersignale aussiebt, die Schmerzen übermitteln würden. Aus den zentralen Körperkartierungen eliminiert das Gehirn die Aktivitätsmuster, welche die Schmerzerfahrung ermöglichen würden. Es gibt gute Gründe, warum sich die Mechanismen der »falschen« Repräsentation während der Evolution durchgesetzt haben. Bei dem Versuch, vor Gefahr davonzulaufen, ist es eher hinderlich, den Schmerz zu fühlen, der möglicherweise durch die Ursache der Gefahr hervorgerufen wird (etwa den Biss eines Raubtiers) oder durch die Flucht selbst entsteht (Hindernisse, die uns beim Davonlaufen Schmerzen zufügen).

Heute liegen uns Forschungsergebnisse vor, die genauestens darüber Aufschluss geben, wie diese Art von Interferenz erfolgt. Kerne in dem Teil des Tegmentum des Hirnstamms, der als periaquäduktales Grau (PAG) bezeichnet wird, schicken Nachrichten an die Nervenbahnen, deren Signale normalerweise über Gewebeschäden informieren und damit für das Schmerzerlebnis verantwortlich sind. Diese Nachrichten verhindern die Weitergabe der normalen Signale.[24] Infolge dieses Filterprozesses wird eine »falsche« Körperkartierung erzeugt. Dadurch ist die Körperbezogenheit des Prozesses natürlich nicht in Frage gestellt. Die Abhängigkeit des Gefühls von der »Sprache« der Körpersignale ist noch immer gewährleistet. Es ist nur so, dass das, was wir tatsächlich fühlen, nicht genau das ist, was wir ohne die weise Interferenz des Gehirns gefühlt hätten. Die Interferenz wirkt so, als hätten wir eine höhere Dosis Aspirin oder Morphium genommen oder als hätten wir eine Lokalanästhesie erhalten. Abgesehen davon natürlich, dass das Gehirn für uns handelt und dass alles ganz automatisch geschieht. Zufälligerweise passt die Morphiummetapher in diesem Fall besonders gut, weil bei einer Spielart dieser Interferenz natürliche und körpereigene Morphin-Analoga ausgeschüttet werden – Opioidpeptide wie die Endorphine. Es gibt mehrere Klassen von Opioidpeptiden, die alle in unserem Körper natürlich hergestellt werden und daher als »endogen« bezeichnet werden. Dazu gehören neben den Endorphinen die Endomorphine sowie Enkephalin und Dynorphin. Diese Moleküle binden an spezifischen Klassen von Rezeptoren bestimmter Neuronen in ausgewählten Regionen des Gehirns. Wenn erforderlich, kann uns die Natur also ebenso mit Schmerzmitteln versorgen wie der mitfühlende Arzt, der seinem Patient eine Spritze gibt, um ihn von seinen Schmerzen zu befreien.

Belege für diese Mechanismen können wir überall entdecken. Wer als öffentlicher Redner oder Schauspieler einmal krank auftreten musste, weiß, dass oft die schlimmsten körperlichen Symptome wie durch Zauberhand verschwunden sind, sobald man die Bühne oder das Podium betreten hat. Der Volksmund schreibt diesen Wandel dem »Adrenalinstoß« zu, der durch den öffentlichen Auftritt ausgelöst wird. Die Annahme, dass ein chemischer Stoff beteiligt sein könnte, ist gar nicht so dumm, doch sie informiert uns nicht darüber, wo der Stoff wirkt und warum die Wirkung den gewünschten Effekt hervorruft. Ich glaube, dass es in solchen Fällen zu einer positiven Veränderung der aktuellen Körperkartierungen kommt. Diese Modifizierung setzt mehrere neuronale Nachrichten voraus und umfasst mehrere chemische Stoffe, unter denen Adrenalin allerdings nicht an oberster Stelle rangieren dürfte. Auch Soldaten auf dem Schlachtfeld modifizieren die Körperkartierungen, die Schmerz und Furcht in ihrem Gehirn abbilden. Ohne diese Veränderungen würden Heldentaten weit unwahrscheinlicher sein. Wäre die Ausstattung unseres Gehirns nicht um diese wohltuende Eigenschaft ergänzt worden, hätte die Evolution die Geburt vielleicht zugunsten weniger schmerzhafter Spielarten der Fortpflanzung fallen lassen.

Ich vermute, dass einige bekannte psychopathologische Erscheinungen sich diesen Mechanismus für ihre Zwecke zunutze machen. Die so genannte hysterische oder Konversionsreaktion, bei denen Patienten außerstande sind, Teile ihres Körpers zu fühlen oder zu bewegen, könnte sehr gut eine Folge vorübergehender, aber radikaler Veränderungen der aktuellen Körperkartierungen sein. Mehrere »somatoforme« psychiatrische Störungen lassen sich auf diese Weise erklären. Übrigens genügt eine minimale Beeinflussung dieser Mechanismen, um die Erinnerung an Ereignisse zu unterdrücken, die einmal viel Leid in unserem Leben verursacht haben.

Empathie

Es ist ebenfalls offensichtlich, dass das Gehirn bestimmte emotionale Körperzustände intern simulieren kann, etwa wenn sich die Emotion des Mitleids in das Gefühl der Empathie verwandelt. Stellen Sie sich beispielsweise vor, man erzählt Ihnen von einem schrecklichen Unfall, bei dem jemand schwer verletzt wurde. Möglicherweise fühlen Sie einen Augenblick lang eine Schmerzanwandlung, die in Ihrem Geist den Schmerz des Betroffenen widerspiegelt. Sie fühlen sich, als wären Sie das Opfer, und das Gefühl kann mehr oder weniger heftig sein, je nachdem, wie schwer der Unfall war oder wie gut Sie den Betroffenen kennen. Vermutlich handelt es sich bei dem Mechanismus, der Gefühle dieser Art hervorruft, um eine Spielart dessen, was ich an anderer Stelle »Als-ob-Körperschleife« genannt habe. Dazu gehört eine im Gehirn stattfindende Simulation, die aus einer raschen Veränderung der ablaufenden Körperkartierungen besteht. Sie wird dadurch erreicht, dass bestimmte Hirnregionen, wie der präfrontale/prämotorische Kortex, den somatosensorischen Regionen direkte Signale senden. Unlängst hat man die Existenz solcher Neuronentypen nachgewiesen und sie auch lokalisiert. Diese Neuronen können im Gehirn eines Menschen die Bewegungen repräsentieren, die dieser an einem anderen Menschen wahrnimmt, und Signale an sensomotorische Strukturen schicken, sodass die entsprechenden Bewegungen entweder als Simulation stattfinden oder tatsächlich ausgeführt werden. Diese Neuronen liegen bei Affen und Menschen im frontalen Kortex und heißen »Spiegelneuronen«.[25] Ich glaube, die »Als-ob-Körperschleife«, die ich in *Descartes' Irrtum* postuliert habe, ist eine Spielart dieses Mechanismus.

Das Ergebnis einer direkten Simulation von Körperzuständen in somatosensorischen Regionen unterscheidet sich nicht vom Aussortieren der Signale, die aus dem Körper eintreffen. In beiden Fällen erzeugt das Gehirn vorübergehend eine Reihe von Körperkartierungen, die *nicht* genau dem gegenwärtigen Zustand des Körpers entsprechen. Das Gehirn verwendet die eintreffenden Körpersignale wie Lehm, aus dem es in den Regionen, in denen ein solches Muster konstruiert werden kann, das heißt, in den somatosensorischen Regionen, einen bestimmten Körperzustand formt. Was wir fühlen, beruht also auf dieser »falschen« Konstruktion, nicht auf dem »realen« Körperzustand.

In der bereits erwähnten Studie hat Ralph Adolphs diese Frage simulierter Körperzustände untersucht.[26] Die Studie hatte das Ziel, an mehr als hundert Patienten mit neurologischen Schädigungen in verschiedenen Bereiche der Großhirnrinde zu ermitteln, welche Basis die Empathie hat. Sie wurden aufgefordert, eine Aufgabe zu lösen, bei denen bestimmte Prozesse von Empathiereaktionen ablaufen mussten. Jeder Versuchsperson wurden Fotos von unbekannten Personen vorgelegt, die einen emotionalen Ausdruck zeigten. Die Versuchspersonen mussten nun sagen, was die unbekannte Person fühlte. Die Forscher forderten jeden Patienten auf, sich in die Lage der Person zu versetzen und zu raten, in welchem Gemütszustand sich die abgebildete Person befand. Die Hypothese, die überprüft werden sollte, lautete, dass Patienten mit einer Schädigung der somatosensorischen Regionen der Großhirnrinde nicht in der Lage sein würden, die Aufgabe normal zu bewältigen.

Den meisten Patienten machte diese Aufgabe genauso wenig Schwierigkeiten wie den gesunden Versuchspersonen – abgesehen von zwei Patientengruppen, deren Leistung beeinträchtigt war. Bei der ersten Gruppe der beeinträchtigten Patienten war das Ergebnis vollkommen vorhersehbar. Es handelte sich um Patienten, bei denen die visuellen Assoziationsareale beschädigt waren, besonders die rechten visuellen Areale der ventralen okzipitotemporalen Region. Dieser Abschnitt des Gehirns ist von entscheidender Bedeutung für die Bewertung visueller Konfigurationen. Wenn dieses Gebiet beeinträchtigt ist, können die Betroffenen den Gesichtsausdruck auf den Fotos nicht als Ganzes erfassen, auch wenn die Fotos eigentlich im weiteren Sinn »gesehen« werden.

Die andere Patientengruppe war noch wesentlich aufschlussreicher: Sie bestand aus Versuchspersonen mit Schädigungen in der Region der rechten somatosensorischen Kortexareale, das heißt im Bereich der Insel, der Regionen SII und SI der rechten Hemisphäre. Das sind die Regionen, in denen das Gehirn eine zusammenfassende Kartierung des Körperzustands auf höchster Ebene vornimmt. Wenn diese Region ausfällt, ist das Gehirn nicht in der Lage, andere Körperzustände effektiv zu simulieren. Dem Gehirn fehlt die Bühne, auf der es verschiedene Variationen des Körperzustands durchspielen kann.

Von großer physiologischer Bedeutung ist der Umstand, dass die entsprechende Region der linken Hemisphäre nicht die gleiche Funktion hat: Patienten mit Schädigungen im linken somatosensorischen Komplex führten die »Empathieaufgabe« ganz normal aus. Auch dieses Ergebnis lässt darauf schließen, dass die rechte somatosensorische Kortexregion »dominant« im Hinblick auf die zusammenfassende Kartierung von Körperzuständen ist. Aus diesem Grund ist eine Schädigung dieses Gebietes stets verknüpft mit Beeinträchtigungen von Emotion und Gefühl und mit Störungen wie der Anosognosie und dem Neglect-Syndrom, deren Grundlage eine unzulängliche Vorstellung des aktuellen Körperzustands ist.[27] Vermutlich ist die Funktion der somatosensorischen Regionen des Menschen so asymmetrisch in der linken und der rechten Hemisphäre angelegt, weil die linken somatosensorischen Kortexareale einen wesentlichen Anteil an Sprache und Sprechen haben.

Weitere Belege erbrachten Studien an normalen Versuchspersonen: Man legte ihnen Fotos vor, auf denen Emotionen abgebildet waren, woraufhin diese Versuchspersonen augenblicklich und unmerklich die Muskelgruppen ihres Gesichtes aktivierten, die sie gebraucht hätten, um den auf den Fotos zu erkennenden emotionalen Ausdruck nachzubilden. Dabei waren sich die Versuchspersonen dieser spiegelbildlichen »Voreinstellung« ihrer Muskeln gar nicht bewusst, doch Elektroden, die über ihr Gesicht verteilt waren, registrierten die entsprechenden elektromyographischen Veränderungen.[28]

Zusammenfassend können wir feststellen, dass die somatosensorischen Areale eine Art Bühne darstellen, auf der nicht nur »tatsächliche« Körperzustände »aufgeführt« werden können, sondern auch verschiedene Formen von »falschen« Körperzuständen, zum Beispiel Als-ob-Körperzustände, gefilterte Körperzustände und so fort. Die Befehle zur Erzeugung von Als-ob-Körperzuständen kommen wahrscheinlich aus einer Vielzahl von präfrontalen Kortexarealen, wie jüngere Arbeiten über Spiegelneuronen bei Tieren und Menschen vermuten lassen.

Den Körper halluzinieren

Das Gehirn ermöglicht uns, bestimmte Körperzustände auf verschiedenste Art zu *halluzinieren*. Man kann sich unschwer vorstellen, welchen entwicklungsgeschichtlichen Ursprung dieses Merkmal hatte. Anfangs erstellte das Gehirn nur direkte Kartierungen des Körperzustands. Später ergaben sich andere Möglichkeiten, beispielsweise die zeitweilige Ausblendung von Abbildungen bestimmter Körperzustände, etwa von Kartierungen, die Schmerzzustände wiedergaben. Dann ließen sich auch Schmerzzustände simulieren, die gar nicht vorlagen. Auch diese neue Möglichkeit hatte ihre offenkundigen Vorteile, und da die Individuen, die über diese Vorteile verfügten, besser zurechtkamen, setzte sich die Möglichkeit letztlich durch. Wie bei anderen nützlichen Merkmalen, mit denen wir von Natur aus ausgestattet sind, können auch hier pathologische Spielarten die eigentlich vorteilhafte Funktion in ihr Gegenteil verkehren, wie es bei Hysterie und anderen Störungen der Fall zu sein scheint.

Ein weiterer praktischer Wert dieser Mechanismen ist ihre Geschwindigkeit. Das Gehirn kann die Modifizierung von Körperkartierungen sehr rasch vornehmen, in einem Zeitrahmen von wenigen hundert Millisekunden, dem winzigen Intervall, das kurze und myelinisierte Axone brauchen, um Signale von, sagen wir, dem präfrontalen Kortex an die somatosensorischen Karten der Insel zu übermitteln, also über eine Entfernung von nur wenigen Zentimetern. Die Zeit, die das Gehirn dann braucht, um Veränderungen im eigentlichen Körper hervorzurufen, beträgt Sekunden. Die langen und häufig unmyelinisierten Axone benötigen etwa eine Sekunde, um Signale an Körperteile zu übertragen, die einige zehn Zentimeter vom Gehirn entfernt liegen. So viel Zeit braucht auch ein Hormon, das in die Blutbahn ausgeschüttet wird, um seine in Schüben einsetzende Wirkung hervorzurufen. Wahrscheinlich ist das der Grund, warum wir in so vielen Fällen eine deutliche zeitliche Beziehung spüren können zwischen den feinen Abstufungen eines Gefühls und den Gedanken, die diese Gefühle ausgelöst haben oder auf sie folgen. Das rasche Tempo der Als-ob-Körper-Mechanismen lässt die Gedanken und die ausgelösten Gefühle zeitlich näher zusammenrücken, näher als es der Fall wäre, wenn Gefühle ausschließlich von tatsächlichen Körperveränderungen abhingen.

In diesem Zusammenhang ist anzumerken, das Halluzinationen der beschriebenen Art nicht übertragbar sind, wenn sie in anderen sensorischen Systemen auftreten als demjenigen, das für das Körperinnere zuständig ist. Visuelle Halluzinationen stellen, genau wie akustische, eine starke Beeinträchtigung dar. Sie haben keinerlei Nutzen und werden durchaus nicht als unterhaltsam empfunden von den neurologischen und psychiatrischen Patienten, die unter ihnen leiden. Gleiches gilt für die halluzinierten Geruchs- und Geschmackserlebnisse, von denen epileptische Patienten gelegentlich heimgesucht werden. Doch Halluzinationen des Körperzustands sind, abgesehen von den wenigen psychopathologischen Störungen, die ich skizziert habe, von großem Nutzen für den normalen Geist.

Die Chemie der Gefühle

Heute weiß jeder, dass die so genannten stimmungsverändernden Medikamente Gefühle der Traurigkeit oder Unzulänglichkeit in solche der Zufriedenheit oder des Selbstvertrauens verwandeln können. Doch schon lange vor den Tagen der Antidepressiva haben uns Alkohol, Narkotika, Schmerzmittel und Hormone wie Östrogene und Testosteron nebst einer Vielzahl von auf die Psyche wirkenden Mitteln gezeigt, dass Gefühle durch chemische Stoffe verändert werden können. Es ist offenkundig, dass die Wirkung aller chemischer Verbindungen mit der Struktur ihrer Moleküle zu tun hat.

Welchem Umstand verdanken diese Verbindungen ihre bemerkenswerte Effekte? Die Erklärung lautet gewöhnlich, die Moleküle würden auf bestimmte Neuronen in bestimmten Gehirnregionen einwirken und auf diese Weise das gewünschte Ergebnis erzielen. Aus der Sicht der neurobiologischen Mechanismen hören sich diese Erklärungen aber doch verdächtig nach Zauberei an. Tristan und Isolde trinken ihren Liebestrank und, peng, in der nächsten Szene haben sie sich verliebt. Es ist nicht klar, warum Stoff X, wenn er an den Neuronen des Hirnareals Y bindet, in der Lage ist, Sie von Ihrer Angst zu befreien oder Sie in Liebe entbrennen zu lassen. Worin liegt der Erklärungswert der Feststellung, dass männliche Jugendliche gewalttätig werden und alle Anzeichen einer Übersexualisierung zeigen, wenn sie mit Testosteron überschwemmt werden? In dieser Erklärung fehlt die funktionale Verknüpfung zwischen dem Testosteronmolekül und dem adoleszenten Verhalten.

Die Unvollständigkeit der Erklärung erwächst aus dem Umstand, dass der tatsächliche Ursprung der Gefühlszustände – ihre mentale Natur – nicht in neurobiologische Begriffe gefasst werden kann. Die Erklärung auf molekularer Ebene ist ein Beitrag zur Lösung des Rätsels, leistet aber noch nicht alles, was wir wirklich erklärt haben möchten. Die molekularen Mechanismen, die sich aus der Einführung eines Wirkstoffs in das System ergeben, erklären den Anfang jener Kette von Prozessen, die zu einer Veränderung der Gefühle, aber noch nicht zu den Prozessen führen, durch die das Gefühl eigentlich entsteht. Es ist wenig darüber gesagt worden, welche besonderen neuronalen Funktionen durch einen Wirkstoff dergestalt verändert werden, dass sich schließlich auch die Gefühle verändern. Wenig ist darüber gesagt worden, welche Systeme das Substrat dieser Funktionen bilden. Wir kennen die Lokalisierung der Neuronenrezeptoren, an denen bestimmte chemische Stoffe möglicherweise binden. (Beispielsweise wissen wir, in welchen Gehirnregionen sich die Opioidrezeptoren des My-Typs befinden, etwa im Gyrus cinguli, und wir wissen, dass externe wie interne Opioide durch Bindung an diese Rezeptoren wirken.[29]) Wir wissen, dass die Bindung von Molekülen an diesen Rezeptoren eine Veränderung im Verhalten der Neuronen bewirkt, die mit diesen Rezeptoren ausgerüstet sind. Durch die Bindung von Opioiden an die My-Rezeptoren bestimmter Kortexneuronen werden Neuronen im ventralen tegmentalen Bereich des Hirnstamms aktiv und veranlassen die Freisetzung von Dopamin in Strukturen wie den Nucleus accumbens des basalen Vorderhirns. Daraufhin treten zahlreiche positive Verhaltensweisen auf, und es stellt sich ein angenehmes Gefühl ein.[30] Die neuronalen Muster, die das Substrat von Gefühlen bilden, zeigen sich jedoch nicht nur in den Neuronen der oben erwähnten Regionen, und die tatsächlichen »konstitutiven« Muster der Gefühle treten in diesen Neuronen wahrscheinlich überhaupt nicht in Erscheinung. Aller Wahrscheinlichkeit nach zeigen sich die entscheidenden neuronalen Muster, diejenigen, die einen Gefühlszustand auslösen, an ganz anderer Stelle – nämlich in somatosensorischen Regionen wie der Insel –, und zwar unter dem Einfluss der Neuronen, auf die die chemischen Stoffe direkt eingewirkt haben.

In dem theoretischen Rahmen, den ich hier entworfen habe, können wir genau bestimmen, welche Prozesse in der Lage sind, Gefühle zu verändern, und an welchen Orten Medikamente wirken. Wenn Gefühle aus neuronalen Mustern erwachsen, die fortlaufend die unzähligen Aspekte unseres Körperzustands abbilden, dann lautet die nahe liegende Hypothese: Stimmungsverändernde Mittel verdanken ihren Zauber dem Umstand, dass sie die Aktivitätsmuster in diesen somatosensorischen Karten verändern. Dazu sind sie dank drei verschiedener Mechanismen in der Lage: Ein Mechanismus greift in die aus dem Körper kommende Signalübertragung ein; ein anderer wirkt dadurch, dass er ein bestimmtes Aktivitätsmuster in den Körperkartierungen erzeugt, und wieder ein anderer entfaltet seinen Einfluss, indem er den eigentlichen Körperzustand verändert. In all diese Mechanismen können die Medikamente eingreifen, um ihr Kunststück zu vollbringen.

Die Vielfalt drogeninduzierten Glücks

Verschiedene Indizien lassen darauf schließen, dass die somatosensorischen Kartierungen des Gehirns eine Grundlage für die Erzeugung von Gefühlen sind. Wie erwähnt, lässt die introspektive Analyse von normalen Gefühlen eindeutig auf die Wahrnehmung verschiedener Körperveränderungen bei der Entwicklung von Gefühlen schließen. Die zahlreichen funktionalen bildgebenden Studien, von denen oben die Rede war, zeigen, dass veränderte Aktivitätsmuster in somatosensorischen Regionen ein Korrelat von Gefühlen sind. Weitere interessante Belege liefert die introspektive Analyse von Rauschgiftabhängigen, die mit ihrem Drogenkonsum einen intensiven Glückszustand erreichen wollen. Die Berichte von Drogenkonsumenten enthalten häufige Hinweise auf veränderte Körperzustände im Drogen-High. Es folgen einige typische Berichte:

Mein Körper war voller Energie und gleichzeitig vollkommen entspannt.

Ein Gefühl, als macht jede Zelle und jeder Knochen in deinem Körper Luftsprünge vor Freude.

Ich spüre eine leichte Betäubung ... und überall kribbelt es und ist warm.

Es ist wie ein Ganzkörperorgasmus.

Eine allgegenwärtige Körperwärme.

Das heiße Bad war so toll, dass ich nicht sprechen konnte.

Ein Gefühl, als würde dir der Kopf explodieren ... eine angenehme Wärme und ein intensives Gefühl der Entspannung.

So ein entspanntes Gefühl, wie du es nach dem Sex hast,
nur noch besser.
Ein Körper-High.
Ein Effekt wie von Stichen und Nadeln ... der Körper teilt
dir mit, dass er vollkommen taub ist.
Du hast ein Gefühl, als hätte man dich in die angenehmste,
wärmste und bequemste Decke der Welt gewickelt.
In meinem Körper breitete sich augenblicklich ein Gefühl
der Wärme aus, besonders in meinen Wangen, die sich ziem-
lich heiß anfühlten.[31]

In allen diesen Berichten ist von einer Reihe bemerkenswert
ähnlichen Körperveränderungen die Rede – Entspannung,
Wärme, Taubheit, Betäubung, Schmerzlinderung, orgasmi-
sche Entladung, Energie. Wiederum spielt es keine Rolle, ob
sich diese Veränderungen tatsächlich im Körper ereignen und
an eine somatosensorische Kartierung übermittelt werden, ob
sie nur in diesen Kartierungen vorhanden sind oder ob beides
der Fall ist. Die Empfindungen sind begleitet von einer Reihe
gleichgestimmter Gedanken – Gedanken an positive Ereignisse, dem Eindruck einer größeren Fähigkeit zu »verstehen«,
gesteigerter körperlicher und geistiger Kraft und einem Weg-
fall von Hindernissen und Ängsten. Die ersten vier hier zitierten Äußerungen sind Erinnerungen an Kokain-Highs. Von
Ecstasy-Konsumenten stammen die nächsten drei Aussagen
und die letzten fünf von Heroinabhängigen. Alkohol ruft
schwächere, aber ähnliche Wirkungen hervor. Der Umstand,
dass die Auswirkungen einen gemeinsamen Kern von Körperempfindungen haben, ist umso eindrucksvoller, als die *Stoffe,*
die sie hervorrufen, von ihrer chemischen Zusammensetzung
her unterschiedlich sind und auf verschiedene chemische
Systeme im Gehirn einwirken. All diese Substanzen erzielen
ihre Wirkung dadurch, dass sie bestimmte Gehirnsysteme
besetzen, als wären sie körpereigene Stoffe. Beispielsweise
wirken Kokain und Amphetamin auf das Dopaminsystem

ein. Doch die aktuelle Mode-Variante des Amphetamins, die unter der Bezeichnung Ecstasy bekannt ist (ein Mundvoll Moleküle, die Methylendioxymethamphetamin oder MDMA heißen), wirkt auf das Serotoninsystem ein. Wie bereits beschrieben, binden Heroin und andere opiumverwandte Substanzen an den Opioidrezeptoren. Alkohol wirkt durch die GABA-A-Rezeptoren und die NMDA-Glutamat-Rezeptoren.[32]

Es ist darauf hinzuweisen, dass die gleiche systematische Aktivierung von somatosensorischen Regionen, die im Rahmen von funktionalen Bildgebungsstudien verschiedener natürlich entstandener Gefühle beschrieben wurde, auch in Studien beobachtet wird, deren Teilnehmer ihre Gefühle nach Einnahme von Ecstasy, Heroin, Kokain und Marihuana schildern oder von Gefühlen berichten, die sich beim Verlangen nach diesen Drogen einstellen.[33]

Auch die anatomische Verteilung der Rezeptoren, an denen diese Stoffe binden, ist recht unterschiedlich, wobei das Muster für jede Droge etwas anders ist. Und doch sind die Gefühle, die sie hervorrufen, sehr ähnlich. Daher lässt sich wohl mit einiger Berechtigung davon ausgehen, dass die verschiedenen Stoffe in der einen oder anderen Weise und an einem bestimmten Punkt ihrer Wirkungskette ähnliche Aktivitätsmuster in den somatosensorischen Regionen hervorrufen. Mit anderen Worten, die Gefühlswirkung ergibt sich aus Veränderungen in einer gemeinsamen neuronalen Region – oder Regionen –, aus Veränderungen, die durch verschiedene von den Substanzen ausgelöste Schübe von Systemveränderungen hervorgerufen werden. Eine Beschreibung auf der Ebene der Moleküle und Rezeptoren allein reicht nicht aus, um die Wirkung von Drogen zu erklären.

Da alle Gefühle einen Aspekt von Schmerz oder Lust als notwendiges Element enthalten und da die mentalen Bilder, die wir Gefühle nennen, aus neuronalen Mustern entstehen, die in den Körperkartierungen festgelegt sind, dürfen wir annehmen, dass Schmerz und seine Varianten dann auftreten, wenn die Körperkartierungen des Gehirns bestimmte Konfigurationen aufweisen.

Entsprechend sind Lust und ihre Varianten das Ergebnis bestimmter Kartierungskonfigurationen. Schmerz zu fühlen oder Lust zu fühlen sind biologische Prozesse, in denen sich unser Körperbild, wie es in den Körperkartierungen des Gehirns abgebildet wird, bestimmten Mustern anpasst. Wirkstoffe wie Morphin oder Aspirin verändern dieses Muster. Gleiches gilt für Ecstasy und Scotch. Oder für Betäubungsmittel. Für bestimmte Formen der Meditation. Für Gedanken der Verzweiflung. Für Gedanken der Hoffnung und Erlösung.

Auftritt der Skeptiker

Während einige Skeptiker wohl die hier angestellten Überlegungen zur physiologischen Grundlage der Gefühle akzeptieren würden, wären sie insgesamt keineswegs mit mir einverstanden und würden behaupten, ich hätte noch nicht erklärt, warum Gefühle sich so anfühlen, wie sie es tun. Ich könnte erwidern, dass ihre Frage schlecht gestellt ist, dass Gefühle sich so anfühlen, wie sie es tun, weil es einfach in der Natur der Sache liegt, dass das so ist. Aber ich greife ihren Einwand auf, weil ich mein Pulver noch nicht verschossen habe. Lassen Sie mich also noch ein paar Einzelheiten zu den bislang gegebenen Antworten hinzufügen, und zwar so exakt, wie es angesichts der verborgenen Natur dieser für die Gefühle verantwortlichen Kartierungen möglich ist.

Auf den ersten Blick mögen die Körperkartierungen, die den Gefühlen zugrunde liegen, als eine grobe und ungefähre Repräsentation des Zustands der inneren Organe und Muskeln erscheinen. Aber denken Sie noch einmal darüber nach. Überlegen Sie zunächst einmal, dass buchstäblich jede Region des Körpers gleichzeitig in diesen Kartierungen erfasst werden muss, weil jede Region des Körpers Nervenendigungen enthält, die dem Zentralnervensystem signalisieren können, in welchem Zustand sich die Zellen der betreffenden Region gerade befinden. Die Signalübertragung ist äußerst komplex. Hier ist es nicht mit »Nullen« oder »Einsen« getan, die beispielsweise mitteilen, dass eine lebende Zelle ein- oder ausgeschaltet ist. Die Signale sind vielfältiger Natur. Beispielsweise können Nervenendigungen über die Konzentration von Sauerstoff und Kohlendioxid in der Nachbarschaft einer Zelle Auskunft geben. Sie können über den pH-Wert der Flüssigkeit informieren, in die jede Zelle eingetaucht ist. Sie können die Anwesenheit giftiger Stoffe innerhalb oder außerhalb ihrer Zellgrenzen melden. Außerdem sind sie in der Lage, das Auftreten von körpereigenen chemischen Stoffen – wie etwa von Cytokinen – zu registrieren, die anzeigen, dass eine lebende Zelle in Schwierigkeiten ist oder kurz vor dem Ausbruch einer Krankheit steht. Nervenzellen können anzeigen, in welchem Kontraktionszustand sich Muskelfasern befinden, von der glatten Muskulatur, die die Wände aller Arterien bilden, egal ob groß oder klein, bis hin zu den großen quergestreiften Muskelfasern, aus denen die Muskeln von Gliedmaßen, Brustkorb oder Gesicht bestehen. So können Nervenendigungen dem Gehirn mitteilen, was Organe wie die Haut oder der Darm im Augenblick tun. Neben den Signalen, die von den Nervenendigungen eintreffen, erhalten die Körperkartierungen, die das Substrat der Gefühle im Gehirn bilden, auch direkte Informationen über unzählige Konzentrationsschwankungen chemischer Stoffe in der Blutbahn.

Beispielsweise liest eine Gruppe von Neuronen im Hypothalamus die Konzentration der Glukose (des Zuckers) oder des Wassers direkt in unserem Blut ab und ergreift entsprechende Maßnahmen. Diese Maßnahmen werden, wie bereits erwähnt, als Trieb oder Verlangen bezeichnet. Eine Verringerung der Glukosekonzentration führt zur Entstehung eines Triebs – des Hungerzustands – und zur Einleitung von Verhaltensweisen, deren Ziel die Nahrungsaufnahme und letztlich die Korrektur des abgesunkenen Glukosespiegels ist. Entsprechend bewirkt eine Verringerung der Wasserkonzentration Durst und Maßnahmen der Wasserersparnis. Zu diesem Zweck werden die Nieren angewiesen, weniger Wasser auszuscheiden, die Atemfrequenz wird verändert, damit beim Ausatmen weniger Wasser verloren geht. Zahlreiche andere Regionen des Gehirns – die Area postrema im Hirnstamm und die Subfornikalorgane nahe den lateralen Ventrikeln – verhalten sich wie der Hypothalamus. Sie verwandeln chemische Signale, die über die Blutbahn bei ihnen eintreffen, in neuronale Signale, die über die Nervenbahnen im Inneren des Gehirns übertragen werden. Das Ergebnis ist das gleiche: Das Gehirn bildet den Zustand des Körpers ab.

Das Gehirn überwacht also den gesamten Organismus, lokal und direkt – über die Nervenendigungen – sowie insgesamt und chemisch – über die Blutbahn. Dabei sind die Einzelheiten dieser Kartierungen und ihre Vielfalt ausgesprochen bemerkenswert. Sie liefern Proben für die aktuelle Befindlichkeit des gesamten Organismus, und aus diesen erstaunlich weit reichenden Stichproben entstehen vollständige Zustandskartierungen des Körpers. Ich nehme an, wenn wir sagen, wir fühlen uns wohl oder erschöpft, leiten wir die Empfindung, die wir erleben, aus der Zusammenfassung der Stichproben ab, die auf den Abbildungen der chemischen Verhältnisse im inneren Milieu beruhen. Möglicherweise ist es höchst unzutreffend, wenn wir sagen, wie es häufig geschieht, dass uns die neuronale Signalübertragung, die sich in Hirnstamm und Hypothalamus vollzieht, niemals bewusst werde. Ich nehme vielmehr an, dass uns ein Teil dieser Prozesse ständig in bestimmter Form bewusst gemacht wird und sich in Gestalt unserer Gefühle im Hintergrund manifestiert. Natürlich kann man diese Hintergrundgefühle nicht weiter beachten, doch das ist eine andere Frage. Oft genug sind sie Gegenstand unserer Aufmerksamkeit. Erinnern Sie sich das nächste Mal daran, wenn Sie das Gefühl haben, eine Erkältung auszubrüten, oder, besser noch, wenn Sie sich ganz obenauf fühlen und glauben, niemand könnte glücklicher sein als Sie.

Noch mehr Skeptiker

An dieser Stelle melden sich weitere Skeptiker zu Wort und erklären, die Cockpits moderner Flugzeuge seien mit Sensoren für den Körper des Flugzeugs ausgestattet, die in jeder Hinsicht den Sensoren glichen, die ich hier beschrieben habe. Sie fragen mich: Fühlt das Flugzeug? Und wenn, ob ich wisse, warum es fühlt und was es fühlt.

Jeder Versuch, das Geschehen in einem komplexen Lebewesen mit dem Geschehen in einer Maschine zu vergleichen, und sei sie auch ein Wunderwerk der Technik wie, sagen wir, eine Boeing 777, ist allzu kühn. Richtig ist, dass die Bordcomputer eines hoch entwickelten Flugzeugs Karten generieren, die ständig eine Vielfalt von Funktionen registrieren: die Stellung der beweglichen Teile der Tragfläche, der waagerechten Stabilisatoren und der Seitenruder, verschiedene Parameter der Triebwerke, den Kerosinverbrauch. Auch Umgebungsvariablen werden kontrolliert – Temperatur, Windgeschwindigkeit, Höhe und so fort. Einige der Computer setzen die aufgezeichneten Informationen ständig zueinander in Beziehung, sodass an dem aktuellen Verhalten des Flugzeugs intelligente Korrekturen vorgenommen werden können. Die Ähnlichkeit mit den homöostatischen Mechanismen ist offenkundig. Doch es gibt erhebliche, nein, riesige Unterschiede zwischen den Kartierungen im Gehirn eines lebenden Organismus und denen im Cockpit der Boeing 777. Betrachten wir sie näher.

Erstens betreffen sie die Detailgenauigkeit, mit der die Teilstrukturen und die Operationen dargestellt werden. Die Kontrollgeräte im Cockpit sind nur ein schwacher Abklatsch der Kontrollgeräte im Zentralnervensystem eines komplexen

Organismus. Sie sind in etwa vergleichbar mit den Mechanismen in unserem Körper, die anzeigen, ob unsere Beine übereinander geschlagen sind oder nicht, die unsere Herzfrequenz und Körpertemperatur messen und die uns sagen, wie lange wir noch gehen können, bevor wir die nächste Mahlzeit zu uns nehmen müssen. Sehr hilfreich, aber nicht ganz ausreichend zum überleben. Nun geht es mir nicht darum, die wunderbare 777 schlecht zu machen. Sondern ich will sagen, dass die 777 keine weiteren Kontrolleinrichtungen braucht, um zu überleben. Ihr »Überleben« ist symbolisch verknüpft mit lebenden Piloten, die sie bedienen und ohne die die ganze Übung sinnlos wäre. Das Gleiche gilt übrigens für die unbemannten Drohnen, die wir ins All schicken. Ihr »Leben« hängt von dem Team im Kontrollzentrum ab.

Einige Komponenten des Flugzeugs sind »belebt« – Hilfsflügel und Landeklappen, Seitenruder, Luftbremsen, Fahrwerk –, aber nicht »lebendig« im biologischen Sinne. Keine dieser Komponenten besteht aus Zellen, deren Unversehrtheit in *jedem einzelnen* Fall von der Versorgung mit Sauerstoff und Nährstoffen abhängt. Dagegen ist *jedes* Teilelement unseres Organismus, *jede* Zelle unseres Körpers nicht nur belebt, sondern auch lebendig. Noch eindrucksvoller, jede Zelle ist ein individueller lebender Organismus – ein individuelles Lebewesen mit einem Geburtsdatum, einem Lebenszyklus und einem absehbaren Lebensende. Jede Zelle ist ein Lebewesen, das sich selbst um sein Leben kümmern muss und dessen Leben von den Anweisungen in seinem Genom und von den Bedingungen seiner Umwelt abhängt. Die angeborenen Mechanismen der Steuerung von Lebensprozessen, die ich oben in Bezug auf den Menschen erörtert habe, erstrecken sich über alle Größenskalen unseres Organismus bis hinab in jedes Organ, jedes Gewebe, jede Zelle. Der rechtmäßige Kandidat für den Titel des entscheidenden »Elementarteilchens« unseres lebenden Organismus ist die lebende Zelle, nicht das Atom.

In den Tonnen von Aluminium, Verbundlegierungen, Plastik, Gummi und Silizium, aus denen der große Boeing-Vogel besteht, finden wir nichts Vergleichbares. Gewiss, es gibt viele Kilometer elektrische Kabel, viele Hundert oder Tausend Quadratmeter Verbundlegierungen und Millionen von Muttern, Bolzen und Nieten in der Außenhülle eines Flugzeugs. Richtig ist, dass sie alle aus Materie bestehen, die sich aus Atomen zusammensetzt. Gleiches gilt für unser menschliches Fleisch auf der Ebene seiner Mikrostruktur. Doch die physikalische Materie des Flugzeugs ist nicht lebendig, ihre Teile bestehen nicht aus lebenden Zellen, die dem Einfluss eines genetischen Erbes, eines biologischen Schicksals und eines gefährdeten Lebens unterworfen sind. Und selbst wenn jemand die Auffassung vertritt, das Flugzeug habe einen technischen »Überlebenstrieb«, der es ihm erlaube, den falschen Manövern eines zerstreuten Piloten zuvorzukommen, lässt sich der gewaltige Unterschied nicht aus der Welt schaffen. Den Bordcomputern im Cockpit geht es nur um die Ausführung der Flugfunktionen. Unserem Gehirn und unseren Gedanken liegt die Unversehrtheit des gesamten »lebenden Inventars« am Herzen, und auf den Ebenen darunter kümmern sich alle Teile und Teilchen lokal und automatisch selbst um das eigene Überleben.

Regelmäßig werden diese Unterschiede einfach unter den Teppich gekehrt, wenn es zum Vergleich zwischen lebenden Organismen und intelligenten Maschinen wie etwa Robotern kommt. Hier möchte ich nur deutlich machen, dass unser Gehirn Signale aus den Tiefen des lebendigen Fleisches empfängt und damit lokale wie globale Kartierungen der innersten Anatomie und dem innersten funktionalen Zustand dieses lebendigen Fleisches anlegt. Diese Organisation, die in jedem komplexen Organismus bereits eindrucksvoll ist, ist beim Menschen absolut erstaunlich. Ich möchte den Wert der faszinierenden künstlichen Geschöpfe, die in den Labors von Gerald Edelman oder Rodney Brooks entstehen, keineswegs schmälern. Auf unterschiedliche Weise vertiefen diese technischen Geschöpfe unser Verständnis für Gehirnprozesse und werden vielleicht einmal nützliche Ergänzungen unserer eigenen kognitiven Ausstattung sein. Ich möchte einfach darauf hinweisen, dass diese belebten Geschöpfe nicht lebendig sind in dem Sinne, in dem wir es sind, und nicht fühlen, wie wir es tun.[34]

Halten wir noch einen merkwürdigen Tatbestand fest, der ebenfalls immer wieder übersehen wird: Die Nervensensoren, welche die erforderlichen Informationen an das Gehirn übertragen, und die Nervenkerne und Nervenscheiden, die die Information in ihrem Inneren abbilden, *sind selbst lebende Zellen und damit den gleichen Lebensrisiken unterworfen wie die anderen Zellen auch und auf eine ähnliche homöostatische Regulation angewiesen.* Diese Nervenzellen sind keine unparteiischen Beobachter. Sie sind keine unbeteiligten Übertragungsgeräte, keine unbeschriebenen Blätter, keine leeren Spiegel, die darauf warten, ein Bild zurückzuwerfen. Neuronen, die Signale aussenden und Karten anlegen, haben durchaus Einfluss auf die übertragenen Inhalte und auf die in stetem Wandel begriffenen Kartierungen, die aus den empfangenen Signalen entstehen. Die neuronalen Muster, die die somatosensorischen Neuronen darstellen, werden ihnen von den Körperaktivitäten zugetragen, die sie abbilden sollen. Körperaktivitäten geben diese Muster vor, verleihen ihnen eine gewisse Intensität und ein zeitliches Profil, lauter Aspekte, die dafür verantwortlich sind, dass sich ein Gefühl anfühlt, wie es sich anfühlt. Doch die *Qualität* der Gefühle muss auch von der Beschaffenheit der Neuronen selbst abhängen. Die Erfahrungsqualität des Gefühls wird wahrscheinlich von dem Medium geprägt, in dem es entsteht.

Schließlich sei noch ein sehr interessanter und ebenfalls gern übersehener Aspekt erwähnt, der die Belebtheit der beweglichen Teile in der Boeing einerseits und in unserem lebendigen Körper andererseits betrifft. Die Belebtheit der

Boeing richtet sich nach dem Zweck der Funktionen, für die sie entworfen wurde – auf einer Landebahn zu rollen, abzuheben, zu fliegen und zu landen. Das Äquivalent in unserem Körper ist die Belebtheit, wenn wir sehen, hören, gehen, laufen, springen oder schwimmen. Doch bedenken Sie, dass diese Belebtheit des Menschen nur die Spitze des Eisbergs ist, wenn ich von den Emotionen und ihren Grundlagen rede. Der verborgene Teil des Eisbergs ist der Antrieb, dessen einziger Zweck es ist, den Zustand des Lebens in den Teilen und in der Gesamtheit unseres Organismus zu organisieren. Genau dieser Teil der Belebtheit bildet das entscheidende Substrat der Gefühle. Und für diesen Teil der Belebtheit gibt es in den intelligenten Maschinen, die wir zur Zeit haben, kein Äquivalent. Meine Antwort an die Skeptiker lautet: die 777 ist unfähig, irgendetwas zu empfinden, was Ähnlichkeit mit menschlichen Gefühlen hat, weil sie – neben vielen anderen Gründen – nichts aufzuweisen hat, was mit der Organisation unseres inneren Lebens vergleichbar wäre, von seiner Abbildung ganz zu schweigen.

Die Erklärung, warum Gefühle sich anfühlen, wie sie es tun, beginnt folgendermaßen: Gefühle beruhen auf zusammengesetzten Abbildungen des Lebenszustands, der zum Zweck des Überlebens ständig optimiert wird. Diese Repräsentationen erfassen einerseits die unzähligen Teilelemente eines Organismus und andererseits seine Gesamtheit. Die Art und Weise, wie Gefühle sich anfühlen, hängt zusammen mit:

1. Der vertrauten Struktur des Lebensprozesses in einem vielzelligen Organismus mit einem komplexen Gehirn.
2. Den Abläufen des Lebensprozesses.
3. Den Korrekturreaktionen, die bestimmte Lebenszustände automatisch erzeugen, und den angeborenen wie erworbenen Reaktionen, die der Organismus zeigt, wenn in seinen Gehirnkartierungen bestimmte Objekte und Situationen auftreten.

4. Dem Umstand, dass durch regulierende Reaktionen, die aufgrund innerer oder äußerer Ursachen erfolgen, der Lebensprozess effizienter, ungehinderter und leichter verläuft oder stockender wird.

5. Der Beschaffenheit des neuronalen Mediums, in dem alle diese Strukturen und Prozesse abgebildet werden.

Hin und wieder werde ich gefragt, wie diese Ideen erklären könnten, dass es »negative« und »positive« Gefühle gebe, womit implizit gesagt wird, dass sich die positive oder negative Qualität von Gefühlen nicht erklären lasse. Ist das wirklich so? Oben heißt es unter Punkt vier, dass es Zustände des Organismus gibt, in denen die Regulation der Lebensprozesse effizient oder sogar optimal ist, in denen sie frei und ungehindert fließen. Das ist ein gut dokumentierter physiologischer Tatbestand, keine Hypothese. Die Gefühle, die gewöhnlich solche physiologisch zuträglichen Zustände begleiten, gelten als »positiv« und zeichnen sich nicht nur durch die Abwesenheit von Schmerzen aus, sondern durch viele Spielarten der Lust. Abermals handelt es sich um einen häufig übersehenen, aber fast trivialen Tatbestand. Es gibt auch Zustände des Organismus, in denen die Prozesse des Lebens um ihr Gleichgewicht kämpfen und sogar die Kontrolle verlieren, sodass sie in chaotische Verhältnisse abgleiten. Die Gefühle, die solche Zustände gewöhnlich begleiten, gelten als »negativ« und zeichnen sich nicht nur durch die Abwesenheit von Lust aus, sondern auch durch ganz unterschiedliche Arten von Schmerz.

Vielleicht könnte man mit einer gewissen Berechtigung sagen, dass positive und negative Gefühle durch den aktuellen Zustand der Lebensregulation bestimmt werden. Ausschlaggebend ist die Nähe zu oder die Abweichung von den Zuständen, die einer optimalen Lebensregulation entsprechen. Übrigens hängt die »Intensität« der Gefühle vermutlich davon ab, welcher Grad an Korrekturen bei negativen Zuständen erforderlich ist oder in welchem Maße positive

Zustände den homöostatischen Sollwert in die optimale Richtung überschreiten.

Ich vermute, dass letztlich die Qualität der Gefühle, die teilweise dafür verantwortlich ist, dass Gefühle sich anfühlen, wie sie es tun, auf das neuronale Medium zurückgeht. Doch entscheidend hat die Antwort auf die Frage, warum wir fühlen, wie wir fühlen, auch mit dem Umstand zu tun, dass die Prozesse der Lebenssteuerung entweder reibungslos ablaufen oder ins Stocken geraten. Das entspricht einfach ihrer Arbeitsweise, dem seltsamen Zustand, den wir Leben nennen, und der eigentümlichen Natur von Organismen – Spinoza nennt sie *conatus* –, die diese veranlasst, unter allen Umständen nach Selbsterhaltung zu streben, bis das Leben durch Alter, Krankheit oder durch äußere Verletzungen erlischt.

Die Tatsache, dass wir als fühlende und hoch entwickelte Wesen bestimmte Gefühle als positiv und andere als negativ bezeichnen, hat unmittelbar mit der Mühelosigkeit oder dem Stocken des Lebensprozesses zu tun. Reibungslose Lebensvorgänge sind die natürlichen Verbündeten unseres *conatus*. Wir streben nach ihnen. Stockende Lebenszustände sind natürliche Feinde unseres *conatus*. Wir versuchen, sie zu vermeiden. Wir können diese Beziehungen spüren, und wir können mit einem Blick auf unseren Lebenslauf feststellen, dass Lebenszustände, die sich positiv anfühlen, mit Ereignissen assoziiert werden, die wir gut nennen, während stockende Lebenszustände mit Unglück assoziiert werden.

Es ist an der Zeit, die Formulierung zu überarbeiten, die ich zu Beginn dieses Kapitels vorgeschlagen habe. Der Ursprung der Gefühle ist der Körper oder eine Anzahl seiner Teile. Doch jetzt können wir uns auf eine komplexere Ebene begeben und einen feineren Ursprung unterhalb dieser übergeordneten Beschreibungsebene finden: die unzähligen Zellen, aus deren diese Körperteile bestehen und die eine Doppelexistenz führen: als individuelle Organismen mit ihrem eigenen *conatus* und als aktive Mitglieder der organisierten Gesellschaft, die wir »menschlicher Körper« nennen und die einem eigenen *conatus* unterworfen ist.

Die Inhalte von Gefühlen sind Konfigurationen des Körperzustands, die in somatosensorischen Karten abgebildet werden. Jetzt kommt noch hinzu, dass die flüchtigen Muster des Körperzustands sich unter den wechselseitigen, durch Rückkopplung verstärkten Einflüssen von Gehirn und Körper im Verlauf einer Gefühlsepisode rasch verändern. Mehr noch, sowohl die positive/negative Wertigkeit von Gefühlen als auch ihre Intensität befinden sich in Einklang mit der generellen Leichtigkeit oder Schwierigkeit, mit der das Leben vonstatten geht.

Schließlich können wir noch hinzufügen, dass die lebenden Zellen, aus denen die somatosensorischen Hirnregionen sowie die Nervenbahnen bestehen, die für die Signalübertragung vom Körper zum Gehirn sorgen, keineswegs unbeteiligte Hardware-Elemente sind. Vermutlich leisten sie einen entscheidenden Beitrag zu den Wahrnehmungen, die wir Gefühle nennen.

Jetzt ist es auch an der Zeit, wieder zusammenzufügen, was ich künstlich auseinander gerissen habe. Einer der Gründe, warum ich zwischen Emotionen und Gefühlen unterscheide, hat mit meinem Forschungsansatz zu tun: Um das ganze Spektrum der affektiven Phänomene zu verstehen, empfiehlt es sich, den Gesamtkomplex zu zerlegen, die Funktion der Komponenten zu untersuchen und zu klären, wie sich diese Komponenten im Zeitablauf manifestieren. Sobald wir das erwünschte Verständnis – oder jedenfalls einen Teil dessen – erlangt haben, ist es genauso wichtig, die Teile des Mechanismus wieder zusammenzusetzen, damit wir das funktionale Ganze betrachten können, das sie gemeinsam bilden.

Dieses ganzheitliche Bestreben führt uns zurück zu Spinozas Behauptung, Körper und Geist seien parallele Merkmale ein- und derselben Substanz. Wir trennen sie unter dem Mikroskop der Biologie, weil wir wissen möchten, wie die einzelne Substanz arbeitet und wie die Aspekte von Körper und Geist in ihr erzeugt werden. Doch nachdem wir Emotionen und Gefühle relativ getrennt voneinander untersucht haben, können wir sie in einem kurzen Augenblick der Ruhe wieder zu Affekten zusammenfügen.

KAPITEL VIER

Seit es Gefühle gibt

Von Freude und Traurigkeit

Jetzt, da wir mit einer vorläufigen Ansicht ausgerüstet sind, was Gefühle sein könnten, ist es an der Zeit zu fragen, *wozu* Gefühle überhaupt dienen. Bei unserem Versuch, diese Frage zu beantworten, ist es vielleicht sinnvoll, mit der Überlegung zu beginnen, wie Freude und Traurigkeit, die beiden Wappentiere des Gefühlslebens, zustande kommen und wofür sie stehen.

In Gang kommen die Ereignisse durch Darbietung eines entsprechenden Objekts – dem emotional besetzten Reiz. Die Verarbeitung des Reizes in dem spezifischen Kontext, in dem er auftritt, führt zu Selektion und Ausführung eines abrufbereiten Emotionsprogramms. Die Emotion bewirkt ihrerseits die Konstruktion einer Reihe bestimmter neuronaler Kartierungen, zu denen Signale aus dem eigentlichen Körper entscheidend beitragen. Kartierungen mit einer bestimmten Konfiguration sind die Grundlage der geistigen Verfassung, die wir Freude nennen, und seiner Spielarten, fast wie eine Partitur, die in der Tonart der Lust komponiert worden ist. Andere Karten bilden das Substrat des Geisteszustands, den wir Traurigkeit nennen, der nach Spinozas weit gefasster Definition Zustände wie Angst, Furcht, Schuld und Verzweiflung einschließt. Das sind Partituren, die in der Tonart des Schmerzes komponiert worden sind.

Die Karten, die mit Freude assoziiert sind, bezeichnen Gleichgewichtszustände des Organismus. Diese Zustände können tatsächlich vorhanden sein oder auch nur eine Scheinexistenz führen. Zustände der Freude bezeichnen eine optimale Koordination und einen reibungslosen Ablauf der Lebensvorgänge. Sie dienen nicht nur dem Überleben, sondern auch dem Überleben in Wohlbefinden. Die Zustände der Freude sind ferner von einer größeren Leichtigkeit der Handlungsfähigkeit geprägt.

Wir können uns mit Spinoza vollkommen einverstanden erklären, wenn er sagt, Freude (*laetitia* im lateinischen Text) sei mit einem Übergang des Organismus in einen Zustand größerer Vollkommenheit verbunden.[1] Mit größerer Vollkommenheit ist zweifellos größere funktionelle Harmonie und eine größere Kraft und Freiheit des Handelns gemeint.[2] Wir sollten dabei aber nicht vergessen, dass Abbildungen der Freude durch eine Vielzahl von Drogen und Medikamenten gefälscht werden können und daher nicht immer den tatsächlichen Zustand des Organismus widerspiegeln. Einige der »Drogenkarten« können anzeigen, dass sich die Funktionen des Organismus vorübergehend verbessert haben. Letztlich ist die Verbesserung jedoch biologisch unhaltbar und nur ein Vorspiel zu einer Verschlechterung der Funktion.

Die Kartierungen, die im weiteren und im engeren Sinn Traurigkeit darstellen, sind mit Zuständen von funktionalem Ungleichgewicht verbunden. Die Mühelosigkeit und Leichtigkeit der Funktionen ist eingeschränkt. Es gibt Schmerzen, Anzeichen von Krankheit oder Hinweise auf physiologische Unregelmäßigkeiten – lauter Indizien, die auf eine suboptimale Koordination der Lebensfunktionen schließen lassen. Wird nichts dagegen unternommen, kann die Situation zu Krankheit und Tod führen.

Unter den meisten Bedingungen spiegeln die Körperkartierungen der Traurigkeit wahrscheinlich den tatsächlichen Zustand des Organismus wider. Es gibt keine Drogen, von denen sich ihre Konsumenten Traurigkeit oder Depression *erhoffen*. Wer wollte sie einnehmen oder gar Missbrauch mit ihnen treiben? Tatsächlich aber rufen Drogen Traurigkeit und Depression hervor, wenn die Konsumenten aus der ersten, freudigen Hochstimmung abstürzen. So wird beispielsweise berichtet, die Droge Ecstasy erzeuge ein High, das durch einen ruhigen, angenehmen Zustand und wohltuende Begleitgedanken charakterisiert sei. Doch die wiederholte Einnahme der Droge erzeugt zunehmend schwerere Depressionen nach Highs, die ihren Namen immer weniger verdienen. Die normale Funktion des Serotoninsystems scheint direkt beeinträchtigt zu werden. Somit erweist sich eine Droge, die viele Konsumenten für sicher halten, als recht gefährlich.

In Übereinstimmung mit Spinoza, wenn er den Begriff der *tristitia* erörtert, sind die Kartierungen der Traurigkeit mit dem Übergang des Organismus in einen Zustand geringerer Vollkommenheit verknüpft. Die Kraft und die Freiheit zu handeln werden verringert. Nach spinozistischer Auffassung ist der Mensch, den die Traurigkeit im Griff hat, von seinem *conatus* abgeschnitten – von dem Bestreben nach Selbsterhaltung. Das gilt sicherlich für all die Gefühle, über die bei schwerer Depression berichtet wird und die in letzter Konsequenz zum Selbstmord führen. Depression lässt sich als Teil eines »Krankheitssyndroms« verstehen. Das endokrine und das Immunsystem sind an einer längeren Depression beteiligt, als hätte ein Krankheitserreger wie etwa ein Bakterium oder ein Virus den Organismus befallen.[3] Für sich genommen sind Episoden von Traurigkeit, Furcht oder Wut wahrscheinlich nicht in der Lage, die depressive Abwärtsspirale des Krankheitsverhalten in Gang zu setzen. Trotzdem bleibt festzuhalten, dass bei jeder negativen Emotion und dem darauf folgenden negativen Gefühl der Organismus in einen Zustand versetzt wird, der ihn aus seinem normalen Funktionsbereich hinausdrängt. Wenn es sich um die Funktion der Furcht handelt, mag dieser Sonderzustand vorteilhaft sein – vorausgesetzt, die Furcht ist gerechtfertigt und nicht das Ergebnis einer falschen Einschätzung der Situation oder das Symptom einer

Phobie. Gerechtfertigte Furcht ist natürlich eine ausgezeichnete Versicherungspolice. Sie hat schon viele Leben gerettet oder verbessert. Doch Wut oder Traurigkeit wirken sich sowohl persönlich als auch sozial weniger positiv aus. Gewiss, berechtigte Wut kann Ungerechtigkeiten mancherlei Art verhindern und als Verteidigungswaffe dienen, wie es heute noch bei wilden Tieren der Fall ist. Doch in vielen sozialen und politischen Situationen ist Wut ein gutes Beispiel für eine Emotion, deren homöostatischer Wert abnimmt. Das Gleiche ließe sich für Traurigkeit sagen – den Versuch, mit ein paar Tränen um Trost und Hilfe zu werben. Trotzdem kann Traurigkeit unter manchen Umständen auch ein wertvoller Schutz sein, hilft sie uns doch, persönliche Verluste zu bewältigen. Auf lange Sicht erweist sie sich jedoch als schädlich und kann eine Art Krebs der Seele hervorrufen.

Gefühle sind also mentale Sensoren für den inneren Zustand des Organismus, Fühler, die das Leben im Fluge erfassen. Sie können auch unsere Wächter sein. Sie informieren unser vergängliches und begrenztes Bewusstsein über den gegenwärtigen Zustand des Lebens im Organismus zu einem bestimmten Zeitpunkt. Gefühle sind mentale Manifestationen von Gleichgewicht und Harmonie, von Dissonanz und Missklang. Dabei geht es nicht notwendigerweise um Harmonie oder Missklang von Objekten oder Ereignissen draußen in der Welt, sondern um Harmonie oder Missklang in den Tiefen des lebendigen Fleisches. Freude, Traurigkeit und andere Gefühle sind im Wesentlichen Vorstellungen vom Körper und seinen Bestrebungen, einen Zustand optimalen Überlebens zu erreichen. Freude und Traurigkeit sind geistige Offenbarungen des Status quo von Lebensprozessen – außer in den Fällen, in denen Drogen oder Depressionen die Verlässlichkeit dieser Offenbarungen untergraben (obwohl sich die Auffassung vertreten lässt, die Krankheit, die von der Depression offenbart wird, vermittle ein durchaus verlässliches Bild vom wahren Lebenszustand).

Wie faszinierend, dass Gefühle vom Zustand des Lebens in den Tiefen unseres Organismus zeugen! Wenn wir versuchen, der Evolution auf die Spur zu kommen und die Ursprünge von Gefühlen zu entdecken, stellt sich die Frage, ob sich Gefühle in der Entwicklungsgeschichte als charakteristisches Merkmal komplexer Lebewesen durchgesetzt haben, weil sie im Geist von den Lebensprozessen Zeugnis ablegen.

Gefühle und soziales Verhalten

Es gibt eine wachsende Zahl von Untersuchungsergebnissen, die darauf schließen lassen, dass Gefühle zusammen mit Trieben und Emotionen, von denen sie meist verursacht werden, eine entscheidende Rolle für das Sozialverhalten spielen. In zahlreichen Studien, die in den letzten zwanzig Jahren publiziert wurden, haben unser Forschungsteam und andere Arbeitsgruppen gezeigt, das vormals normale Individuen in ihren sozialen Fähigkeiten extrem beeinträchtig sind, wenn sie Schäden in Hirnregionen erleiden, die für die Erzeugung einer bestimmten Klasse von Emotionen und Gefühlen notwendig sind. Ihre Fähigkeit, angemessene Entscheidungen zu treffen, leidet in Situationen, in denen die Ergebnisse ungewiss sind, etwa wenn es darum geht, eine finanzielle Investition vorzunehmen oder eine wichtige Beziehung einzugehen.[4] Gesellschaftliche Bindungen verlieren ihre Geltung. Meist zerbrechen Ehen, verschlechtern sich die Beziehungen zu Eltern und Kindern, gehen Arbeitplätze verloren.

Nach Eintritt der Hirnschädigung sind diese Patienten gewöhnlich nicht in der Lage, die soziale Stellung zu halten, die sie vor der Krankheit gehabt haben, und sie verlieren alle ihre finanzielle Unabhängigkeit. In der Regel werden sie nicht gewalttätig, und ihr Fehlverhalten führt normalerweise nicht zu Gesetzesübertretungen. Trotzdem sind sie in ihrer Lebensführung erheblich beeinträchtigt. Es ist offenkundig, dass sie, wenn sie sich selbst überlassen wären, erhebliche Schwierigkeiten hätten, unbeschadet zu überleben.

Der typische Patient mit diesem Leiden war ein hart arbeitender, erfolgreicher Mensch, der einen qualifizierten Beruf ausübte und gut verdiente, bis die Krankheit ausbrach. Mehrere der Patienten, die wir untersucht haben, waren sozial engagiert und galten als geachtete Mitglieder ihres gesellschaftlichen Umfelds. Nach der präfrontalen Schädigung kam es zu einem tief greifenden Persönlichkeitswandel. Der Patient verfügte zwar noch über genügend Fähigkeiten, um seinem Beruf nachgehen zu können, erschien aber nicht mehr regelmäßig am Arbeitsplatz und führte auch nicht immer alle Aufgaben aus, die erforderlich waren, um ein Ziel zu erreichen. Die Fähigkeit, Tätigkeiten zu planen, war kurzfristig wie langfristig beeinträchtigt. Besonders die finanzielle Planung litt darunter.

Soziales Verhalten ist ein besonders schwieriges Gebiet. Solche Patienten haben Probleme zu entscheiden, wer vertrauenswürdig ist und ihr zukünftiges Verhalten entsprechend abzustimmen. Außerdem fehlt diesen Patienten das Gespür für sozial angemessenes Verhalten. Sie setzen sich über gesellschaftliche Konventionen hinweg und verletzen gelegentlich moralische Regeln.

Ihren Ehepartnern fällt ein Mangel an Empathie auf, an Einfühlungsvermögen. Die Frau eines unserer Patienten bemerkte, dass ihr Mann, der vormals besorgt und liebevoll reagiert hatte, wenn sie aufgeregt war, sich jetzt in ähnlichen Situationen gleichgültig verhielt. Patienten, die sich vor der Krankheit für soziale Projekte in ihren Gemeinden eingesetzt und Freunden und Angehörigen immer mit Rat und Tat zur Seite gestanden hatten, ließen plötzlich jegliche Hilfsbereitschaft vermissen. In praktischen Fragen büßen sie ihre Unabhängigkeit ein.

Wenn wir uns fragen, warum es zu dieser tragischen Situation kommt, entdecken wir eine Anzahl interessanter Ant-

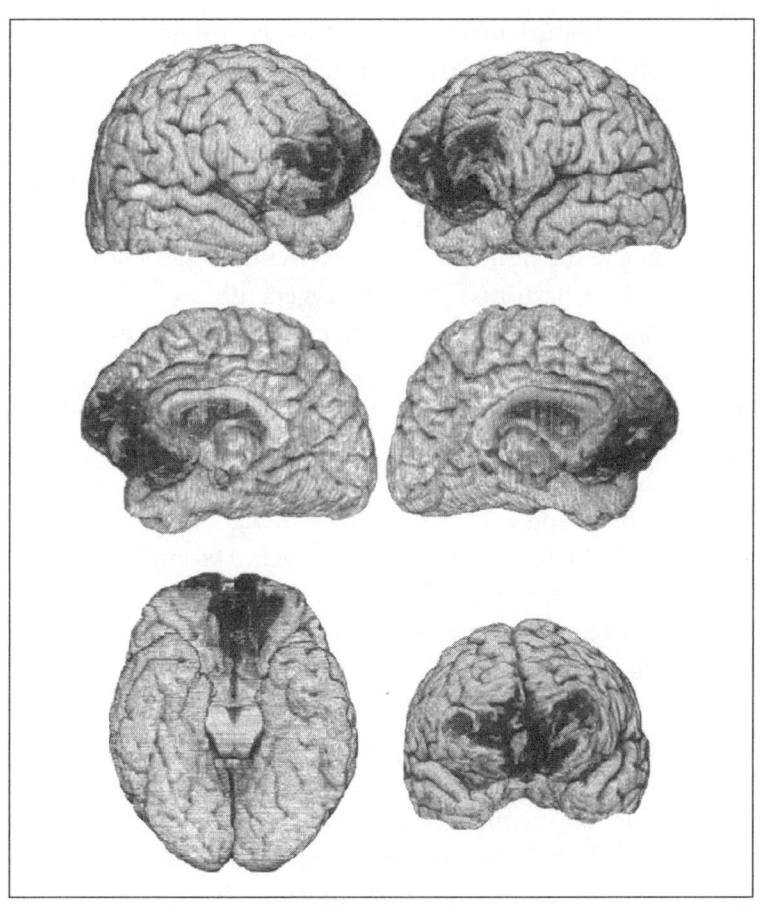

Abbildung 4.1. Muster präfrontaler Schädigung an einem erwachsenen Patienten in einer dreidimensionalen Rekonstruktion seines Gehirns durch Kernspintomographie. Die Schädigung ist schwarz eingefärbt und leicht vom Rest des intakten Gehirns zu unterscheiden. Die beiden oberen Bilder zeigen das Gehirn aus der Sicht der rechten und der linken Hemisphäre. Die mittleren beiden Bilder stellen die rechte und die linke Hemisphäre (das linke beziehungsweise das rechte mittlere Bild) aus der medialen (inneren) Perspektive dar. Die unteren Bilder zeigen die Läsion von unten (links), wobei erkennbar wird, wie ausgedehnt die Schädigung der Orbitalregion des Frontallappens ist, und von vorne (rechts), wobei die extensive Schädigung des Frontalpols sichtbar wird.

worten. Die unmittelbare Ursache für das Problem ist die Verletzung in einer bestimmten Hirnregion. In den schlimmsten und aufschlussreichsten Fällen, in denen Störungen des Sozialverhaltens das klinische Bild beherrschen, liegt eine Schädigung bestimmter Regionen des Frontallappens vor. Der präfrontale Abschnitt, besonders der Teil, der als ventromedial bezeichnet wird, ist in den meisten, wenn auch nicht in allen diesen Fällen betroffen. Schädigungen, die auf die linken, lateralen Abschnitte des Frontallappens beschränkt sind, rufen in der Regel keine solchen Verhaltensprobleme hervor (obwohl mir mindestens eine Ausnahme bekannt ist); dagegen können Schädigungen, die sich auf den rechten lateralen Sektor beschränken, solche Verhaltensstörungen verursachen.[5] (Abbildung 4.1) Auch Schädigungen in einigen anderen Hirnregionen, nämlich im parietalen Abschnitt der rechten Hemisphäre, verursachen ein ähnliches Problem, wenn auch nicht ganz so ausschließlich, was bedeutet, dass meist auch andere neurologische Symptome feststellbar sind. Die Patienten mit parietalen Syndromen, die vergleichbare Probleme haben, zeigen in der Regel Lähmungserscheinungen der linken Körperhälfte. Der Unterschied zu Patienten mit einer Schädigung des ventromedialen Sektors des Frontallappens liegt darin, dass deren Probleme auf das seltsame Sozialverhalten beschränkt sind. In jeder anderen Hinsicht wirken sie normal.

Das Verhalten dieser Patienten mit präfrontalen Syndromen trennt jedoch Welten von der Art und Weise, wie sie vor der neurologischen Schädigung handelten. Sie treffen Entscheidungen, die sich nachteilig für sie und ihre Angehörigen und Freunde auswirken. Dabei scheinen die Patienten geistig unbeeinträchtigt zu sein. Sie sprechen normal, bewegen sich normal und haben keine Probleme mit der visuellen oder akustischen Wahrnehmung. Wenn sie sich unterhalten, lassen sie sich nicht ablenken. Dinge und Fakten, mit denen sie in Berührung kommen, lernen und behalten sie, sie erinnern sich an die Konventionen und Regeln, gegen die sie jeden Tag verstoßen, und sie begreifen sogar, dass sie das getan haben, wenn man sie darauf hinweist. Sie sind im engeren Sinn intelligent, das heißt, sie können in Intelligenztests hohe Werte erzielen. Und sie sind in der Lage, Probleme zu lösen.

Lange Zeit hat man versucht, die beeinträchtigte Entscheidungsfähigkeit dieser Patienten durch kognitive Mängel zu erklären. Man dachte, sie könnten die Dinge, die man wissen muss, um sich angemessen zu verhalten, nicht länger lernen oder erinnern. Oder sie hätten Schwierigkeiten, die vorliegenden Informationen intelligent zu sichten. Vielleicht läge ihre Schwierigkeit auch einfach darin, dass sie all jene Umstände eines Problems, die berücksichtigt werden müssten, um eine angemessene Lösung zu finden, nicht lang genug parat halten konnten (dieses »Parat-Halten« wird als »Arbeitsgedächtnis« beschrieben).[6] Keine dieser Erklärungen ist jedoch zufrieden stellend. Das Hauptproblem der meisten dieser Patienten liegt in keiner dieser angeblich beeinträchtigten Fähigkeiten. Es ist äußerst befremdlich, wenn man hört, wie sich einer dieser Patienten im Labor intelligent über ein hypothetisches soziales Problem äußert, das man ihm im Rahmen einer Testaufgabe vorgelegt hat, und es erfolgreich löst. Unter Umständen handelt es sich um ein Problem von genau jener Art, an welcher der Patient gerade im realen Leben gescheitert ist. Diese Patienten offenbaren umfangreiche Kenntnisse genau jener sozialen Situationen, von denen sie in der Wirklichkeit so hoffnungslos überfordert sind. Sie kennen die Voraussetzungen des Problems, die Handlungsoptionen, die wahrscheinlichen unmittelbaren und langfristigen Konsequenzen dieser Handlungen und wissen, wie sie logisch mit diesen Kenntnissen umzugehen haben.[7] Doch all das nützt ihnen gar nichts, wenn sie es in der realen Welt am nötigsten brauchen.

Im Inneren eines Entscheidungsmechanismus

Als ich diese Patienten untersuchte, begann ich die Möglichkeit in Erwägung zu ziehen, dass der Defekt in ihren Entscheidungen möglicherweise nicht in erster Linie mit einem kognitiven Problem zu tun habe, sondern mit ihren Emotionen und Gefühlen. Zwei Faktoren sprachen für diese Hypothese. Erstens ließ sich das Problem nicht mit offenkundigen Beeinträchtigungen der kognitiven Funktionen erklären. Zweitens, und noch wichtiger, war mir aufgefallen, welche Armut sozialer Emotionen die Patienten zeigten. Besonders verblüfft war ich von dem Umstand, dass Emotionen wie Verlegenheit, Mitleid und Schuldgefühle nur schwach oder gar nicht ausgeprägt zu sein schienen. Ich war trauriger oder beschämter über die persönlichen Geschichten, die mir einige der Patienten erzählten, als diese es selbst zu sein schienen.[8]

So kam ich auf die Idee, die Entscheidungsmängel dieser Patienten, ihre Schwächen in der Lebensführung, könnten auf eine Schädigung der emotionsbezogenen Signalübertragung zurückzuführen sein. Wenn sich ein solcher Patient mit einer bestimmten Situation konfrontiert sieht – ihren Handlungsoptionen und der mentalen Vorwegnahme möglicher Handlungsergebnisse –, gelingt es ihm nicht, so meine These, ihr emotionales Gedächtnis zu aktivieren, das ihm helfen könnte, vorteilhafter zwischen konkurrierenden Optionen zu wählen. Der Patient kann die emotionsbezogenen Erfahrungen nicht nutzen, die er im Laufe seines Lebens gesammelt hat. Entscheidungen, die unter diesen emotionsarmen Umständen getroffen werden, führen zu unberechenbaren oder ausgesprochen nachteiligen Ergebnissen – vor allem hinsichtlich zukünftiger Folgen. Sehr deutlich zeigen sich diese Beeinträchtigungen in Situationen, in denen sich widersprüchliche Optionen und ungewisse Ergebnisse abzeichnen. Einen Beruf zu wählen, sich zur Heirat zu entschließen oder eine Firma zu gründen – das sind Beispiele für Entscheidungen, deren Ergebnisse ungewiss sind, egal, wie sorgfältig man seine Entscheidung reflektiert. In der Regel muss man sich zwischen konkurrierenden Optionen entscheiden, und in solchen Situationen erweisen sich Emotionen und Gefühle als ausgesprochen hilfreich.

Welche Rolle können Emotionen und Gefühle bei der Entscheidungsfindung spielen? Die Antwort lautet, dass es viele Möglichkeiten gibt – offenkundige und weniger offenkundige, praktische und weniger praktische –, die jedoch alle dazu beitragen, dass Emotionen und Gefühle am Entscheidungsprozess nicht einfach nur mitwirken, sondern unentbehrlich für ihn sind. Bedenken sie beispielsweise, dass mit wachsender persönlicher Erfahrung verschiedene Kategorien von sozialen Situationen gebildet werden. Zu dem Wissen, das wir im Zusammenhang mit diesen Lebenserfahrungen speichern, gehören:

1. die Fakten des betreffenden Problems;
2. die Optionen, die wir zu seiner Lösung gewählt haben;
3. das tatsächliche Ergebnis dieser Lösung und, besonders wichtig;
4. das emotionale und gefühlsmäßige Ergebnis der Lösung.

Hat beispielsweise das unmittelbare Ergebnis der gewählten Handlungsweise Bestrafung oder Belohnung gebracht? Mit anderen Worten, war es begleitet von Emotionen und Gefühlen des Schmerzes oder der Lust, der Traurigkeit oder der Freude, der Scham oder des Stolzes? Nicht weniger wichtig, war das *langfristige Ergebnis* der Handlungen eine Bestrafung oder eine Belohnung, ganz unabhängig davon, wie positiv oder negativ das unmittelbare Resultat aussah? Wie haben sich die Dinge langfristig entwickelt? Gab es später negative oder positive Konsequenzen, die aus der betreffenden Handlungsweise erwuchsen? Hat die Auflösung oder

der Beginn einer bestimmten Beziehung, um einen typischen Fall zu nehmen, zu Vorteilen oder in die Katastrophe geführt?

Die Bedeutung der langfristigen Ergebnisse rückt eine charakteristische Eigenschaft menschlichen Handelns in den Blick. Eines der wichtigsten Merkmale zivilisierten menschlichen Verhaltens ist der Blick auf die Zukunft. Unser Gepäck an gesammeltem Wissen und unsere Fähigkeit, Vergangenheit und Gegenwart zu vergleichen, eröffnet uns die Möglichkeit, uns um unsere Zukunft zu »kümmern«, sie vorherzusagen, sie in simulierter Form zu antizipieren, sie so vorteilhaft wie möglich zu beeinflussen. Wir verzichten auf unmittelbare Befriedigung und augenblicklichen Lustgewinn zugunsten einer besseren Zukunft. Aus dem gleichen Grund bringen wir Opfer in der Gegenwart.

Wie oben geschildert, wird jedes Erlebnis in unserem Leben von einem gewissen Maß an Emotion begleitet, was bei wichtigen sozialen und persönlichen Problemen besonders deutlich erkennbar wird. Ob die Emotion als Reaktion auf einen evolutionär angelegten Reiz auftritt, etwa beim Mitleidgefühl, oder auf einen erlernten Reiz, wie im Falle der Vorsicht, die wir durch Assoziation mit einem primären Furchtreiz erworben haben, spielt dabei keine Rolle: positive oder negative Emotionen und ihre nachfolgenden Gefühle werden zu unvermeidlichen Begleiterscheinungen unserer sozialen Erfahrung.

Ich denke, dass wir im Laufe der Zeit lernen, auf die Komponenten einer sozialen Situation viel kompetenter als nur mit dem Repertoire an angeborenen sozialen Emotionen zu reagieren. Unter dem Einfluss der sozialen Emotionen (von Mitgefühl und Scham bis hin zu Stolz und Empörung) und der Emotionen, die durch Bestrafung und Belohnung hervorgerufen werden (Varianten von Traurigkeit und Freude), kategorisieren wir allmählich die Situationen, die wir erleben – nach der Struktur der Szenarien, ihren Elementen und ihrer Bedeutung in Hinblick auf unsere persönliche Geschichte.

Außerdem verbinden wir diese so gebildeten begrifflichen Kategorien – mental und auf der entsprechenden neuronalen Ebene – mit den Gehirnmechanismen, die für die Auslösung von Emotionen verantwortlich sind. Beispielsweise werden verschiedene Handlungsoptionen und verschiedene zukünftige Ergebnisse mit verschiedenen Emotionen/Gefühlen assoziiert. Wenn kraft dieser Assoziationen eine Situation, die in das Profil einer bestimmten Kategorie passt, aus dem Schatz unserer Erfahrung abgerufen wird, reagieren wir rasch und automatisch mit den entsprechenden Emotionen.

Neuronal betrachtet arbeitet dieser Mechanismus folgendermaßen: Wenn Schaltkreise im hinteren sensorischen Kortex und in temporalen und parietalen Regionen eine Situation verarbeiten, die zu einer bestimmten Kategorie gehört, werden die Schaltkreise aktiviert, welche die diese Kategorien betreffenden Aufzeichnungen enthalten. Anschließend erfolgt die Aktivierung der Regionen, die entsprechende emotionale Signale auslösen, beispielsweise die ventromedialen präfrontalen Kortexareale, und zwar dank einer erworbenen Verknüpfung zwischen dieser Ereigniskategorie und früheren Emotions-Gefühls-Reaktionen. Diese Organisation erlaubt uns, Kategorien sozialen Wissens – teils erworben, teils durch individuelle Erfahrung modifiziert – mit dem angeborenen, genetisch angelegten Apparat der sozialen Emotionen und ihren nachfolgenden Gefühlen zu verbinden. Unter diesen Emotionen/Gefühlen messe ich denen besondere Bedeutung bei, die mit künftigen Handlungsergebnissen verknüpft sind, weil sie die Zukunft vorhersagen und die Konsequenzen unserer Handlungen antizipieren. Das ist übrigens ein schönes Beispiel dafür, wie die Natur Komplexität erzeugt, wie sie durch die Verbindung der richtigen Elemente mehr erschafft als deren bloße Summe. Emotionen und Gefühle besitzen keine Kristallkugel, in der sie die Zukunft erkennen können. Im richtigen Kontext abgerufen werden sie jedoch zu Vorboten, die ankündigen, was sich in der nahen oder fernen

Zukunft als gut oder schlecht erweisen könnte. Das Auftreten solcher antizipatorischen Emotionen/Gefühle kann partiell oder vollständig, offen oder verdeckt erfolgen.

Was der Mechanismus leistet

Die Wiederkehr eines emotionalen Signals erfüllt eine Reihe wichtiger Aufgaben. Verdeckt oder offen lenkt es die Aufmerksamkeit auf bestimmte Aspekte eines Problems und verbessert auf diese Weise die Qualität der Entscheidungsfindung. Erfolgt das Signal offen, ruft es automatische Alarmsignale bezüglich solcher Handlungsoptionen hervor, die negative Folgen haben könnten. Ein »Bauchgefühl« kann Ihnen sagen, das Sie von einer bestimmten Entscheidung lieber Abstand nehmen sollten, weil sie in der Vergangenheit negative Konsequenzen nach sich gezogen hat. Und das kann geschehen, bevor Sie mit Ihren bewussten Überlegungen zu diesem »Lass es sein!« gelangt sind. Ein solches emotionales Signal kann auch das Gegenteil eines Warnsignals produzieren und Sie zur raschen Entscheidung für eine bestimmte Option veranlassen, weil diese in der Geschichte des Systems mit einem positiven Ergebnis assoziiert wurde. Kurzum, das Signal *markiert* Optionen und Ergebnis mit einem positiven oder negativen Signal, das den Entscheidungsraum einengt und die Wahrscheinlichkeit erhöht, dass die Handlung mit früheren Erfahrungen übereinstimmen wird. Da die Signale in der einen oder anderen Weise körperbezogen sind, bezeichnete ich diese Thesen als die »Hypothese der somatischen Marker«.

Das emotionale Signal ist kein Ersatz für rationale Überlegungen. Es übernimmt nur eine Hilfsfunktion, indem es die Effizienz des Entscheidungsprozesses erhöht und ihn beschleunigt. Doch gelegentlich kann es diesen auch überflüssig machen, etwa wenn wir sofort eine Option verwerfen, die mit

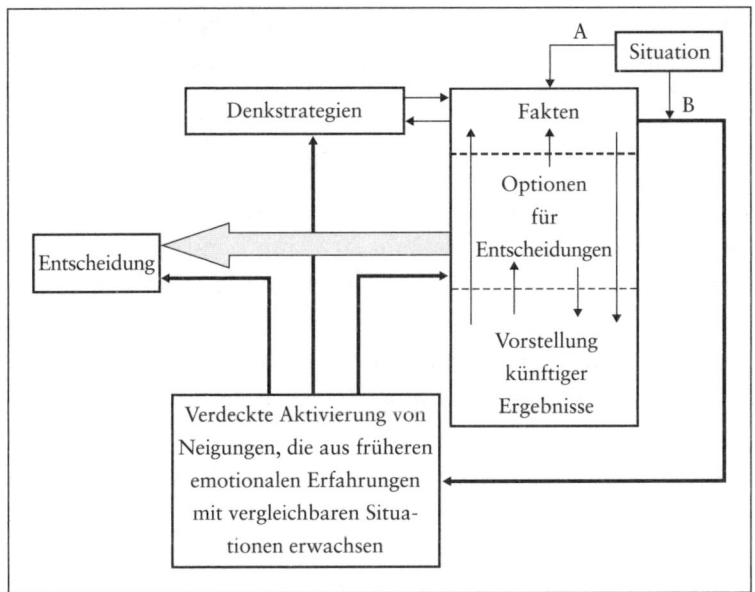

Abbildung 4.2: Die normale Entscheidungsfindung bedient sich zweier einander ergänzender Wege. Sind wir mit einer Situation konfrontiert, die eine Reaktion verlangt, löst Weg A Vorstellungen aus, welche die Situation, die Handlungsoptionen und die Vorwegnahme künftiger Ergebnisse betreffen. Denkstrategien können mit diesem Wissen arbeiten, um eine Entscheidung herbeizuführen. Weg B verläuft parallel und löst die Aktivierung früherer emotionaler Erfahrungen in vergleichbaren Situationen aus. Der Abruf emotional verwandter Gedächtnisinhalte beeinflusst seinerseits – offen oder verdeckt – den Entscheidungsprozess, indem er die Aufmerksamkeit auf die Vorstellung der Ergebnisse künftiger Handlungen lenkt oder in die Denkstrategien eingreift. Manchmal kann Weg B auch direkt zu einer Entscheidung führen, etwa wenn ein »Bauchgefühl« eine unmittelbare Reaktion veranlasst. In welchem Umfang die Wege allein oder zusammen benutzt werden, hängt von der individuellen Situation des Individuums ab, der Situation und den Umständen. Die faszinierenden Entscheidungsmuster, die Daniel Kahnemann und Amos Tverky in den 1970er Jahren beschrieben haben, sind wahrscheinlich größtenteils auf die Verwendung von Weg B zurückzuführen.

Sicherheit in die Katastrophe führen würde, oder wenn wir augenblicklich eine Chance ergreifen, für die eine hohe Erfolgswahrscheinlichkeit spricht.

In einigen Fällen kann das emotionale Signal sehr stark sein und eine partielle Reaktivierung einer Emotion wie Furcht oder Glück bewirken, an die sich das entsprechende bewusste Gefühl dieser Emotion anschließt. Dann handelt es sich, wie ich vermute, um den Mechanismus eines »Bauchgefühls«, das sich einer so genannten Körperschleife bedient, wie ich sie genannt habe. Dem emotionalen Signal stehen jedoch auch diskretere Wirkungsweisen zur Verfügung, die den emotionalen Signalen wahrscheinlich meistens dazu dienen, ihre Aufgabe zu erfüllen. Erstens ist es möglich, »Bauchgefühle« zu erzeugen, ohne den Körper zu benutzen und stattdessen auf jene Als-ob-Körperschleifen zurückzugreifen, die ich im vorigen Kapitel erörtert habe. Zweitens, und noch wichtiger, das emotionale Signal kann vollkommen unter Ausschluss des Bewusstseins arbeiten. Es kann Veränderungen im Arbeitsgedächtnis, in der Aufmerksamkeit und im Denken hervorrufen, sodass der Entscheidungsprozess dahingehend beeinflusst wird, die Handlungsoption zu wählen, die gemessen an früheren Erfahrungen zum bestmöglichen Ergebnis führt. Unter Umständen wird sich das Individuum dieser verdeckten Operationen nie bewusst. Unter diesen Bedingungen entscheiden wir uns intuitiv für eine Möglichkeit und führen sie rasch und effizient aus, ohne uns über die Zwischenschritte klar zu werden.

Unser Forschungsteam und andere Arbeitsgruppen haben eine Fülle von Ergebnissen zusammengetragen, die entschieden für die Existenz eines solchen Mechanismus sprechen.[9] Die Körperbezogenheit dieses Vorgangs ist im uralten Wissen der Menschheit niedergelegt. Die Ahnungen, die unser Verhalten in eine für uns vorteilhafte Richtung lenken, werden häufig dem Bauch oder dem Herzen zugeschrieben – etwa in der Formulierung »In seinem Herzen wusste er, was zu tun war«. Das portugiesische Wort für Ahnung ist übrigens *pal-*

pite, nahe verwandt mit »Palpitation«, einem Wort, das Pulsschlag oder Herzklopfen bedeutet.

Obwohl sie nicht gerade zum philosophischen Mainstream gehört, hat die Idee, dass Emotionen ihre eigene Rationalität besitzen, eine lange Geschichte. Sowohl Aristoteles wie Spinoza waren offenkundig der Auffassung, dass zumindest einige Emotionen unter den richtigen Bedingungen rational seien. In gewisser Weise wurde diese Meinung von David Hume und Adam Smith geteilt. Auch die zeitgenössischen Philosophen Ronald de Sousa und Martha Nussbaum haben überzeugende Argumente für die Rationalität der Emotionen gefunden. In diesem Zusammenhang bedeutet der Begriff rational nicht explizites logisches Denken, sondern eine Assoziation mit Handlungen oder Ergebnissen, die dem Organismus zuträglich sind. Die erinnerten emotionalen Signale sind an sich nicht rational, aber sie fördern Ergebnisse, die auch ein rationales Vorgehen hätte hervorbringen können. Vielleicht sollte man diese Eigenschaft der Emotionen lieber als vernünftig bezeichnen, wie es Stefan Heck vorgeschlagen hat.[10]

Der Ausfall eines normalen Mechanismus

Wie ruft eine Hirnschädigung bei zuvor normalen Erwachsenen die bereits beschriebenen Störungen des Sozialverhaltens hervor? Die Läsion verursacht zwei einander ergänzende Beeinträchtigungen. Sie zerstört die Region, die die Emotionen auslöst, das heißt, die Region, von der normalerweise die Befehle für den Abruf sozialer Emotionen ausgehen; *und* sie zerstört die unmittelbar benachbarte Region, die das Substrat bildet für die erworbene Assoziation zwischen bestimmten Kategorien von Situationen und der Emotion, die eine ideale Handlungsanleitung hinsichtlich künftiger Konsequenzen darstellt. Das Repertoire der automatischen sozialen Emotionen, das wir geerbt haben, kann nicht länger auf die natürlichen kompetenten Reize reagieren, genauso wenig wie die Emotionen, die wir im Zuge unserer individuellen Erfahrungen mit bestimmten Situationen zu verknüpfen gelernt haben. Auch die Gefühle, die durch alle diese Emotionen hervorgerufen werden, sind beeinträchtigt. Die Schwere der Verhaltensdefekte ist von Patient zu Patient unterschiedlich. Doch in jedem Falle verliert der Patient die Fähigkeit, auf verlässliche Weise mit Emotionen und Gefühlen zu reagieren, die auf spezifische Kategorien sozialer Situationen abgestimmt sind.

Die Verwendung kooperativer Verhaltensstrategien scheint bei Patienten blockiert zu sein, die unter einer Schädigung in Gehirnregionen wie dem ventromedialen Stirnlappen leiden. Sie bringen keine sozialen Emotionen zum Ausdruck, und ihr Verhalten nimmt keine Rücksicht mehr auf gesellschaftliche Normen. Ihre Leistung in Aufgaben, die soziales Wissen erfordern, ist ungewöhnlich schlecht.[11] Außerdem aktiviert die Verwendung kooperativer Strategien bei normalen Individuen die ventromedialen Frontalregionen, wie funktionale Bildgebungsstudien zeigen, in denen man die Versuchspersonen aufgefordert hat, das so genannte Gefangenendilemma zu lösen, eine experimentelle Aufgabe, in der sich Mitwirkende von Abtrünnigen trennen lassen. Kürzlich zeigte sich in einer Studie, dass Kooperationsbereitschaft auch zur Aktivierung von Regionen führte, die an der Freisetzung von Dopamin und an Lustverhalten beteiligt sind, woraus folgt, dass die Tugend ihren Lohn in sich selbst trägt.[12]

Bedenkt man die Situation unserer Patienten, bei denen die Schädigung erst im Erwachsenenalter einsetzte, neigt man zu der Vorhersage, all ihr intaktes »soziales Wissen« und die vielen Erfahrungen mit sozialen Problemlösungen vor Beginn der Erkrankung müssten ausreichen, um ein normales Sozialverhalten zu garantieren. Doch das stimmt einfach nicht. Auf die eine oder andere Weise ist das faktische Wissen über Sozialverhalten auf den Apparat der Emotionen und Gefühle angewiesen, um normal genutzt werden zu können.

Der Zukunftsblindheit, die durch präfrontale Schädigung hervorgerufen wird, entspricht die Verfassung, in die alle Menschen geraten, die ihre normalen Gefühle ständig durch Drogenkonsum oder übermäßigen Alkoholgenuss verändern. Die resultierenden Kartierungen der Lebensvorgänge weisen systematische Fehler auf und geben an Gehirn und Geist ständig Fehlinformationen über den tatsächlichen Körperzustand weiter. Man könnte meinen, diese Verzerrungen hätten ihre Vorteile. Was ist falsch daran, sich toll zu fühlen und glücklich zu sein? Nun, daran scheint mir eine ganze Menge falsch zu sein, wenn das Wohl- und Glücksgefühl beträchtlich und ständig von dem abweicht, was der Körper normalerweise an das Gehirn berichten würde. Tatsächlich leiden die Entscheidungsprozesse bei Suchtkranken in erheblichem Maße, sodass sie für sich und ihre Angehörigen immer nachteiligere Entscheidungen fällen. Die Formulierung »zukunftsblind« beschreibt diese missliche Lage sehr treffend. Wird nichts dagegen unternommen, führt sie unvermeidlich zum Verlust der sozialen Unabhängigkeit.

Es ließe sich vorbringen, im Falle der Sucht könne die Beeinträchtigung der Entscheidungsfähigkeit auch darauf zurückzuführen sein, dass die Drogen direkt auf die neuronalen Systeme einwirken, in denen kognitive Fähigkeiten im Allgemeinen angelegt sind und nicht Gefühle im Besonderen, doch halte ich diese Erklärung für ziemlich oberflächlich. Ohne geeignete Hilfe verschwindet das Wohlgefühl von Süchtigen fast vollständig, abgesehen von den Phasen, in denen die Drogen immer kürzere und kürzere Episoden der Lust hervorrufen. Ich nehme an, die Abwärtsspirale im Leben von Suchtkranken beginnt mit einer Verzerrung der Gefühle und der dadurch bedingten Beeinträchtigung der Entscheidungsprozesse, obwohl die körperlichen Schäden, die durch chronischen Drogenkonsum bedingt sind, schließlich Krankheiten verursachen und häufig zum Tode führen.

Die Ergebnisse und Interpretationen, die wir erwachsenen Patienten mit Schädigungen der Frontallappen verdanken, gewinnen besondere Bedeutung, wenn man sie im Lichte neuerer Erkenntnisse betrachtet, die man aus der Beschreibung junger Erwachsener mit frontalen Läsionen gewinnt. Dabei handelt es sich um Patienten von kaum zwanzig Jahren, die entsprechende Schädigungen schon früh in ihrem Leben und nicht erst im späten Erwachsenenalter erlitten haben.[13] Wie meine Kollegen Steven Anderson und Hanna Damasio festgestellt haben, weisen diese Patienten viele Ähnlichkeiten zu Patienten auf, die diese Läsionen erst als Erwachsene erlitten. Wie diese zeigen auch die jungen Patienten kaum Mitgefühl, Verlegenheit oder Schuld. Sie scheinen diese Emotionen und die entsprechenden Gefühle nie gehabt zu haben. Doch es gibt auch interessante Unterschiede. Patienten, deren Hirnschädigung in den ersten fünf Lebensjahren aufgetreten war, leiden unter einer weit stärkeren Beeinträchtigung ihres Sozialverhaltens. Wichtiger noch, sie scheinen die Konventionen und Regeln, über die sie sich hinwegsetzen, nie gelernt zu haben. Betrachten wir ein Beispiel.

Die erste Patientin dieser Art, die wir untersuchten, war zwanzig, als wir sie kennen lernten. Ihre Familie lebte in sorgenfreien und gesicherten Verhältnissen; in der Krankengeschichte ihrer Eltern gab es keine neurologischen oder psychiatrischen Leiden. Die Kopfverletzung zog sie sich zu, als sie im Alter von fünfzehn Monaten von einem Auto angefahren wurde, sich von dem Unfall jedoch innerhalb weniger Tage erholte. Bis zum Alter von drei Jahren wurden keine Verhaltensauffälligkeiten beobachtet, dann bemerkten ihre Eltern, dass sie nicht auf verbale und körperliche Strafen reagierte. Dadurch unterschied sich ihr Verhalten erheblich von dem ihrer Geschwister, die zu normalen Jugendlichen und jungen Erwachsenen heranwuchsen. Mit vierzehn war sie in ihrem Verhalten so auffällig, dass die Eltern sie in ein Heim einweisen ließen, das erste von vielen, die noch folgen sollten. Sie war nicht schlecht in der Schule, aber vernachlässigte ihre Aufgaben ständig. Ihre Jugend war geprägt von kontinuierlichen Regelverletzungen und häufigen Konflikten mit Gleichaltrigen und Erwachsenen. Sie neigte zu verbalen und körperlichen Übergriffen. Ständig sagte sie die Unwahrheit. Mehrfach wurde sie wegen Ladendiebstahls verhaftet, bestahl andere Kinder und die eigene Familie. Ihr Sexualverhalten war frühreif und gefährlich, was zur Folge hatte, dass sie mit achtzehn schwanger wurde. Nach der Geburt zeigte sie sich gleichgültig gegenüber den Bedürfnissen des Kindes. Sie verlor jede Arbeit, weil sie unzuverlässig war und gegen die betrieblichen Regeln verstieß. Nie äußerte sie Schuldgefühle oder Reue wegen ihres unangemessenen Verhaltens und war ohne jedes Mitgefühl für andere. Stets machte sie andere für ihre Probleme verantwortlich. Verhaltenstherapie und Psychopharmaka erwiesen sich als erfolglos. Nachdem sie sich wiederholt in körperliche und finanzielle Gefahren gebracht hatte, kam sie in die Obhut ihrer Eltern und der Sozialbehörden, die sie finanziell unterstützten und sich um ihre persönlichen Angelegenheiten kümmerten. Sie hatte keine Pläne für die Zukunft und kein Interesse an einer geregelten Arbeit.

Bei dieser jungen Frau war nie eine Hirnschädigung diagnostiziert worden. Der frühe Unfall war praktisch in Vergessenheit geraten. Doch schließlich fragten sich ihre Eltern doch, ob da möglicherweise ein Zusammenhang bestehe, und wandten sich an uns. Als wir eine Kernspintomographie ihres Gehirns vornahmen, fanden wir, wie erwartet, eine Hirnschädigung, wie wir sie von erwachsenen präfrontalen Patienten kannten. Bei allen Patienten mit ähnlichen Schädigungen, die wir untersucht hatten, war diese Verknüpfung von abnormen Sozialverhalten und präfrontaler Schädigung zu beobachten gewesen. Unser Team entwickelt Rehabilitationsprogramme für solche Patienten.

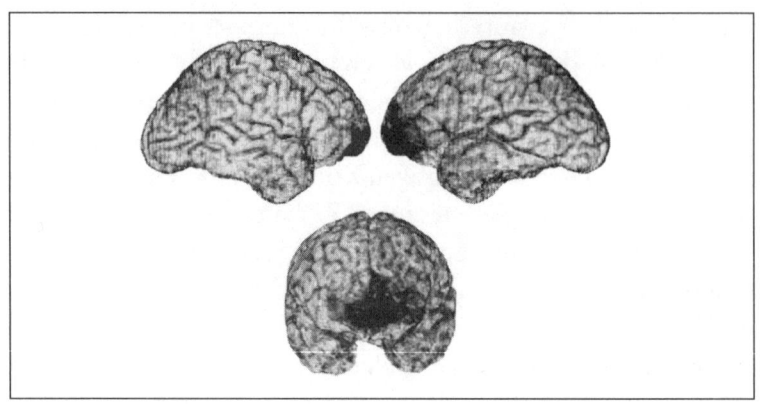

Abbildung 4.3: Dreidimensionale Rekonstruktion des Gehirns einer jungen Erwachsenen, die sich früh in ihrem Leben eine Schädigung ihrer präfrontalen Region zuzog. Wie in dem Fall, der in Abbildung 4.1 gezeigt ist, beruht die Rekonstruktion auf den Daten einer Kernspintomographie. Beachten Sie die Ähnlichkeit zu den geschädigten Bereichen des erwachsenen Patienten.

Damit soll nicht behauptet werden, dass jede oder jeder Jugendliche mit ähnlichem Verhalten unter einer nicht diagnostizierten Hirnschädigung leidet. Man kann jedoch davon ausgehen, dass bei vielen Menschen mit vergleichbarem Verhalten eine Funktionsstörung des Hirnsystems vorliegt, das bei unseren Patienten geschädigt war. Diese Störung kann auf mikroskopische Beeinträchtigungen der neuronalen Schaltkreise zurückzuführen sein. Allerdings sind bei derartigen Defekten eine Vielzahl von Ursachen denkbar, etwa eine abnorme chemische Signalübertragung oder soziale und erziehungsbedingte Faktoren.

Wenn wir von der hier erläuterten kognitiven und neuronalen Organisation ausgehen, lässt sich leicht nachvollziehen, warum eine nachhaltige Schädigung der präfrontalen Region früh im Leben so verheerende Konsequenzen haben kann. Die ersten Konsequenz ist, dass sich angeborene Emotionen und Gefühle nicht normal entwickeln. Im günstigsten Falle bewirkt das bei jungen Patienten abnorme Interaktionen mit anderen Menschen. In einer Vielzahl sozialer Situationen reagieren sie unangemessen, was wiederum unangemessene Reaktionen anderer Menschen ihnen gegenüber zur Folge hat. Die jungen Patienten gewinnen eine verzerrte Vorstellung von der sozialen Welt. Zweitens eignen sie sich kein Repertoire von emotionalen Reaktionen an, das aus früheren Handlungsstrategien gewonnen wurde. Die Verbindung zwischen einer bestimmten Handlungsweise und ihren emotionalen Konsequenzen lässt sich nämlich nur herstellen, wenn die präfrontale Region unversehrt ist. Die Erfahrung von Schmerzen, die ein Teil der Bestrafung ist, wird von der Handlung abgespalten, welche diese Bestrafung hervorgerufen hat, und daher *gibt es für die Zukunft keine Erinnerung an diesen Zusammenhang*; Entsprechendes gilt für die angenehmen Aspekte der Belohnung. Drittens sind die jungen Patienten in ihrer Fähigkeit beeinträchtigt, individuelles Wissen über die soziale Welt zusammenzutragen. Die Kategorisierung von Situationen, die Kategorisierung von angemessenen und unangemessenen Reaktionen und die Verinnerlichung von Konventionen und Regeln erleiden Verzerrungen.[14]

Was, wenn die Welt…

Es besteht kaum ein Zweifel daran, dass die Unversehrtheit von Emotionen und Gefühlen für das normale Sozialverhalten des Menschen notwendig ist, worunter ich ein Verhalten verstehe, das den moralischen Regeln und Gesetzen einer Gesellschaft entspricht und sich als gerecht beschreiben lässt. Mir schaudert bei der Vorstellung, wie eine Welt – sozial betrachtet – aussähe, in der nicht nur eine kleine Minderheit der Bevölkerung unter den Beeinträchtigungen litte, die wir an Patienten mit frontalen Läsionen im Erwachsenenalter beobachten.

Noch schlimmer ist die Vorstellung, dass ein großer Teil der Bevölkerung aus Patienten bestünde, die diese Schädigung des Frontallappens schon in frühen Jahren erworben haben. Es wäre schlimm genug, wenn solche Patienten in der heutigen Welt ihr Unwesen trieben. Doch man fragt sich, was aus der Welt geworden wäre, wenn die Menschheit schon in ihren frühesten Anfängen mit einer Population geschlagen gewesen wäre, die nicht in der Lage gewesen wäre, auf andere mit Mitgefühl, Bindung, Verlegenheit und anderen sozialen Emotionen zu reagieren, Emotionen, von denen wir wissen, dass sie in einfacher Form auch bei einigen nichtmenschlichen Arten zu finden sind.

Man könnte dieses Gedankenexperiment von vornherein mit der Behauptung abtun, dass eine solche Art schon bald ausgestorben wäre. Doch warten Sie damit bitte noch einen Augenblick, denn genau um diesen Punkt geht es mir. In einer Gesellschaft, in der es keine solchen Emotionen und Gefühle gäbe, unterbleiben die angeborenen sozialen Reaktionen, die ein einfaches ethisches System antizipieren – kein Ansatz von Altruismus, keine Freundlichkeit, wo Freundlichkeit angebracht wäre, keine Zensur, wo sie dringend erforderlich wäre, kein automatisches Empfinden für eigenes Versagen. Ohne die Gefühle solcher Emotionen hätten die Menschen keine Verhandlungen aufgenommen mit dem Ziel, Lösungen für Probleme zu finden, vor denen die Gruppe stand, zum Beispiel für die Suche nach oder die Verteilung von Nahrungsvorräten, für die Verteidigung gegen Gefahren oder für Konflikte unter den Gruppenmitgliedern. Es hätte keine allmähliche Akkumulation von sozialem Wissen stattgefunden über die Beziehungen zwischen sozialen Situationen, natürlichen Reaktionen und einer Fülle von Möglichkeiten wie die Bestrafungen oder Belohnungen, denen man sich aussetzte, indem man dem Impuls zu natürlichen Reaktionen nachgab oder ihn unterdrückte. Unter diesen Umständen ist die Kodifizierung von Regeln, wie sie sich schließlich in Rechtssystemen und soziopolitischen Organisationen manifestiert hat, kaum vorstellbar, selbst

VERLEGENHEIT; SCHAM; SCHULD
EBR: Schwäche/Misserfolg/Normverletzung in der eigenen Person oder im eigenen Verhalten
Konsequenzen: verhindert Strafe durch andere (etwa Ausgrenzung, Hohn); Wiederherstellung des Gleichgewichtes in der eigenen Person, im anderen, in der Gruppe; verschafft sozialen Konventionen und Regeln wieder Geltung
Grundlage: Furcht, Traurigkeit, Unterwerfungstendenzen

VERACHTUNG; ENTRÜSTUNG
EBR: Verletzung von Normen (Sauberkeit, Kooperation) durch andere
Konsequenzen: Bestrafung von Normverletzungen; verschafft sozialen Konventionen und Regeln wieder Geltung
Grundlage: Ekel, Wut

MITGEFÜHL/MITLEID
EBR: Leiden/Bedürftigkeit anderer
Konsequenzen: Trost, Wiederherstellung des Gleichgewichts im anderen und in der Gruppe
Grundlage: Bindung, Traurigkeit

EHRFURCHT/STAUNEN; HOCHSTIMMUNG; DANKBARKEIT; STOLZ
EBR: Anerkennung (anderer oder der eigenen Person) für einen kooperativen Beitrag
Konsequenzen: Belohnung für Kooperation; Verstärkung Kooperativer Tendenzen
Grundlage: Glück

Abbildung 4.4: Einige der wichtigsten sozialen Emotionen sind sowohl positiv als auch negativ. In jeder Gruppe von Emotionen finden wir den emotional besetzten Reiz (EBR), der in der Lage ist, die Emotion auszulösen, die wichtigsten Konsequenzen der Emotion und ihre physiologische Grundlage. Zu einer eingehenderen Erörterung der sozialen Emotionen vgl. die Veröffentlichungen und Arbeiten von Haidt und Shweder.[15]

wenn wir annehmen, dass die Mechanismen des Lernens, Vorstellens und Denkens angesichts so verheerender emotionaler Defekte unbeeinträchtigt bleiben könnten, was höchst unwahrscheinlich wäre. Wäre das natürliche emotionale Navigationssystem mehr oder weniger ausgeschaltet, hätte das Individuum keine Möglichkeit mehr, sich einigermaßen genau auf die reale Welt einzustellen. Außerdem wäre es unwahrscheinlich, dass jemand ein realistisches soziales Navigationssystem entwickeln könnte, wenn er auf das natürliche System verzichten müsste.

Egal, wie wir uns den Ursprung der moralischen Prinzipien vorstellen, die das soziale Leben bestimmen, dieses finstere Szenario würde in jedem Falle zutreffen. Würden die moralischen Prinzipien beispielsweise aus einem Prozess kultureller Verhandlungen erwachsen, die unter dem Einfluss sozialer Emotionen geführt würden, nähmen Menschen mit präfrontaler Schädigung an einem solchen Prozess nicht teil. Sie würden noch nicht einmal den Versuch unternehmen, ein ethisches Normensystem zu entwickeln. Doch das Problem stellt sich genauso, wenn man glaubt, diese Grundsätze seien einer Gruppe von auserwählten Menschen durch religiöse Prophezeiung zuteil geworden. Geht man davon aus, dass die Religion eine der außergewöhnlichsten menschlichen Schöpfungen darstellt, muss man bezweifeln, dass Menschen ohne fundamentale soziale Emotionen und Gefühle überhaupt ein religiöses System geschaffen hätten. Wie wir in Kapitel sieben erörtern werden, könnten religiöse Texte eine Reaktion auf erhebliche Zwänge darstellen – nämlich die bewusste Analyse von Traurigkeit und Freude und die Notwendigkeit, eine Autorität zu schaffen, die in der Lage ist, ethische Normen rechtswirksam zu machen und durchzusetzen. In Abwesenheit normaler Emotionen hätte es wohl an dem Antrieb gefehlt, Religionen zu stiften. Es hätte keine Propheten gegeben und keine Jünger, die beseelt gewesen wären von dem emotionalen Drang, sich einer charismatischen Lichtgestalt in Ehrfurcht und Bewunderung unterzuordnen oder sich einem Wesen zu unterwerfen mit der Macht, Schutz zu gewähren und über Verluste hinwegzutrösten, mit der Fähigkeit, das Unerklärliche zu erklären. Der Gottesbegriff – monotheistisch oder polytheistisch – wäre kaum entstanden.

Nicht besser wäre es um die Dinge bestellt, wenn man den religiösen Prophezeiungen einen übernatürlichen Ursprung zuschreibt und davon ausgeht, der Prophet sei nur ein Sprachrohr der offenbarten Weisheit. Ungeachtet dessen hätten nämlich die ethischen Normen dem heranwachsenden und unschuldigen Kind mit den Mitteln von Belohnung und Strafe eingepflanzt werden müssen, ein Vorgang, der durch eine frühe Schädigung des präfrontalen Kortex ausgeschlossen wäre. Freude und Traurigkeit würden – soweit sie von solchen Individuen überhaupt empfunden werden können – nicht mit jenen Kategorien persönlichen und sozialen Wissens verknüpft, die die fundamentalen Fragen der Ethik definieren. Kurzum, ob man nun die ethischen Prinzipien als naturgegeben ansieht oder als Phänomene religiösen Ursprungs begreift, in jedem Falle müssen wir wohl davon ausgehen, dass sich die Beeinträchtigung von Emotion und Gefühl in der frühen Entwicklung der Menschheit höchst nachteilig auf die Entstehung ethischen Verhaltens ausgewirkt hätte.

Nimmt man Emotion und Gefühl aus der Vorstellung des Menschen, hat das für die nachfolgende Organisation von Erfahrung eine Verarmung zur Folge. Kommen soziale Emotionen und Gefühle nicht richtig zur Entfaltung und löst sich die Beziehung zwischen sozialen Situationen einerseits und Freude und Traurigkeit anderseits auf, kann das Individuum die Ereignisse, die in seinem autobiographischen Gedächtnis gespeichert sind, nicht kategorisieren, indem es sie mit einem jener Emotions-Gefühls-Marker versieht, die diesen Erfahrungen den Stempel »gut« oder »schlecht« aufdrücken. Das würde verhindern, dass auf einer höheren Ebene die Begriffe von Gut und Böse entwickelt werden können, das heißt die vernünftige kulturelle Konstruktion dessen, was angesichts seiner guten oder schlechten Auswirkungen als gut oder schlecht angesehen werden soll.

Neurobiologie und ethisches Verhalten

Selbst wenn wir annehmen, dass andere geistige Fähigkeiten unbeeinträchtigt geblieben wären, gehe ich davon aus, dass sich in Abwesenheit sozialer Emotionen und nachfolgender Gefühle die Kulturwerkzeuge, die wir ethisches Verhalten, religiöse Überzeugungen, Gesetze, Rechtsprechung und politische Organisation nennen, entweder gar nicht entwickelt hätten oder Konstruktionen geworden wären, die von einem ganz anderen Geist beseelt gewesen wären. Allerdings möchte ich damit nicht behaupten, das Emotionen und Gefühle die alleinige Ursache für die Entstehung dieser Kulturwerkzeuge sind. Erstens gehören zu den neurobiologischen Veranlagungen, die der Entwicklung solcher Werkzeuge förderlich sein dürften, nicht nur Emotionen und Gefühle, sondern auch ein geräumiges persönliches Gedächtnis, das uns erlaubt, eine komplexe Autobiographie zu konstruieren, sowie ein erweitertes Bewusstsein, das eine enge Wechselbeziehung zwischen Gefühlen, Selbst und äußeren Ereignissen gestattet. Zweitens ist eine einfache neurobiologische Erklärung für die Entstehung von Ethik, Religion, Gesetz und Rechtsprechung kaum haltbar. Wir können zwar davon ausgehen, dass die Neurobiologie ein gewichtiges Wort bei künftigen Erklärungen dieser Art mitzureden hat, doch um solche kulturellen Phänomene umfassend zu verstehen, müssen wir viele andere Faktoren berücksichtigen – Erkenntnisse der Anthropologie, Soziologie, Psychoanalyse und Evolutionspsychologie sowie der Ethik, des Rechts und der Religion. Tatsächlich ist der Weg, der die interessantesten Ergebnisse verspricht, eine neue Forschungsrichtung, die nach einer interdisziplinären Verbindung zwischen allen diesen Wissenschaften *und* der Neurobiologie sucht.[16] Doch ein derartiges Unterfangen hat noch kaum Gestalt angenommen, es würde auf jeden Fall den Rahmen dieses Kapitels sprengen und mich, unvorbereitet wie ich bin, überfordern. Allerdings scheint die Annahme vernünftig zu sein, dass Gefühle bereits eine notwendige Grundlage moralischen Verhaltens waren, lange bevor die Menschheit begann, explizite und intelligente Normen des sozialen Verhaltens aufzustellen. Gefühle dürften bereits auf den evolutionären Stufen nichtmenschlicher Arten aufgetreten sein und eine Rolle bei der Entwicklung automatischer sozialer Emotionen und kognitiver Kooperationsstrategien gespielt haben. Meine Position an der Schnittstelle von Neurobiologie und ethischem Verhalten lässt sich durch folgende Aussagen zusammenfassen:

Ethisches Verhalten ist eine Untergruppe von sozialem Verhalten. Es lässt sich durch eine ganze Reihe wissenschaftlicher Ansätze untersuchen, von der Anthropologie bis zur Neurobiolgie. Zu Letzterer gehören Techniken, die so unterschiedlich sind wie die experimentelle Neuropsychologie (auf der Ebene der Makrosysteme) und die Genetik (auf molekularer Ebene). Die brauchbarsten Ergebnisse werden wir wahrscheinlich mit interdisziplinären Ansätzen erzielen.[17]

Die wesentlichen Merkmale ethischen Verhaltens begegnen uns nicht erst beim Menschen. Beobachtungen an Vögeln (etwa Raben) und Säugetieren (Vampirfledermäusen, Wölfen, Pavianen und Schimpansen) lassen darauf schließen, dass auch andere Arten sich in einer Weise verhalten können, die selbst von unserem anspruchsvollen Auge als ethisch wahrgenommen wird. Diese Tiere zeigen Mitgefühl, Bindung, Verlegenheit, hochfahrenden Stolz und demütige Unterwerfung. Sie können bestimmte Handlungsweisen anderer zensieren und belohnen. Zum Beispiel entdecken Vampirfledermäuse Betrüger unter den Nahrungssammlern in ihrer Gruppe und bestrafen sie. Ähnliches geschieht bei Raben. Besonders überzeugend sind solche Beispiele bei Primaten, wobei diese keineswegs auf unsere nächsten Verwandten, die Menschenaffen, beschränkt sind. Auch Rhesusaffen können sich ihren Artgenossen gegenüber auf scheinbar altruistische Weise verhalten. In einem faszinierenden Experiment, das von Robert Miller durchgeführt und von Marc Hauser in seinem Buch dargestellt worden ist, verzichteten Affen darauf, an einer Kette zu ziehen, die ihnen Nahrung verschaffte, wenn sie damit zugleich bewirkten, dass ein anderer Affe einen elektrischen Schlag erhielt. Auf diese Weise fasteten einige Affen stunden- oder sogar tagelang. Interessanterweise verhielten sich die Tiere am altruistischsten, die das potenzielle Opfer des elektrischen Schlags kannten. Das Mitgefühl regte sich eher bei Bekannten als bei Fremden. Außerdem zeigten Tiere, die zuvor selbst einen elektrischen Schlag erhalten hatten, eine größere Bereitschaft zu altruistischem Verhalten. Individuen subhumaner Arten haben innerhalb ihrer Gruppe zweifellos die Wahl zwischen kooperativem und unkooperativem Verhalten.[18] Das mag all jenen missfallen, die moralisches Verhalten für ein ausschließlich menschliches Merkmal halten. Als wäre es nicht genug, dass Kopernikus uns aus dem Mittelpunkt des Universums vertrieben, Charles Darwin auf unsere einfache Herkunft aufmerksam gemacht und Sigmund Freud die Herrschaft über unser Verhalten bestritten hat, müssen wir nun auch noch zugeben, dass es sogar im Reich der Ethik Vorläufer und eine Entwicklung gibt. Dennoch ist das ethische Verhalten des Menschen differenziert und komplex in einem Maße, das es einzigartig macht. Aus ethischen Regeln erwachsen normalen Individuen, die mit diesen Regeln vertraut sind, speziell menschliche Verpflichtungen. Die Kodifizierung ist menschlich; die narrativen Zusammenhänge, die wir für diese Situation konstruiert haben, sind menschlich. Der Einsicht, dass ein Teil unserer biologisch-psychologischen Ausstattung subhumanen Ursprungs ist, steht das Wissen gegenüber, dass uns das tiefere Verständnis der *Conditio humana* eine besondere Würde verleiht.

Auch sollte uns der Umstand, dass unsere höchsten kulturellen Errungenschaften Vorläufer haben, nicht zu dem Gedanken verleiten, Menschen oder Tiere hätten einen einheitlichen, festgelegten sozialen Charakter. Es gibt verschiedene soziale Charaktere, gute und schlechte, abhängig von den vielfältigen Einflüssen der evolutionären Spielarten, des Geschlechts und der persönlichen Entwicklung. Wie Frans de Waal in seinem Buch gezeigt hat, gibt es bösartige Schimpansen, die sich aggressiv und territorial verhalten, und gutartige Zwergschimpansen, deren Charakter einer Verbindung zwischen Bill Clinton und Mutter Teresa gleicht.

Das Konstrukt, das wir beim Menschen Ethik nennen, könnte als Teil eines allgemeinen Programms der Bioregulation begonnen haben. Der Embryo unseres ethischen Verhaltens wäre dann ein weiterer Schritt auf der Skala, die bei den unbewussten, automatischen Mechanismen der Stoffwechselsteuerung beginnt und über Triebe und Motivationen bis zu Emotionen verschiedenster Art und ihren Gefühlen reicht. Vor allem aber verlangen die Situationen, durch die diese Emotionen und Gefühle wachgerufen werden, Lösungen, zu denen auch die Kooperation gehört. Es ist leicht vorstellbar, wie sich Gerechtigkeit und Ehrgefühl aus der Praxis der Kooperation entwickelt haben. Noch eine weitere Schicht sozialer Emotionen, die als Dominanz- oder Demutsverhalten innerhalb einer Gruppe auftreten, dürfte eine wichtige Rolle im Geben und Nehmen gespielt haben, das ein reibungsloses Zusammenleben kennzeichnet.

Vieles spricht für die Annahme, dass Menschen mit diesem Emotionsrepertoire und einem Merkmalsprofil, zu dem kooperative Strategien gehörten, bessere Aussichten hatten, lange zu leben und viele Nachkommen zu hinterlassen. Damit soll nicht behauptet werden, dass es ein Gen oder mehrere für kooperatives Verhalten – oder gar für ethisches Verhalten –

gibt. Erforderlich wären nur die vielen Gene, die das Gehirn mit Regionen voller spezifischer Schaltkreise ausstatten – Regionen wie dem ventromedialen Frontallappen, der bestimmte Ereigniskategorien mit bestimmten Emotions-Gefühls-Reaktionen verknüpfen kann. Mit anderen Worten, einige zusammenwirkende Gene sorgen für die Bildung von Gehirnstrukturen, die ihrerseits – entsprechende Umwelteinflüsse vorausgesetzt – die Wahrscheinlichkeit erhöhen, dass bestimmte Arten von kognitiven Strategien und Verhaltensweisen eingesetzt werden.[19]

Damit nicht der Eindruck entsteht, die Evolution und ihr Gengepäck habe alles aufs Beste bestellt, indem sie uns diese nützlichen Verhaltensweisen beschert hat, lassen Sie mich darauf hinweisen, dass die netten Emotionen und der lobenswerte, adaptive Altruismus für Gruppen bestimmt sind. Zu solchen Gruppen gehören in der Tierwelt Wolfsrudel und Affenhorden. Beim Menschen umfassen sie Familie, Stamm, Stadt und Nation. Für Individuen außerhalb der Gruppe zeigt die Evolutionsgeschichte dieser Reaktionen, dass sie alles andere als freundlich waren. Die netten Emotionen können rasch hässlich und brutal werden, wenn sie nicht dem inneren Kreis gelten, für den sie von Natur aus bestimmt sind, sondern sich nach außen richten. Das Ergebnis sind Wut, Ressentiment und Gewalt, die leicht als mögliche Keime von Stammeshass, Rassismus und Krieg zu erkennen sind. Hier sollten wir uns daran erinnern, dass die besten menschlichen Verhaltensweisen nicht unbedingt im Erbgut angelegt sind. In gewisser Weise ist die Geschichte unserer Zivilisation die Geschichte des überzeugenden Versuchs, unsere positivsten »moralischen Gefühle« auf immer größere Teile der Menschheit auszuweiten, über den inneren Kreis hinaus, damit sie schließlich die ganze Menschheit erfassen. Dass wir damit noch lange nicht fertig sind, zeigt uns ein Blick auf die Schlagzeilen der Tageszeitungen.

Und es gibt noch mehr natürliche Dunkelzonen, mit denen wir uns auseinander zu setzen haben. Das Merkmal des Dominanzverhaltens ist – wie sein Gegenstück, das Demutsverhalten – ein wichtiges Element von sozialen Emotionen. Dominanzverhalten hat insofern einen positiven Aspekt, als dominante Individuen in der Regel Lösungen für die Probleme von Gruppen entwickeln. Sie führen Verhandlungen und Kriege. Sie zeigen die Wege zu Rettung und Erlösung, indem sie die Gruppe zu Wasser, Nahrung und Unterkunft führen oder Prophezeiungen und Weisheit verkünden. Doch diese dominanten Individuen können ihre Macht auch missbrauchen und sich als Tyrannen und Despoten entpuppen, wenn die Dominanz Hand in Hand mit ihrem bösen Zwilling auftritt: dem Charisma. Sie können die Verhandlungen schlecht führen und ihre Gruppen in ungerechte Kriege führen. Bei solchen Individuen bleiben die freundlichen Emotionen auf eine außerordentlich kleine Gruppe beschränkt, die aus ihnen selbst und ihren engsten Vertrauten besteht. Ebenso kann Demutsverhalten, dass sich beim Bemühen um Vereinbarungen und Konsens oft als außerordentlich hilfreich erweist, Individuen dazu veranlassen, sich der Tyrannei zu beugen und durch übermäßigen Gehorsam zum Niedergang der ganzen Gruppe beizutragen.

Als bewusste, intelligente und kreative Lebewesen, die in einer kulturellen Umwelt leben, sind wir Menschen in der Lage, ethische Regeln aufzustellen, sie als Gesetze zu kodifizieren und für deren vernünftige Anwendung zu sorgen. Das ist ein unablässiges Bestreben der Menschheit. Das Kollektiv interagierender Organismen in einer sozialen Umwelt und Kultur, die von einem solchen Kollektiv geschaffen werden, ist zum Verständnis dieser Phänomene genauso wichtig oder noch wichtiger, selbst wenn die Kultur in hohem Maße von der Evolution und der Neurobiologie bestimmt wird. Natürlich hängt die vorteilhafte Rolle der Kultur in hohem Maße davon ab, wie genau das wissenschaftliche Bild vom Menschen in dieser Kultur genutzt wird, um die Zukunft zu gestalten. Das ist der Punkt, an dem sich die moderne Neurobiologie, wenn man sie in die herkömmlichen Ansätze der Sozialwissenschaften einbände, als nützlich erweisen könnte.

Doch weitgehend aus denselben Gründen ist das Verständnis der biologischen Mechanismen, auf denen ethische Verhaltensweisen basieren, noch keine Garantie, dass deren Funktion oder Funktionsstörung in jedem Fall die Ursache bestimmter Verhaltensweisen ist. Diese Funktionen können verantwortlich sein, *müssen* es aber nicht. Das System ist so komplex und vielschichtig, dass es einen gewissen Spielraum lässt.

Meine Meinung, dass ethische Verhaltensweisen von der Funktion bestimmter Gehirnsysteme abhängen, überrascht sicher nicht. Doch diese Systeme sind keine Zentren – wir haben nicht ein oder mehrere »moralische Zentren«. Noch nicht einmal den ventromedialen präfrontalen Kortex sollte man sich als Zentrum vorstellen. Darüber hinaus sind die Systeme, die ethische Verhaltensweisen unterstützen, wahrscheinlich nicht ausschließlich der Ethik vorbehalten. Sie sind außerdem zuständig für Bioregulation, Gedächtnis, Entscheidungsfindung und Kreativität. Ethische Verhaltensweisen sind einfach wunderbare und höchst nützliche Nebenwirkungen dieser anderen Aktivitäten. Doch ein moralisches Zentrum kann ich im Gehirn beim besten Willen nicht entdecken, noch nicht einmal ein moralisches System als solches.

Diesen Hypothesen zufolge ist also die grundsätzliche Rolle der Gefühle mit den Funktionen der Steuerung von Lebensvorgängen verknüpft. Seit es Gefühle gibt, war es ihre natürliche Aufgabe, dem Geist Informationen über die Lebensbedingungen weiterzuleiten und dafür zu sorgen, dass diese Bedingungen bei der Organisation des Verhaltens berücksichtigt wurden. Und eben weil die Gefühle diese Aufgabe auch heute noch haben, glaube ich, dass ihre Rolle bei der Bewertung, Entwicklung und sogar Anwendung der Kulturwerkzeuge, von denen hier die Rede ist, nicht unterbewertet werden darf.[20]

Wenn Gefühle den Zustand der Lebensprozesse in einem menschlichen Organismus anzeigen, können sie auch den Lebenszustand in einer größeren oder kleineren Gruppe von Menschen signalisieren. Vernünftige Überlegungen zur Beziehung zwischen sozialen Phänomenen und Gefühlen der Freude und Traurigkeit scheinen ein unverzichtbarer Bestandteil des uralten menschlichen Bemühens zu sein, Systeme des Rechts und der politischen Organisation zu entwerfen. Vielleicht noch wichtiger ist der Umstand, dass Gefühle – vor allem Freude und Traurigkeit – in der natürlichen und kulturellen Umwelt Bedingungen schaffen können, die das Leid einer ganzen Gesellschaft verringern und ihr Wohlbefinden fördern. In dieser Hinsicht haben die Entwicklungen in der Biologie und die Fortschritte in der Medizintechnik während der letzten hundert Jahre die menschlichen Lebensbedingungen verbessert. Gleiches gilt für die Naturwissenschaft und die Technik, die unsere materielle Umwelt nachhaltig verändert haben. In gewisser Weise haben das auch die Künste und der Wohlstand in den demokratischen Nationen getan.[21]

Homöostase und die Kontrolle des sozialen Lebens

Das Leben des Menschen wird von natürlichen und automatischen Mechanismen der Homöostase reguliert – Stoffwechselgleichgewicht, Triebe, Emotionen und so fort. Diese höchst erfolgreiche Organisation liefert eine erstaunliche Garantie: dass *alle* Lebewesen den gleichen Zugriff auf automatische Lösungen zur Bewältigung der Grundprobleme des Lebens haben, Lösungen, die deren Komplexität und der Komplexität ihrer Nische in der Welt gerecht werden. Die Steuerung unseres Lebens als Erwachsene muss jedoch über diese automatischen Lösungen hinausgehen, weil unsere Umwelt ein hohes Maß an physischer und sozialer Komplexität aufweist und durch die Konkurrenz um die Ressourcen, die wir fürs Überleben und Wohlbefinden brauchen, leicht zu Konflikten führt. Einfache Prozesse wie die Suche nach Nahrung oder einem Paarungspartner werden dadurch schwierig. Hinzu kommen viele andere hoch entwickelte Prozesse – denken Sie an Produktion, Handel und Bankwesen, Gesundheitspflege, Bildung und Versicherung sowie die unzähligen anderen Tätigkeitsbereiche, die in ihrer Gesamtheit eine menschliche Gesellschaft und ihre Wirtschaft konstituieren. Unser Leben darf nicht nur von unseren eigenen Wünschen und Gefühlen reguliert werden, sondern muss auch von jener *Sorge* um die Wünsche und Gefühle anderer bestimmt werden, die in den sozialen Konventionen und Regeln ethischen Verhaltens zum Ausdruck kommt. Diese Konventionen und Regeln sowie die Institutionen, die für ihre Durchsetzung sorgen – Religion, Recht und soziopolitische Organisationen –, werden Mechanismen zur Ausübung der Homöostase auf gesellschaftlicher Ebene. Tätigkeitsfelder wie Wissenschaft und Technik haben unterstützende Funktion für die Mechanismen der sozialen Homöostase.

In der Regel wird keine der Institutionen, die an der Kontrolle von sozialem Verhalten beteiligt sind, als ein Werkzeug zur Steuerung von Lebensprozessen angesehen. Das liegt vielleicht daran, dass sie häufig ihre Aufgabe nur unzulänglich erfüllen oder weil ihre unmittelbaren Zielsetzungen ihre Verbindung zum Lebensprozess verschleiern. Letztlich haben diese Institutionen jedoch das Ziel, das Leben in einer bestimmten Umwelt zu regulieren. Nur eine leichte Akzentverschiebung – vom Individuellen zum Kollektiven, vom Direkten zum Indirekten –, und wir erkennen, dass die Aufgabenstellung dieser Institutionen letztlich darauf hinausläuft, das Leben zu fördern und den Tod zu vermeiden, dem Wohlbefinden zu dienen und das Leiden zu lindern.

Das war für die Menschen von großer Bedeutung, weil die automatische Lebensregulierung nicht sehr weit reicht, wenn die Umwelt – nicht nur die physische, sondern auch die soziale – extrem komplex wird. Subhumane Arten zeigen auch ohne Hilfe von Überlegung, Pädagogik oder formalen Kulturwerkzeugen nützliche Verhaltensstrategien, die vom Trivialen – Suche nach Nahrung oder Paarungspartnern – bis zum Erhabenen reichen – Mitgefühl für andere. Doch betrachten wir einen Augenblick uns Menschen. Gewiss können wir keinesfalls auf den genetisch festgelegten, angeborenen Verhaltensapparat verzichten. Aber es ist offensichtlich, dass in menschlichen Gesellschaften, je komplexer sie werden – was sicherlich in den vergangenen zehntausend oder mehr Jahren der Fall gewesen ist, seit die Landwirtschaft entwickelt worden ist –, Überleben und Wohlbefinden von einer zusätzlichen Art nichtautomatischer Kontrolle im sozialen und kulturellen Raum abhängen. Ich spreche hier von einem Aspekt, den wir gewöhnlich mit Denken und Entscheidungsfreiheit verbinden.[22] Wir Menschen zeigen ja nicht einfach nur – wie Zwergschimpansen und andere subhumane Arten – Mitgefühl für das Leiden anderer. Vielmehr wissen wir auch, dass wir Mitleid fühlen. Vielleicht ist das der Grund, warum wir bemüht sind, auf die Bedingungen der Ereignisse einzuwirken, welche diese Emotionen und Gefühle hervorrufen.

Die Natur hatte Jahrmillionen Zeit, um die automatischen Werkzeuge der Homöostase zu perfektionieren, während die nicht-automatischen Werkzeuge lediglich auf eine Geschichte von wenigen Tausend Jahren zurückblicken können. Doch ich sehe noch andere bemerkenswerte Unterschiede zwischen der automatischen und nichtautomatischen Lebensregulation. Ein Hauptunterschied besteht bei den Zielen und den Mitteln und Wegen dieser beiden Formen der Lebensregulation. Ziele und Mittel der automatischen Werkzeuge sind bereits eingespielt und bewährt. Bei den nichtautomatischen Werkzeugen erkennen wir jedoch, dass man sich auf einige

Ziele weitgehend geeinigt hat – etwa, dass man andere Menschen nicht töten darf –, während andere noch verhandlungsfähig sind und erst festgelegt werden müssen. Außerdem weisen die Mittel und Wege zur Erreichung bestimmter Zielen je nach Gruppe und historischer Epoche bemerkenswerte Unterschiede auf und sind alles andere als fix. Vermutlich haben Gefühle zur Formulierung der Ziele beigetragen, die das Beste im Menschen definieren – anderen nicht zu schaden und sich für ihr Wohl einzusetzen. Die Geschichte der Menschheit ist die Geschichte der Suche nach akzeptablen Mitteln und Wegen, um diese Ziele zu erreichen. Man könnte sagen, dass die Ziele des Marxismus, so eng sie auch gefasst sein mochten, anerkennenswert waren, weil es um eine gerechtere Welt ging. Doch die Wege und Mittel der Gesellschaften, die den Marxismus auf ihre Fahnen geschrieben haben, waren verheerend, weil sie unter anderem häufig in Konflikt mit den fest etablierten Mechanismen der automatischen Lebensregulation gerieten. Das Wohl des größeren Kollektivs verlangte häufig den Schmerz und das Leid vieler Individuen. Das Ergebnis war eine schreckliche menschliche Tragödie. Wie unfertig und anfällig diese nicht-automatischen Werkzeuge sind, zeigt der Nationalsozialismus: dort waren sowohl Ziele als auch Mittel und Wege zutiefst fehlerhaft. Ich denke, dass sich die nicht-automatischen Werkzeuge in vielerlei Hinsicht noch in der Entwicklung befinden, stets behindert durch die enormen Schwierigkeiten bei den Verhandlungen über die Ziele und bei der Suche nach Wegen und Mitteln, die keinen anderen Aspekten der Lebensregulation schaden. So gesehen sind Gefühle wichtig, damit wir an den Zielen festhalten, die eine Gesellschaft für unverzichtbar hält und unbedingt verwirklichen möchte. Gefühle sind außerdem eine unentbehrliche Richtschnur für die Entwicklung und das Aushandeln von praktischen Mitteln, die einerseits nicht mit der grundsätzlichen Steuerung von Lebensprozessen kollidieren, andererseits aber die Absicht, die hinter dem Ziel steht, nicht verwässern. Gefühle sind heute noch genauso wichtig wie zu der Zeit, als der Mensch zum ersten Mal entdeckt hat, dass die Tötung anderer Menschen eine fragwürdige Handlungsweise darstellt.

Soziale Konventionen und ethische Regeln lassen sich teilweise als Erweiterung der grundsätzlichen homöostatischen Organisation auf die Ebene der Gesellschaft und der Kultur verstehen. Die Anwendung der Regeln führt zum selben Ergebnis wie die Wirkung der grundsätzlichen homöostatischen Mechanismen, wie etwa Stoffwechselregulation oder Triebe: zu einem Gleichgewichtszustand, der für Überleben und Wohlbefinden sorgt. Doch damit ist die Erweiterung noch nicht zu Ende. Sie erstreckt sich auch auf die höheren Organisationsebenen, deren Teil soziale Gruppen sind. Die Verfassung, die einem demokratischen Staat zugrunde liegt, die Gesetze, die dieser Verfassung entsprechen, und die Anwendung dieser Gesetze im System seiner Rechtsprechung sind homöostatische Werkzeuge. Über eine lange Nabelschnur sind sie mit anderen Ebenen der homöostatischen Regulation verbunden, nach deren Vorbild sie geschaffen wurden: Triebe bzw. Begierden, Emotionen bzw. Gefühle und die bewusste Kontrolle. Gleiches gilt für die noch jungen überstaatlichen Körperschaften sozialer Koordination, wie etwa die Weltgesundheitsorganisation, die UNESCO und die vielgeschmähte UNO. Alle diese Institutionen lassen sich als Teil des Bestrebens verstehen, die Homöostase auch auf höchster Ebene zu verwirklichen. Neben den guten Ergebnissen, die diese Organisationen manchmal erzielen, leiden sie jedoch häufig unter Korruptheit und selbstsüchtigem Verhalten, und nicht selten orientiert sich ihre Politik an einem unzulänglichen Menschenbild, das neuere wissenschaftliche Erkenntnisse ignoriert. Trotzdem ist ihre Existenz, wie unvollkommen sie auch sein mögen, ein Zeichen des Fortschritts und ein Anlass zur Hoffnung, egal, wie schwach. Und es gibt weitere Gründe zur Hoffnung. Die wissenschaftliche Analyse der sozialen Emotionen steckt noch in den Kinderschuhen. Wenn sich die kognitive und die neurobiologische Erforschung der Emotionen und Gefühle beispielsweise mit der Anthropologie und der Evolutionspsychologie zusammenschließen würde, ließen sich wahrscheinlich einige der in diesem Kapitel vorgeschlagenen Hypothesen überprüfen. Wir könnten dann außerdem erste Erkenntnisse darüber gewinnen, wie menschliche Biologie und Kultur jenseits ihrer physischen Manifestation tatsächlich miteinander verflochten sind, und gezielte Vermutungen darüber anstellen, wie das Genom einerseits und die materielle und soziale Umwelt andererseits während der langen Evolutionsgeschichte miteinander interagiert haben.

Es sei noch einmal darauf hingewiesen, dass die Gültigkeit der hier formulierten Ideen noch zu beweisen ist. Eine formale Hypothese über die Neurobiologie ethischen Verhaltens würde den Rahmen dieses Buches sprengen, desgleichen die Erörterung dieser Ideen aus historischer Sicht.[23]

Die Grundlage von Tugend

Zu Beginn dieses Buches habe ich davon erzählt, dass meine Rückkehr zu Spinoza beinahe ein Zufall war, als ich ein Zitat auf einem vergilbten Zettel überprüfte, der ein Verbindungsglied zu dem Spinoza war, den ich vor langer Zeit gelesen hatte. Warum hatte ich den Zettel aufgehoben? Vielleicht, weil ich das Zitat schon damals intuitiv als wichtig und erhellend erkannt habe. Doch nie hatte ich mir die Zeit genommen, mich intensiver damit zu beschäftigen, bis es von meinem Gedächtnis auf die Seite wanderte, an der ich gerade arbeitete.

Das Zitat stammt aus dem Achtzehnten Lehrsatz, Teil IV der *Ethik* und lautet: »... daß die Grundlage der Tugend eben dies Bestreben [*conatus*] nach Erhaltung des eigenen Seins ist, und daß das Glück darin besteht, daß der Mensch imstande ist, sein Sein zu erhalten.« Im lateinischen Original heißt der Lehrsatz: »... *virtutis fundamentum esse ipsum conatum proprium esse conservandi, et felicitatem in eo consistere, quod homo suum esse conservare potest.*« Bevor wir unsere Überlegungen fortsetzen, müssen wir kurz auf die von Spinoza verwendeten Begriff eingehen. Wie oben erwähnt lässt sich das Wort *conatus* wiedergeben als Bestreben, Bemühen oder Drang. Spinoza hatte wohl diese Bedeutungen im Sinn und dachte vielleicht an eine Kombination aller drei. Außerdem bedeutet das Wort *virtus* nicht nur Tugend oder Sittlichkeit, sondern auch Stärke und Tatkraft. Darauf werde ich später noch zurückkommen. Merkwürdigerweise verwendet er in diesem Abschnitt das Wort *felicitas*, das sich am besten durch Glück übersetzen lässt, und nicht *laetitia*, was Freude, Fröhlichkeit, Hochstimmung und Glück heißt.

Bei flüchtiger Betrachtung klingt dieser Satz wie eine Gebrauchsanweisung für die Selbstverwirklichungskultur unserer Tage, doch nichts könnte seinem tatsächlichen Sinn ferner liegen. Nach meiner Interpretation handelt es sich um den Eckpfeiler eines hochherzigen ethischen Systems. Es ist die, dass allen Verhaltensregeln, die wir den Menschen vorgeben können, ein fundamentaler, unveräußerlicher Aspekt zugrunde liegt: Jeder lebende Organismus – dessen sich sein Besitzer bewusst ist, weil sich sein Geist ein Selbst konstruiert – hat das natürliches Bestreben, sein Leben zu erhalten. Der Zustand optimaler Funktion, wie er im Begriff der Freude zum Ausdruck kommt, resultiert für den Organismus aus dem erfolgreichen Bemühen um Überleben und Selbstbehauptung. Auf zutiefst amerikanische Weise ausgedrückt, würde ich Spinozas Lehrsatz wie folgt umformulieren: Ich erachte folgende Wahrheiten für selbstverständlich, dass allen Menschen das Bestreben eigen ist, ihr Leben zu erhalten und ihr Wohl zu fördern, dass ihr Glück aus dem erfolgreichen Bemühen um dieses Ziel erwächst und dass die Tugend auf dem Fundament dieser Tatsachen ruht. Vielleicht sind diese Anklänge kein Zufall.

Spinozas Aussage ist von bestechender Klarheit, bedarf aber doch einiger ergänzender Bemerkung, um in ihrer ganzen Bedeutung verständlich zu werden. Wie kann die Sorge um die eigene Person das Fundament der Tugend bilden, wenn diese Tugend nicht auf das Selbst allein beschränkt bleibt? Oder deutlicher: Wie gelangt Spinoza vom eigenen Selbst zu all den anderen, die die Tugend ebenfalls erfassen muss? Diese Verbindung schafft er, indem er sich wieder an biologischen Fakten orientiert. Dabei geht er folgendermaßen vor: Die biologische Realität der Selbsterhaltung führt zur Tugend, weil wir durch unser unveräußerliches Bedürfnis, uns selbst zu erhalten, notwendigerweise auch dazu beitragen, andere zu erhalten. Tun wir das nicht, sind wir zum Untergang verurteilt und verletzen damit eben jenes Grundprinzip und geben damit die Tugend auf, die in der Selbsterhaltung liegt. Die zweite Grundlage der Tugend ist die Realität einer Gesellschaftsstruktur und die Existenz anderer Organismen, die mit unserem eigenen Organismus in einem komplexen System wechselseitiger Abhängigkeiten stehen. Wir sind gebunden, eingebunden. Das Prinzip dieser Verbindung findet sich schon bei Aristoteles, doch Spinoza verknüpft es mit einem biologischen Aspekt – dem Auftrag zur Selbsterhaltung.

Darin liegt also aus heutiger Sicht die Schönheit dieses von mir so geschätzten Zitats: Es enthält den Entwurf zu einem System ethischen Verhaltens auf neurobiologischer Grundlage. Dabei stützt sich der Entwurf auf die Beobachtung der menschlichen Natur und nicht auf die Offenbarung eines Propheten.

Die Menschen sind, wie sie sind – lebendig und mit Trieben, Emotionen und anderen der Selbsterhaltung dienenden Werkzeugen ausgestattet, unter anderem auch der Fähigkeit, zu erkennen und zu denken. Trotz seiner Grenzen eröffnet uns das Bewusstsein den Weg zu Erkenntnis und Denken, die ihrerseits wiederum dem Individuum die Unterscheidung zwischen Gut und Böse ermöglichen. Es sei noch einmal gesagt, dass Gut und Böse nicht offenbart, sondern entdeckt werden, individuell oder durch Übereinkunft zwischen sozialen Wesen.

Die Definition von Gut und Böse ist einfach und vernünftig. Gut ist, was auf zuverlässige und dauerhafte Weise jenen Zustand der Freude hervorruft, der laut Spinoza die Kraft und die Freiheit zum Handeln fördert. Böse ist, was zum gegenteiligen Ergebnis führt: Die Begegnung damit ist dem Organismus unangenehm.

Und wie steht es mit guten und bösen Handlungen? Gute Handlungen und böse Handlungen sind nicht einfach Handlungen, die in Einklang mit den individuellen Trieben und Emotionen stehen oder nicht. Gute Handlungen sind solche Handlungen, die einerseits über die natürlichen Triebe und Emotionen Gutes für das Individuum bewirken und andererseits anderen Individuen keinen Schaden zufügen. Die Aussage ist eindeutig. Eine Handlung, die persönliche Vorteile bringt, aber anderen schadet, ist nicht förderlich, weil die Schädigung anderer auf den Menschen, der dafür verantwortlich ist, zurückfällt und ihm letztlich selbst schadet. Folglich sind solche Handlungen schlecht. »… das Gute [erfolgt] … aus der gegenseitigen Freundschaft und der gemeinsamen Vereinigung.« (*Ethik*, Teil V, Lehrsatz 10) Nach meiner Interpretation meint Spinoza damit, das System konstruiere ethische Imperative, die auf den Mechanismen der Selbsterhaltung in jedem Menschen basieren, dabei aber soziale und kulturelle Faktoren nicht außer Acht ließen. Jenseits des Individuums gibt es andere – wiederum als Individuen und in sozialen Gruppen –, daher muss deren eigenes Bestreben nach Selbsterhaltung, das heißt deren Triebe und Emotionen, berücksichtigt werden. Weder der Begriff des *conatus* noch der Gedanke, dass man sich selbst schade, wenn man anderen schadet, sind neu, doch vielleicht ist das Neue an Spinozas These, dass er beide Ideen so überzeugend verschmolzen hat.

Das Bestreben, mit anderen in friedlicher Übereinkunft zu leben, ist eine Erweiterung des Bestrebens, sich selbst zu erhalten. Gesellschaftliche und politische Übereinkünfte sind Erweiterungen unseres persönlichen biologischen Auftrags. Wir sind nun einmal biologisch in einer bestimmten Weise strukturiert – beauftragt, zu überleben, und zwar mit möglichst großer Lust und möglichst wenig Leid. Daraus ergibt sich ein minimaler gesellschaftlicher Grundkonsens. Es spricht einiges für die Annahme, dass uns auch das Bestreben um soziale Übereinkunft als biologischer Auftrag eingepflanzt wurde, zumindest teilweise – durch den evolutionären Erfolg von Populationen, deren Gehirne ein hohes Maß an kooperativem Verhalten zum Ausdruck brachten.

Neben diesen grundlegenden biologischen Veranlagungen gibt es aber auch Verhaltensstrategien, die zwar ebenfalls biologische Wurzeln haben, aber nur in sozialen und kulturellen Kontexten zum Tragen kommen und ein intellektuelles Produkt von Erkenntnis und Vernunft sind. Spinoza hat diesen Zusammenhang klar erkannt: »Es ist z. B. ein allgemeines aus der Notwendigkeit der Natur folgendes Gesetz aller Körper, daß sie, wenn sie auf andere kleinere stoßen, so viel von ihrer eignen Bewegung verlieren, wie sie den anderen mitteilen. Ebenso ist es ein aus der menschlichen Natur mit Notwendigkeit folgendes Gesetz, daß der Mensch, wenn er sich einer Sache erinnert, sich sogleich auch einer anderen ähnlichen Sache erinnert oder einer, die er zugleich mit jener wahrgenommen hatte. Dagegen hängt es vom menschlichen Belieben ab, daß die Menschen von dem Rechte, das sie von Natur besitzen, etwas aufgeben oder aufgeben müssen und an eine bestimmte Lebensweise sich binden. Wenn ich auch unbedingt zugebe, daß alles nach den allgemeinen Naturgesetzen zum Existieren und Wirken bestimmt wird, so sage ich doch, daß diese Gesetze vom Belieben der Menschen abhängig sind.«[24]

Mit Freude hätte Spinoza vernommen, dass dieses »menschliche Belieben« deshalb in der Kultur Wurzeln geschlagen hat, weil die Beschaffenheit des menschlichen Gehirns seiner Verwirklichung Vorschub leistet. Wahrscheinlich müssen einige der Verhaltensweisen, die zur Umsetzung des menschlichen Urteilsvermögens notwendig sind – wie etwa Altruismus und Selbstzensur in ihrer einfachsten Form –, von der gesellschaftlichen Erfahrung nur geweckt werden. Es ist harte Arbeit, das menschliche Urteilsvermögen auszubilden und zu vervollkommnen, doch bis zu einem gewissen Grade veranlasst uns die Verschaltung unseres Gehirns dazu, mit anderen zusammenzuarbeiten. Das ist die gute Nachricht. Die schlechte Nachricht ist natürlich, dass viele negative soziale Emotionen nebst ihrer Ausbeutung in modernden Kulturen die Entstehung und Verbesserung des menschlichen Urteilsvermögen – dessen, was Spinoza »Belieben« nennt – erschweren.

Die Bedeutung der biologischen Fakten in Spinozas System lässt sich gar nicht hoch genug einschätzen. Betrachtet man das System im Licht der modernen Biologie, so basiert es auf der Existenz des Lebens; auf dem natürlichen Bestreben, dieses Leben zu erhalten; auf dem Umstand, dass die Erhaltung des Lebens vom Gleichgewicht der Lebensfunktionen und folglich von der Steuerung der Lebensprozesse abhängt; auf dem Umstand, dass sich der Zustand der Lebensregulation in Form von Affekten – Freude, Traurigkeit – manifestiert und von Trieben modifiziert wird; und auf dem Umstand, dass das Individuum Triebe, Emotionen und schwierige Lebensbedingungen erkennen und dank der Konstruktion von Selbst, Bewusstsein und wissensbasierter Vernunft bewerten kann. Der Mensch erkennt aufgrund seines Bewusstseins Triebe und Emotionen als Gefühle. Durch diese Gefühle wird das Wissen um die Anfälligkeit des Lebens vertieft und in Sorge verwandelt. Und aus all den hier skizzierten Gründen überträgt sich die Sorge vom Selbst auf andere.

Ich behaupte nicht, Spinoza habe jemals gesagt, dass Ethik, Recht und politische Organisation homöostatische Werkzeuge seien. Doch diese Vorstellung verträgt sich mit seinem System, wenn man bedenkt, dass er Ethik, Staat und

Recht als Mittel verstand, die dem Menschen dazu dienen sollten, das natürliche Gleichgewicht zu erreichen, dass in der Freude zum Ausdruck kommt.

Es heißt oft, Spinoza habe nicht an den freien Willen geglaubt, ein Konzept, das in direktem Widerspruch zu einem ethischen System zu stehen scheint, in dem Menschen beschließen, sich an bestimmte, klar formulierte Imperative zu verhalten. Doch Spinoza hat nie geleugnet, dass unsere Entscheidungsprozesse bewusst ablaufen, dass wir im Grunde genommen Entscheidungen treffen können und das wir unser Verhalten bewusst zu steuern vermögen. Seine ganze Theorie der Erlösung des Menschen gründet sich auf die Hoffnung, dass wir frei über unser Handeln entscheiden können. Spinozas Problem war, dass viele scheinbar selbst bestimmte Verhaltensweisen aus unserer spezifischen biologischen Konstitution erwachsen und dass sich letztlich alles, was wir denken und tun, durch vorgeschaltete Bedingungen und Prozesse erklären lässt, die sich möglicherweise unserem Einfluss entziehen. Trotzdem kann der Mensch immer noch kategorisch nein sagen, so kategorisch und imperativisch wie Immanuel Kant, wie illusorisch auch immer die Freiheit dieses Neins sein mag.

Spinozas achtzehnter Lehrsatz hat noch eine weitere Bedeutung. Sie folgt aus der Doppeldeutigkeit des Wortes Tugend, aus dem Nachdruck, der auf dem Begriff des Glücks liegt, und aus den vielen Erläuterungen, die in den Teilen IV und V der *Ethik* folgen. Der Mensch erlebt ein gewisses Maß an Glück ganz einfach dann, wenn er in Übereinstimmung mit seinem Selbsterhaltungstrieb handelt – nur so sehr wie nötig, nicht mehr. Abgesehen davon, dass Spinoza uns zum Abschluss eines Gesellschaftsvertrags drängt, sagt er uns auch, dass uns das Glück die Kraft gibt, uns von der Tyrannei der negativen Emotionen zu befreien. Glück ist keine Belohnung für Tugend – es ist die Tugend selbst.

Wozu dienen Gefühle?

Warum gibt es also überhaupt Gefühle? Was leisten Gefühle für uns? Ginge es uns besser ohne sie? Diese Fragen gelten seit ewigen Zeiten als unbeantwortbar, doch ich glaube, wir können allmählich anfangen, uns mit ihnen zu befassen. Zum einen haben wir eine brauchbare Vorstellung davon, was Gefühle sind, und das ist ein erster Schritt zur Beantwortung der Frage, warum es Gefühle gibt und was sie für uns leisten. Zum anderen haben wir eben gesehen, welche entscheidende Rolle die Verbindung von Emotionen und Gefühlen für das Sozialverhalten und in weiterem Sinne für das ethische Verhalten des Menschen spielt. Trotzdem könnte ein Skeptiker noch immer einwenden, nicht-bewusste Emotionen allein könnten zur Steuerung des Sozialverhaltens genügen; oder die Erfassung emotionaler Zustände in neuronalen Kartierungen reiche aus, ohne dass diese Karten zu mentalen Ereignissen, das heißt zu Gefühlen, werden müssten. Kurz gesagt, die Existenz eines Geistes, vom Bewusstsein ganz zu schweigen, wäre gar nicht notwendig. Lassen Sie mich versuchen, diesen Skeptikern zu antworten.

Die Antwort auf das Warum beginnt folgendermaßen: Damit das Gehirn die unzähligen Körperfunktionen koordinieren kann, von denen das Leben abhängt, braucht es Kartierungen, in denen der Zustand verschiedener Körpersysteme fortlaufend repräsentiert werden kann. Die Funktion des gesamten Systems hängt von diesen umfassenden Abbildungen ab. Es ist von entscheidender Bedeutung, dass das Gehirn weiß, was in verschiedenen Bereichen des Körpers vor sich geht, damit es bestimmte Funktionen verlangsamen, stoppen oder in Gang setzen kann. So können die Lebensregulationen des Organismus korrigiert werden, falls nötig. Ich denke dabei zum Beispiel an eine Wunde, die durch äußerliche Einwirkung oder durch eine Infektion verursacht wurde, an die Funktionsstörung eines Organs wie Herz oder Niere oder an ein hormonales Ungleichgewicht.

Neuronale Kartierungen, die entscheidend für die Kontrolle der Lebensprozesse sind, erweisen sich auch als eine notwendige Grundlage für die Zustände unseres Geistes, die wir Gefühle nennen. Damit sind wir der Antwort auf die Frage nach dem Warum einen Schritt näher: Wahrscheinlich entstehen Gefühle als Nebenprodukt – sie fallen bei der Beteiligung des Gehirns an der Steuerung der Lebensvorgänge ab. Gäbe es keine neuronalen Kartierungen von Körperzuständen, hätte es möglicherweise nie so etwas wie Gefühle gegeben.

Diese Antworten könnten einige Einwände hervorrufen. Beispielsweise ließe sich vorbringen, dass Gefühle, die in der üblichen Bedeutung des Wortes bewusst sind, überflüssig seien, weil die grundlegenden Prozesse der Steuerung von Lebensprozessen automatisch und unbewusst abliefen. Ein Skeptiker könnte einwenden, das Gehirn könne allein auf der Grundlagen von neuronalen Karten und ohne die Hilfe bewusster Gefühle die Lebensprozesse koordinieren und physiologische Korrekturen vornehmen. Der Geist brauche nichts über die Inhalte dieser Karten zu wissen. Dieses Argument trifft nur teilweise zu. Natürlich helfen die Kartierungen der Körperzustände dem Gehirn bis zu einem gewissen Grade bei der Steuerung von Lebensprozessen, auch wenn der »Besitzer« des Organismus nichts von der Existenz solcher Karten weiß. Doch dieser Einwand lässt einen wichtigen Punkt außer Acht, auf den ich soeben aufmerksam gemacht habe. Kartierungen von Körperzuständen sind ohne bewusste Gefühle keine große Hilfe. Mit den Karten allein lassen sich nur Probleme bis zu einem bestimmten Komplexitätsgrad lösen. Wenn das Problem zu kompliziert wird und eine Kombination von automatischen Reaktionen und logischem Umgang mit Wissen verlangt, dann sind die unbewussten Kartierungen keine Hilfe mehr, und die Gefühle kommen sehr gelegen.

Können Gefühle einen Beitrag zu Problemlösung und Entscheidungsfindung leisten, der die Fähigkeit der neuronalen

Kartierungen, wie sie gegenwärtig von der Neurowissenschaft beschrieben wird, übersteigt? Nach meiner Auffassung besteht die Antwort auf diese Frage aus zwei Teilen; der erste betrifft den Status der Gefühle als geistige Ereignisse im Bewusstsein, der andere hat mit dem zu tun, wofür Gefühle stehen.

Die Tatsache, dass Gefühle geistige Ereignisse sind, ist aus folgendem Grund von Bedeutung: Gefühle helfen uns, schwierige Probleme zu lösen, die Kreativität und Urteilsfähigkeit verlangen und Entscheidungsprozesse erforderlich machen, in deren Verlauf umfangreiche Wissensmengen abgerufen und manipuliert werden müssen. Nur die »mentale Ebene« der biologischen Operationen erlaubt die rechtzeitige Integration der Flut an Informationen, die für den Prozess des Problemlösens erforderlich ist. Da Gefühle auf der erforderlichen geistigen Ebene angesiedelt sind, können sie sich in die geistigen Prozesse einmischen und deren Operationen beeinflussen. Am Ende des fünften Kapitels werde ich auf die Frage zurückkommen, ob die mentale Ebene der neuronalen Verarbeitung dem Organismus auf eine Weise nutzt, die auf anderen Ebenen nicht geleistet werden kann.

Die Vorteile, welche die Gefühle den mentalen Prozessen verschaffen, sind fast genauso wichtig. Bewusste Gefühle sind markante mentale Ereignisse und lenken die Aufmerksamkeit sowohl auf die Emotionen, denen sie ihre Entstehung verdanken, als auch auf die Objekte, die diese Emotionen ausgelöst haben. Bei Individuen mit einem autobiographischen Selbst – jenem Bewusstsein einer persönlichen Vergangenheit und einer antizipierten Zukunft, das auch als erweitertes Bewusstsein bezeichnet wird – veranlasst der Gefühlszustand das Gehirn, emotionsbezogene Objekte und Situationen auffällig zu verarbeiten. Die Einschätzung, die zur Isolierung des Objekts geführt und die Emotion ausgelöst hat, lässt sich nach Belieben ins Bewusstsein rufen und mit der nötigen Ausführlichkeit analysieren. Ferner lenken bewusste Gefühle die

Aufmerksamkeit auf die Konsequenzen einer bestimmten Situation: Was ist das für ein Objekt, das die Emotion ausgelöst hat? Wie hat das Objekt sich auf die fühlende Person ausgewirkt? Was für Gedanken hat die Person jetzt? Wenn Gefühle in einem autobiographischen Kontext auftreten, rufen sie Interesse an dem Individuum hervor, das sie empfindet. Seine Vergangenheit, Gegenwart und die antizipierte Zukunft treten verstärkt ins Bewusstsein, sodass sie die Denk- und Entscheidungsprozesse stärker beeinflussen können.

Wenn Gefühle dem Selbst eines Organismus, das diese entwickelt, bewusst werden, verbessern und verstärken sie die Prozesse der Steuerung der Lebensvorgänge. Die Mechanismen hinter den Gefühlen ermöglichen biologische Korrekturen, die zum Überleben notwendig sind, indem sie explizite und besonders wichtige Informationen über den Zustand verschiedener Komponenten des Organismus zu einem gegebenen Zeitpunkt liefern. Gefühle versehen neuronale Karten mit einem Stempel, der bestimmte Stellen markiert.

Zusammenfassend könnte man sagen, dass Gefühle notwendig sind, weil sie auf der mentalen Ebene Emotionen und das, was ihnen zugrunde liegt, zum Ausdruck bringen. Nur auf dieser bewussten Ebene biologischer Prozesse und bei vollem Bewusstsein werden Gegenwart, Vergangenheit und antizipierte Zukunft hinreichend verknüpft. Nur auf dieser Ebene können Emotionen mithilfe von Gefühlen die Sorge um das individuelle Selbst erzeugen. Die effektive Lösung von schwierigen Problemen verlangt Flexibilität und eine sinnvolle Zusammenstellung von Informationen. Das können nur mentale Prozesse und die geistige Besorgnis, die durch Gefühle geweckt wird, leisten.

Das Lernen und das Erinnern emotional kompetenter Ereignisse sind in Verbindung mit bewussten Gefühlen ein ganz anderer Prozess als ohne. Einige Gefühle optimieren Lernen und Erinnerung. Andere Gefühle, vor allem äußerst schmerzliche, stören Lernprozesse und verhindern vorsorglich jede Form der Erinnerung. Gedächtnisprozesse, in denen es um die Erinnerung an eine gefühlte Situation geht, verhindern im Allgemeinen – bewusst oder unbewusst – Ereignisse, die mit negativen Gefühlen assoziiert sind, und fördern die Suche nach Ereignissen, die eventuell positive Gefühle hervorrufen könnten.[25]

Wir sollten nicht überrascht sein, dass sich die den Gefühlen zugrunde liegenden neuronalen Mechanismen im Verlauf der Evolution so sehr durchgesetzt haben. Gefühle sind keineswegs überflüssig. Das ganze Gerede vom Grunde des Herzens und den Tiefen der Seele erweist sich als gar nicht so abwegig. Es geht nicht nur darum, den Gefühlen in ihrer Rolle als Richter über Gut und Böse zu trauen. Wir müssen auch herausfinden, unter welchen Umständen Gefühle diese Richterrolle überhaupt wahrnehmen können und die vernunftgeleitete Verknüpfung von Situation und Gefühl als Richtschnur für das menschliche Verhalten nutzen.

KAPITEL FÜNF

Körper, Gehirn und Geist

Körper und Geist

Sind Geist und Körper zwei verschiedene Dinge oder nur eines? Falls sie nicht dasselbe sind, bestehen sie dann aus zwei verschiedenen Substanzen oder nur aus einer? Und wenn es zwei Substanzen gibt, war dann die Geistsubstanz zuerst da und die Ursache für die Entstehung des Körpers und seines Gehirns? Oder ist die Körpersubstanz zuerst da und erzeugt mit ihrem Gehirn den Geist? Und wie interagieren diese Substanzen? Jetzt, da wir recht genau wissen, wie die neuronalen Schaltkreise arbeiten, stellt sich die Frage, in welcher Beziehung diese Schaltkreise zu den geistigen Prozessen stehen, die wir an uns selbst beobachten können. Das sind einige der wichtigsten Fragen, die aus dem so genannten Leib-Seele-Problem erwachsen, und die Lösung dieses Problems ist eine entscheidende Voraussetzung für unser Verständnis, wer wir sind. Nach Ansicht vieler Wissenschaftler und Philosophen ist das Problem entweder falsch formuliert oder schon gelöst. Der allgemeine Konsens bei der Beantwortung der oben gestellten Fragen beschränkt sich auf die Feststellung, dass der Geist ein Prozess und kein Ding ist. Wenn vollkommen vernünftige, intelligente und gebildete Menschen bei der Diskussion über diese Fragen in einen so leidenschaftlichen Streit geraten, kann man zumindestens festhalten, dass die Lösung entweder nicht befriedigend ist oder nicht befriedigend präsentiert wurde.

Bis in jüngste Zeit war das Leib-Seele-Problem ein philosophisches Thema und fiel nicht in den Zuständigkeitsbereich der empirischen Wissenschaften. Sogar im 20. Jahrhundert, als für die Wissenschaften von Geist und Gehirn die Zeit gekommen zu sein schien, sich mit diesem Problem auseinander zu setzen, traf man auf so viele Hindernisse – bezüglich Methode und Ansatz –, dass man eine Beschäftigung damit erneut vertagte. Erst in den letzten zehn Jahren gehört diese Fragestellung endlich auf die wissenschaftliche Tagesordnung, und zwar weitgehend auf dem Gebiet der Bewusstseinsforschung. Allerdings ist darauf hinzuweisen, dass Bewusstsein und Geist keine Synonyme sind. Streng genommen ist das Bewusstein der Prozess, durch den der Geist eine Referenz namens Selbst erhält und die eigene Existenz und die der Objekte in seiner Umgebung erkennt. Wie ich an anderer Stelle bereits erläutert habe, haben wir von bestimmten neurologischen Störungen gelernt, dass mentale Prozesse weiter ablaufen können, obwohl das Bewusstsein eingeschränkt ist. Synonym dagegen sind Bewusstsein und bewusster Geist.[1]

Neurobiologische und kognitive Studien haben einige Aspekte des Leib-Seele-Rätsels erhellt, doch die daraus gewonnenen Interpretationen sind so umstritten, dass man in meiner Zunft wenig Lust verspürt, sich weitere Gedanken über die vorliegenden Daten zu machen oder neue Untersuchungen zu wagen. Das ist schade, denn trotz der Hindernisse werden Fortschritte erzielt, und es ließen sich mehr neue Erkenntnisse gewinnen, als man auf den ersten Blick annimmt – wenn dieser Blick die theoretische Freiheit besäße, diese zu erfassen.[2]

An dieser Stelle des Buches empfiehlt sich die Erörterung des Leib-Seele-Problems aus zwei Gründen. Erstens gilt vieles von dem, was ich in Bezug auf Emotionen und Gefühle vorgeschlagen habe, in besonderem Maße für diese spezifische Debatte. Zweitens nimmt dieses Problem einen zentralen Platz in Spinozas Denken ein. Tatsächlich könnte Spinoza ansatzweise eine Lösung vor Augen gehabt haben, die sich – ob nun richtig oder falsch – mit meinen Überzeugungen diesbezüglich deckt. Vielleicht ist das der Grund, warum mir Ort und Zeit des ersten Versuchs, meine gegenwärtigen Auffassungen zu diesem Problem zu formulieren, so lebhaft im Gedächtnis geblieben sind. Der Ort war Den Haag und der Anlass ein Huygens-Vortrag, den ich dort halten sollte.

Den Haag, 2. Dezember 1999

Der alljährliche Huygens-Vortrag ist nach Christiaan Huygens benannt. Huygens hatte zwar wenig mit Gehirn, Geist oder Philosophie zu tun, dafür aber umso mehr mit Astronomie und Physik. Der Weltraum faszinierte ihn: Er entdeckte die Saturnringe und schätzte die Entfernung zwischen der Erde und den Sternen, indem er die Helligkeit der Sonne zugrunde legte. Die Zeit beschäftigte ihn: Er erfand die Pendeluhr. Und er interessierte sich für das Licht: Seine Wellentheorie des Lichtes trägt den Namen Huygens-Prinzip. Als der berühmteste Wissenschaftler in der holländischen Geschichte ist er der Namenspatron dieser jährlichen Vorträge aus allen möglichen Disziplinen der Wissenschaft. Übrigens war Huygens Vater Constantijn zu seiner Zeit ebenso berühmt wie sein Sohn und nicht weniger bemerkenswert. Seine Kenntnisse reichten von Latein und Musik über Mathematik, Literatur,

Geschichte bis hin zum Recht. Er war ein ausgezeichneter Kunstkenner und Dichter. In der Politik wirkte er wie sein Vater als Sekretär des holländischen Stadtholder. Die dringliche Aufgabe, die Paläste des Staates mit Gemälden zu füllen, machte ihn zu einem Schutzpatron der Künste. Seine große Entdeckung war Rembrandt.

Das Thema meiner Vorlesung waren die neuronalen Grundlagen des bewussten Geistes, und angesichts der Richtung, die meine Gedanken im Laufe der letzten Zeit eingeschlagen hatten, erwieß sich Huygens als durchaus passend. Huygens und Spinoza waren Zeitgenossen. Sie wurden im Abstand von nicht ganz drei Jahren geboren und waren eine Zeitlang sogar Nachbarn. Natürlich lebte Huygens in gehobeneren Verhältnissen und nicht in einer Mietwohnung. Die Familie Huygens besaß ein Palais in Den Haag und einen großen Landsitz zwischen Den Haag und Voorburg. Aber sie atmeten dieselbe Luft und begegneten einander mehrfach. Huygens kaufte optische Linsen von Spinoza und schrieb ihm von Zeit zu Zeit Briefe mit Fragen zu philosophischen Themen. Spinoza war mit Huygens Werk vertraut und besaß dessen Bücher. Mindestens drei Briefe von Spinoza an Huygens sind sogar erhalten. Sie stammen aus dem Jahr 1666 und antworten auf Huygens Fragen zur Einheit Gottes. Die Anrede lautet »Euer Wohlgeboren«, und hinter dem sachlichen Ton spürt man eine deutliche Distanz. Spinoza kommt sofort zur Sache, ohne Zeit mit höflichen Floskeln zu verschwenden. Der Graben zwischen den Lebenswelten des inzwischen ausgestoßenen holländischen Juden und des angesehenen holländischen Aristokraten mochte durch intellektuelle Neugier zwar überbrückt werden können, doch waren ihre Persönlichkeiten offenbar zu verschieden, als dass zwischen ihnen eine Freundschaft entstanden wäre. Trotzdem wussten beide, wo der andere stand. Huygens war bekannt, dass Spinoza wenig Verständnis für Huygens einstigen Lehrer René Descartes aufbrachte – Descartes hatte den jungen Christiaan in die Geheimnisse der Algebra eingeführt –, doch das war kein Problem, weil Huygens sich den kartesischen Ideen fast genauso entfremdet hatte wie Spinoza, wenn auch aus etwas unterschiedlichen Gründen. Huygens mag Spinoza den »Juden von Voorburg« oder »unseren Israeliten« genannt haben, aber er hielt Spinozas optische Linsen für die besten, die erhältlich waren, und hatte genügend Achtung vor Spinozas Intellekt, um ihn als potenziellen Konkurrenten anzusehen. Von Paris aus, wo er längere Zeit lebte und in Ruhe und Geborgenheit die meisten Kriege aussaß, in die Holland verstrickt war, schrieb Huygens an seinen Bruder nach Hause und riet ihm, mit Spinoza nicht über seine neuen Ideen zu reden. Die zurückhaltende Kühle beruhte auf Gegenseitigkeit.

Der Huygens-Vortrag findet in der Nieuwen Kerk statt, diesem bemerkenswerten Bauwerk aus dem 17. Jahrhundert, das nur wenige Schritte von Spinozas Grab und ein paar Straßen von Spinozas Haus entfernt liegt.[3] Während ich dort sprach, hat mich der Gedanke an Spinoza abgelenkt, der hinter mir in gewisser Weise begraben und zu meiner Rechten in gewisser Weise noch am Leben ist. Ich habe diesen Vortrag pflichtgemäß gehalten, doch immer wieder wurde ich von der Idee abgelenkt, dass Spinoza möglicherweise einige der Schlussfolgerungen antizipiert hat, die ich dort vorlegen wollte.

Der unsichtbare Körper

Es ist leicht nachzuvollziehen, warum der Geist ein so unlösbares Geheimnis zu sein scheint. Er unterscheidet sich seinem Wesen nach von allen anderen Dingen, die wir kennen – die uns umgeben, und von den Teilen unseres Körpers, die wir sehen und anfassen können. Die Auffassung vom Leib-Seele-Problem, die als Dualismus der Substanzen bezeichnet wird, bringt diesen ersten Eindruck zum Ausdruck: Der Körper und seine Teile sind stoffliche Materie, der Geist nicht. Wenn wir einen Teil unseres Geistes ungesteuert und naiv den Rest unseres Geistes beobachten lassen, ohne den gegenwärtigen wissenschaftlichen Erkenntnisstand zu berücksichtigen, scheinen wir einerseits die Materie zu sehen, aus denen Zellen, Gewebe und Organe unseres Körpers bestehen. Auf der anderen Seite nehmen wir eine Substanz wahr, die wir nicht berühren können – all die flüchtigen Gefühle, Bilder und Geräusche, welche die Gedanken unseres Geistes repräsentieren, jene Phänomene, von denen wir einfach nur annehmen können, dass es sich um eine andere Art von nicht-stofflicher Substanz handle.

Die Auffassung des Leib-Seele-Problems, die aus diesen naiven Überlegungen folgt, führt zu einer Trennung zwischen dem Geist auf der einen Seite und dem Körper und dem Gehirn auf der anderen. Zwar ist diese Ansicht – der Dualismus der Substanzen – heute weder in den Naturwissenschaft noch in der Philosophie weiterhin aktuell, trotzdem dürften aber die meisten Menschen heutzutage diese Auffassung vertreten.

Die Grundzüge der Vorstellung vom Dualismus der Substanzen hat Descartes salonfähig gemacht, obwohl sie sich nur schwer mit seinen bemerkenswerten wissenschaftlichen Leistungen vereinbaren lassen. Was das Verständnis der komplizierten Mechanismen angeht, die den Körperfunktionen zugrunde liegen, war Descartes seinen Zeitgenossen weit voraus. Er brach mit der scholastischen Tradition, indem er die beiden bis dahin getrennten Welten miteinander verband – die stofflich-anorganische und die lebendig-organische. Genauso scharfsinnig erwies er sich bei der Beschreibung komplizierter geistiger Prozesse und vertrat die Ansicht, Körper und Geist würden sich gegenseitig beeinflussen. Allerdings hat er nie plausibel erklärt, in welcher Form diese Einflussnahme stattfindet. Seltsamerweise sprach Descartes zwar von einer Interaktion zwischen Geist und Körper, ohne aber je genauer darauf einzugehen, abgesehen von der Behauptung, die Zirbeldrüse sei für sie verantwortlich. Die Zirbeldrüse ist eine kleine Struktur, die auf der Mittellinie und an der Basis des Gehirns liegt und nur spärlich mit Nervenverbindungen ausgestattet ist, sodass sie kaum für die bedeutende Aufgabe gerüstet scheint, die Descartes ihr zuspricht. Obwohl Descartes sehr differenzierte Auffassungen von den geistigen und physiologischen Körperprozessen hatte, die er getrennt untersuchte, ging er auf die wechselseitigen Verbindungen von Geist und Körper entweder gar nicht ein oder bezeichnete sie als unwahrscheinlich. Die Prinzessin Elisabeth von Böhmen, eine jener intelligenten und freundlichen Schülerinnen, wie wir sie uns alle wünschen, erkannte schon damals deutlich, was wir heute wissen: Geist und Körper konnten die Aufgaben, die Descartes ihnen abverlangte, nur erfüllen, wenn zwischen ihnen eine Verbindung bestand. Doch indem er dem Geist alle physischen Eigenschaften absprach, schloss Descartes jeglichen Kontakt aus.[4]

Für Descartes war der menschliche Geist ohne räumliche Ausdehnung und stoffliche Substanz, zwei negative Eigenschaften, die es ihm ermöglichen, den Körper zu überdauern. Er ist eine Substanz, aber keine materielle. Ob Descartes wirklich an diese Theorie geglaubt hat, ist keineswegs gewiss. Vielleicht hat er manchmal daran geglaubt und dann wieder nicht. Das ist keineswegs als Kritik gemeint, sondern bedeutet lediglich, dass auch Descartes einer Idee ungewiss und zwiespältig gegenüber stand, welche die Menschen – gebildete und unwissende, kluge und dumme gleichermaßen – seit jeher in Ungewissheit und Zwiespalt gestürzt hat. Das ist nur zu menschlich und verständlich. Egal, ob er daran geglaubt hat oder nicht, er hat mit dieser Formulierung die Unsterblichkeit des individuellen Geistes bestätigt und ist dadurch dem Kirchenbann entgangen, der Spinoza nur wenige Jahre später treffen sollte. Im Gegensatz zu Spinoza fand Descartes bis in unsere Zeit hinein viel Beachtung, wenn auch nicht ausschließlich positive.

Trotz aller wissenschaftlichen Mängel bringt die Ansicht, die wir mit Descartes' Namen verbinden, sehr anschaulich die Ehrfurcht und das Staunen vor dem menschlichen Geist zum Ausdruck. Ohne Zweifel ist unser Geist etwas ganz Besonderes – vor allem in seiner unermesslichen Fähigkeit, Lust und Schmerz zu empfinden und sich die Lust und den Schmerz anderer bewusst zu machen; in seiner Fähigkeit, zu lieben und zu verzeihen; in seinem erstaunlichen Gedächtnis; in seiner Fähigkeit, Symbole zu schaffen und zu erzählen; in seiner Fähigkeit, mit Sprache und Syntax umzugehen; in seinem Vermögen, das Universum zu verstehen und neue Universen zu erschaffen; in der Geschwindigkeit und Mühelosigkeit, mit der er disparate Informationen verarbeitet und integriert, sodass er selbst schwierigste Probleme zu lösen vermag. Doch Ehrfurcht und Staunen vor dem menschlichen Geist vertragen sich durchaus auch mit anderen Auffassungen, die im Gegensatz zu Descartes eine Beziehung zwischen Körper und Geist herstellen.

Als die Ergebnisse unserer Selbstbeobachtungen immer stärker von den Erkenntnissen der modernen Neurobiologie untermauert wurden, verlor diese dualistische Auffassung des Leib-Seele-Problems zunehmend ihre Anziehungskraft. Es zeigte sich, dass geistige Phänomene in hohem Maße von der Funktion vieler spezifischer Schaltkreise im Gehirn abhängen. So ist zum Beispiel das Sehvermögen von mehreren spezifischen neuronalen Regionen abhängig, die entlang der Nervenbahnen von der Netzhaut zu den Großhirnhemisphären angeordnet sind. Fällt eine dieser Regionen aus, ist das Sehen gestört. Müssen wir auf alle für das Sehen verantwortlichen neuronalen Regionen verzichten, können wir überhaupt nicht mehr sehen. Gleiches gilt für Hören, Riechen, Bewegung, Sprache und für jede andere höhere geistige Funktion. Sogar kleine Störungen spezifischer neuronaler Systeme können größere Veränderungen geistiger Phänomene nach sich ziehen. Störungen, die durch eine begrenzte Schädigung der Nervenzellen bestimmter neuronaler Regionen verursacht werden – wie etwa bei einem Schlaganfall, der eine Verletzung des Gehirns zur Folge hat –, wirken sich nachhaltig auf Inhalt und Form von Gefühlen und Gedanken aus. Wie bereits beschrieben geschieht das Gleiche, wenn die Funktion dieser Nervenzellen durch Konsum einer Droge oder eines Medikaments eine vorübergehende chemische oder pharmakologische Veränderung erfährt, auch wenn kein bleibender Schaden entsteht. Daher steht heute für die meisten Wissenschaftler, die Geist und Gehirn erforschen, außer Frage, dass der Geist eng mit den Funktionen des Gehirns verknüpft ist. Die Hellsichtigkeit des Hippokrates ist daher bewundernswert, der diese Auffassung ganz isoliert schon vor zweitausend Jahren vertrat.

Die Entdeckung einer Kausalverbindung zwischen Gehirn und Geist und der Abhängigkeit des Geistes vom Gehirn ist natürlich höchst erfreulich, doch wir sollten darüber nicht vergessen, dass wir das Leib-Seele-Problem noch lange nicht befriedigend gelöst haben und dass dieses Unterfangen noch vor einigen großen und kleinen Hürden steht. Zumindest eine dieser Hürden lässt sich durch einen einfachen Perspektivenwechsel überwinden. Dabei geht es um eine merkwürdige Situation: So positiv die moderne wissenschaftliche Verknüpfung von Gehirn und Geist ist, hat sie es doch nicht geschafft, die dualistische Trennung von Geist und Körper aufzuheben. Sie verlagert diese Trennung einfach nur. In den bekanntesten und aktuellsten Entwürfen stehen Geist und Gehirn gemeinsam auf der einen Seite und der Körper (das heißt, der ganze Organismus minus dem Gehirn) auf der anderen. Die Grenzlinie trennt jetzt Gehirn und »eigentlichen Körper«, und die Erklärung, in welcher Beziehung Geist und Körper zueinander stehen, wird schwieriger, wenn der Gehirnteil des Körpers vom »eigentlichen« Körper unterschieden wird. Leider ist dieses dualistische Bild wie eine Wand, die uns den Blick auf das verstellt, was eigentlich offen vor uns liegt – nämlich den Körper im weitesten Sinne und seine Bedeutung für die Entstehung des Geistes.

Der unsichtbare Körper erinnert mich an Chestertons Roman über den unsichtbaren Mann.[5] Ein angekündigter Mord wird in einem Haus begangen, während viele Menschen Wache halten und jeden, der das Haus betritt und verlässt, misstrauisch beobachten. Dass der erwartete Mord begangen wird, ist kein Rätsel. Das Rätsel besteht darin, dass das Opfer allein war und dass die vier Beobachter sich ganz sicher sind: Niemand hat das Haus betreten oder verlassen. Was aber absolut falsch ist: Vor aller Augen hat der Postbote das Haus betreten, die Tat begangen und ist wieder gegangen. Sogar seine Fußabdrücke hat er seelenruhig im Schnee hinterlassen. Natürlich hatte jeder den Postboten gesehen, aber alle haben es geleugnet. Er passte einfach nicht zu der Theorie, die sie über die Identität des potenziellen Mörders entworfen haben. Sie haben hingeschaut, aber nichts gesehen.

Leider ist wohl bei dem großen Geheimnis hinter dem Leib-Seele-Problem etwas Ähnliches passiert. Für eine Lösung, selbst eine Teillösung, ist ein Perspektivenwechsel erforderlich. Erforderlich ist die Einsicht, dass der Geist aus oder in einem Gehirn entsteht, welches sich im »eigentlichen« Körper befindet und mit diesem interagiert; dass der Geist durch Vermittlung des Gehirns im »eigentlichen« Körper verwurzelt ist; dass sich dieser Geist im Laufe der Evolution durchgesetzt hat, weil er dem Überleben des »eigentlichen« Körpers zuträglich ist; und dass der Geist aus oder in biologischem Gewebe entsteht – den Nervenzellen –, das die gleichen Eigenschaften hat wie anderes lebendes Gewebe im »eigentlichen« Körper. Der Perspektivenwechsel allein wird das Problem zwar noch nicht lösen, aber ich bezweifle, dass wir zu einer Lösung kommen, ohne ihn zu wagen.

Den Körper verlieren und den Geist verlieren

Manchmal stoßen wir auf Beobachtungen, die unsere Denkweise verändern. Manchmal passiert das Gegenteil: Wir stellen fest, dass unsere gegenwärtige Auffassung die Bedeutung einer früheren Beobachtung verändert. Manchmal, wenn wir Glück haben, führt die Neubewertung einer Beobachtung zu einer Fokussierung unseres Denkens. Letzteres ist mir passiert, als ich am Beginn meiner neurologischen Laufbahn einen bestimmten Patienten sah. Er zeigte exakt auf seinen Körper und beschrieb ein merkwürdiges Empfinden, das in der Magengrube begann und in die Brust aufstieg, woraufhin er jedes Gefühl für seinen Körper unterhalb dieser Stelle verlor, als hätte er eine örtliche Betäubung erhalten. Das Gefühl der Betäubung stieg unablässig auf, und sobald es seine Kehle erreicht hatte, verlor er das Bewusstsein.

Der Patient beschrieb die aufsteigende Verzerrung seiner Körperempfindung, auf die eine vollständige Bewusstlosigkeit folgte, sobald er überhaupt kein Körpergefühl mehr hatte. Ein paar Augenblicke nach diesen folgenschweren Ereignissen wurde sein Körper im Zuge eines epileptischen Anfalls von Krämpfen geschüttelt. Minuten später, wenn der Anfall vorüber war, kehrte der Patient zu seinem normalen Leben zurück.

Häufig schildern Epilepsiepatienten merkwürdige Empfindungen vor dem Beginn von Anfällen. Diese Phänomene nennt man Auren, und Auren, die wie die des hier beschriebenen Patienten in der Magengegend oder im unteren Brustkorb beginnen, nennt man epigastrisch. Sie sind eine der häufigsten Erscheinungsformen dieses Phänomens. Oftmals berichten Patienten davon, dass merkwürdige Empfindungen vom Leib zum Hals wandern, woraufhin Bewusstlosigkeit einsetzt.[6]

Warum hat die gar nicht so außergewöhnliche Geschichte dieses Patienten solche Bedeutung für mich gewonnen? Weil mir der Fall, lange nachdem ich ihn beobachtet hatte, folgende Möglichkeit vor Augen führte: Als die fortlaufende Abbildung des Körpers im Gehirn aussetzte, tat es auch der Geist. Mit der Aufhebung der Präsenz des Körpers im Geist wurde diesem gewissermaßen der Boden unter den Füßen weggezogen. Wird der Fluss der Körperrepräsentationen, der das Substrat unserer Gefühle und unseres Kontinuitätsempfindens darstellt, radikal unterbrochen, scheint das allein offenbar zu genügen, um zu einer radikalen Unterbrechung unserer Gedanken an Objekte und Situationen zu führen.[7]

Als ich viele Jahre später eine Patientin mit einer Störung untersuchte, die man als Asomatognosie bezeichnet, erschien mir diese These noch plausibler. Bei dieser Frau verschwanden innerhalb kurzer Zeit graduell die meisten, wenn auch nicht alle Körperempfindungen für mehrere Minuten, ohne dass Geist und Selbst ausfielen. Das Empfinden für Skelett und Muskulatur setzte im Rumpf und in den Gliedmaßen aus, während das Empfinden für die inneren Organe, das heißt den Herzschlag, erhalten blieb. Während dieser beunruhigenden Episoden war die Patientin wach und bei Bewusstsein, obwohl sie sich nicht dazu zwingen konnte sich zu bewegen, und an nichts anderes denken konnte als an ihr ungewöhnliches Leiden. Das kann man natürlich kaum als normalen Geisteszustand bezeichnen, aber es blieb immer noch Geist genug, um diese ungewöhnlichen Verhältnisse zu beobachten und zu schildern. In der anschaulichen Beschreibung der Patientin klingt das so: »Ich habe nicht das Empfinden verloren, zu existieren, aber den Körper habe ich verloren«, obwohl sie, um genau zu sein, hätte sagen müssen, sie habe einen Teil ihres Körpers verloren. Diese Störung ließ Folgendes vermuten: Solange es noch einige Abbildungen vom Körper gibt – solange dem Geist der Boden nicht vollkommen unter den Füßen weggezogen worden ist –, ist der geistige Prozess noch ausreichend verankert. Außerdem schien sich damit anzudeuten, dass einige Körperrepräsentationen mehr als andere geeignet sind, den Geist zu verankern, nämlich solche Repräsentationen, die das Innere des Organismus betreffen, speziell seine Organe und das innere Milieu. Die Störung der Patientin war übrigens durch einen vorausgegangenen Schlaganfall verursacht worden, der die somatosensorische Region ihrer rechten Hemisphäre in Mitleidenschaft gezogen und ein kleines Areal vernarbten Hirngewebes geschaffen hatte. Dieses Gewebe war die Ursache eines lokalen epileptischen Anfalls, einer fortschreitenden elektrischen Welle, die die Funktion einiger körperabbildender Schaltkreise zeitweise lahm legte. Wir nehmen an, dass die Karten in SII, SI und vielleicht im rechten Gyrus angularis während des Anfalls gestört waren, die Insel aber unbeeinträchtigt blieb.

In all den Jahren haben mich immer wieder die seltenen Fälle fasziniert, bei denen die Wahrnehmung von Teilen des Körpers durch Krankheit modifiziert wird. Schon wenn eine Gliedmaße betroffen ist, können seltsame Dinge passieren. Beispielsweise kann sich eine Extremität, deren Nerven durchtrennt sind, anfühlen, als wären ihre Umrisse verzerrt, als befände sie sich an einem anderen Ort oder wäre gar nicht mehr vorhanden. Ein amputiertes Bein oder ein Arm kann dank des Phantomschmerz als sehr präsent empfunden werden. Nicht sehr angenehm, aber auf lange Sicht erträglich.[8] Ist jedoch die Wahrnehmung weiterer Abschnitte des Körpers gestört, führt das – wenn auch nur zeitweise – beim Patienten immer auch zu einem gewissen Maß an geistiger Verwirrung. An dem zugrunde liegenden Mechanismus ist immer eine der somatosensorischen Regionen oder eine der körperbezogenen Bahnen beteiligt, von denen im dritten Kapitel die Rede war. Fälle, in denen die für die Körpersignale zuständigen Bahnen betroffen sind, kommen nur sehr selten vor, weil es so viele Signalwege vom Körper zum Gehirn gibt, dass neurologische Erkrankungen nur selten den größten Teil davon unterbrechen.[9]

Ich kann nicht sagen, dass meine gegenwärtige Ansicht zum Leib-Seele-Problem auf den soeben dargelegten Fakten beruht. Dennoch gaben diese Fakten zusammen mit den Befunden über Emotion und Gefühl, von denen im zweiten und dritten Kapiteln die Rede war, meinem Denken eine bestimmte Richtung, sodass es mir gelang, meine theoretische Erklärung mit der Realität des Menschen in Einklang zu bringen. Diese theoretische Erklärung lässt sich wie folgt zusammenfassen:

■ Der Körper (der »eigentliche« Körper) und das Gehirn bilden einen einheitlichen Organismus und interagieren intensiv und wechselseitig über chemische und neuronale Bahnen.

■ Die Gehirnaktivität hat in erster Linie das Ziel, die Lebensregulation des Organismus zu unterstützen, indem sie einerseits die inneren Operationen des »eigentlichen« Körpers und andererseits die Interaktionen zwischen dem gesamten Organismus und den materiellen und sozialen Aspekten der Umwelt koordiniert.

■ Die Gehirnaktivität hat in erster Linie das Ziel, Überleben und Wohlbefinden zu sichern. Ein Gehirn, das für diese primäre Aufgabe gerüstet ist, kann vieles in »Nebentätigkeit« leisten: vom Gedichteschreiben bis zur Konstruktion von Raumschiffen.

■ In komplexen Organismen wie den unseren beruhen die regulatorischen Operationen des Gehirns auf der Erzeugung und Manipulation von Vorstellungen (Ideen oder Gedanken) im Verlauf jenes Prozesses, den wir Geist nennen.

■ Die Fähigkeit, Objekte und Ereignisse innerhalb oder außerhalb des Organismus wahrzunehmen, setzt mentale Bilder voraus. Zu den Beispielen für Vorstellungen, die sich auf die Außenwelt beziehen, gehören visuelle, akustische, taktile, olfaktorische und gustatorische Bilder. Schmerz und Übelkeit sind Beispiele für Vorstellungen, die sich auf die Innenwelt beziehen. Die Ausführung sowohl automatischer als auch

willkürlicher Reaktionen ist auf solche Vorstellungen angewiesen. Auch für die Antizipation und Planung künftiger
Reaktionen sind mentale Bilder erforderlich.

■ Die entscheidende Schnittstelle zwischen den Aktivitäten
des eigentlichen Körpers und den geistigen Mustern, die wir
Vorstellungen nennen, liegt in spezifischen Gehirnregionen,
die mit Hilfe von neuronalen Schaltkreisen kontinuierliche,
dynamische neuronale Muster konstruieren. Die Muster entsprechen verschiedenen Aktivitäten im Körper, das heißt, sie
sind Darstellungen dieser Aktivitäten im Augenblick ihrer
Manifestation.

■ Diese Darstellung ist nicht unbedingt ein passiver Prozess.
Die Strukturen, in denen die Karten entstehen, prägen diese
Karten und werden ihrerseits von anderen Hirnstrukturen
beeinflusst.

Da der Geist in einem Gehirn entsteht, das mit dem Organismus eine Einheit bildet, ist der Geist Teil eines stark vernetzten Apparates. Mit anderen Worten, Körper, Gehirn und
Geist sind Manifestationen eines einzigen Organismus. Zwar
können wir sie zu wissenschaftlichen Zwecken unter dem
Mikroskop sezieren, doch unter normalen Bedingungen sind
sie praktisch untrennbar.

Die Konstruktion von Körperbildern

Nach meinem Verständnis erzeugt das Gehirn zwei Arten von
mentalen Bildern des Körpers. Die ersten nenne ich Bilder
vom Fleisch. Dazu gehören Vorstellungsbilder vom Körperinneren. Sie werden beispielsweise aus den skizzenhaften neuronalen Mustern gewonnen, die den Bau und den Zustand
von inneren Organen wie Herz, Darm und Muskeln und den
Zustand zahlreicher chemischer Parameter im Inneren des
Organismus abbilden.

Körperbilder der zweiten Art betreffen bestimmte Teile des Körpers, etwa die Netzhaut im Hintergrund des Auges oder die Schnecke im Innenohr. Diese Vorstellungen nenne ich Bilder von bestimmten Sinnesorganen. Diese Vorstellungsbilder erwachsen aus jenem Aktivitätszustand in diesen Körperteilen, der erregt wird, wenn Objekte aus der Außenwelt physisch auf die entsprechenden Körperteile einwirken. Diese physische Einwirkung kann vielerlei Formen annehmen. Im Falle der Netzhaut oder der Schnecke stören die Objekte die Muster der Licht- beziehungsweise Schallwellen, woraufhin das dergestalt veränderte Muster von den Sinnesorganen erfasst wird. Bei Tasterlebnissen verändert die mechanische Berührung zwischen einem Objekt und der Körpergrenze die Aktivität der Nervenenden, die an dieser Grenze – der Haut – liegen. Form und Textur der Vorstellungsbilder werden aus diesem Prozess gewonnen.

Das Spektrum der Körperveränderungen, die sich im Gehirn abbilden lassen, ist sehr breit. Dazu gehören die mikroskopischen Veränderungen, die auf der Ebene der chemischen und elektrischen Phänomene stattfinden (beispielsweise in spezialisierten Zellen der Netzhaut, die auf Photonenmuster in Lichtstrahlen reagieren). Auch makroskopische Veränderungen gehören dazu, die sich mit bloßem Auge erkennen lassen (die Bewegung einer Gliedmaße) oder mit der Fingerspitze zu fühlen sind (Hautunebenheit).

Der Herstellungsmechanismus von Körperbildern beider Kategorien – denen vom Fleisch wie denen spezieller Sinnesorgane – ist der gleiche. Erstens resultiert die Aktivität in Körperstrukturen aus zeitweiligen strukturellen Veränderungen des Körpers. Zweitens konstruiert das Gehirn mit Hilfe von chemischen Signalen, die über die Blutbahn übertragen werden, und elektrochemischen Signalen, die über die Nervenbahnen übertragen werden, in einer Reihe dafür vorgesehener Regionen Karten von diesen Körperveränderungen. Schließlich werden die neuronalen Karten zu Vorstellungsbildern.

Bei der ersten Art von Körperbildern, den Bildern aus dem Fleisch, treten die Veränderungen überall im Bereich unserer inneren Landschaft auf und werden durch chemische Stoffe und Nervenaktivität an die somatosensorischen Regionen des Zentralnervensystems geschickt. Bei den Körperbildern der zweiten Art, den Bildern von speziellen Sinneswerkzeugen, erfolgen die Veränderungen in hoch spezialisierten Körperteilen wie der Retina. Die resultierenden Signale werden über neuronale Verbindungen an Regionen übertragen, die die Aufgabe haben, den Zustand dieses bestimmten Körperrezeptors abzubilden. Die Regionen bestehen aus Neuronenkomplexen, deren Aktivitäts- oder Inaktivitätszustand ein Muster bildet. Diese Muster können wir uns als Karte oder Repräsentation eines beliebigen Ereignisses vorstellen, das zu einem gegebenen Zeitpunkt Aktivität innerhalb eines bestimmten Neuronenkomplexes hervorgerufen hat. Im Falle der Netzhaut beispielsweise gehören zu diesen mit dem Sehen befassten Strukturen der Kniehöcker, der Colliculus superior (ein Teil des Hirnstamms) und die Sehrinde (ein Teil der Großhirnhemisphären). Zu den spezialisierten Sinnesorganen des Körpers gehören: die Schnecke im Innenohr (für den Schall zuständig), die halbkreisförmige Vorhoftreppe, die ebenfalls im Innenohr liegt, nämlich dort, wo der Vestibularnerv beginnt (der Vorhof hat die Aufgabe, die Lage des Körpers im Raum abzubilden; davon hängt unser Gleichgewichtssinn ab); die olfaktorischen Nervenendigungen in der Nasenschleimhaut (für den Geruch zuständig); die Geschmacksknospen auf der Zunge (wie der Name sagt, für den Geschmack verantwortlich); und die Nervenendigungen, die unter den äußeren Hautschichten liegen (für den Tastsinn).

Meiner Meinung nach sind die Basisvorstellungen im Fluss der geistigen Prozesse Bilder von ganz unterschiedlichen Körperereignissen, egal, ob es sich um Ereignisse handelt, die in den Tiefen des Körpers stattfinden oder in einigen spezialisierten Sinnesorganen nahe der Körperperipherie. Diese

Basisvorstellungen entstehen in einer Reihe von Kartierungen im Gehirn, das heißt, einer Reihe von Mustern neuronaler Aktivität und Inaktivität (kurz, neuronalen Mustern) in einer Vielzahl von sensorischen Regionen. Umfassend repräsentieren diese Hirnkarten die Struktur und den Zustand des Körpers zu einem gegebenen Zeitpunkt. Einige Karten stellen das Innere des Organismus dar. Andere Karten erfassen die Welt außerhalb, die materielle Welt der Objekte, die mit dem Organismus in bestimmten Bereichen seiner Außenhülle interagieren. In jedem Falle entspricht das, was schließlich in den sensorischen Regionen des Gehirns abgebildet wird und was im Geist die Gestalt einer Idee annimmt, einer Struktur des Körpers in einem bestimmten Zustand und unter bestimmten Bedingungen.[10]

Eine Erläuterung

Es ist wichtig, dass ich diese Aussagen erläutere, besonders die letzte. In unserem augenblicklichen Verständnis der Frage, wie aus neuronalen Mustern Vorstellungsbilder werden, klafft eine riesige Lücke. Die Feststellung, dass es im Gehirn dynamische neuronale Muster (oder Karten) gibt, die sich auf ein Objekt oder ein Ereignis beziehen, ist eine notwendige, aber keine hinreichende Voraussetzung, um die Vorstellungsbilder eines besagten Objekts oder Ereignisses zu erklären. Wir können neuronale Muster beschreiben – mit den Instrumenten der Neuroanatomie, Neurophysiologie und Neurochemie –, und wir können Vorstellungen mit den Werkzeugen der Selbstbeobachtung schildern. Doch wie wir von den einen zu den anderen gelangen, ist nur teilweise bekannt, obwohl unsere gegenwärtige Unwissenheit weder der Annahme widerspricht, Vorstellungen seien biologische Prozesse, noch ihre Stofflichkeit in Abrede stellt. Viele neuere Studien zur Neurobiologie des Bewusstseins beschäftigen sich mit dieser Frage.

Die meisten Bewusstseinsstudien sind gegenwärtig dem Problem gewidmet, wie der Geist entsteht, also jenem Teil des Rätsels um das Bewusstsein, in dem es darum geht, wie das Gehirn seine Vorstellungsbilder so synchronisiert und bearbeitet, dass das entsteht, was ich den »Film im Gehirn« genannt habe. Doch diese Untersuchungen lösen das Rätsel noch nicht, und ich möchte gleich klarstellen, dass auch ich mit keiner Antwort dienen kann. Als ich beispielsweise im dritten Kapitel versucht habe, die Gefühle zu erklären, wollte ich beschreiben, wie sie in einem Körper mit einem Gehirn konstruiert werden können und warum die Konstruktion von Gefühlen, wenn man sie neurologisch betrachtet, sich von der Konstruktion geistiger Ereignisse unterscheidet. Auf der Ebene der Systeme kann ich den Prozess bis zur Organisation der neuronalen Muster erklären, indem ich mich daran orientiere, was für Vorstellungsbilder entstehen werden. Doch ich bin nicht in der Lage, Vermutungen darüber anzustellen, wie die letzten Schritte der Vorstellungsbildung aussehen – von einer Erklärung ganz zu schweigen.[11]

Die Konstruktion der Wirklichkeit

Diese Perspektive hat wichtige Auswirkungen auf die Art und Weise, wie wir die Welt um uns herum wahrnehmen. Die neuronalen Muster und die entsprechenden Vorstellungsbilder der Objekte und Ereignisse außerhalb unseres Gehirns sind dessen Schöpfungen. Sie stehen in Beziehung zu der Realität, die ihre Entstehung auslöst, sind aber keine passiven Spiegelbilder, die diese Realität sklavisch wiedergeben. Wenn Sie und ich zum Beispiel ein externes Objekt betrachten, bilden wir in unseren Gehirnen davon vergleichbare Vorstellungen und können das Objekt auf ganz ähnliche Weise beschreiben. Das heißt jedoch nicht, dass unser Vorstellungsbild eine exakte Kopie des Objekts ist. Das Bild, das wir sehen, beruht auf

Veränderungen, die in unserem Organismus – im Körper und im Gehirn – auftreten, wenn die materielle Struktur dieses bestimmten Objekts mit dem Körper interagiert. Die Gesamtheit der sensorischen Detektoren ist überall im Körper verteilt und hilft uns, neuronale Muster zu konstruieren, welche die umfassende Interaktion des Organismus mit dem Objekt in seiner ganzen Mehrdimensionalität abbilden. Wenn Sie einen Pianisten sehen und hören, der eine bestimmte Melodie spielt, sagen wir Schuberts B-Dur-Sonate (D 960), schließt die umfassende Interaktion Muster ein, die visueller, akustischer, motorischer (bezogen auf die Bewegungen, die wir vornehmen, um zu sehen und zu hören) und emotionaler Natur sind. Die emotionalen Muster entstehen aus den Reaktionen auf die Person, die spielt, auf die Art und Weise, wie die Musik gespielt wird, und auf die Merkmale der Musik selbst.

Die neuronalen Muster, die der oben beschriebenen Szene entsprechen, werden nach den Regeln des Gehirns konstruiert und über einen kurzen Zeitraum in den vielfältigen sensorischen und motorischen Regionen des Gehirns bereitgehalten. Der Aufbau dieser neuronalen Muster beruht auf der vorübergehenden Selektion von Neuronen und Schaltkreisen, die an der Interaktion beteiligt werden. Mit anderen Worten, im Gehirn gibt es Bausteine, die aufgehoben – das heißt selektiert – und in bestimmter Weise zusammengebaut werden können. Stellen Sie sich ein Zimmer voller Legosteine vor, aller nur denkbaren Legosteine, und Sie können sich eine gewisse Vorstellung davon machen.[12] Sie könnten alles bauen, was Ihnen einfiele, genauso wie das Gehirn, das die Bausteine für jede sensorische Modalität besitzt.

Die Bilder, die wir in unserem Geist generieren, sind also das Ergebnis einer Interaktion zwischen dem Individuum und den auf unseren Organismus einwirkenden Objekten. Basis dieser Wechselwirkungen sind neuronale Muster, die in Übereinstimmung mit der Struktur des Organismus konstruiert werden. Dabei sei darauf hingewiesen, dass damit nicht die Realität der Objekte in Abrede gestellt wird. Die Objekte sind real. Genauso wenig soll die Realität der Interaktionen zwischen Objekt und Organismus geleugnet werden. Selbstverständlich sind auch die Vorstellungen real. Und doch sind die Vorstellungsbilder, die wir wahrnehmen, Konstruktionen des Gehirns, die durch ein Objekt ausgelöst werden, und keine Spiegelbilder dieses Objekts. Es gibt kein Abbild des Objekts, das optisch von der Netzhaut an die Sehrinde übermittelt wird. Die Optik endet an der Netzhaut. Von da an finden materielle Umwandlungen statt, die sich von der Netzhaut bis zur Großhirnrinde ständig fortsetzen. Ebenso wenig werden die Geräusche und Klänge, die Sie hören, von der Schnecke durch Zuruf wie mit einem Megaphon an die Großhirnrinde weitergegeben, obwohl materielle Transformationen von dem einen zum anderen Ort gelangen. Es gibt eine Reihe von Entsprechungen, die in der langen Evolutionsgeschichte zwischen den materiellen Eigenschaften der unabhängig von uns existierenden Objekte und dem Repertoire möglicher Reaktionen des Organismus darauf eingerichtet worden sind. (Die Beziehung zwischen den materiellen Merkmalen des externen Objekts und den »apriorischen« Komponenten, die das Gehirn auswählt, um eine Repräsentation zu konstruieren, sind wichtige künftige Forschungsthemen.) Die Konstruktion des neuronalen Musters, das einem bestimmten Objekt zugeschrieben wird, erfolgt dadurch, dass aus einem Repertoire von Korrespondenzen die entsprechenden Elemente ausgewählt und zusammengefügt werden. Doch sind wir einander biologisch so ähnlich, dass wir von derselben Sache ganz ähnliche neuronale Muster konstruieren. Daher ist es nicht überraschend, dass ähnliche Bilder aus ähnlichen neuronalen Mustern entstehen. So können wir ohne große Probleme die landläufige Vorstellung akzeptieren, zwei Personen hätten beide in ihrem Geist das Spiegelbild einer bestimmten Sache hervorgerufen. Was in Wirklichkeit nicht der Fall ist.

Woher wissen wir, dass mentale Bilder und neuronale Muster eng miteinander verwandt sind und dass Erstere aus Letzteren entstehen? Erste Erkenntnisse über die enge Beziehung zwischen beiden brachten uns die Studien von David Hubel und Torsten Wiese. Sie zeigten, dass ein Versuchstier (ein Affe), der eine Gerade, eine Kurve oder in verschiedenen Winkeln verlaufende Linien betrachtet, in seiner Sehrinde charakteristische Muster neuronaler Aktivität ausbildet.[13] Sie berichteten außerdem über das Auftreten charakteristischer Muster in der mikroskopischen Anatomie der Sehrinde und entdeckten dabei die modularen Elemente, mit denen man eine bestimmte Form konstruieren kann. Weitere Beweise dafür lieferte ein Experiment von Roger Tootell, bei dem einem Versuchstier (ebenfalls einem Affen) ein visueller Reiz wie beispielsweise ein Kreuz dargeboten wurde, woraufhin ein Muster, das eine direkte Entsprechung darstellte, in einer bestimmten Schicht seiner Sehrinde entdeckt werden konnte – Schicht 4B der primären Sehrinde, auch als Brodmann-Areal 17 oder Areal V1 bezeichnet.[14] Dieses Ergebnis ist insofern interessant, als es die wichtigsten Aspekte des Prozesses zusammenführt: den äußeren Reiz, den wir Beobachter selbst auch als mentales Bild sehen und von dem wir daher vernünftigerweise annehmen können, dass auch das Versuchstier ihn als Vorstellungsbild sieht; und das neuronale Muster, das offenbar durch das Sehen dieses Reizes hervorgerufen wird. Das Experiment zeigt vielfältige Entsprechungen – den visuellen Reiz; das Vorstellungsbild, das wir als Reaktion auf den Reiz erzeugen und das vom Versuchstier vermutlich ebenfalls generiert wird; und die neuronalen Muster im Gehirn des Tiers. In diesem neuronalen Muster können wir als Beobachter eine Entsprechung zu unserem eigenen Vorstellungsmuster und daher auch zum Vorstellungsmuster des Tieres sehen.

Wie sich dieser bemerkenswerte Körpermechanismus entwickelt haben könnte, ahnen wir, wenn wir die visuellen Werkzeuge betrachten, über die ein sehr einfaches Lebewesen verfügt, das wirbellose Meerestier Ophiocoma wendtii. O. wendtii ist ein Schlangenstern, ein Verwandter des Seesterns, der rasch und gewandt vor Räubern fliehen und sich in nahen Höhlen und Felsspalten verbergen kann. Angesichts der Tatsache, dass diese scheuen Tiere ein Exoskelett aus Kalzit besitzen, keine Augen haben und ihr Nervensystem sehr primitiv ist, blieb ihr Verhalten lange Zeit ein Rätsel. Wie sich jedoch herausstellte, besitzt dieses Tier über die ganze Fläche seines Körpers verteilt winzige Kalzitlinsen, die weitgehend wie Augen funktionieren. Die Linsen fokussieren eintreffendes Licht auf ein kleines Feld unter jeder Linse, woraufhin ein Nervenstrang aktiv wird. Auf diese Weise lässt sich das Muster eines Räubers ebenso abbilden wie das Muster, das ein Felsspalt in der Nähe hervorruft. Die Verarbeitung des Räubermusters führt zu einer Nervenaktivierung und zu entsprechenden motorischen Reaktionen in Richtung des rettenden Felsspalts.[15] Auf keinen Fall will ich behaupten, dass dieses Lebewesen denkt, obwohl wir sicher sein können, dass es handelt und dass es dies auf der Grundlage frisch gebildeter neuronaler Muster tut. Ich neige noch nicht einmal zu der Annahme, dass die neuronalen Muster in einem solch einfachen Nervensystem notwendigerweise zu Vorstellungsbildern werden müssen. Ich möchte damit nur auf die Genealogie jener vom Körper ans Nervensystem gerichteten Signalübertragung hinweisen, die wohl die Basis für die Einflüsse des Körpers auf den Geist sind. Das menschliche Auge und seine Netzhaut verfahren ganz ähnlich wie die Linsen von O. wendtii. Aber der Mechanismus des Auges ist weit komplexer in Bezug auf die Vielfalt der materiellen Einwirkungen, die abgebildet werden; auf die Vielseitigkeit der Karten, die angelegt werden; und auf das Repertoire der Handlungen, die anschließend gewählt werden können. Doch grundsätzlich ist es der gleiche Vorgang: Ein spezialisierter Teil des Körpers wird verändert und das Ergebnis dieser Veränderung wird an das Nervensystem weitergegeben.

Ein ähnliches Ergebnis, das man vor kurzem erhielt, betrifft einen speziellen Typus von Netzhautzellen, die auf Licht reagieren und die Funktion eines Kerns im Hypothalamus beeinflussen – des suprachiasmatischen Kerns, von dem wir wissen, das er die Tag-Nacht-Zyklen und damit die Schlafmuster reguliert. Dass die Stäbchen und Zapfen, aus denen die vorderste Schicht der Netzhaut besteht, auf Licht reagieren, ist seit langem bekannt, und auch dass ihre Reaktionen von entscheidender Bedeutung für das Sehen sind. Neu und interessant ist die Erkenntnis, dass der Einfluss des Lichts auf den Hypothalamus nicht durch die Stäbchen und Zapfen übermittelt wird. Selbst nach einer Zerstörung der Stäbchen und Zapfen bestimmt das Licht noch weiterhin den Tag-Nacht-Zyklus. Diese Aufgabe scheinen Zellen in der darunter liegenden Schicht – der Netzhautganglienzellschicht – zu übernehmen. Es sind sogar ganz besondere Netzhautganglienzellen, welche diese Funktion übernehmen – und solche, die Signale von den Stäbchen und Zapfen erhalten, sind an dieser Funktion nicht beteiligt. Offenbar ist diese Untergruppe von Zellen nur für die beschriebene Funktion zuständig und nicht am Sehen selbst beteiligt.[16] Direkt oder indirekt übt die Aktivität in diesen Zellen einen Einfluss auf den Geist aus. Die Aktivierung des Schlafs vermindert beispielsweise die Aufmerksamkeit und schaltet das Bewusstsein aus; Hintergrundemotionen und verwandte Stimmungen werden nachhaltig durch das Licht, dem der Organismus ausgesetzt ist – und zwar dessen Dauer und Helligkeit –, beeinflusst. Abermals drückt sich eine Veränderung im Zustand des Körpers, und zwar eines spezialisierten Teils des Körpers, als mentale Veränderung aus. Von großem Interesse ist auch der Umstand, dass die fraglichen Zellen – anders als diejenigen, die am Sehprozess beteiligt sind – nicht weiter daran interessiert sind, wie das Licht einfällt. Langsam und ruhig reagieren sie wie Lichtmesser, die man beim Fotografieren verwendet, auf die allgemeine Helligkeit und auf das diffus ins Innere des Auge gelangende Licht. Eine faszinierende Erklärung wäre, dass diese Zellen zu einem älteren und weniger differenzierten Körpersensor gehören und mit grundsätzlicheren Bedingungen befasst sind – nämlich der Lichtmenge, die sich in der Umgebung des gesamten Organismus befindet – und nicht mit der Form, die das Licht unter dem Einfluss äußerer Objekte annimmt.[17] Insofern ähneln sie den Linsen von O. Wendtii und der Ganzkörper-Sensibilität, die man bei einfacheren Organismen ohne spezielle sensorische Regionen antrifft.

In den letzten zwanzig Jahren hat die Neurowissenschaft sehr detailliert aufgedeckt, wie das Gehirn verschiedene Aspekte des Sehens verarbeitet, und zwar nicht nur Formen, sondern auch Farbe und Bewegung.[18] Fortschritte sind außerdem auf dem Gebiet von Hören, Tastsinn und Geruch erzielt worden, und langfristig zeigt sich auch ein neuerliches Interesse am Verständnis der inneren Sinneswahrnehmungen – Schmerz, Temperatur und Ähnlichem. Allerdings muss man an dieser Stelle ganz ehrlich hinzuzufügen, dass wir noch kaum angefangen haben, die Einzelheiten dieses Systems zu erforschen.

Erläuterungen zu den Ursprüngen des Geistes

Die beiden Arten von Abbildungen des Körpers im Gehirn, die ich hier beschrieben habe – die vom Fleisch und die aus den Sinnesorganen –, lassen sich in unserem Geist manipulieren und dazu verwenden, räumliche und zeitliche Beziehungen zwischen Objekten darzustellen. Das ermöglicht uns auch, Ereignisse abzubilden, an denen diese Objekte beteiligt sind. Sind die Vorstellungen in unserem Geist Körpervorstellungen in dem Sinne, in dem wir sie oben erörtert haben? Nicht ganz. Dank unserer kreativen Vorstellungskraft können wir zusätzliche Bilder erfinden, um Objekte und Ereignisse symbolisch darzustellen und Abstraktionen zu erzeugen. Beispielsweise können wir die grundlegenden Vorstellungen vom Körper, von denen hier bereits die Rede war, zerlegen und die Teile neu zusammensetzen. Jedes Objekt und Ereignis kann durch ein erfundenes, vorstellbares Zeichen symbolisiert werden, und diese Zeichen können wiederum zu Gleichungen und Sätzen kombiniert werden. Die erfundenen, vorstellbaren Zeichen repräsentieren dabei abstrakte oder konkrete Objekte und Ereignisse.

Der Einfluss des Körpers auf die Organisation des Geistes lässt sich auch in den Metaphern entdecken, die unser kognitives System entwickelt hat, um Ereignisse und Eigenschaften in der Welt zu beschreiben. Viele dieser Metaphern demonstrieren die Strategien unseres Vorstellungsvermögens – seiner typischen Aktivitäten und Erfahrungen des menschlichen Körpers, seiner Haltungen, Stellungen, Bewegungsrichtungen, Gefühle und so fort. Beispielsweise werden Ideen von Glück, Gesundheit, Leben und dem Guten durch Wort und Geste mit »aufwärts« assoziiert. Traurigkeit, Krankheit, Tod und das Böse mit »abwärts«. Die Zukunft wird mit »vorwärts« in Verbindung gebracht. Mark Johnson und George Lakoff haben sehr überzeugend dargelegt, wie die Kategorisierung bestimmter Körperbewegungen und -haltungen zu Schemata geführt hat, die schließlich durch eine Geste oder ein Wort bezeichnet werden.[19]

Hier sollte ich meine Erörterung vielleicht noch durch eine weitere Erläuterung ergänzen. Wenn ich sage, der Geist werde von Ideen gebildet, die in der einen oder anderen Weise Repräsentationen des Körpers im Gehirn seien, könnte man leicht auf den Gedanken verfallen, das Gehirn sei ein unbeschriebenes Blatt, das unschuldig und unberührt darauf warte, dass der Körper darauf seine Signale eintrage. Nichts könnte falscher sein. Das Gehirn beginnt nicht als Tabula rasa. Schon zu Beginn seiner Existenz verfügt es über das Wissen, wie der Organismus »betrieben« werden muss, das heißt, wie der Lebensprozess zu steuern ist und wie eine Vielzahl von Ereignissen in der Außenwelt bewältigt werden muss. Zahlreiche neuronale Karten und Nervenverbindungen sind schon bei der Geburt angelegt. Beispielsweise wissen wir, dass neugeborene Affen Neuronen in ihrer Großhirnrinde haben, die in der Lage sind, Linien einer bestimmten Ausrichtung zu erkennen.[20] Mit anderen Worten, das Gehirn ist mit angeborenem Wissen und automatischen Fertigkeiten ausgestattet, was zur Folge hat, dass viele Vorstellungen vom Körper bereits determiniert sind. So kommt es, dass eine große Zahl der in der geschilderten Weise aus dem Körper gesandten Signale, aus denen Vorstellungen werden sollen, letztlich vom Gehirn selbst hervorgebracht wird. Das Gehirn befiehlt dem Körper, einen bestimmten Zustand anzunehmen oder sich in einer bestimmten Weise zu verhalten, und dann entstehen die Vorstellungen, die sich auf die Körperzustände oder dieses Körperverhalten gründen. Das beste Beispiel für diese Beziehung sind Triebe und Emotionen. Wie bereits erläutert ist an Trieben und Emotionen nichts frei oder zufällig. Sie sind hochspezifische und im Verlauf der Evolution festgelegte Repertoires von Verhaltensmustern, die das Gehirn in bestimmten Situationen in immer gleicher Form abruft. Werden die Energiequellen im Körper schwach, entdeckt das Gehirn diesen Abfall und löst einen Hungerzustand aus, den Trieb, der zur Korrektur dieses Ungleichgewichts führt. Das Hungergefühl entsteht aus der Abbildung dieser Körperveränderungen, die durch die Verwendung dieses Triebs hervorgerufen wird.

Die Aussage, dass viele Abbildungen vom Körper dadurch entstehen, dass das Gehirn den Körper in einen bestimmten Zustand versetzt, bedeutet, dass einige der grundlegenden Vorstellungen vom Körper im Geist größtenteils durch Gehirnstrukturen und die allgemeinen Bedürfnisse des Körpers vorgegeben sind. Sie sind Abbildungen von Körperaktivitäten, doch diese Handlungen wurden zuerst von einem Gehirn erträumt, das ihnen befohlen hat, sich in einem entsprechenden Körper zu ereignen.

Diese Organisation unterstreicht die »Körper-Gesinntheit« des Geistes. Der Geist ist vorhanden, weil es einen Körper gibt, der ihn mit Inhalten anfüllt. Auf der anderen Seite erledigt der Geist praktische und nützliche Aufgaben für den Körper – er kontrolliert die Ausführung automatischer Reaktionen, um ein bestimmtes Ziel zu erreichen, er antizipiert und plant neue Reaktionen und sorgt für alle möglichen Bedingungen und Objekte, die dem Überleben des Körpers dienen. Die Vorstellungen, die den Geist durchströmen, spiegeln die Interaktion zwischen dem Organismus und seiner Umwelt wider, den Einfluss, den das Gehirn dadurch auf den Körper ausübt, dass es auf die Umwelt reagiert und den Nutzen der Anpassungsreaktionen des Körpers für den Lebenszustand.

Nun ließe sich einwenden, man müsse das Gehirn, da es die unmittelbaren Substrate des Geistes liefert – die neuronalen Karten –, als entscheidendes Element des Leib-Seele-Problems ansehen, und nicht den Körper selbst. Was gewinnen wir, wenn wir den Geist aus der Perspektive des Körpers betrachten, statt den Geist nur aus der Perspektive des Gehirns zu untersuchen? Die Antwort lautet, dass wir auf diese Weise eine Erklärung für den Geist bekommen, die wir nicht finden könnten, wenn wir ihn nur aus der Perspektive des Gehirns betrachteten. Der Geist ist für den Körper da, er ist damit beschäftigt, die Geschichte der vielfältigen Ereignisse im Körper zu erzählen, und optimiert mit Hilfe dieser Geschichte das Leben des Organismus. So wenig ich Sätze leiden kann, deren Grammatik eine mühsame Analyse erfordert, bin ich hier doch versucht, einen solchen Satz als Zusammenfassung meiner These anzubieten: Der körperbestückte, körpergesinnte Geist des Gehirns ist ein Diener des ganzen Körpers.

Doch nun kommen wir zu einigen heiklen Fragen. Wozu brauchen wir eine »geistige Ebene« der Gehirnfunktionen? Warum genügt die »Ebene der neuronalen Karten« nicht, wie sie gegenwärtig mit den Werkzeugen der Neurowissenschaft beschrieben wird? Warum sollte die Ebene der neuronalen Karten, deren Aktivitäten weder mental ablaufen noch bewusst sind, der Ebene des bewussten Geistes bei der Steuerung des Lebensprozesses unterlegen sein? Noch klarer und näher an meinen Ideen formuliert: Wozu brauchen wir die neurobiologische Funktionsebene, zu der auch Geist und Bewusstsein gehören?

Einige dieser Fragen können wir beantworten, über andere hingegen nur spekulieren. Beispielsweise wissen wir sicher, dass ohne ein Bewusstsein in der umfassenden Bedeutung des Wortes – einen Prozess, zu dem der Film-im-Gehirn und der Selbst-Sinn gehören – das Leben nicht mehr angemessen gesteuert werden kann. Selbst vorübergehende Bewusstseinsausfälle ziehen eine Beeinträchtigung der Lebensbewältigung nach sich. Tatsächlich braucht nur die Selbst-Komponente des Bewusstseins auszufallen, und schon ist die Lebenssteuerung so empfindlich gestört, dass Betroffene in einen Abhängigkeitszustand geraten, der mit dem eines Kleinkindes vergleichbar ist. (Das geschieht in Situationen wie dem akinetischen Mutismus.) Es besteht kein Zweifel daran, dass die Ebene des bewussten Geistes für das Überleben notwendig ist.

Doch worin genau besteht die Unentbehrlichkeit des Beitrags, den die biologische Ebene des bewussten Geistes leistet? Hier sind wir auf Spekulationen angewiesen. Wie bereits im vierten Kapitel angedeutet, ermöglicht uns die bloße Komplexität der sensorischen Phänomene auf der mentalen Ebene vielleicht einen leichteren Übergang zwischen verschiedenen

Sinnesmodalitäten, das heißt, die Integration von visuellen und akustischen Informationen, von visuellen und taktilen Informationen mit akustischen und so fort. Außerdem lassen sich auf der mentalen Ebene aktuelle Vorstellungsbilder jeglicher sensorischen Gattung mit einschlägigen Vorstellungen aus dem Gedächtnis verknüpfen. Weiterhin stellen diese vielfältigen Integrationsprozesse ein fruchtbares Betätigungsfeld für die Problemlösung und die Kreativität im Allgemeinen dar. Folglich lautet die Antwort, dass die Vorstellungsbilder der mentalen Ebene ganz leicht eine Informationsmanipulation ermöglichen, welche die Ebene der neuronalen Karten (wie sie bislang beschrieben wurde) nicht zu leisten vermag. Um diese neuen Funktionen ausführen zu können, verfügt die Bewusstseinsebene vermutlich über zusätzliche biologische Eigenschaften, Eigenschaften, welche die Ebene der »aktuellen« neuronalen Karten nicht besitzt. Das heißt jedoch nicht, dass die geistige Ebene der biologischen Operationen auf einer anderen Substanz im kartesischen Sinne beruht. Auch die komplexen, hoch integrierten Vorstellungen des geistigen Prozesses sind biologisch und materiell zu verstehen.

Betrachten wir nun, was der Selbst-Sinn für diesen Prozess bedeutet. Die Antwort lautet *Orientierung*. Der Selbst-Sinn schafft auf der Ebene der geistigen Prozesse das Empfinden, dass alle Aktivitäten, die gerade in Gehirn und Geist dargestellt werden, zu einem einzigen Organismus gehören, dessen Selbsterhaltungsbedürfnisse der Hauptgrund für die meisten dieser zu einem bestimmten Zeitpunkt abgebildeten Ereignisse sind. Der Selbst-Sinn richtet die geistigen Planungsprozesse auf die Befriedigung dieser Bedürfnisse aus. Diese Orientierung ist nur möglich, weil Gefühle ein fester Bestandteil der Operationen sind, die den Selbst-Sinn konstituieren, und weil die Gefühle im Geist ständig die Sorge um den Organismus hervorrufen.

Mit anderen Worten: Ohne die Vorstellungsbilder auf der geistigen Ebene wäre der Organismus nicht in der Lage, die umfassende Integration der überlebensrelevanten Informationen rechtzeitig zu leisten – von den Informationen, die für das Wohlbefinden wichtig sind, ganz zu schweigen. Ohne den Selbst-Sinn und ohne die Gefühle, die für seinen Zusammenhalt sorgen, wäre diese umfassende mentale Informationsintegration nicht auf die Lebensprobleme ausgerichtet, das heißt, auf Überleben und Wohlbefinden.

Diese Vorstellung vom Geist ist nicht in der Lage, die Wissenslücke zu schließen, von der es bereits hieß, die gegenwärtigen neurowissenschaftlichen Beschreibungen der neuronalen Karten und ihrer Aktivitäten würden nicht ausreichen, um uns Auskunft über die biophysische Beschaffenheit von Vorstellungen zu geben. Aber wir haben die Lücke beschrieben, genauso wie die Hoffnung, sie eines Tages zu schließen.[21]

Zum gegenwärtigen Zeitpunkt ist die plausibelste Annahme, dass der Geist aus der Kooperation vieler Gehirnregionen entsteht. Das geschieht, wenn die bloße Akkumulation von Einzelheiten, die den in diesen Regionen abgebildeten Körperzustand betreffen, einen »kritischen Wert« erreichen. Die Wissenslücke, die wir gegenwärtig beklagen, erweist sich irgendwann einmal vielleicht gerade als eine Diskontinuität in der Komplexität der akkumulierten Einzelheiten und in der Komplexität, welche die an diesen Abbildungen beteiligten Hirnregionen aufweisen.

Körper, Geist und Spinoza

Es wird Zeit, zu Spinoza zurückzukehren und die mögliche Bedeutung dessen zu untersuchen, was er über Körper und Geist geschrieben hat. Egal, welcher Interpretation seiner diesbezüglichen Äußerungen wir den Vorzug geben, in jedem Fall können wir sicher sein, dass er die von Descartes überkommene Auffassung verlässt, wenn er in der *Ethik*, Teil I, sagt, Denken und Ausdehnung seien zwar unterscheidbar, aber dessen ungeachtet Attribute derselben Substanz – Gott oder der Natur. Die Rede von einer einzigen Substanz hat den Zweck, den Geist als untrennbar vom Körper darzustellen, so als wären beide irgendwie aus dem gleichen Holz geschnitzt. Die Rede von den beiden Attributen – Geist und Körper – bestätigt die Unterscheidung zwischen zwei Arten von Phänomenen und ist eine Formulierung, die einen vollkommen vernünftigen Dualismus der »Aspekte« aufrechterhält, aber den Dualismus der Substanzen verwirft. Dadurch, dass Spinoza Denken und Ausdehnung gleichstellt und dass er sie mit einer einzigen Substanz verbindet, will er ein Problem überwinden, an dem Descartes scheiterte: die Existenz zweier Substanzen und die Notwendigkeit, sie zu integrieren. Oberflächlich betrachtet, ist Spinozas Lösung nicht mehr auf eine Integration oder Interaktion von Geist und Körper angewiesen. Geist und Körper entstehen parallel aus derselben Substanz und ahmen einander in ihren verschiedenen Manifestationen vollkommen nach. Auf diese Weise bringt der Geist nicht den Körper und der Körper nicht den Geist hervor.

Selbst wenn sich Spinozas Beitrag auf obige Formulierung beschränkte, müsste man ihm zugestehen, dass er einen Fortschritt erzielt hätte. Wenn er Geist und Körper auf eine einzige, nicht weiter erläuterte Substanz zurückführt, verzichtet er allerdings auf den Versuch zu erklären, wie die körperlichen und geistigen Manifestationen dieser Substanz entstanden sind. Ein gerechter Kritiker würde hinzufügen, dass Descartes dort zumindest einen Versuch unternommen hat, wo Spinoza das Problem einfach umgeht. Doch vielleicht hätte dieser gerechte Kritiker nicht ganz Recht. Nach meiner Interpretation hat Spinoza einen kühnen Versuch unternommen, das Geheimnis zu lösen. Ich vermute – bin aber jederzeit zum Eingeständnis eines Irrtums bereit –, dass Spinoza, legt man seine Äußerungen in Teil II der *Ethik* zugrunde, intuitiv die allgemeine anatomische und funktionelle Organisation erfasst hat, die der Körper annehmen muss, damit der Geist mit ihm zusammen manifestieren kann, oder genauer, mit und in ihm. Lassen Sie mich erklären, warum ich dieser Meinung bin.

Beginnen wir mit Spinozas Begriffen von Körper und Geist. Seine Vorstellung vom menschlichen Körper ist konventionell. In der *Ethik*, Teil I, Fünfzehnter Lehrsatz, beschreibt er ihn wie folgt: »... daß man unter Körper eine Masse verstehe, die lang, breit, tief und durch eine bestimmte Gestalt begrenzt ist.« In Spinozas Begriffen würde meine eigene Beschreibung lauten: »eine bestimmte umgrenzte Substanzmenge«. Und da Spinozas Substanz Natur ist, würde ich sagen: »Ein Körper ist ein Klumpen Natur, der von der Grenzfläche der Haut umschlossen ist.«

Die Einzelheiten zu Spinozas Körperbegriff finden wir in den sechs Postulaten oder Voraussetzungen von Teil II der *Ethik*, nämlich:

1. Der menschliche Körper ist aus überaus vielen Individuen (von verschiedener Natur) zusammengesetzt, von denen ein jedes seinerseits wieder sehr komplex ist.

2. Von den Individuen, aus denen der menschliche Körper sich zusammensetzt, sind etliche flüssig, etliche weich, etliche hart.

3. Die Individuen, die den menschlichen Körper bilden, und folglich auch der menschliche Körper selbst, werden von äußeren Körpern auf sehr viele Weisen beeinflusst.

4. Der menschliche Körper bedarf zu seiner Erhaltung sehr vieler anderer Körper, von denen er beständig gleichsam neu erzeugt wird.

5. Wenn ein flüssiger Teil des menschlichen Körpers von einem äußeren Körper bestimmt wird, auf einen anderen weichen wiederholt einen Stoß auszuüben, so verändert er dessen Fläche und drückt ihm gleichsam gewisse Spuren des den Anstoß gebenden äußeren Körpers ein.

6. Der menschliche Körper kann die äußeren Körper auf sehr viele Arten bewegen und in sehr verschiedenen Weisen auf sie einwirken.

Das dynamische Bild, das Spinoza hier zeichnet, ist sehr differenziert, besonders wenn man bedenkt, dass er in der Mitte des 17. Jahrhunderts schreibt – zu einer Zeit, in der die Tinte der ersten anatomischen Abhandlungen noch kaum getrocknet war. Dieser komplexe Körper besitzt viele Teile. Sie sind vergänglich und müssen erneuert werden. Im Kontakt mit anderen Körpern können sie sich verformen. Natürlich sagt er nicht, dass diese Verformungen über Nervenbahnen an das Gehirn übermittelt werden könnten, aber zutrauen würde ich ihm diesen Gedanken durchaus.

Soweit ich es beurteilen kann, liegt der wirkliche Durchbruch in Spinozas Begriff des menschlichen Geistes, den er sehr klar als die Idee des menschlichen Körpers definiert. Dabei verwendet Spinoza das Wort »Idee« synonym mit dem Begriff des Vorstellungsbildes, der mentalen Repräsentation oder des Gedankenelements. Er nennt die Idee »einen Begriff des Geistes, den der Geist bildet, weil er ein denkendes [bewußtes] Ding ist.«[22] (An anderer Stelle bezeichnet Spinoza jedoch mit »Idee« die weitere Verarbeitung von Vorstellungen, also ein Produkt des Verstandes und nicht des reinen Vorstellungsvermögens.)

Hören wir weiter, was der Philosoph sagt: »Der Gegenstand der Idee, die den menschlichen Geist ausmacht, ist der Körper.«[23] In anderen Lehrsätzen wird diese Aussage wiederholt und ausgeführt. Beispielsweise erklärt Spinoza: »Der menschliche Geist ist eben die Idee oder die Erkenntnis des menschlichen Körpers selbst.«[24] Und kurz danach heißt es: »Der Geist erkennt sich selbst nur, sofern er die Ideen der Erregungen des Körpers erfasst.«[25]

Auch die folgenden Passagen gehören in diesen Zusammenhang:

a. Folglich ist der Gegenstand der Idee, die den menschlichen Geist ausmacht, eben der Körper, und zwar der tatsächlich existierende.[26]

b. Von da aus verstehen wir nicht allein, daß der menschliche Geist mit dem Körper vereinigt ist, sondern auch, was man unter Einheit von Geist und Körper zu verstehen habe.[27]

c. Um daher zu bestimmen, wodurch der menschliche Geist sich von den übrigen unterscheidet und worin er die übrigen übertrifft, ist es notwendig, die Natur seines Gegenstandes, d. h. die Natur des menschlichen Körpers, kennenzulernen. Doch kann ich dieselbe hier nicht erklären, und es ist auch nicht nötig für das, was ich beweisen will. Im allgemeinen nur will ich bemerken, je fähiger vor anderen irgendein Körper ist, vieles zugleich zu tun und zu leiden, um so fähiger ist auch sein Geist vor anderen, vieles zugleich zu erfassen.[28]

Letztere Aussage wird in ganz ähnlicher Form wieder aufgenommen: »Hieraus folgt … daß der menschliche Geist die Natur sehr vieler Körper zugleich mit der Natur seines Körpers auffaßt.«[29]

Vielleicht noch wichtiger ist die folgende Aussage: »Der menschliche Geist erfaßt einen äußeren Körper als wirklich daseiend nur durch die Ideen der Erregungen seines eigenen Körpers.«[30]

Spinoza sagt nicht nur, dass der Geist in seiner vollständigen Gestalt gleichgestellt mit dem Körper aus der Substanz hervorgeht, er entwirft auch einen Mechanismus, durch den diese Gleichstellung plausibel wird. Dieser Mechanismus ist eine Strategie: Ereignisse im Körper werden im Geist als Idee repräsentiert. Es gibt repräsentierende »Entsprechungen«, die nur in eine Richtungen gehen – vom Körper zum Geist. Die Mittel zur Herstellung der repräsentierenden Entsprechungen sind in der Substanz enthalten. In diesen Sätzen klingt meiner Meinung nach schon eine Ahnung von »Entsprechung« und sogar von »Abbildung« an. Ich glaube, Spinoza schwebte eine Art strukturerhaltender Isomorphie vor. Ebenso erstaunlich ist die Auffassung, dass der Geist einen äußeren Körper nur durch die Veränderungen des eigenen Körpers als existent wahrzunehmen vermag. Im Prinzip legt Spinoza eine Reihe von funktionalen Abhängigkeiten fest: Die Idee eines Objekts kann nicht ohne die Existenz des Körpers auftreten – oder ohne bestimmte Veränderungen, die in diesem Körper durch das Objekt hervorgerufen werden. Kein Körper, kein Geist.

Natürlich kann Spinoza die Grenzen seines Wissens nicht überschreiten und sich daher nicht dazu äußern, dass zu den Mittel, mit denen die Ideen vom Körper erzeugt werden, chemische Übertragungswege, Nervenbahnen und das Gehirn selbst gehören. Spinoza weiß kaum etwas über das Gehirn und über die Mittel einer wechselseitigen Signalübertragung zwischen Körper und Gehirn, und er versäumt es nicht, auf seine Unwissenheit hinsichtlich der anatomischen und physiologischen Details des Körpers hinzuweisen, auch bezüglich des Organs, das als Gehirn bezeichnet wird. Vorsichtig vermeidet er jede Erwähnung des Gehirns, wenn er die Beziehung zwischen Geist und Körper erörtert, obwohl aus Äußerungen an anderer Stelle hervorgeht, dass er eine enge Verbindung zwischen Gehirn und Geist annimmt. So heißt es zum Beispiel am Ende von Teil I der Ethik, jedermann urteile »nach der Beschaffenheit seines Gehirns über die Dinge«. Im gleichen Abschnitt erörtert er das Sprichwort »Die Geschmäcke sind so verschieden als die Köpfe« und sagt dazu, die Menschen urteilten »je nach der Anlage ihres Gehirns«.[31] Heute können wir seine Ausführungen mit unserem Wissen über die Einzelheiten des Gehirns ergänzen – Fakten, die ihm natürlich noch nicht bekannt waren.

Aus unserer heutigen Sicht ist die Aussage, unser Geist bestehe aus Ideen vom eigenen Körper, gleichbedeutend mit der Feststellung, dass unser Geist sich aufbaut aus Vorstellungen, Repräsentationen oder Gedanken über die Teile unseres

Körpers, die in spontanen Handlungen begriffen oder Veränderungen durch Objekte in der Umgebung ausgesetzt sind. Die Aussage weicht erheblich von der herkömmlichen Meinung ab und mag auf den ersten Blick wenig plausibel erscheinen. Üblicherweise meinen wir, unser Geist sei bevölkert von Vorstellungen oder Gedanken über Objekte, Handlungen und abstrakte Beziehungen, die größtenteils die Außenwelt betreffen und nicht unseren Körper. Doch die Aussage wird plausibel, wenn man sie an den Untersuchungsdaten misst, von denen ich im zweiten und dritten Kapitel über die Prozesse der Emotionen und Gefühle berichtet habe, und an den neurophysiologischen Fakten, die ich in diesen Kapiteln erörtert habe. Der Geist ist angefüllt mit den Vorstellungsbildern vom Fleisch und den Vorstellungsbildern von speziellen Sinnesorganen. Die Ergebnisse der modernen Neurobiologie lassen nicht nur darauf schließen, dass Vorstellungen im Gehirn entstehen, sondern auch, dass ein Großteil der Vorstellungen, die im Gehirn entstehen, von Signalen aus dem eigentlichen Körper geformt wird.

Den ersten Teil der *Ethik*, in dem sich Spinoza allgemein mit den Problemen von Geist und Körper auseinander setzt, halte ich für eine vollendete philosophische Abhandlung über das ganze Universum. Doch in Teil II hat er sich mit einem eng umgrenzten Problem befasst, und dort hat ihm meiner Meinung nach eine Lösung vorgeschwebt, die er nicht richtig bestimmen konnte. Seine Doppelperspektive führt zu Ergebnissen, die von einer latenten Spannung bis zum Zusammenprall scheinbarer Gegensätze alles in sich bergen, ein Konflikt, der die ganze *Ethik* durchzieht. Die Gleichstellung von Geist und Körper klappt nämlich nur in allgemeinen Beschreibungen. Sobald sich Spinoza auf die ungeklärten Mechanismen einlässt, gibt es bevorzugte Wirkungsrichtungen, vom Körper zum Geist, wenn wir wahrnehmen, und vom Geist zum Körper, wenn wir uns entschließen zu sprechen und diesen Entschluss in die Tat umsetzen.

Spinoza zögert nicht, Körper oder Geist unter bestimmten Bedingungen das Vorrecht einzuräumen. In den meisten bislang erörterten Lehrsätzen trägt der Körper natürlich einen stillschweigenden Sieg davon, doch im zweiundzwanzigsten Lehrsatz (*Ethik*, Teil II) privilegiert Spinoza den Geist: »Der menschliche Geist erfaßt nicht nur die Erregungen des Körpers, sondern auch die Ideen dieser Erregungen.« Was in Wirklichkeit bedeutet, dass wir uns, sobald wir uns eine Idee von einem bestimmten Objekt machen, eine Idee von der Idee machen können, und eine Idee von der Idee von der Idee und so fort. All diese Ideenbildung findet auf der Geist-Seite der Substanz statt, die aus heutiger Sicht weitgehend mit dem Gehirn-Geist-Bereich des Organismus gleichgesetzt werden kann.

Der Begriff der »Idee von Ideen« ist in vielerlei Hinsicht wichtig. Beispielsweise eröffnet er die Möglichkeit, Beziehungen abzubilden und Symbole zu schaffen. Ebenso wichtig: Der Begriff ist eine Voraussetzung, um eine Idee vom Selbst zu entwickeln. Ich habe die Meinung geäußert, die grundlegenste Form des Selbst sei eine Idee, eine Idee zweiter Ordnung. Warum zweiter Ordnung? Weil sie auf zwei Ideen erster Ordnung beruht – die eine ist die Idee des Objekts, das wir wahrnehmen, die andere die Idee unseres Körpers in seiner Veränderung durch die Wahrnehmung des Objekts. Die Selbst-Idee zweiter Ordnung ist die Idee von der Beziehung zwischen den beiden anderen Objekten – dem wahrgenommenen Objekt und dem durch die Wahrnehmung veränderten Körper.

Die Idee zweiter Ordnung, die ich Selbst nenne, ist in den Ideenstrom des Geistes eingebettet und bietet diesem neu geschaffenes Wissen, nämlich das Wissen, dass unser Körper mit einem Objekt interagiert. Ich glaube, dass ein solcher Mechanismus entscheidend für die Erzeugung von Bewusstsein in der umfassenden Bedeutung des Wortes ist und habe Hypothesen über Prozesse vorgeschlagen, welche den Einsatz dieser Mechanismen im Gehirn ermöglichen würden.[32] Wir haben dann einen bewussten Geist, wenn der Strom der Vorstellungen, der die Objekte und Ereignisse in verschiedenen Sinnesmodalitäten beschreibt – der Film-im-Gehirn –, von den Vorstellungen des *Selbst* in der eben geschilderten Form begleitet wird. Bewusstsein ist ein einfacher mentaler Prozess, der sich aus den gleichzeitigen und fortlaufenden Beziehungen zu Objekten und zum eigenen Organismus speist, der dieses Bewusstsein beherbergt. Noch einmal, es ist faszinierend, dass Spinoza in seinem Denken Platz hatte für einen so einfachen und faszinierenden Vorgang wie aus Ideen Ideen zu gewinnen.

Mit Ungeduld begegnete Spinoza allen Argumenten, die ein Resultat von Ignoranz waren, Argumenten, wie wir sie oft zu hören bekommen, wenn wir behaupten, der Geist entstehe aus biologischem Gewebe, weil »das unvorstellbar ist«. Spinoza äußert sich in dieser Hinsicht sehr deutlich:

Freilich, was der Körper vermag, hat bisher noch niemand festgestellt, d. h. niemand hat sich bisher durch Erfahrung darüber unterrichtet, was der Körper nach den bloßen Gesetzen der Natur, sofern diese bloß als körperlich betrachtet wird, zu tun vermöge, und was er nicht vermöge, wenn er nicht vom Geiste dazu bestimmt wird. Denn bisher kennt doch niemand die Werkstätte des Körpers so genau, daß er alle seine Funktionen erklären könnte ... Sodann weiß niemand, auf welche Weise und durch welche Mittel der Geist den Körper bewege, noch wie viel Grade der Bewegung er dem Körper mitteilen könne, und mit welcher Geschwindigkeit er ihn zu bewegen imstande sei. – Daraus folgt, daß, wenn die Menschen sagen, diese oder jene Körpertätigkeit gehe vom Geist aus, der die Herrschaft über den Körper habe, sie nicht wissen, was sie sagen und nichts anderes tun, als mit täuschenden Worten eingestehen, daß sie – ohne darüber in

Verwunderung zu geraten – die wahre Ursache jener Tätigkeit nicht wissen.[33]

Hier meint Spinoza, denke ich, den Körper in einer umfassenden Bedeutung des Wortes, nämlich den eigentlichen Körper und das Gehirn. Vielleicht untergrub er damit nicht nur die traditionelle Vorstellung, dass der Körper aus dem Geist entstehe, sondern bereitete auch den Boden für Entdeckungen, welche die gegenteilige Auffassung stützten.[34]

Manch einer wird mit meiner Interpretation nicht einverstanden sein. Beispielsweise ließe sich entgegnen, dass meine Auffassung im Widerspruch stehe zu Spinozas Ansicht, der Geist sei ewig. Der Einwand würde jedoch nicht greifen. An zahlreichen Stellen der *Ethik*, vor allem in Teil V, definiert Spinoza Ewigkeit als Existenz einer ewigen Wahrheit, als das Wesen eines Dings und nicht als Dauer in der Zeit. Spinoza glaubt, das Wesen unseres Geistes habe bereits vor ihm selbst existiert und werde noch fortdauern, nachdem unser Geist schon längst mit unserem Körper vergangen sei. Der Geist sei sowohl sterblich als auch ewig. Im Übrigen erklärt Spinoza an anderen Stellen in der *Ethik* und im *Tractatus*, dass der Geist mit dem Körper zugrunde gehe. Tatsächlich könnte der Umstand, dass er die Unsterblichkeit der Seele oder des Geistes leugnete – eine Überzeugung, die er hegte, seit er zwanzig war –, ein entscheidender Grund dafür gewesen sein, dass er aus seiner religiösen Gemeinschaft verstoßen wurde.[35]

Worin besteht also Spinozas Erkenntnis? Darin, dass Geist und Körper parallele und wechselseitig miteinander verknüpfte Prozesse sind, die einander ständig nachahmen und wie zwei Seiten einer Medaille sind. Dass es tief im Inneren dieser parallelen Phänomene einen Mechanismus zur Repräsentation von Körperereignissen im Geist gibt. Dass, soweit es sich unser Wahrnehmung erschließt, trotz der Gleichstellung von Geist und Körper eine Asymmetrie zwischen den

Mechanismen erkennbar ist, die diesen Phänomenen zugrunde liegen. Dass der Körper die Inhalte des Geistes stärker prägt als der Geist die des Körpers, obwohl Geist-Prozesse sich in Körperprozessen maßgeblich widerspiegeln. Andererseits können sich viele Ideen einen Geist teilen, wozu Körper nicht in der Lage sind. Wenn ich Spinozas Aussagen auch nur annähernd richtig interpretiere, war diese Erkenntnis revolutionär für seine Zeit, hatte aber keinerlei Auswirkungen auf die Wissenschaft. Jedenfalls hat die theoretische Bedeutung dieser Ansichten weder in der Spinoza-Forschung noch in der empirischen Wissenschaft gebührende Beachtung gefunden.

Zum guten Schluss: Dr. Tulp

Ich habe meinen Huygens-Vortrag damit beendet, indem ich eine Reproduktion von Rembrandts Bild *Die Anatomie des Dr. Tulp* zeigte, das ganz in der Nähe, im Mauritshuis, hängt. Nicht zum ersten Mal habe ich dieses Gemälde dazu verwendet, das Leib-Seele-Problem zu veranschaulichen, doch noch nie haben Ort und Thema so in Einklang gestanden. Oberflächlich betrachtet zeigt Rembrandts Bild den berühmten Arzt und Wissenschaftler Dr. Tulp bei einer ungewöhnlichen Anatomievorlesung im Januar 1632. Die Chirurgengilde wollte ihr illustres Mitglied mit einem Gemälde ehren und konnte sich dafür keinen besseren Anlass vorstellen als eine Sektion vor Publikum, ein öffentliches und bezahltes Ereignis, das sich regen Zuspruchs in den gebildeten und wohlhabenden Schichten erfreute. Zugleich kündigt das Bild ein neues Zeitalter in der Untersuchung des Körpers und seiner Funktionen an, ähnlich den Schriften von William Harvey und Descartes – von Letzterem heißt es, er sei unter den Zuschauern gewesen. Harveys Entdeckungen über den Blutkreislauf sind aus dem gleichen Geist geboren, dem Geist des

Vesalius, der dieses Zeitalter einläutete, die Ära der scharfen Skalpelle, Linsen und Mikroskope, die die Feinstruktur des menschlichen Körpers sezieren und vergrößern konnten. Das Werk brachte das holländische Interesse am Studium und der Darstellung der Natur zum Ausdruck – einschließlich des menschlichen Körpers und seiner unter der Haut gelegenen Teile –, ein Sinnbild für den Aufstieg der Wissenschaft, die dieses Zeitalter prägte.

Vielleicht wichtiger noch war der Umstand, dass Rembrandts Bild uns an die Verwirrung erinnert, welche die neuen anatomischen Entdeckungen in den Entdeckern hervorriefen. In der rechten Hand hält Dr. Tulp die Sehnen, die dem Toten einst dazu dienten, die Finger der linken Hand zu beugen, während der Anatom mit der eigenen linken Hand demonstriert, für welche Bewegung diese Sehnen verantwortlich sind. Für alle, die sehen können, wird das Geheimnis, das dieser Handlung zugrunde liegt, offenbar. Es handelt sich nicht um eine hydraulische oder pneumatische Pumpvorrichtung, was natürlich auch hätte sein können. Und darin liegt die Schönheit des Augenblicks, der auf der Leinwand eingefangen ist: Die Bewegung der Hand wird durch Muskelkontraktionen bewirkt und einen entsprechenden Zug an den Sehnen, die mit den Knochen verbunden sind. Nichts anderes ist für die Bewegungen des Körpers verantwortlich. Dr. Tulp stellt fest, was ist, und unterscheidet es von dem, was sein könnte. Vermutungen werden von Tatsachen getrennt.

Doch das Schauspiel eines Geheimnisses, das gelüftet wird, ist für manche Menschen beunruhigend, und zumindest das können wir in Dr. Tulps Blick lesen. Er sieht den Betrachter nicht an, er blickt nicht auf das, was er tut, und er würdigt auch seine Kollegen keines Blickes. Er schaut in die Ferne und über die Grenzen der Leinwand hinaus und – wenn der Historiker Simon Schama Recht hat – auch über die Grenzen des Raumes hinaus. Schama meint, Dr. Tulp schaue auf den Schöpfer selbst. Die Deutung verträgt sich gut mit dem

Umstand, dass Tulp ein gläubiger Calvinist war, und mit den Versen, die Caspar Barleus einige Jahre später schrieb, als das Gemälde bekannt geworden war: »Lerne dich kennen, Zuschauer, und bedenke, während du die Teile betrachtest, dass selbst noch in den kleinsten Dingen Gott verborgen liegt.«[36] Für mich sind Barleus' Worte eine Antwort auf das Unbehagen, das die Entdeckung begleitet, das Unbehagen, das durch folgenden sich unvermeidlich einstellenden Gedanken ausgelöst wird: Wenn wir diesen Aspekt der Natur erklären können, was können wir dann nicht erklären? Warum sollen wir nicht alles erklären können, was sonst noch im Körper geschieht, vielleicht sogar den Geist? Können wir dann nicht auch entdecken, wie unsere Gedanken die Hand veranlassen, sich zu bewegen? Von den eigenen Überlegungen erschreckt, wollte Barleus sein Publikum oder die Gottheit oder beide besänftigen, indem er erklärte, auch wenn der Mensch hinter die Kulissen schaue und erkenne, wie das Kunststück funktioniere, werde ihm das die Ehrfurcht vor dem Werk des Schöpfers nicht rauben. Was tatsächlich mit der Miene von Dr. Tulp zum Ausdruck gebracht werden soll, lässt sich beim besten Willen nicht entscheiden, und manchmal, wenn ich vor dem Bild stehe, denke ich, er teile dem Betrachter einfach mit: »Schaut her, was ich getan habe!« Egal, was die wahre Bedeutung ist, Rembrandt oder Tulp, vielleicht auch beide, wollte uns klar machen, dass niemand auf die leichte Schulter nahm, was dort im *Theatrum Anatomicum* geschehen war.[37]

Barleus' fromme Versicherung war allerdings als Gegenmittel gegen die Ansichten erforderlich, die Descartes in jener Zeit vermutlich über das Geist-Körper-Problem hegte, und gegen das, was Spinoza während der darauf folgenden zwanzig Jahre zu diesem Thema denken und schreiben sollte. Faszinierenderweise lässt sich auch zeigen – womit einmal mehr bewiesen wäre, wie Worte lügen können –, dass sich ein ganz anderer Sinn ergibt, wenn man die Verse aus ihrem Zusammenhang reißt und als Äußerung von Spinoza ausgibt. Mit Blick auf Rembrandts Meisterwerk hätte Spinoza durchaus sagen können, sein Gott liege in jedem Zentimeter und jeder Faser dieses sezierten Körpers verborgen, und doch hätte er etwas ganz anderes damit gemeint.

KAPITEL SECHS

Ein Besuch bei Spinoza

Rijnsburg, 6. Juli 2000

Ich sitze in dem kleinen Garten hinter Spinozas Haus. Die Sonne scheint, die Luft ist richtig warm und die Stille fast vollkommen. Man sieht kaum Menschen in der Spinozalaan. Nur eine schwarze Katze bringt etwas Bewegung in das Bild, die sich gelassen auf einen himmlischen, philosophischen Sommertag vorbereitet.

Ich schaue zum gleichen Himmel empor, den Spinoza erblickt haben muss, falls er seine Zimmer je verlassen und hier gesessen hat. Und wenn nicht, dann dürfte die Sonne hineingeschienen und ihn an seinem Schreibtisch besucht haben. Ein höchst willkommenes Ereignis bei dem hiesigen Klima. Es ist ein hübscher Ort, weniger beengt als das Haus in Den Haag, aber immer noch zu bescheiden für jemanden, der das ganze Universum im Blick hatte.

Wie wird man Spinoza, frage ich mich. Oder, um es anders auszudrücken, wie lässt sich seine Seltsamkeit erklären? Hier ist ein Mensch, der dem führenden Philosophen seiner Zeit entschieden widerspricht, öffentlich die institutionalisierte Religion angreift, von seiner eigenen Glaubensgemeinschaft ausgestoßen wird, die Lebensweise seiner Zeitgenossen angreift und sich für sein eigenes Leben Ziele setzt, die von einigen als heilig und von vielen als närrisch angesehen werden. War Spinoza tatsächlich der sozial deviante Fall, als den man ihn hinzustellen versuchte? Oder lässt er sich in den Begriffen der Kultur seiner Zeit und seines Landes begreifen? Kann man sein Verhalten mit den Ereignissen in seinem persönlichen Leben erklären? Fragen, die mich faszinieren. Wenn wir einmal außer Acht lassen, dass jeder Versuch, das Leben eines Menschen befriedigend zu erklären, zum Scheitern verurteilt ist, sind meiner Meinung nach einige vorläufige Antworten möglich.

Das Zeitalter

Trotz aller Originalität stand Spinoza nicht allein in seiner Zeit. Er wurde mitten in das Jahrhundert der Genies hineingeboren – das siebzehnte –, die Epoche, in der die Fundamente der modernen Welt gelegt wurden. Spinoza war radikal, aber das war auch Galilei, als er Kopernikus etwa zu der Zeit, als Spinoza geboren wurde, bestätigte und verteidigte. Das Jahrhundert begann mit Giordano Brunos Tod auf dem Scheiterhaufen und der ersten Aufführung der endgültigen *Hamlet*-Fassung (1601). 1605 kam die Welt in den Genuss von Francis Bacons *Über die Würde und den Fortgang der Wissenschaften*, Shakespeares *König Lear* und Miguel de Cervantes' *Don Quixote*. Hamlet kann sehr gut als Symbolfigur der gesamten Epoche gelten, dieser junge Mann, der verstört vom menschlichen Verhalten und ratlos angesichts der Frage nach dem

Sinn von Leben und Tod durch Shakespeares längstes Stück irrt. Vordergründig mag es in dem Drama um den gescheiterten Versuch gehen, den Vater zu retten, dem übel mitgespielt wurde, und einen Onkel zu töten, der alles andere als nett ist. Doch das Thema des Stückes ist Hamlets Verstörtheit, die Unruhe eines Menschen, der mehr weiß als diejenigen in seiner Umgebung und doch nicht genug, um sein Unbehagen mit der Einsicht zum Schweigen zu bringen, dass die Situation des Menschen nun einmal sei, wie sie sei. Hamlet kennt die Wissenschaft seiner Zeit – die Physik und die Biologie, wie sie damals waren, schließlich besucht er die Universität zu Wittenberg –, und er weiß, welche geistigen Verwerfungen Martin Luther und Jean Calvin in die Welt gesetzt haben. Doch er kann sich keinen Vers machen auf das, was er sieht, er fragt und klagt bei jeder neuen Wendung. Es ist kein Zufall, dass das  Wort »Frage« mehr als ein Dutzend Mal in *Hamlet* fällt oder dass das Stück mit einer ganz besonderen Frage beginnt: »Wer da?« Spinoza wurde in ein Zeitalter des Fragens hineingeboren, ein Zeitalter, das man auch Hamlet-Epoche nennen könnten.

Außerdem wurde Spinoza in das Zeitalter der empirischen Fakten hineingeboren, in dem man die Vorgeschichte und die Konsequenzen eines gegebenen Ereignisses in Experimenten untersuchte und nicht mehr vom Lehnstuhl aus durchdachte. Über ein wirksames Werkzeug zumindest gebot der menschliche Verstand bereits – die logisch-kreative Denkmethode, die Euklid entwickelt hatte. Doch um es mit Einsteins Worten zu sagen: »Um aber für eine die Wirklichkeit umspannende Wissenschaft reif zu sein, bedurfte es einer zweiten Grunderkenntnis … Alles Wissen über die Wirklichkeit geht von der Erfahrung aus und mündet in ihr.« Für Einstein war Galilei die Verkörperung dieser Haltung – er nannte ihn den »Vater der … modernen Naturwissenschaften überhaupt« –, doch auch Bacon war ein führender Vertreter des neuen Ansatzes. Sowohl Galilei als auch Bacon wählten eine Methode, die sich auf Experimente und die allmähliche Beseitigung falscher Erklärungen stützte. Allerdings fügte Galilei noch einen weiteren Aspekt hinzu: Er glaubte, das Universum lasse sich in der Sprache der Mathematik beschreiben, eine Vorstellung, die zu einem Grundpfeiler der modernen Naturwissenschaft werden sollte. Spinozas Geburt fiel mit der ersten Blüte der Wissenschaft in der modernen Welt zusammen.

In dieser Zeit erkannte man die Wichtigkeit von Messungen, und die Naturwissenschaft wurde quantitativ. Die Wissenschaftler machten sich die induktive Methode zueigen, und die empirische Methode wurde zur Grundlage für jeden Gedanken über die Welt. Und alle Ideen, die nicht mit den Fakten übereinstimmten, wurden für vogelfrei erklärt.

In dieser Epoche gab es eine unglaubliche Fülle bedeutender Denker: Etwa zu Spinozas Geburt stiegen Thomas Hobbes und Descartes zu den bedeutendsten philosophischen Vertretern der Epoche auf, und William Harvey beschrieb den Blutkreislauf. In Spinozas kurzer Lebenszeit erblickten viele große Männer das Licht der Welt – Blaise Pascal, Johannes Kepler, Christiaan Huygens, Gottfried Leibniz und Isaac Newton (der nur zehn Jahre nach Spinoza geboren wurde). Treffend schrieb Alfred North Whitehead dazu: »Das Jahrhundert hatte einfach nicht genügend Zeit, um die denkwürdigen Ereignisse, die es seinen genialen Männern verdankte, gleichmäßig zu verteilen.«[1]

Spinozas Grundeinstellung zur Welt war von dieser neuen Art zu fragen geprägt und wurzelte in einigen bemerkenswerten Veränderungen, welche die Art und Weise betrafen, wie Erklärungen formuliert und Institutionen beurteilt wurden.

Doch die Erkenntnis, dass Spinoza durchaus ein Kind seiner Zeit war und es eine ganze Reihe Zeitgenossen gab, die ihm ebenbürtig waren, erklärt nicht, warum Spinoza von allen Denkern des Jahrhunderts am unerbittlichsten geächtet wurde, so unerbittlich, dass seine Ideen jahrzehntelang entweder gar nicht erwähnt wurden oder nur, um sie schlecht zu machen. Spinoza ist in seinen Beobachtungen vermutlich nicht radikaler gewesen als Galilei, aber er war anstößiger und noch kompromissloser. Er gehörte zur verhasstesten Art der Bilderstürmer, denn er bedrohte furchtlos und bescheiden zugleich das Gebäude der institutionalisierten Religion in seinen Fundamenten. Damit erwies er sich zugleich als Gefahr für die politischen Strukturen, die eng mit der Religion verknüpft waren. Wie nicht anders zu erwarten, erkannten die Monarchien der Zeit die Gefahr, genauso wie seine holländischen Provinzen, der toleranteste Staat dieser Epoche. Was für eine Lebensgeschichte kann die Entwicklung einer solchen Geisteshaltung erklären?

Den Haag, 1670

Wenn ich versuche, Spinozas Lebensweg zu verstehen, denke ich immer zurück an Den Haag und seine Ankunft in der Paviljoensgracht. Das war eine kurze Zeit der Stille zwischen den Stürmen, und von diesem Wendepunkt aus kann man erklären, was vorher, was nachher und warum es war. Achtunddreißig Jahre alt war Spinoza, als er nach Den Haag kam, allein, wie es seiner Gewohnheit entsprach. Mit sich führte er eine Bücherkiste, die seine Bibliothek enthielt, einen Schreibtisch, ein Bett und die Werkzeuge, die er zur Herstellung von optischen Linsen brauchte. In den zwei Räumen, die er in der Paviljoensgracht mietete, sollte er die *Ethik* abschließen, täglich an der Herstellung seiner Linsen arbeiten, Hunderte von Besuchern empfangen und selten über größere Entfernungen reisen. Einmal besuchte er Utrecht und viele Male Amsterdam, Städte, die beide nicht mehr als fünfzig Kilometer von Den Haag entfernt liegen. Weiter kam er nie. Man ist an Immanuel Kant erinnert, einen anderen berühmten Einzelgänger, der Spinoza noch übertraf: Er verbrachte sein ganzes Leben in Königsberg, und es heißt, er habe sich nur ein einziges Mal aus der Stadt gewagt. Neben ihrer Abneigung zu reisen und ihrem geistigen Format hatten die beiden Männer aber wenig gemeinsam. Kant wollte die Gefahren der Leidenschaft mit leidenschaftsloser Vernunft bekämpfen. Spinoza wollte eine gefährliche Leidenschaft mit einer unwiderstehlichen Emotion besiegen. Spinozas Vernunft brauchte die Emotion als Motor. Soweit ich mir die beiden Männer vorstellen kann, waren sie auch in ihrer Art grundverschieden. Kant, zumindest der späte Kant, war spröde und steif, die Verkörperung der politischen Vorsicht, schon fast eine Art Stockfisch. Spinoza war gewinnend und gelassen, fast höfisch und zeremoniell in seinem Benehmen. Der späte Spinoza – wenn dieses Wort angebracht ist bei jemanden, der keine fünfzig wurde – war freundlich, fast liebenswürdig, trotz der Schärfe seines Verstands und seiner Zunge.

Einige Monate, bevor Spinoza in die Paviljoensgracht zog, hatte er sich zwei Zimmer um die Ecke in der Stilleverkade gemietet. Doch die Miete war zu teuer, wie er fand, und daher blieb er nicht lange. Vor dem Aufenthalt in der Stilleverkade hatte er sieben Jahre lang in Voorburg gewohnt, einem kleinen Vorort im Osten von Den Haag. Davor hatte er zwei Jahre in Rijnsburg verbracht, einer Stadt in der Nähe von Leiden, auf halbem Weg zwischen Amsterdam und Den Haag. Von dem Zeitpunkt an, wo er seine Familie verlassen hatte, bis zu dem Augenblick, wo er nach Rijnsburg zog, lebte Spinoza an verschiedenen Orten in Amsterdam oder in der Nähe. Manchmal wohnte er bei Freunden, manchmal in Pensionen. Nie hat er ein Haus besessen und nie mehr als ein Schlaf- und ein Arbeitszimmer bewohnt.

Spinozas Genügsamkeit war selbst gewählt. Ungeachtet der Höhen und Tiefen, welche die Geschäfte seines Vaters durchlebten, war Spinoza Spross einer wohlhabenden Familie. Sein Onkel Abraham gehörte zu den wohlhabendsten Kaufleuten Amsterdams, und Spinozas Mutter hatte eine große Mitgift in die Ehe gebracht. Doch mit Ende zwanzig war Spinoza gegen persönlichen Reichtum und die gesellschaftliche Position gleichgültig geworden, obwohl er in wirtschaftlichem Erfolg kein Unrecht sah. Er fand einfach keinen Gefallen an Geld und Besitz, gestand aber anderen das Recht zu, sich daran zu erfreuen, und war der Ansicht, man müsse es jedem Einzelnen überlassen, wie viel Reichtum er ansammeln und wie viel er ausgeben wolle. Jeder sollte das für sich entscheiden.

Diese Einstellung zu Besitz und sozialer Position gewann er nur allmählich und nicht ohne innere Konflikte. Spinoza schätzte den Wert seiner Bildung und wusste, dass sie ohne die finanzielle und gesellschaftliche Situation seiner Familie nicht möglich gewesen wäre. Zwischen den späten Jahren seiner Jugend und dem vierundzwanzigsten Lebensjahr betätigte er sich als Geschäftsmann und leitete eine Zeitlang sogar die Geschicke des Familienunternehmens. Während dieser Zeit schätzte er den Wert des Geldes immerhin hoch genug ein, um jüdische Glaubensgenossen vor holländische Gerichte zu zitieren, wenn sie ihre Schulden nicht rechtzeitig bezahlten. Aus Sicht der jüdischen Gemeinde war das ein schamloses Verhalten, weil jeder Konflikt zwischen Juden innerhalb der Gemeinde und von ihren Führern gelöst werden sollte. Als sein Vater starb und die Firma tief verschuldet hinterließ, zögerte Spinoza nicht, sich der Obhut des holländischen Gerichts anzuvertrauen und sich zum bevorrechtigten Gläubiger seines Erbes erklären zu lassen. In der Frage nach Geld und Besitz war diese letzte Episode eine Wasserscheide. Spinoza verzichtete auf das gesamte Erbe, mit einer Ausnahme: das Bett seiner Eltern. Der *Ledikant* sollte ihn von nun an überallhin begleiten, bis er schließlich darin starb. Es sei am Rande erwähnt, dass ich die Fixierung auf den *Ledikant* faszinierend finde. Natürlich gab es praktische Gründe, das Bett zu behalten, zumindest eine Zeitlang. Ein *Ledikant* ist ein überdachtes Bett mit vier Pfosten und schweren Vorhängen, die man zuziehen kann, sodass in ihrem Inneren eine warme, isolierte Insel entsteht. Zu Spinozas Zeit war der *Ledikant* ein Zeichen des Wohlstands. Das übliche Bett in Amsterdamer Häusern war das Wandbett (Butze) – ein Bett, das sich in einem geräumigen Wandschrank befand und dessen Türen zur Nacht geöffnet werden konnten. Aber stellen Sie sich vor, Sie behielten ein Bett, in dem Ihre Eltern Sie gezeugt haben, in dem Sie als Säugling gespielt haben und in dem Ihre Eltern gestorben sind und beschlössen dann, dort für den Rest Ihres Lebens zu schlafen, praktisch darin zu leben. Spinoza brauchte nicht von einem verlorenen Paradies zu träumen, weil es ihm nie abhanden gekommen war.

Als Spinoza seine kurze Lebensspanne zur Hälfte durchmessen hatte, verringerten die historischen Verhältnisse den Wert und die Einträglichkeit des Familienunternehmens, obwohl es sich wohl kaum um einen richtiggehenden Konkurs gehandelt haben dürfte. Sicherlich hätte ein kluger und findiger Geschäftsmann wie Spinoza das drohende Unheil von der Firma abwenden können, aber zu diesem Zeitpunkt hatte er bereits das Denken und Schreiben als Quell seiner Befriedigung entdeckt und festgestellt, dass er wenig Mittel brauchte, um ein Leben zu bestreiten, das diesen Beschäftigungen gewidmet war. Mehrfach versuchte Spinozas Freund Simon de Vries ihm eine Rente auszusetzen, doch Spinoza lehnte jedes Mal ab. Als der sterbende de Vries die Absicht bekundete, Spinoza als Erben einzusetzen, brachte ihn dieser von seinem Vorhaben ab und erklärte sich lediglich bereit, eine jährliche Summe von 500 Gulden anzunehmen. Nachdem de Vries gestorben war und ihm die kleine Rente hinterlassen hatte, auf die sie sich geeinigt hatten, verringerte Spinoza die Summe noch einmal und wollte lediglich 300 Gulden akzeptieren. De Vries verblüfftem Bruder teilte er mit, die herabgesetzte Summe sei mehr als genug. Später lehnte er auch ein großzügiges Angebot ab, Professor für Philosophie an der Universität Heidelberg zu werden – eine Stellung, die ihm auf Empfehlung von Leibniz angeboten wurde –, wobei allerdings der Hauptgrund für die Ablehnung die Angst vor dem Verlust seiner geistigen Freiheit gewesen sein dürfte. Doch auch unabhängig davon bedeutete der Verzicht auf die Professur wohl, dass Spinoza das Denken höher schätzte als die Annehmlichkeiten, die ihm der Kurfürst von der Pfalz in Heidelberg verschafft hätte. Spinoza lebte von der Herstellung seiner Linsen und ab 1667 von der kleinen Rente, die ihm de Vries hinterlassen hatte. Das Geld reichte, um Kost und Logis zu bezahlen, Papier, Tinte, Glas und Tabak zu kaufen und die Rechnungen des Arztes zu begleichen. Mehr brauchte er nicht.

Amsterdam, 1632

Das Leben war nicht immer so gewesen – im Guten wie im Schlechten. Spinozas Vater Miguel de Espinoza war ein wohlhabender portugiesischer Kaufmann, genauso wie sein eigener Vater. Als Spinoza 1632 zur Welt kam, handelte Miguel mit Zucker, Gewürzen, Trockenobst und brasilianischen Hölzern, die er in seinem Speicher lagerte. Er war ein angesehenes Mitglied der jüdischen Gemeinde, die 1400 Familien zählte und fast ausschließlich sephardisch-portugiesischer Herkunft war. Maßgeblich wirkte er in der portugiesischen Synagoge mit. Mehrfach war er »Judenbischof« oder *Parnas* der Schule und Synagoge, und in seinem letzten Lebensjahr wirkte er im Judenrat mit. Zu seinen Freunden zählte unter anderem Rabbi Saul Mortera, einer der einflussreichsten

Rabbiner dieser Zeit in Amsterdam. Onkel Abraham war ein Freund von Rabbi Menassah ben Israel, einem anderen berühmten Rabbiner der Epoche. Wie viele Sephardim war die Familie vor der Inquisition aus Portugal geflohen, erst nach Nantes in Frankreich, dann in die Niederlande, wo sie sich kurz vor Spinozas Geburt in Amsterdam niederließ. Hana Deborah, Spinozas Mutter, stammte ebenfalls aus einer wohlhabenden sephardischen Familie portugiesisch-spanischer Herkunft.

In Portugal hatte die Inquisition sehr viel später Fuß gefasst als in Spanien. 1536 begann sie in Portugal und entfaltete ihre ganze Wirkung erst nach 1580. Dieser lange Aufschub gab den portugiesischen Juden Gelegenheit, nach Antwerpen und später nach Amsterdam auszuwandern, Gegenden, die verheißungsvoller erschienen als Nordafrika, Norditalien und die Türkei, wohin die spanischen Juden hundert Jahre zuvor geflohen waren.

Mit Beginn des 17. Jahrhunderts wurden die Niederlande und insbesondere Amsterdam tatsächlich zum Gelobten Land. Anders als in fast allen anderen Ländern Europas war hier die soziale und politische Struktur von einer relativen ethnischen Toleranz (die auch Juden einschloss, besonders Sephardim) und einer relativen religiösen Toleranz (die glücklicherweise auch Juden einschloss, Katholiken dagegen in weit geringerem Maße). Die Aristokratie war recht gebildet und weltoffen. Das Haus Oranien hatte zwar Prinzen, die jedoch nur den Stadtholder stellten, eine Art Präsidenten, der dem Rat der holländischen Provinzen verantwortlich war. Die Niederlande waren eine Republik, und zu Spinozas Lebzeiten war der Stadtholder lange Zeit nicht der Prinz von Oranien, sondern ein kluger Bürgerlicher. Die Holländer führten die Anfänge eines neuzeitlichen Rechtssystems und des modernen Kapitalismus ein. Der Handel wurde geachtet, Geld erfreute sich höchster Wertschätzung. Die Regierung verabschiedete Gesetze, die den Bürgern erlaubten, nach

Belieben und mit höchstem Gewinn zu kaufen und zu verkaufen. Das Bürgertum florierte und widmete sich ganz dem Streben nach Besitz und Wohlstand. Die aufgeklärteren calvinistischen Führer begrüßten den Beitrag, den die jüdisch-portugiesischen Kaufleute zum Wohlstand des Gemeinwesens leisteten.

Trotz der kulturellen Entwurzelung zeichnete sich die jüdische Gemeinde durch ein reiches kulturelles Leben und eine komfortable finanzielle Situation aus. Gewiss, aus dem Exil erwuchsen Schwierigkeiten, interne religiöse Spannungen und die Notwendigkeit, sich den Verhältnissen des Gastlandes anzupassen, doch vermutlich war die Gemeinde enger verbunden, als es in Portugal der Fall gewesen wäre, wo sie sich über ein weit größeres Gebiet verteilt und unter dem unberechenbaren Schatten der Inquisition gelebt hätte. Die Juden durften ungehindert ihre Religion zu Hause und in der Synagoge ausüben. Die Geschäfte gingen gut und erlahmten noch nicht einmal durch die Wirtschaftskrisen nach mehreren Kriegen gegen Spanien und Großbritannien. Sogar ihre Muttersprache Portugiesisch durften die Sephardim verwenden, ohne Nachteile zu Hause, am Arbeitsplatz oder in der Synagoge befürchten zu müssen.

In Amsterdam gab es kein jüdisches Viertel. Die Juden konnten wohnen, wo sie wollten und wo sie es sich leisten konnten. Die meisten wohlhabenden Juden wählten sich ihren Wohnsitz in der Nähe vom Burgwaal. Dort lebte auch die Familie Spinoza, unweit der sephardischen Synagoge, in der sich die drei ursprünglichen Gemeinden von Amsterdam vereinigt hatten und die 1639 in der Houtgracht errichtet worden war. (Die eindrucksvolle portugiesische Synagoge, die noch heute steht, wurde 1675 erbaut.) In diesem Gebiet hatten auch viele Nichtjuden ihre Häuser, unter anderem Rembrandt, der in der Bredstraat ein Haus bewohnte, das noch heute steht. Es gibt keinen Hinweis darauf, dass sich

Rembrandt und Spinoza je begegnet wären, obwohl es angesichts der Überschneidung ihrer Lebensdaten (Rembrandt lebte von 1606 bis 1669, Spinoza von 1632 bis 1677) durchaus der Fall hätte sein können. Rembrandt kannte mehrere Mitglieder der jüdischen Gemeinde, von denen einige eifrige Kunstsammler waren. Manch einen von ihnen hat er auf Porträts, in Straßenszenen und in der Synagoge festgehalten. Außerdem hat er ein Buch von Menassah ben Israel illustriert, der einer der berühmtesten Gelehrten seiner Zeit war und auch einer von Spinozas Lehrern wurde. Für sein Gemälde *Das Fest des Belsazar* holte sich Rembrandt Rat bei ben Israel. Hübsch wäre die Entdeckung, dass Rembrandt Spinoza porträtiert hat, doch leider gibt es kein Indiz dafür. Es heißt, Rembrandt habe Spinozas Gesicht in seinem Bild *Saul und David* verwendet, das etwa zu der Zeit entstanden ist, als Spinoza aus der Synagoge ausgeschlossen wurde. Auf dem Bild spielt David vor Saul Harfe (und sieht ganz anders aus als auf Rembrandts anderem Bild zu diesem Thema: *David spielt die Harfe vor Saul*). Nach Gestalt und Gesichtszügen könnte es sich bei David tatsächlich um Spinoza handeln. Wichtiger noch, man kann sich Spinoza durchaus als David vorstellen – klein, aber unerwartet stark, fähig, Goliath zu vernichten und Sauls Misstrauen zu erregen –, fähig, selber König zu sein.[2]

Die Grenzen, die von den protestantischen Holländern gesetzt wurden, waren spärlich und klar. Die Holländer hatten die Katholiken als Feinde im Visier, vor allem die spanischen Katholiken mit ihren teuflischen und kriegerischen Expansionsplänen. Auch für die Juden waren die Katholiken der Hauptfeind, besonders die spanischen Katholiken, die sich nicht mit ihrer eigenen grausamen Inquisition zufrieden gaben, sondern auch noch die Portugiesen dazu drängten, ebenfalls eine solche einzurichten. Unter diesen Umständen waren Juden und Holländer naturgegebene Freunde. Abgesehen davon galt das Interesse der Holländer guten Geschäften, und die portugiesischen Juden brachten den holländischen Provinzen gute Geschäfte. Die Juden verfügten über ein weit gespanntes Netz von Handels- und Bankverbindungen auf der iberischen Halbinsel, in Afrika und Brasilien – Beziehungen, die ihresgleichen suchten. Descartes sagte von Amsterdam, dort seien alle außer ihm so sehr mit Handel und Geldverdienen beschäftigt, dass man ein ganzes Leben in der Stadt verbringen könne, ohne bemerkt zu werden. (Da war sicherlich der Wunsch der Vater des Gedankens, der nicht ganz der Wahrheit entsprochen haben dürfte, denn Descartes konnte sich nur schwerlich aller Aufmerksamkeit entziehen.) Als Spinoza heranwuchs, stellten die Juden rund zehn Prozent der Amsterdamer Börse und spielten eine wichtige Rolle in Waffenhandel und Bankwesen. 1672 war die jüdische Gemeinde von Amsterdam auf 7500 Mitglieder angewachsen. Aus ihren Reihen stammten dreizehn Prozent der Bankiers, während sie nur vier Prozent der Gesamtbevölkerung ausmachten. (Simon Schama nimmt an, dass der Wohlstand der jüdischen Gemeinde in Amsterdam wahrscheinlich daher rühre, dass sie ein wichtiges, aber kein beherrschendes Element des Stadtlebens – das Bankwesen eingeschlossen – gewesen seien.[3]) So kann kaum überraschen, dass die Juden derart freundlich von den Holländern aufgenommen wurden. Solange die Juden nicht versuchten, Protestanten zum jüdischen Glauben zu bekehren oder sie zu heiraten, stand es ihnen frei, ihre Religion auszuüben und sie an ihre Kinder weiterzugeben.

Doch gleichgültig, wie freundlich die Aufnahme in Amsterdam war, man kann sich Spinozas Jugend nicht ohne den Schatten des Exils vorstellen. Fortwährend erinnerte die Sprache daran. Spinoza lernte Holländisch und Hebräisch und später noch Latein, aber zu Hause sprach er Portugiesisch und in der Schule entweder Portugiesisch oder kastilisches Spanisch. Sein Vater bediente sich zu Hause und bei der Arbeit ausschließlich des Portugiesischen. Alle Geschäftsdokumente wurden auf Portugiesisch verfasst. Holländisch wurde nur im Umgang mit holländischen Kunden verwendet. Spinoza klagte, dass er Holländisch und Latein nie so beherrschen werde wie Portugiesisch und Kastilisch. »Ich wollte wirklich, ich könnte in der Sprache schreiben, in der ich groß geworden bin«, schrieb er an einen seiner Briefpartner.

Vom Wohlstand abgesehen erinnerten auch Verhalten und Kleidung der Sephardim daran, dass Holland ihr Exil und nicht ihre Heimat war. Sie waren aristokratisch in Tracht und Auftreten, kosmopolitisch und weltoffen. Ihr Lebensstil war von dem der aristokratischen Geschäftsleute in Südeuropa geprägt – das Wort Sephardim bezeichnet die, die aus den Städten im Süden kommen, Sepharad genannt. In den Sepharad mischten sich Arbeit und gesellschaftliches Leben, womöglich begünstigt durch das mildere Klima. Man legte Wert auf elegante und luxuriöse Kleidung und nahm Anteil an Nachrichten aus fernen Weltgegenden, die täglich mit den Handelsschiffen in Häfen wie Lissabon oder Porto eintrafen. Im Vergleich dazu dürften ihnen die Holländer recht nüchtern und arbeitsam erschienen sein.

Zunächst sollte Spinoza wohl Kaufmann werden, doch dann entwickelte er sich zu einem hoffnungsvollen Schüler der Rabbiner Mortera und ben Israel, zweier jüdischer Gelehrter, die von den Führern der jüdischen Gemeinde nach Amsterdam geholt worden waren in der Hoffnung, so der Verflachung der jüdischen Riten entgegenwirken zu können, die sich nach dem jahrhundertelangen Aufenthalt auf der iberischen Halbinsel eingestellt hatte. Die Zeit war reif für eine Wiederbelebung der jüdischen Traditionen, da die Gemeinde nun wohlhabend war, geographisch auf engem Raum zusammenlebte und ihre Religion offen ausüben konnte. Die Juden bildeten eine *nação* – das portugiesische Wort für »Nation« –, und Amsterdam sollte das neue Jerusalem dieser Nation werden. In diesem Klima von Wiedergeburt und neuer Hoffnung wurde die erstaunliche Intelligenz des jungen Spinoza gehegt und gepflegt.

Spinoza erwies sich als gewissenhafter und fleißiger Schüler. Doch die gleiche Sorgfalt und Wissbegier, die ihn zu einer Autorität auf dem Gebiet des Talmud machte, bewog ihn auch, die Grundlagen des von ihm so gierig aufgesogenen Wissens in Frage zu stellen. Er entwickelte Vorstellungen von der menschlichen Natur, die ihn schließlich dazu veranlassten, sich von diesem Wissen zu distanzieren. Die Abkehr schien sich allmählich zu vollziehen, und die Gemeinde hat es vermutlich erst bemerkt, als Spinoza im Alter von etwa achtzehn Jahren Geschäftsmann geworden war. Selbst da kam es noch nicht zur direkten Konfrontation mit der Synagoge. Es gab allenfalls Gerüchte, und Spinoza blieb ein angesehenes Mitglied der Gemeinde. Doch die Zeichen waren unmissverständlich. Spinoza hatte enge Freundschaft mit einigen Nichtjuden geschlossen, unter anderem mit Simon de Vries, einem wohlhabenden Geschäftsfreund, dessen Familie ein prächtiges Haus am Singel und einen Landsitz in Schiedam bei Amsterdam besaß. An dieser offenen Freundschaft mit Nichtjuden konnte die Gemeinde keinen Gefallen finden. Doch es sollte noch schlimmer kommen.

Irgendwann im Alter zwischen achtzehn und zwanzig schrieb sich Spinoza an der Schule von Frans van den Enden mit dem erklärten Ziel ein, Latein zu lernen. Van den Enden war ein abtrünniger Katholik, ein Freidenker, umfassend gebildet und polyglott. Er war Doktor der Medizin und Rechtswissenschaft und bewandert in Philosophie, Politik, Religion, Musik, der bildenden Kunst und vielen anderen Dingen. Sich selbst brachte van den Enden mit seiner ungeheuren Lebensgier zwar nicht in Schwierigkeiten, doch dem jungen Spinoza bereitete er damit Probleme. Zunächst verstohlen, dann offen, zuerst als Jüngling, später als junger Mann machte sich Spinoza mit dem Leben außerhalb des Paradieses, außerhalb der jüdischen Gemeinde vertraut. Er nahm kein Blatt vor den Mund und lebte, wie er es für richtig hielt. Die Gemeinde reagierte erst mit Enttäuschung, dann mit Empörung.

1656, zwei Jahre nach dem Tod seines Vaters, war der mittlerweile vierundzwanzigjährige Spinoza für das Familienunternehmen – »Bento y Gabriel de Espinosa« – verantwortlich und unterstützte die Synagoge noch immer finanziell. Doch befreit von der Furcht, den Vater vor der Gemeinde bloßzustellen, machte er kein Geheimnis aus seinen Vorstellungen über die menschliche Natur, Gott und die Ausübung der Religion – Vorstellungen, die sich nicht so recht mit den jüdischen Lehren vertragen wollten. Seine Philosophie nahm allmählich Gestalt an, und er äußerte sich frei über seine Ideen. Alle Bitten seiner früheren Lehrer vermochten ihn nicht zum Schweigen zu bringen. Keine Appelle konnten ihn umstimmen. Weder Versprechungen noch Drohungen änderten seinen Sinn. Fast wäre die jüdische Gemeinde von allen Peinlichkeiten erlöst worden, als ein jüdischer Glaubensgenosse versuchte, Spinoza zu ermorden, wobei allerdings keineswegs feststeht, dass die Synagoge hinter dem Anschlag stand. Der weite Umhang, den Spinoza in dieser Nacht trug, hielt die Klinge ab, mit der er erdolcht werden sollte. Unbeeindruckt legte Spinoza weiterhin Zeugnis ab von seinem Denken und hob den Umhang als Memento auf. Schließlich wusste sich die Synagoge nicht anders zu helfen, als ihn ganz aus der Gemeinde auszuschließen. 1656 wurde Spinoza offiziell verstoßen. So endete das privilegierte Leben des Mannes, der als Bento Spinoza geboren worden war und der mit diesem Namen auch seine Geschäftsdokumente unterzeichnet hatte, obwohl er in der Gemeinde als Baruch Spinoza bekannt war. Damit begann das einundzwanzig Jahre während Leben des Benedictus Spinoza, des Philosophen, der seine reifen Jahre in Den Haag verbrachte.

Wenn sich aus Spinozas kleiner Bibliothek irgendwelche Rückschlüsse ziehen lassen, so waren die neue Philosophie und die neue Physik seiner Zeit wichtige Einflüsse auf seine Entwicklung. Bücher von Descartes und von Physikern waren am meisten in Spinozas Bücherregal vertreten. Auch Hobbes und Bacon waren vorhanden. Doch Spinoza dürfte in seinen jüngeren Jahren ein unersättlicher Leser gewesen sein, der sich seine geistige Nahrung wohl von einem Kreis belesener Freunde zusammengeborgt hatte, eine Lektüre, die man nicht mehr rekonstruieren kann. Zweifellos war Spinoza mit den neuen Methoden zur Bewertung wissenschaftlicher Beweise vertraut, kannte die neuen Erkenntnisse aus Physik und Medizin und die neuen Ideen, die von Descartes und Hobbes vertreten wurden, wohl die meistgelesenen modernen Denker in den Jahren, als Spinoza den Grundstock zu seiner Bildung legte. Er ging bei seinen Experimenten nicht systemaisch vor – doch das tat auch Bacon nicht. Trotzdem entwickelte Spinoza aufgrund seiner Lektüre und vielleicht auch seiner optischen Arbeit eine Vorstellung von der empirischen Naturwissenschaft. Mit Sicherheit konnte er Fakten beurteilen. Er stützte sich auf das logische Denken, einen erheblichen Fundus an neuen wissenschaftlichen Erkenntnissen und seine fruchtbare Intuition.

Frans van den Endens Schule und ihr Direktor dürften wichtige Katalysatoren für Spinozas geistige Entwicklung gewesen sein. Der Kreis um van den Enden war ideal für Spinoza, um die Ideen zu diskutieren, die offenbar schon länger in dem jungen Geist geschlummert hatten und die jetzt die offene, wenn auch einseitige Debatte brauchten, um zu reifen. Van den Enden leitete eine vornehme Schule (auf dem Singel gelegen, einer der wichtigsten Kanalstraßen Amsterdams) und unterrichtete die Kinder wohlhabender holländischer Kaufleute, die sich gebildete und weltoffene Kinder wünschten. Bevor van den Enden die Schule eröffnete, hatte er eine Buchhandlung und eine Kunstgalerie geführt, *In de Kunst-Winkel*, die ein sehr beliebter Treffpunkt für intelligente junge Menschen war, denen nach unkonventionellen Ideen gelüstete. Lebhaft und umfassend gebildet war van den Enden sicherlich eine höchst charismatische Figur. Unschwer lässt sich der Einfluss dieses genialen und schlauen Mannes auf junge politische und religiöse Dissidenten vorstellen. (Er war um die fünfzig, als Spinoza ihn kennen lernte, und siebzig, als er in Frankreich nach einer gescheiterten Verschwörung zum Sturz Ludwigs XIV. gehängt wurde.)

Anfänglich trat Spinoza in van den Endens Schule ein, weil er Latein lernen wollte, die *Lingua franca* der Philosophie und Wissenschaft, die ihm seine ansonsten umfassende Erziehung bisher vorenthalten hatte. Doch er lernte nicht nur Latein an der Schule. Er erfuhr auch von philosophischen, medizinischen, physikalischen, historischen und politischen Lehren, unter anderem der der freien Liebe, die der Libertin van den Enden vehement vertrat. Enthusiastisch und entzückt wird sich Spinoza diesem Hort der verbotenen Früchte genähert haben. Es war eine Schule der Skandale, und auch die erste Bekanntschaft mit der Liebe scheint Spinoza dort in der Person seiner jungen Lateintutorin Clara Maria van den Enden gemacht zu haben.

Die Bekanntschaft mit van den Enden war eine bedeutsame Wende in Spinozas Leben, und zwar zu einer Zeit, als auch andere persönliche Veränderungen in seinem Leben stattfanden. In den Jahren, die seinem Eintritt in der Schule vorangingen – er mochte siebzehn oder achtzehn Jahre alt sein –, war Spinoza ein tatkräftiger Kaufmann in der Firma seines Vaters gewesen. Der Eintritt in die Geschäftswelt unterbrach seine Studien, obwohl er auch weiterhin am Leben der Synagoge teilnahm und sich offenbar dem Gesprächskreis um Rabbi ben Israel anschloss, eine Form intellektueller Betätigung, die nur fortgeschrittenen Studenten des Judentums offen stand. Der Eintritt in die Welt des Handels bedeutete auch, dass er gleich gesinnte junge Geschäftsleute kennen lernte, die keine Juden waren. Dazu gehörten Jarig Jelles, ein Mennonite Mitte dreißig, Pieter Balling, ein Katholik unbekannten Alters, und Simon de Vries, ein Quäker, der drei Jahre jünger war als Spinoza. Zwar hatten diese drei Männer nicht Spinozas intellektuelles Format, teilten aber seine Neigung zu religiöser und politischer Dissidenz, den Eifer, über neue Ideen zu debattieren und die jugendliche Lebenslust. Juan de Prade, der einzige jüdische Zeitgenosse, den Spinoza zu seinen Freunden zählte, war ebenfalls ein junger Dissident, der wegen seiner ketzerischen Kommentare wiederholt von der Synagoge gemaßregelt und schließlich ebenfalls ausgestoßen wurde. Damit waren alle Voraussetzungen gegeben, dass auf Spinoza, der kaum erwachsen geworden war, neue und weltliche Einflüsse wirken konnten.

Der Einfluss des Neuen muss aus der Sicht des Alten betrachtet werden. Die neuen Ideen, die Spinoza in diesem unruhigen Alter aufgriff, standen in krassem Gegensatz zu den alten Vorstellungen der Gemeinde, in der er erzogen worden war. Spinoza hatte den Talmud und die Thora studiert und die kabbalistischen Texte gelesen, die aus der sephardischen Überlieferung stammen und sich bei den portugiesischen Juden Amsterdams besonderer Beliebtheit erfreuten. Es lassen sich kaum verschiedenere Welten vorstellen. In den alten Texten gab es Wunder, aber für diese Wunder ließen sich anhand der neuen Erkenntnisse wissenschaftliche Erklärungen finden. Auf der einen Seite herrschte blindes Vertrauen in die Geheimnisse und verborgenen Bedeutungen der alten Texte, auf der anderen Seite ließen sich die Geheimnisse mit den neuen Entdeckungen lüften. Man konnte die alten abergläubischen Vorstellungen entlarven als das, was sie waren.

Vielleicht wäre der Konflikt ohnehin unvermeidlich gewesen, doch Spinozas persönliche Geschichte machte ihn noch unausweichlicher. Als er sechs war, starb seine Mutter, noch keine dreißig, und ihr Verlust war ein weiterer Schatten auf seiner ansonsten glücklichen Kindheit und Jugend.[4] Viel wissen wir nicht über sie, doch ihr Einfluss auf die Entwicklung des kleinen Spinoza dürfte beträchtlich und ihr Tod eine sehr schmerzliches Erfahrung für ihn gewesen sein. Ich kann mir schwer vorstellen, dass ihm danach noch viel von seiner Kindheit blieb, wenn denn so etwas wie Kindheit überhaupt vorgesehen war. Schilderungen des zehnjährigen Spinoza, der seinem Vater in der Firma hilft, während er gleichzeitig die Schule besucht, vermitteln den Eindruck eines frühreifen Erwachsenendaseins. So lernte der Junge die Realität des Geschäftslebens kennen und wurde vertraut mit den Stärken und Schwächen der Menschen, die bemüht waren, im wimmelnden Mikrokosmos von Amsterdam ihren Lebensunterhalt zu bestreiten. Drei Jahre nach dem Tod seiner Frau heiratete Miguel de Espinoza wieder, und die Beziehung zwischen Vater und Sohn scheint enger geworden zu sein. Es heißt, trotz seiner regen Teilnahme am religiösen Leben der Gemeinde habe Miguel wenig Verständnis für Heuchelei gehabt, religiöser oder anderer Natur. Über Frömmelei machte er sich lustig und lehrte seinen Sohn, in menschlichen Beziehungen zwischen Sein und Schein zu unterscheiden. So kam es, dass dem jungen Spinoza aller Aberglaube und alle Künstlichkeit verhasst war. Er war bemerkenswert keck, und mit seinem raschen Verstand brachte er seine Lehrer so manches Mal in Verlegenheit. Auch machte Miguel nie ein Hehl aus seiner Skepsis in der Frage der unsterblichen Seele. So verfügte Spinoza sicherlich über alle Voraussetzungen, um hinter die Fassade frommen Getues zu blicken und den großen Abstand zu bemerken, der sich auftat zwischen den Vorschriften der religiösen Texte und der alltäglichen Praxis gewöhnlicher Sterblicher. Seine Neigung, das Verdienst der Rituale zu hinterfragen, verdankt er wohl dem Vater.

Die Uriel-da-Costa-Affäre

Vielleicht reichen die Wurzeln von Spinozas Rebellion zurück zu den Ereignissen, die das letzte Lebensjahr von Uriel da Costa bestimmten, der mit Spinoza mütterlicherseits verwandt und in Spinozas Kindertagen ein maßgeblicher Vertreter der jüdischen Gemeinde in Amsterdam war.

Einigen Quellen zufolge fand die entscheidende Episode 1640 statt, nach anderen 1647, woraus folgt, dass Spinoza entweder acht oder fünfzehn Jahre alt gewesen sein dürfte. Hier ist die Vorgeschichte.

Uriel da Costa wurde als Gabriel da Costa in Porto geboren, der portugiesischen Stadt, aus der Spinozas Mutter kam. Auch er entstammte einer Familie reicher sephardischer Kaufleute, die nach außen hin zum Katholizismus konvertiert waren. So wurde Gabriel katholisch erzogen und genoss ein privilegiertes Leben. Er war ein aristokratischer junger Mann, der zwei Leidenschaften hatte – Pferde und Ideen. Seine geistigen Neigungen führten ihn schließlich an die Universität von Coimbra, wo er Theologie studierte und Professor wurde. Doch als da Costa seine theologischen Kenntnisse vertiefte, wuchs seine Kritik am Katholizismus, woraufhin er nach und nach zu der Überzeugung gelangte, das Judentum seiner Vorfahren komme der Wahrheit näher und sei dem Katholizismus entschieden vorzuziehen. Das hätte er absolut geheim halten müssen, tat es aber womöglich nicht. Da Costa, seine Mutter und vielleicht noch andere Verwandte wurden von *Conversos* – Juden, die sich zum Christentum bekehrt hatten – zu *Marranos* –, Marranen, also Christen, die heimlich den jüdischen Glauben praktizierten. Ob zu Recht oder zu Unrecht, ist nicht ganz klar, jedenfalls fühlte da Costa den langen Schatten der Inquisition auf sich ruhen und gewann die Überzeugung, seine Familie und er seien in Gefahr. Er überredete sie, mit ihm nach Holland zu emigrieren. Seine drei Brüder, seine Mutter, seine Frau, die Diener-

schaft und die Vögel in ihren Käfigen, die schönen Möbel, das kostbare Chinaporzellan und das feine Leinen aus der hochherrschaftlichen Residenz in Porto und dem Sommerhaus gelangten im Schutz der Nacht auf ein Schiff, das auf dem Fluss Duero vor Anker lag.[5] Von dort aus fuhren sie, wie so viele vor ihnen und nach ihnen, die Atlantikküste hinauf, einem holländischen oder deutschen Hafen und einem neuen Leben entgegen.

Ich halte mich mit dieser Vorgeschichte so lange auf, damit verständlich wird, warum da Costa, nachdem er sich in Amsterdam niedergelassen hatte, seinen portugiesischen Namen Gabriel ablegte und stattdessen die hebräische Varianten Uriel annahm, sich in das Judentum vertiefte und wieder in lange Grübeleien versank. Dieses Mal entdeckte er Mängel in der jüdischen Praxis und Lehre und äußerte sich in aller Öffentlichkeit über seine Entdeckungen: Die religiöse Praxis sei abergläubisch; Gott könne unmöglich dem Menschen gleichen; die Erlösung könne nicht auf Furcht gegründet sein und so fort. All das sagte er nicht nur, sondern schrieb es auch. Die Synagoge reagierte wie erwartet mit herber Kritik und Verwarnungen. In den folgenden Jahrzehnten wurde da Costa exkommuniziert, wieder aufgenommen, abermals exkommuniziert, vorübergehend von der jüdischen

Gemeinde in Hamburg aufgenommen und schließlich auch von dieser ausgestoßen. Die da-Costa-Affäre war für die jüdische Nation zu einer ernsten Angelegenheit geworden, weil ihre Führer fürchteten, eine so offenkundige Ketzerei, wie sie da Costa beging, müsse die Gemeinde in Misskredit oder noch schlimmere Schwierigkeiten bringen. Man hatte Sorge, die holländischen Behörden könnten gegen die ganze Gruppe vorgehen, aus Furcht, die antireligiöse Stimmung könnte von den Juden auf die protestantische Bevölkerung übergreifen.

1640 (spätestens 1647) erreichte die da-Costa-Affäre ihren Höhepunkt. Die Synagoge wollte die Angelegenheit beenden, nicht anders als da Costa, der Mitte fünfzig und von den endlosen Kämpfen körperlich wie geistig zermürbt war. Man gelangte zu einer Einigung. Da Costa verpflichtete sich, in der Synagoge seine ketzerischen Ideen zu widerrufen und damit seine Reue in aller Öffentlichkeit zu bezeugen. Anschließend sollte er eine körperliche Züchtigung erhalten, damit die Schwere seines Verbrechens für jedermann ersichtlich sei. Dann dürfe er, so versprach man ihm, seine einstige Stellung in der jüdischen Gemeinde wieder einnehmen.

In seinem Buch *Exemplar Vitae Humanae* wehrt sich da Costa gegen diese Anmaßung und lässt keinen Zweifel daran, dass sein Einverständnis mit dieser Regelung keineswegs als Sinneswandel zu verstehen sei. Die ständigen Demütigungen und die körperliche Erschöpfung hätten ihm keine andere Wahl gelassen.

Der Tag der Züchtigung wurde überall publik gemacht und mit Spannung erwartet, arrogante Machtdemonstration und öffentliche Volksbelustigung zugleich. Die Synagoge war brechend voll. Die Männer, Frauen und Kinder konnte sich kaum rühren, während sie den Beginn des Spektakels erwarteten. Die Luft war zum Schneiden dick, und die Stille wurde nur unterbrochen von dem Scharren der Schuhe auf dem Sand, mit dem der Holzfußboden bestreut war.

Dann war es endlich soweit. Da Costa wurde aufgefordert, auf das Podium in der Mitte zu klettern und eine Erklärung zu verlesen, die von den Führern der Gemeinde aufgesetzt worden war. Mit ihren Worten bekannte er seine zahlreichen Vergehen, die Nichtbeachtung des Sabbats, die Nichtbefolgung des Gesetzes, den Versuch, andere daran zu hindern, sich zum jüdischen Glauben zu bekennen, Verbrechen, für die er den tausendfachen Tod verdient habe, die ihm aber nun vergeben werden sollten, weil er verspreche, sich nie wieder so schändlicher und widernatürlichen Untaten schuldig zu machen.

Sobald da Costa die Erklärung verlesen hatte, forderte man ihn auf, vom Podium herabzusteigen, und ein Rabbiner flüsterte ihm ins Ohr, er solle sich in eine bezeichnete Ecke der Synagoge begeben. Er tat, wie ihm geheißen. Dort forderte ihn der *Chamach* auf, sich bis zur Taille zu entkleiden, seine Schuhe auszuziehen und sich ein rotes Taschentuch um den Kopf zu binden. Dann hieß man ihn, sich gegen eine Säule zu lehnen, sodass man seine Hände auf der anderen Seite mit einem Seil zusammenbinden konnte. Jetzt herrschte Grabesstille. Der *Hasan* trat hinzu, eine Lederpeitsche in der Hand, und begann, da Costa neununddreißig Schläge auf den bloßen Rücken zu versetzen. Während der Bestrafung sang die Gemeinde einen Psalm, vielleicht um den Rhythmus der Schläge vorzugeben. Da Costa zählte die Schläge, im Vertrauen darauf, dass seine Folterer das Gesetz gewissenhaft befolgen würden, demzufolge die Schläge die Zahl vierzig nie überschreiten dürfen.

Als die Prozedur vorüber war, durfte da Costa sich auf den Boden setzen und seine Kleider wieder anlegen. Daraufhin verkündete ein Rabbiner vor aller Ohren da Costas Wiederaufnahme in die Gemeinde. Mit Aufhebung der Exkommunikation stehe für da Costa das Tempeltor wieder offen, wie sich eines Tages das Himmelstor für ihn öffnen werde. Wir wissen nicht, ob diese Ankündigung mit Beifall oder Schweigen aufgenommen wurde. Ich vermute, mit Schweigen.

Doch noch war das Ritual nicht abgeschlossen. Da Costa musste nun zum Haupttor treten und sich vor der Schwelle auf den Boden legen. Der *Chamach* stützte ihn dabei und hielt ihm fürsorglich den Kopf. Dann verließen einer nach dem anderen – Männer, Frauen und Kinder – den Tempel, und jeder musste auf dem Weg hinaus über ihn treten. Keiner sei auf ihn getreten, versichert er uns in seinen Memoiren, nur über ihn.

Jetzt war die Synagoge leer. Der *Chamach* und einige andere gratulierten ihm herzlich, weil er die Strafe so würdevoll hingenommen habe und weil nun ein neuer Tag in seinem Leben angebrochen sei. Sie halfen ihm auf und klopften den Sand ab, der von den vielen Schuhen auf seine zerrissene Kleidung gefallen war. Uriel da Costa war wieder ein vollwertiges Mitglied des Neuen Jerusalem.

Es ist nicht ganz klar, wie viele Tage diese Einigkeit Bestand hatte. Da Costa wurde nach Hause gebracht und beendete die Arbeit am Manuskript von *Exemplar Vitae Humanae*. Die letzten zehn Seiten beschäftigen sich mit dieser Episode und seiner ohnmächtigen Rebellion dagegen. Nach Beendigung des Manuskripts erschoss sich da Costa. Die erste Kugel verfehlte ihr Ziel, doch die zweite tötete ihn. In mehr als einer Hinsicht hatte da Costa das letzte Wort.

An keiner Stelle seiner Bücher oder seiner erhaltenen Briefe erwähnt Spinoza den Namen von Uriel da Costa. Und doch wusste Spinoza alles über da Costa. Gewiss, es gab zur gleichen Zeit andere Exkommunikationen, Widerrufe und öffentliche Bestrafungen. Im Jahr 1639 wurde ein Mann namens Abraham Mendes einer ähnlichen Bestrafung unterzogen – Widerruf, Auspeitschung und Prostration an der Schwelle des Tempeltores –, was darauf schließen lässt, dass die Synagoge nicht zögerte, für rigorose Disziplin unter den Gemeindemitgliedern zu sorgen.[6] Doch sicherlich hat die Da-

Costa-Affäre das stärkste Aufsehen erregt. Er war nicht einfach ein Ketzer, sondern einer, der seine Ansichten veröffentlicht und jahrzehntelang an seinem Irrglauben festgehalten hatte, was erklärt, warum die Affäre als besonders skandalös empfunden wurde. Egal, ob Spinoza nun acht oder fünfzehn war, er befand sich mit dem Vater und den Geschwistern unter den Zuschauern. Mehr noch, jahrelang wurde in Gesprächen immer wieder Bezug genommen auf diesen Fall, und man spürt seinen Schatten in vielen Schriften, in denen sich Spinoza über die organisierte Religion äußert. Vor allem aber nimmt Spinoza in dieser Frage schließlich die gleiche Haltung ein wie Uriel da Costa.[7] Da Costa hatte nicht Spinozas Gedankentiefe. Er war ein sensibler Mensch, der sich nicht mit Ungerechtigkeiten abfinden wollte und seiner Empörung Ausdruck geben musste. Dabei prangerte er eine Heuchelei an, die von vielen Zeitgenossen wahrgenommen wurde, seine Besonderheit lag nur darin, dass er das nachfolgende Martyrium auf sich nahm. Möglicherweise hat Spinoza diese Affäre nie erwähnt, weil er den Einfluss von da Costa gering erachtete, denn diese Ideen lagen ohnehin in der Luft und da Costa hatte sie nie mit der analytischen Schärfe behandelt, mit der sich Spinoza ihrer annahm. Vielleicht mochte Spinoza solche Einflüsse auch einfach nicht zugeben und war, bewusst oder unbewusst, nicht bereit, eine Schuld anzuerkennen, selbst wenn eine vorhanden war. (Gleiches ließe sich übrigens auch von seiner Beziehung zu van den Enden sagen. Nie hat Spinoza seinen Namen auch nur erwähnt.) Wie dem auch sei, wir dürfen davon ausgehen, dass die da-Costa-Affäre einen ungeheuren Einfluss auf Spinoza hatte, und zwar mehr durch ihre dramatischen Aspekte als durch die Analysen, die in *Exemplar Vitae Humanae* zum Ausdruck kamen. Vermutlich haben die Erinnerungen an diese Ereignisse Spinoza den Rücken gestärkt für die Auseinandersetzungen, die ihm selbst bevorstanden, und zu seiner Entscheidung beigetragen, bei der eigenen Exkommunikation nicht zugegen zu sein. Spinozas *Cherem*, der »Heilige Bann«, wurde auf demselben Podium verlesen wie da Costas Widerruf, aber *in absentia*.

Judenverfolgung und Marrano-Tradition

Trotz äußerem Wohlstand lebte die jüdische Nation von Amsterdam nicht wirklich in Sicherheit, sondern in der ständigen Furcht, jeder falsche Schritt eines Juden könne von den calvinistischen Behörden missverstanden werden und zur Kritik und Bestrafung der ganzen Gemeinde führen. Die Juden waren an Verfolgung gewöhnt, und das Gentlemen's Agreement, unter dem sie in Amsterdam lebten, verlangte ihnen eine heikle Gratwanderung ab. Ihnen war jede Zurschaustellung ihres Glaubens verboten, jede öffentliche Verteidigung des Judentums und jeder Versuch, einen Bürger der Stadt zum jüdischen Glauben zu bekehren. Ehen mit Holländern waren nicht gestattet, und vor allem hatten sich die Juden unauffällig zu verhalten.

Die Juden waren nützliche Gäste, keine Landsleute. Benahmen sie sich gut, konnten sie mit Bürgerrechten belohnt werden, doch ständig waren sie von der Gefahr bedroht, diese Freiheiten zu verlieren. Die Bestrafung von Uriel da Costa sollte der Gemeinde dieses Risiko ins Gedächtnis rufen. Spinoza und seine Generation von Juden hielten sich vermutlich für Holländer und nicht mehr für Flüchtlinge. Tatsächlich nahm Spinoza auch im Laufe der Zeit eine holländische Identität an. Doch die Grundlagen dieser Identität war recht jungen Datums und nicht besonders solide.

All das verrät uns die Architektur der neuen portugiesischen Synagoge in Amsterdam. Das bemerkenswerte Bauwerk, das seine Tore im Jahr 1675 öffnete, ist kein einzelnes Gebäude, sondern ein von einer Mauer umgebener Komplex: der Tempel, die Schule, eine Begegnungsstätte für Erwachsene, ein Kinderspielplatz – und das alles geschützt vor der Gesellschaft draußen.

Die Führer der jüdischen Gemeinde waren sehr besorgt in Hinblick auf Verstöße gegen die Regeln, welche die holländischen Gastgeber aufgestellt hatten. Erstens war den Führern klar, dass die Aufnahme, die sie fanden, zwar auf den holländischen Geschäftsinteressen beruhte, dass aber die Zuverlässigkeit und Dauer der Aufnahme der bemerkenswerten Toleranz und Großzügigkeit zu verdanken war, die nur eine Gruppe der holländischen Behördenvertreter auszeichneten. Die Größe dieser Gruppe und damit ihr wohltätiger Einfluss schwankte mit den politischen Unwägbarkeiten. Solange beispielsweise de Witt Ratspensionär war, waren die holländischen Provinzen die fortschrittlichste demokratische Republik ihrer Zeit. Die konservativen und bigotten Einflüsse (der Oranier) konnten sich nicht durchsetzen. Doch nach de Witts Ermordung im Jahr 1672 wurde der demokratische Traum erst einmal auf Eis gelegt.

Zweitens, trotz des beträchtlichen Zusammenhalts gab es Spannungen in der jüdischen Gemeinde. Beispielsweise kam es zu Konflikten, welche die religiöse Praktiken betrafen, was wenig verwunderlich ist, weil sie von den meisten, wenn nicht allen Mitglieder der *nação* in Portugal heimlich und ohne Hilfe der Synagoge ausgeübt worden waren. Und es gab Konflikte über eine Vielzahl von sozialen Fragen, was abermals wenig verwunderlich und unvermeidlich in einer traditionell ausgegrenzten Gruppe war. Die Führer der *nação* taten alles Erdenkliche, um diese Konflikte vor den Holländern geheim zu halten. Das Image des gottesfürchtigen und fleißigen Volkes, das sie zu vermitteln trachteten, durfte nicht beschädigt werden. Es war schon schwer genug, mit den gesellschaftlichen Folgen des sexuellen Rufs fertig zu werden, in dem die Sephardim standen – hieß es doch, sie seien in dieser Hinsicht unersättlich. Eine weitere Schwierigkeit bestand darin, die ganz andere Gruppe jüdischer Emigranten zu integrieren, die aus dem Norden und Osten Europas kamen und überwiegend arm und ungebildet waren. Spinoza wuchs auf als aufmerksamer Beobachter menschlicher Konflikte zwischenmenschlicher, sozialer, religiöser und politischer Natur. Als er später über die Menschen und ihre Schwächen schrieb, mit denen sie sich allein oder in den von ihnen geschaffenen religiösen und politischen Institutionen herumschlagen mussten, wusste er, wovon er sprach.

Spinoza kannte die Geschichte der sephardischen Juden vor ihrer Ankunft in den Niederlanden in allen Einzelheiten und war eingehend vertraut mit allen religiösen und politischen Dimensionen des jüdischen Problems – er äußert sich dazu im *Tractatus*. In der Wahl und Gestaltung ihrer Themen konnte sich seine Philosophie dem Gewicht dieser Geschichte nicht entziehen, und die Marranen waren ein wichtiger Teil dieser Geschichte.

Die Marranen-Tradition bestand in der heimlichen Ausübung der jüdischen Religion durch Juden, die gezwungen worden waren, zum Christentum überzutreten. Diese Tradition begann 1492 in Spanien, Jahrzehnte bevor die Juden vertrieben wurden, und wurde ab 1500 in Portugal besonders intensiv gepflegt. Hundert Jahre später, als die Elite der Gemeinde in die Niederlande floh, war die Marranen-Tradition noch immer sehr verbreitet.[8]

Ab 1492 flohen die spanischen Sephardim in großer Zahl nach Portugal. Nach einigen Schätzungen haben mehr als 100 000 die Grenze überquert, angelockt von dem friedlichen Umgang, den Portugal bislang mit den Juden pflegte. Doch die jüdische Gemeinde in Portugal war von bescheidener Größe gewesen. Der plötzliche Zustrom warf eine Fülle von sozialen Problemen auf. Es stellte sich die Frage, wie die neue Bevölkerungsgruppe in die portugiesische Gesellschaft integriert werden könne. Der Wohlstand und der gesellschaftliche Rang großer Teile der Zuwanderer – die meisten waren Kaufleute, Bankiers, Selbstständige und Kunsthandwerker – unterschied sie deutlich von der kleinen Gruppe, die das portugiesische Bürgertum jener Zeit bildete, aber auch von den einfachen Leuten und dem Adel. Sie passten nicht recht ins Bild. Angesichts beträchtlicher Unruhen versuchten König Johann II. und sein Nachfolger König Manuel I., des Problems auf höchst gegensätzliche Weisen Herr zu werden. 1492, als die Schwierigkeiten zum ersten Mal auftraten, belegte Ersterer die Neuankömmlinge mit hohen Steuern. Für acht Cruzados pro Kopf erhielten die Sephardim eine Aufenthaltsgenehmigung für ebenso viele Monate. Wer länger bleiben wollte, musste eine riesige und geheim gehaltene Steuer an die Krone zahlen und bekam dafür eine unbefristete Genehmigung. Flüchtlingen, die dazu nicht in der Lage waren, wurden die Bürgerrechte und die Staatsbürgerschaft verweigert. Praktisch gehörten sie dem König und waren seiner Willkür ausgeliefert. Manuel I., Johanns Nachfolger, entschied sich für einen anderen Weg. Portugal hatte sich große koloniale Aufgaben gestellt und war bemüht, ein riesiges Überseereich zu schaffen, das in krassem Missverhältnis zur Größe und Bevölkerungszahl des Mutterlandes stand. Manuel I. erkannte, dass ihm die Juden bei diesem außerordentlichen Vorhaben von großem Nutzen sein könnten. Also gewährte er ihnen die Bürgerrechte. Doch die gute Tat hatte ihren Preis, und der war außerordentlich hoch: Die Juden wurden gezwungen, zum Christentum überzutreten. Sie mussten sich taufen lassen oder das Land verlassen.[9]

So wurden viele Juden kurz nacheinander zuerst vertrieben, dann ausgebeutet und nun getauft. Was danach wirklich geschah, lässt sich zahlenmäßig nicht genau angeben, dürfte sich aber wie folgt abgespielt haben. Ein großer Teil der sephardischen Bevölkerung passte sich, mit mehr oder weniger großen Schwierigkeiten, dem Christentum portugiesischer Spielart an. Sie wurden *Conversos* oder *Cristãos-novos* (neue Christen). Ihre Nachkommen leben heute, viele Generation später, als Katholiken, Protestanten oder ohne religiöse Bindungen. Sie fügen sich nahtlos in das Leben dieses alten Landes, ohne dass von ihrer jüdischen Herkunft nach fünf Jahrhunderten noch viel zu erkennen wäre. Ein anderer Teil der Sephardim wurde Marranen. Nach außen hin verhielten sie sich wie Christen, bemühten sich aber hinter verschlossenen Türen, die jüdischen Riten zu befolgen und ihre Tradition zu pflegen. Es ist unwahrscheinlich, dass die meisten Neuchristen heimlich dem Judentum treu geblieben sind, doch niemand weiß, wie viele es waren und wie lange sie an den traditionellen Riten festhielten. Übrigens ist das Wort *marrano*, das vom spanischen *marrar* kommt, sowohl eine unverfrorene Beleidigung (in der Bedeutung von »schweinisch«) als auch eine intellektuelle Kränkung (in der Bedeutung von »unvollständig« oder »Misserfolg«).

Das Schicksal der Marranen war höchst unterschiedlich. Einige starben in den Fängen der Inquisition, die schließlich auch in Portugal Fuß fasste (1536)[10] und ihre Aufmerksamkeit von den protestantischen Ketzern – von denen es in Portugal nicht viele zu verfolgen gab – auf die Marranen richtete, ein weit lukrativeres Unterfangen für Kirche und Staat.[11] Ein anderer Teil der Marranen revidierte den tapferen Entschluss, an einer gefährlichen und allmählich verblassenden Überlieferung festzuhalten, und schloss sich der Gruppe an, die sich vom Judentum abgewendet hatten. Das kleinste Segment der Marranen verließ Portugal, nämlich diejenigen, deren Reichtum und internationale Kontakte eine Emigration ermöglichten.

Häufig wechselten die Marranen ihre Namen, nicht nur aus symbolischen Gründen – etwa, wenn Gabriel sich in Uriel umbenannte –, sondern auch, um sich zu schützen. Falsche Namen täuschten die Spione der Inquisition und verhinderten zumindest eine Zeitlang, dass in Portugal verbliebene Familienmitglieder in Verdacht gerieten. Die Vorstellung, dass nicht nur Tätigkeiten, sondern auch Ideen geheim gehalten werden mussten, war den Erwachsenen, unter denen Spinoza aufwuchs, noch ganz selbstverständlich. Eine stoische Haltung ist ein weiteres Erbteil des Marranenlebens. Viele Jahrzehnte war man gezwungen, das Leben im Allgemeinen und den Glauben im Besonderen unter widrigsten Umständen zu bewahren, ohne die Hilfe einer Institution – die Synagogen waren natürlich geschlossen – und mit einer Mischung aus Mut und Zurückhaltung. Als Spinoza schließlich seine eigenen Ideen verbarg, waren die Gründe dafür gar nicht so unterschiedlich und die überkommene Tradition durchaus von Nutzen. Ganz selbstverständlich übernahm er die Tradition der geschickten Verstellung und auch die stoische Einstellung, ein charakteristisches Merkmal seiner Lebensführung, dessen Ursprünge wir nicht ausschließlich in der griechischen Philosophie suchen sollten. Vor allem aber zwang die jüngere Geschichte der Sephardim Spinoza zu einer Auseinandersetzung mit der merkwürdigen Mischung aus religiösen und politischen Entscheidungen, welche die Geschlossenheit seines Volkes im Laufe der Jahrhunderte bewahrt hatte. Ich glaube, diese Konfrontation veranlasste Spinoza, eine bestimmte Haltung zu dieser Geschichte einzunehmen. Das Ergebnis war eine ambitionierte Auffassung von der menschlichen Natur, eine Auffassung, die wohl über die Probleme des jüdischen Volkes hinausreichte und sich auf die Menschheit im Ganzen bezog.

Wäre Spinoza derselbe gewesen ohne das schwindelerregende Freiheitsgefühl, das die Marranen in Amsterdam erfasste? Nicht ganz, denke ich. Wäre Spinoza Spinoza geworden, wenn seine Eltern in Portugal geblieben wären? Kann man sich Bento vorstellen, wie er in Porto, Vidgueira oder Belmonte aufwächst? Natürlich völlig unmöglich, aus tausendundeinem Grund. Selbstverständlich musste der Konflikt, der dem Marranen-Denken innewohnte, zu einer Entfremdung mit den unversöhnlichen religiösen Kräften führen und die Aufmerksamkeit auf die weltlichen Aspekte des Lebens lenken.[12] Doch egal, wie heftig der Konflikt im Denken der Marranen war, es war doch ein Funke erforderlich, um das Feuer der Kreativität zu entzünden, und dieser Funke war die Freiheit. Das mag paradox klingen, bedenkt man, wie Holland Spinozas Werk nach seinem Tode behandelt hat, ist es aber nicht. Die holländische Freiheit reichte nicht ganz aus, um Spinozas Werk verkraften zu können, als es abgeschlossen und veröffentlicht war. Aber sie reichte aus, um ihm den Zugang zu neuen und interessanten Lesestoffen seiner Zeit zu eröffnen. Sie reichte aus, um ihm die Möglichkeit zu geben, seine neuen Ideen mit anderen Menschen unterschiedlicher Religionen und sozialer Schichten zu diskutieren; und sie reichte aus, wenn auch knapp, um ihm ein Leben zu ermöglichen, in dem er unabhängig und auf sich gestellt die Natur des Menschen vollkommen neu durchdenken konnte. Nichts von alledem wäre in Portugal möglich gewesen – oder in einem anderen Staat des 17. Jahrhunderts. Das besondere Umfeld von Hollands Goldenem Zeitalter war erforderlich, damit die aufgestauten Konflikte eines geschundenen Volkes in den kreativen Kräften eines hochbegabten Einzelnen Früchte tragen konnten.

Exkommunikation

Spinoza wurde in eine Gemeinde von Vertriebenen hineingeboren und mit vierundzwanzig Jahren selbst aus dieser Gemeinde vertrieben. Er war auf dem Weg zu einer noch größeren körperlichen und gesellschaftlichen Isolation, die er nur durch den universellen Charakter seines Werkes zu überwinden vermochte. Die Ereignisse, die das letzte Kapitel seiner Beziehung zur Synagoge bestimmen, sind fast genauso dramatisch wie die Geschehnisse um Uriel da Costa. Die Rabbiner kannten Spinozas Ideen und wussten, dass er Argumente gegen viele Aspekte des Gesetzes entwickelte. Bis zum Tode seines Vaters scheint Spinoza, von Debatten mit einzelnen Rabbinern abgesehen, seine Ideen jedoch nicht öffentlich verkündet oder in schriftlicher Form niedergelegt zu haben. Er besuchte auch weiterhin die Synagoge und hatte mit zweiundzwanzig Jahren, als sein Vater starb, bereits die Leitung der Firma übernommen. Das war der Wendepunkt. Von nun an äußerte er sich offener und hatte auch keine Furcht mehr vor der Reaktion auf seine Ansichten. Er schloss enge Freundschaften außerhalb seines Volkes und begann Streitfälle nichtreligiösen Inhalts, die er mit Mitgliedern der jüdischen Gemeinde hatte, weltlichen Institutionen des holländischen Staates zur Entscheidung vorzulegen. Spinoza setzte sich über die eiserne Regel hinweg, nach der alle sozialen Fragen, die Juden betrafen – Streitigkeiten über geschäftliche Angelegenheiten, Eigentumsfragen und dergleichen –, vom weltlichen Arm der *nação* und nicht vor den holländischen Gerichten zu klären waren.

Die Gemeindeältesten versuchten mit jedem Mittel, das ihnen zu Gebote stand, Spinoza zu einer anderen Denk- und Verhaltensweise zu bewegen. Sie versprachen ihm eine Jahresrente von tausend Gulden, und unschwer lässt sich vorstellen, mit welcher kaum noch durch Höflichkeit gemilderten Verachtung Spinoza das Angebot ablehnte. Später belegten sie ihn mit einer »niederen« Exkommunikation, einem auf dreißig Tage befristeten Ausschluss aus der Gemeinde. Als auch das nichts fruchtete, haben sie möglicherweise einen Mordanschlag in Auftrag gegeben, den Spinoza jedoch überlebte. All das hat ihn in seiner Entschlossenheit nur bestärkt.

Am 27. Juli 1656 verkündete die Synagoge schließlich den »hohen« *Cherem*. Ein paar Worte zu dem Vorgang sind vielleicht angebracht. Es ist darauf hinzuweisen, dass *Cherem* zwar immer mit Exkommunikation wiedergegeben wird, das aber eine genauere Übersetzung »Bann« oder »Ausschluss« wäre. Die Bestrafung wurde nicht von den religiösen Führern, sondern von den Gemeindeältesten vorgenommen, den *Senhores*, oder »Ratsmännern«, obwohl die Rabbiner befragt wurden. Die Konsequenzen waren nicht ausschließlich religiöser Natur. Das Opfer des *Cherem* wurde physisch und sozial aus der Gemeinde ausgeschlossen. Andererseits ist darauf hinzuweisen, dass der *Cherem* relativ milde war im Vergleich zu seinem katholischen Gegenstück, dem Autodafé. Selbst die neununddreißig Peitschenhiebe, die der arme Uriel da Costa erhielt, waren harmlos im Vergleich zur Folterkammer und zum Scheiterhaufen, die das Schicksal unbußfertiger Ketzer waren, die in die Hände der Inquisition fielen, egal, ob sie etwas zu bereuen hatten oder nicht. Auch das Böse kennt viele Abstufungen.

Doch nach den Maßstäben der jüdischen Gemeinde in Amsterdam war Spinozas *Cherem* grausam und ungewöhnlich, gewalttätig und unbarmherzig. Zweifellos war auch der Gemeinde diese Bestrafung peinlich. Als Johannes Colerus, Spinozas wichtigster zeitgenössischer Biograph, versuchte, sich den Text des *Cherem* zu beschaffen, biss er bei den Ältesten auf Granit.

Die Chronik der Gemeinde – *O Livro dos Acordos da Nação* – zeigte, dass zwischen Spinozas Geburt und seinem eigenen *Cherem* fünfzehn »schwere« *Cherems* ausgesprochen wurden. Keiner der anderen war so heftig in der Sprache und so unversöhnlich in der Verdammung. Merkwürdigerweise scheint der Bannfluch, der ein Teil von Spinozas *Cherem* ist, schon Jahrzehnte zuvor von den Ältesten der sephardischen Gemeinde in Venedig niedergeschrieben worden zu sein. Diese Fluchformel wurde von den Amsterdamer Ältesten lange vor 1656 eingeführt und in ein Buch mit Strafvorschriften aufgenommen, die in Fällen von Disziplinverstößen zur Anwendung kamen. Rabbi Mortera, einst Lehrer von Spinoza und ein enger Freund des Vaters, hatte speziell für Spinoza diese Auswahl getroffen. Es lohnt sich den Text wiederzugeben, und zwar in der Fassung, die der Spinoza-Experte Frederick Pollock 1880 auf Englisch veröffentlichte:

»Die Häupter des Rates tun euch kund, dass sie, schon lange um die schlimmen Meinungen und Werke des Baruch de Espinoza wissend, bemüht waren, diesen durch verschiedene Unterfangen und Versprechen von seinem verderblichen Weg abzubringen, dass sie sich aber nicht nur außerstande sahen, ihn umzustimmen, sondern vielmehr an jedem Tag von neuen schändlichen Ketzereien, die er praktizierte und lehrte, und anderen Ungeheuerlichkeiten, die er beging, Kenntnis nehmen mussten, wofür es viele vertrauenswürdige Zeugen gibt, die in Gegenwart des besagten Espinoza Zeugnis ablegten, sodass er all seiner Verbrechen überführt ward. Nach gründlicher Prüfung in Anwesenheit der Ältesten ward mit ihrem Einverständnis beschlossen, dass besagter Espinoza zu exkommunizieren und aus der Nation Israel zu verstoßen sei. Hiermit wird er durch folgenden Fluch exkommuniziert:

Nach dem Urteil der Engel und der Heiligen exkommunizieren, verstoßen, verfluchen und verbannen wir Baruch de Espinoza mit der Zustimmung der Ältesten, dieser ganzen heiligen Gemeinde und in Gegenwart der heiligen Bücher: mit den 613 Geboten, die darin geschrieben stehen, mit dem Fluch, den Josua gegen Jericho schleuderte, mit dem Fluch, mit dem Elisa die Kinder belegte, und mit allen Flüchen, die im Gesetz geschrieben stehen. Verflucht sei er bei Tag, und verflucht sei er bei Nacht. Verflucht sei er im Schlaf, und verflucht sei er im Wachen, verflucht beim Fortgehen und verflucht beim Wiederkehren. Der Herr soll ihm nicht vergeben; der Grimm und der Zorn des Herrn soll fortan gegen diesen Mann wüten und soll ihm auferlegen all die Flüche, die im Buche des Gesetzes geschrieben stehen: Der Herr soll seinen Namen unter der Sonne auslöschen und soll ihn für seinen Frevel aus allen Stämmen Israels verstoßen, mit allen Flüchen des Firmaments, die im Gesetz geschrieben stehen. Doch ihr, die ihr dem Herrn eurem Gott getreulich anhängt, sollt leben in Frieden.

Und wir befehlen euch, dass niemand mit ihm spreche auf mündliche oder schriftliche Weise, noch ihm irgendeine Gunst erweise, noch unter einem Dache mit ihm weile, noch ihm auf vier Ellen nahe, noch etwas lese, was von ihm erdacht oder geschrieben ist.«[13]

So wurde Spinoza aus der Gemeinde ausgeschlossen. Jüdischen Bekannten und Angehörigen war es verboten, mit ihm zu verkehren oder ihm nahe zu kommen. Seine Schwester hoffte von seiner Exkommunikation profitieren zu können, indem sie sich seinen Anteil am elterlichen Erbe aneignete. Er war vogelfrei und beinahe mittellos. Fortan nannte er sich Benedictus.

Es ist anzumerken, dass Spinoza selbst in dieser Zeit des offenen Skandals keinen Versuch unternahm, die Verlegenheit seiner Richter auszunutzen, um mit Worten einen öffentlichen Sieg zu erstreiten. Wahrscheinlich wäre es ihm gelungen, die Anmaßung der Synagoge bloßzustellen, wenn er es gewollt hätte. Doch er verzichtete darauf, dem *Cherem* mit einer Breitseite rhetorisch brillanter und vernichtender Argumente zu begegnen.[14]

Spinozas Zurückhaltung war ein frühes Anzeichen jener Klugheit, die ihn Jahre später zu der Entscheidung veranlasste, seine Texte auf Latein zu veröffentlichen, damit er nur Leser fand, die gebildet genug waren, um die potenziell verstörenden Gedanken verarbeiten zu können. Ich glaube, Spinoza machte sich ernsthafte Sorgen um die mögliche Wirkung seiner Ideen auf Menschen, die nichts als ihren Glauben besaßen, um das Gleichgewicht ihrer Existenz zu bewahren.

Am 27. Juli, einem Hochsommertag des Jahres 1656, soll Spinoza, vermutlich im Hause eines holländischen Freundes unweit der Synagoge, die Nachricht vom *Cherem* mit den

Worten kommentiert haben: »Das zwingt mich zu nichts, was ich nicht ohnehin getan hätte.« Einfach, würdevoll und treffend.

Das Vermächtnis

Spinozas Vermächtnis ist eine traurige und komplizierte Geschichte. Man könnte sagen, dass angesichts der historischen Umstände und der kompromisslosen Positionen, die er einnahm, die Heftigkeit der Angriffe und das Verbot seines Werks vorauszusehen waren. Das tat Spinoza auch bis zu einem gewissen Grade, was seine Vorsichtsmaßnahmen zeigen. Trotzdem war die Reaktion heftiger, als man hätte erwarten können.

Spinoza hinterließ kein Testament, hatte aber Rieuwertz, seinem Freund und Verleger in Amsterdam, eingehende Anweisungen gegeben, wie dieser mit seinen Manuskripten zu verfahren habe. Rieuwertz war außerordentlich loyal, dazu noch mutig und sehr klug. Spinoza starb im Februar 1677, und Ende desselben Jahres wurde ein Buch mit dem Titel *Opera Posthuma* gedruckt, dessen Herzstück die *Ethik* bildete. 1678 erschienen erste holländische und französische Übersetzungen. Rieuwertz und die Freundesschar, die Spinoza half, mussten sich gegen die heftigsten Angriffe wehren, die bislang gegen Spinoza vorgebracht worden waren. Die Verurteilung durch die Juden, den Vatikan und die Calvinisten kam natürlich nicht unerwartet, doch es gab noch weiter gehende Reaktionen. Zuerst verboten die holländischen Behörden das Buch, dann folgten andere europäische Länder. Vielerorts, vor allem in Holland, wurde das Verbot buchstabengetreu beachtet. Die Behörden durchsuchten Buchhandlungen und beschlagnahmten alle Exemplare, die sie fanden. Die Veröffentlichung oder der Verkauf des Buches war eine Straftat und blieb es, solange ein Interesse an ihm bestand.

Rieuwertz inszenierte ein meisterhaftes Spiel mit den Behörden, leugnete jede Kenntnis des Originals und jegliche Verantwortung für die Drucklegung. Es gelang ihm, zahlreiche Bücher in Holland und im Ausland illegal zu verkaufen, allerdings ist die Anzahl nicht bekannt.

So waren Spinozas Worte in vielen Privatbibliotheken Europas, gegen den ausdrücklichen Befehl der kirchlichen und der staatlichen Behörden, sicher aufgehoben. Besonders in Frankreich wurde er viel gelesen. Zweifellos haben die verständlicheren Aspekte seines Denkens – der Teil, der sich mit der institutionalisierten Religion und ihrer Beziehung zum Staat beschäftigt – vielfach Akzeptanz und Bewunderung gefunden. Trotzdem haben Kirche und Staat die Schlacht weitgehend gewonnen, weil Spinozas Ideen in anderen Werken so gut wie nie in einem positiven Licht zitiert werden durften. Das Verbot wirkte eher implizit als offen, erzielte dadurch aber nur umso größere Wirkung. Nur wenige Philosophen oder Wissenschaftler wagten, sich offen auf Spinozas Seite zu stellen, hatten sie doch erhebliche Nachteile zu befürchten. Eine Aussage dadurch zu untermauern, dass man sich offen auf Spinozas These oder seine Texte berief, hätte die Erfolgsaussichten der eigenen Schrift geschmälert. Spinoza war ein Fluch. Das galt in ganz Europa über einen Zeitraum von fast hundert Jahren nach Spinozas Tod. Negative Verweise auf ihn waren dagegen willkommen und überaus zahlreich. In einigen Ländern, etwa in Portugal, wurde Spinozas Name nicht genannt, ohne automatisch mit einem abwertenden Epitethon versehen zu werden: »infam«, »schändlich«, »gottlos« oder »dumm«.[15] Gelegentlich waren die kritischen Äußerungen nur Tarnung und dienten dazu, Spinozas Ideen unter der Hand zu verbreiten. Das bemerkenswerteste Beispiel für solche falschen Vorbehalte war der Artikel über Spinoza, den Pierre Bayle im *Dictionnaire Philosophique et Critique* veröffentlichte. Maria Luisa Ribeiro Ferreira behauptet, Bayles Text sei höchst ambivalent und vermutlich absichtlich doppelsinnig, und tatsächlich sei es ihm so gelungen, auf Spinozas Ansichten aufmerksam zu machen, während er dessen Ideen scheinbar verurteilt habe.[16] Bemerkenswerterweise ist der Beitrag über Spinoza der längste Artikel im gesamten *Dictionnaire*.

Doch gelegentlich nutzen auch kluge Distanzierung und Doppeldeutigkeit nichts, und die heimlichen Bewunderer wurden gezwungen, alle gottlosen Spinozismen aus ihren Schriften zu tilgen. Sonst... Ein berühmtes Beispiel ist das Werk *L'esprit des lois*, Montesquieus wichtigster Beitrag zur Aufklärung (1748). Montesquieus Ansichten über Ethik, Gott, institutionalisierte Religion und Politik sind Spinozismus reinsten Wassers und wurden auch, wie zu erwarten, als solcher angeprangert. Offenbar hat Montesquieu nicht geahnt, was auf ihn zukommen würde. Nicht lange nach der Veröffentlichung wurde er gezwungen, dem spinozistischen Charakter seiner Ansichten abzuschwören und seinen Glauben an den christlichen Gott und Schöpfer öffentlich zu bekunden. Wie sollte ein gläubiger Christ irgendetwas mit Spinoza zu tun haben? Wie Jonathan Israel von dieser Episode erzählt, blieben die Vorbehalte gegen Montesquieu bestehen und die Vertreter des Vatikans misstrauisch. *Caute*!

Als alle Hinweise auf Spinoza nach und nach aus den Schriften getilgt worden waren, bekamen seine Thesen für künftige Generationen einen immer anonymeren Charakter. Spinozas Einfluss wirkte unerkannt. Sein Werk wurde zerfleddert und geplündert. Zu Lebzeiten war er als Person bekannt, aber seine Ideen *sub rosa*. Nach seinem Tod zirkulierten seine Ideen, während die Persönlichkeit des Autors nur den Zeitgenossen bekannt gewesen war und vor der Zukunft sorgfältig verheimlicht wurde.

Jetzt endlich verändert sich dieser Stand der Dinge. In jüngerer Zeit wird deutlich, dass Spinoza eine treibende Kraft zu Beginn der Aufklärung war und dass seine Ideen entscheidend zur zentralen geistigen Auseinandersetzung im Europa des 18. Jahrhunderts beigetragen haben, auch wenn dieser Eindruck aus den Darstellungen der Epoche kaum zu gewinnen ist. Jonathan Israel legt seine These überzeugend dar und enthüllt wichtige Fakten, die sich unter dem Schweigen verbergen, das so viele zu der Annahme verleitet hat, Spinozas Einfluss sei mit ihm gestorben.[17] Israel liefert Belege für die Auffassung, dass der verbreitete Einruck, John Lockes Werk habe die Aufklärung von Anfang an beherrscht, falsch ist. Beispielsweise räumt das wichtigste Werk der Aufklärung, Diderots und D'Alemberts *Encyclopédie*, Spinoza fünfmal mehr Platz ein als Locke, hebt aber Locke lobender hervor, was jedoch vielleicht, so Israel, ein »Ablenkungsmanöver« ist. Weiterhin weist Israel darauf hin, dass in Zedlers *Grossem Vollständigen Universal Lexicon* von 1750 – der größten Enzyklopädie des 18. Jahrhunderts – die Einträge für »Spinoza« und »Spinozismus« jeweils umfangreicher sind als der bescheidene Eintrag unter Locke. Lockes Stern sollte noch aufgehen, aber später.[18]

Leider haben nur selten Philosophen von klarem Verstand, ob alt oder jung, öffentlich ihre Hochachtung für Spinoza bezeugt, geschweige denn die Rolle des Schülers oder Nachfolgers übernommen. Noch nicht einmal Leibniz tat das, obwohl er alle Schriften von Spinoza gelesen hatte, bevor sie veröffentlicht wurden, und wahrscheinlich von allen Zeitgenossen am ehesten in der Lage war, Spinozas Bedeutung zu erkennen. Stattdessen hielt Leibniz sich wie alle anderen bedeckt und bezog eine gemäßigte kritische Position. Genauso verfuhren die offiziellen Vertreter der Aufklärung. Privat ließen sie sich von Spinoza erleuchten und aufklären, öffentlich zogen sie über ihn her. Voltaires kleines Gedicht über Spinoza ist ein hübsches Beispiel für die pflichtgemäße öffentliche Kritik an und die persönliche Ambivalenz gegenüber dem Philosophen:[19]

Sieh, ein kleiner Jude mit langer Nase und blassem Teint,
arm, aber zufrieden, nachdenklich und zurückgezogen,
von feiner, aber hohler Geistesart, weniger gelesen als
berühmt,
Unter dem Mantel seines Meisters Descartes verborgen,
nähert sich gemessenen Schrittes dem großen Wesen:
Vergebt mir, sagt er, und flüstert ganz leise,
doch ich denke, ganz unter uns, euch gibt es nicht.

Jenseits der Aufklärung

Nach der Aufklärung wurde Spinozas Einfluss sichtbar. Spinoza zu zitieren war kein Verbrechen mehr. Es gab eine wachsende weltlich gesinnte Fraktion, die Spinoza zu ihrem Propheten erklärte, einem Propheten, der allerdings »meist wenig, schlecht oder gar nicht gelesen wird«, wie Gabriel Albiac ganz richtig anmerkt.[20] Doch einige Menschen lasen ihn und empfanden ihn als Inspirationsquelle. Dichter und Denker wie Friedrich Heinrich Jacobi, Novalis und Gotthold Ephraim Lessing entdeckten den Philosophen für ein anderes Publikum und ein anderes Jahrhundert. Goethe begeisterte sich für Spinoza und wurde sein Fürsprecher, wobei er keinen Zweifel daran ließ, welchen Einfluss Spinoza auf seine Person und sein Werk ausgeübt hatte. »Dieser Geist, der so entschieden auf mich wirkte, und der auf meine ganze Denkweise so großen Einfluß haben sollte, war Spinoza. Nachdem ich mich nämlich in aller Welt um ein Bildungsmittel meines wunderlichen Wesens vergebens umgesehen hatte, geriet ich endlich an die ›Ethik‹ dieses Mannes. Was ich mir aus dem Werke mag herausgelesen, was ich in dasselbe mag hineingelesen haben, davon wüßte ich keine Rechenschaft zu geben, genug, ich fand hier eine Beruhigung meiner Leidenschaften, es schien sich mir eine große und freie Aussicht über die sinnliche und sittliche Welt aufzutun. Was mich aber besonders an ihn fesselte, war die grenzenlose Uneigennützigkeit, die aus jedem Satze hervorleuchtete. Jenes wunderliche Wort: ›Wer Gott recht liebt, muß nicht verlangen, daß Gott ihn wieder liebe‹.«[21]

Ebenso begeisterte Fürsprecher wurden die englischen Dichter. Samuel Taylor Coleridge verschlang Spinoza, desgleichen William Wordsworth, der, ohnehin trunken von der Natur, sich nun an Spinozas hingerissener Verehrung des Göttlichen in der Natur berauschte. Nicht anders erging es Percy Shelley, Alfred Lord Tennyson und George Eliot. Vielleicht wäre Spinoza schon früher wieder in die Philosophie zurückgekehrt, hätte Kant sich nicht geweigert, ihn zu lesen, und David Hume ein bisschen mehr Geduld aufgebracht. Schließlich erklärte Georg Wilhelm Friedrich Hegel: »Wenn man anfängt zu philosophieren, so muß man zuerst Spinozist sein … Du hast entweder den Spinozismus oder gar keine Philosophie.«[22]

Spinozas Einfluss auf jenen Gebieten der modernen Naturwissenschaft, die mit seinen Ideen am engsten verknüpft sind, nämlich denen der Biologie und der Kognitionswissenschaft, scheint so gut wie gar nicht vorhanden zu sein. Im 19. Jahrhundert war das ganz anders, als Wilhelm Wundt und Hermann von Helmholtz, zwei Gründungsväter der Geist- und Hirnforschung, bekennende Spinoza-Anhänger waren. Als ich die Liste der internationalen Wissenschaftler durchsah, die 1876 der Einweihung des Spinoza-Standbilds in Den Haag beiwohnten, fand ich neben den Namen von Wundt und Helmholtz auch den von Claude Bernard.[23] Könnte es sein, dass Spinoza Bernard zu seiner Vorstellung vom Gleichgewicht des inneren Milieus angeregt hat?

1880 machte der Physiologe Johannes Müller aufmerksam auf die auffallende Ähnlichkeit zwischen den wissenschaftlichen Ergebnissen, zu denen Spinoza zwei Jahrhunderte zuvor gelangte, und denen, die in jenen Tagen von Forschern erzielt wurden, die, wie Wundt und (Ernst) Haeckel in Deutschland, (Hippolyte) Taine in Frankreich, und (Alfred) Wallace und Darwin in England, durch die Physiologie zu psychologischen Fragen gelangten. Meine Auffassung, Spinoza sei ein Vorläufer des modernen biologischen Denkens, scheint Müller für ganz selbstverständlich zu halten. Übrigens auch Frederick Pollock, der etwa zur gleichen Zeit sagte, Spinoza »werde mehr und mehr zu einem Philosophen der Naturwissenschaftler«.[24]

Dieses Bekenntnis zu Spinoza verliert im 20. Jahrhundert offenbar wieder an Kraft. Beispielsweise scheint Spinoza einen wichtigen Einfluss auf Freud gehabt zu haben. Freuds System setzt den Selbsterhaltungsapparat voraus, den Spinoza in seinem Begriff des *conatus* skizziert hat, und macht reichlich Gebrauch von der Idee, dass Handlungen zur Selbsterhaltung unbewusst vorgenommen werden. Doch Freud hat den Philosophen nie zitiert. Fragte man ihn danach, erklärte er das Versäumnis umständlich. 1931 schrieb Freud in einem Brief an Lothar Bickel: »Ohne zu zögern gestehe ich meine Abhängigkeit von Spinozas Lehren ein. Wenn ich ihn nie direkt zitiert habe, so liegt es daran, dass ich die Grundsätze meines Denkens nicht aus dem Studium dieses Autors gewonnen habe, sondern eher aus der Atmosphäre, die er geschaffen hat.«[25] 1932 verneinte Freud endgültig jeden möglichen Einfluss von Spinoza auf sein Werk. In einem anderen Brief, dieses Mal an Siegfried Hessing, schrieb er: »Ich habe mein ganzes Leben lang eine außerordentliche Hochachtung für die Person und für das Denken dieses großen Philosophen gehegt. Doch ich glaube nicht, dass diese Einstellung mir das Recht gibt, öffentlich etwas über ihn zu sagen, aus dem guten Grund, dass ich nichts zu sagen hätte, was nicht schon von anderen gesagt worden wäre.«[26] Um Freud Gerechtigkeit widerfahren zu lassen, sollten wir uns daran erinnern, dass Spinoza seinerseits selbst weder van den Enden noch da Costa erwähnt. Hätte man ihn nach diesem Versäumnis befragt, wäre seine Antwort vielleicht ähnlich ausgefallen wie die Freuds.

Dreißig Jahre später ging der bekannte französische Psychoanalytiker Jacques Lacan etwas anders mit Spinozas Einfluss um. 1964 berichtete Lacan bei seiner Antrittsvorlesung an der École Normal Supérieur, die den vielsagenden Titel »Die Exkommunikation« trug, wie die *International Psychoanalytical Association* versucht hatte, ihn an der Ausbildung von Psychoanalytikern zu hindern, und ihn aus ihren Reihen ausgestoßen hatte. Diese Entscheidung verglich er mit einer großen Exkommunikation und erinnerte seine Zuhörer daran, dass Spinoza genau diese Strafe am 27. Juli 1656 erhalten hatte.[27]

In dieser weit verbreiteten Angewohnheit, den Vater zu leugnen, gibt es eine bedeutende Ausnahme. Albert Einstein, die Ikone der Naturwissenschaften im 20. Jahrhundert, räumte unumwunden ein, Spinoza habe ihn tief beeinflusst. Spinozas Auffassungen vom Universum im Allgemeinen und von Gott im Besonderen sagten ihm sehr zu.[28]

Den Haag, 1677

Spinoza war Mitte vierzig, als er starb. Seit Jahren hatte er an einer Erkrankung der Atemwege gelitten. Sein chronischer Husten ist hinreichend dokumentiert, und er hat auch regelmäßig geraucht. Die Pfeife war sein sichtbares Zugeständnis an die Welt der sinnlichen Freuden. Abgesehen davon hat er vielleicht an die Behauptung geglaubt, Tabak biete einen gewissen Schutz gegen die Seuchen, die Europa zu seinen Lebzeiten heimsuchten. Spinoza überlebte mehrere Pestepidemien, die viele Menschen in seiner Umgebung dahinrafften. Vielleicht half das Rauchen ja tatsächlich. In den Monaten vor seinem Tod verschlechterte sich sein Zustand, obwohl er niemals aufhörte, zu arbeiten und Besucher zu empfangen. Sein Tod kam unerwartet. Er verschied am Sonntagnachmittag, dem 21. Februar, war aber vorher noch zum Mittagessen mit der Familie van der Spijk heruntergekommen, wie es seiner Gewohnheit entsprach. Am Nachmittag war die Familie in der Kirche, doch Spinoza hatte zum Zeitpunkt seines Todes Besuch von seinem Amsterdamer Arzt Ludowick Meyer.

Gewöhnlich wird Spinozas Tod der Tuberkulose zugeschrieben, doch es gibt keinerlei Anzeichen für eine Schwindsucht. Vermutlich war sein Leiden weit ungewöhnlicher. Möglicherweise ist er einer Berufskrankheit erlegen, einer Silikose oder Staublunge, wie Margaret Gullan-Whur meint.[29] Silikose war damals noch nicht erkannt und wird durch das Einatmen des Staubs verursacht, der beim Glasschleifen entsteht, also bei genau jener Tätigkeit, der Spinoza während seines Erwachsenendaseins hauptsächlich nachgegangen zu sein scheint. Ohne den Schutz einer Gesichtsmaske – und unbehelligt von Schwindsucht oder Pest – hat Spinoza seine Lungen möglicherweise so lange mit glitzerndem Glasstaub gefüllt, bis er nicht mehr atmen konnte.

Als er nach Den Haag kam, war sein Selbstvertrauen noch größer geworden und hatte die Gestalt unerschütterlicher Überzeugungen angenommen. Doch der Traum von Anerkennung und Einfluss war – sollte er ihn überhaupt jemals ernsthaft gehegt haben – vollständig verflogen. An seine Stelle waren Ruhe und die Akzeptanz seiner Situation getreten.

Die Bücherei

Wieder im Rijnsburg-Haus schaue ich mir erneut Spinozas Bücher an. Mein Blick fällt auf Machiavelli, De Grotius und die beiden Thomas – More und Hobbes –, die Ehe zwischen der Kunst der Politik und der Kunst der Jurisprudenz. An anderer Stelle stehen Calvin, mehrere Bibeln, ein Buch über die Kabbala, viele Enzyklopädien, Wörterbücher und Grammatiken. Die Grundlage für eine private Handbibliothek. Es finden sich Werke über Anatomie – unter anderem von jenem Dr. Tulp, der es dank Rembrandt zu Unsterblichkeit gebracht hat, und von Dr. Kerckring. Theodor Kerckring war Spinozas Zeitgenosse, Kollege und Rivale. Auch er hatte van den Enden Schule besucht. Auch er war in Clara Maria van den Enden verliebt, aber ihn heiratete sie. Es war ein netter Zug von Spinoza, die beiden Bücher zu behalten. Ich kann mir vorstellen, dass Spinoza den beiden verziehen und auch das Halsband vergessen hat, das Theodor Clara schenkte, während unser Held mit leeren Händen da stand und nur seine traurigen Augen auf die hinreißende Clara richten konnte.

Die Abteilung mit zeitgenössischer Literatur ist klein – Spaniens Cervantes und Gongora sind vertreten, nicht aber Camões, Portugals Nationaldichter. Ist es denkbar, dass Spinoza Camões' *Lusiaden* nicht zur Hand gehabt hat? Vielleicht sind die Bücher gestohlen worden, oder er wollte nicht an Portugal erinnert werden. Vielleicht hatte er auch keinen Sinn für die modernen Verse seiner Zeit. Es gibt bei Spinoza nicht viele Verweise auf Poesie, Musik und Malerei, obwohl er Musik, Theater, den bildenden Künsten und sogar dem Sport zubilligte, sie könnten zum Glück des Einzelnen beitragen. Auch Shakespeare und Christopher Marlowe finden sich nicht, allerdings hat Spinoza kein Englisch gelesen, und vielleicht waren sie damals noch nicht übersetzt. In seinem Bücherregal verblasste sogar die Philosophie neben Mathematik, Physik und Astronomie. Nur Descartes ist angemessen vertreten.

Es ist etwas gewagt, die Lesegewohnheiten eines Menschen nach dem Umfang und dem Inhalt seiner Bibliothek zu beurteilen, doch irgendwie scheint mir der Bestand dieses Bücherregals ein zuverlässiges Bild zu vermitteln. Vielleicht sind dies alle Bücher, die er in seinen späteren Jahren brauchte. Die Bücherei entspricht ganz dem Geist seines übrigen Besitzes – einem auf die Spitze getriebenen Minimalismus. Dann schaue ich mir noch einmal das Gästebuch an, finde Einsteins Eintrag und versuche mir seinen Besuch in diesem Zimmer am 2. November 1920 vorzustellen.

Eine fiktive Begegnung mit Spinoza

Spinoza in meiner Vorstellung zu begegnen war einer der Gründe, dieses Buch zu schreiben, aber die Begegnung hat lange auf sich warten lassen. Meine Vorstellungskraft versagte, wenn ich versuchte, mir zu vergegenwärtigen, wie Spinoza ausgesehen, gelebt und gehandelt haben könnte. Das überrascht nicht. Zum einen sind seine Lebensbeschreibungen ebenso

wechselhaft wie seine Adressen, und die brauchbaren Biographien von Zeitgenossen sind nicht so reich an Einzelheiten, wie man es sich wünschen würde. Zum anderen ist Spinozas Stil hermetisch. Einige Abschnitte der *Ethik* und des *Tractatus* sind von umwerfender Komik. Das ist ein Hinweis, gewiss. Richtig ist auch, dass Spinoza es nie an der nötigen Achtung gegenüber anderen fehlen lässt, selbst wenn er über ihre Ideen spottet. Zweifellos ist das ein weiterer Hinweis. Doch solche Hinweise reichen nicht aus, um sich eine ganze Persönlichkeit vorstellen zu können. Für den Leser bleibt der Mensch hinter seinen Schriften verborgen, was entweder an den Grenzen seines Lateins liegt oder an Spinozas Bestreben, den Text von allen persönlichen Gefühlen und Stilelementen frei zu halten. Stuart Hampshire neigt letzter Auffassung zu, und ich denke, er hat Recht.[30] Doch allmählich begann sich aus den verschiedenen Hinweisen und Überlegungen ein Bild herauszukristallisieren. Jetzt habe ich keine Schwierigkeiten mehr, mir Spinoza auf verschiedenen Altersstufen, an verschiedenen Orten und in verschiedenen Situationen vorzustellen.

In der Geschichte, die ich mir zurechtgelegt habe, beginnt er als schwieriges Kind, wissbegierig, eigensinnig, geistig über seine Jahre gereift. Als Jugendlicher ist er unerträglich schlagfertig und arrogant. Am schlimmsten ist er mit zwanzig, einerseits nüchterner Geschäftsmann und andererseits angehender Philosoph. Er tritt als portugiesischer Aristokrat auf und ist zugleich eifrig um seine holländische Identität bemüht. Mitte zwanzig liegt die Zeit der Konflikte hinter ihm. Plötzlich ist er nicht mehr Jude oder Geschäftsmann, hat weder Familie noch Heim, ist aber auch nicht besiegt. Kleinere Versammlungen beherrscht er mit der Schärfe seines Verstandes und mit seiner Begeisterung. In dieser Zeit wird die Legende von Spinoza dem Weisen geboren. Auch findet er neue Betätigungsfelder: die Herstellung von Linsen, mit der er sich seinen Lebensunterhalt verdient und die seine optischen Kenntnisse vertieft, und das Zeichnen, ein ruhiger Zeitvertrieb, in dem er es zu bemerkenswerte Fertigkeit gebracht zu haben scheint, von dem uns aber keine Zeugnisse vorliegen.

Mit dreißig kündigt sich ein neuer Wandel an. Er ist nun überlegter in seinem Handeln, präziser in seinem Denken, freundlicher Menschen in seiner Umgebung gegenüber und geduldiger mit den Schwerfälligen. Der reife Spinoza ist sich seiner Überzeugungen sicher, aber weniger dogmatisch, und obwohl er anderen mit mehr Toleranz zu begegnen scheint, führt er ein noch zurückgezogeneres und stilleres Leben. Dieser Spinoza in meiner Vorstellung vermittelt den Menschen in seiner Umgebung den Eindruck von großer Stabilität. Er wird von vielen verehrt.

Mag ich den Spinoza, den ich endlich kennen gelernt habe? Die Antwort ist nicht ganz einfach. Sicherlich bewundere ich ihn. Manchmal gefällt er mir auch ganz außerordentlich. Aber ich wünschte mir, ich hätte von seinen Gedanken ein ebenso klares Bild wie von seinem Verhalten – da ist etwas in ihm, das sich auch eingehender Prüfung nicht offenbart, eine Fremdheit, die nie ganz weicht. Ganz bestimmt bewundere ich jedoch den Mut, mit dem er seine Ideen in gefährlichen Zeiten formuliert hat und sein Leben den unvermeidlichen Konsequenzen anpasste. An seinen eigenen Ansprüchen gemessen, hat er Erfolg gehabt.[31]

KAPITEL SIEBEN

Wer da?

Das zufriedene Leben

Bevor Spinoza in meiner Phantasie Gestalt annahm, stellte ich mir immer wieder eine beunruhigende Frage: War Spinoza in den Jahren, die er in Voorburg und Den Haag verbrachte, wirklich zufrieden oder hat er nur als Heiligenbild posiert? Hat er sorgfältig an seinem Image von Güte und irdischer Entsagung gebastelt, um seinen Worten mehr Nachdruck zu verleihen und seinen Kritikern das Geschäft zu erschweren? Der Spinoza meiner Vorstellung hat keine Mühe mit der Antwort auf diese Frage. Spinoza war zufrieden. Seine Genügsamkeit war nicht vorgetäuscht. Er hat sich nicht für die Nachwelt inszeniert. Im reifen Alter von dreiunddreißig Jahren hatten sich sein Leben und seine Philosophie gefestigt.

Wenn wir annehmen, dass Spinoza zufrieden war, und berücksichtigen, dass seinem Leben all die Ingredienzen fehlten, die wir gewöhnlich mit Glück assoziieren – sein angeschlagener Gesundheitszustand, kein Wohlstand und die fehlenden menschlichen Beziehungen hätten Aristoteles davon abgehalten, sein Leben als glücklich zu bezeichnen –, ist die Frage berechtigt, wie es Spinoza gelang, Erfüllung zu finden. Was war sein Geheimnis? Bei dieser Frage ist mein Motiv nicht bloße Neugier, sondern der Wunsch, noch eine weitere Frage zu stellen: Wie wichtig für das Bemühen, ein Leben in Zufriedenheit zu führen, ist das Wissen um Emotionen, Gefühle und die Biologie von Geist und Körper, die wir in diesem Buch erörtert haben? Zweifellos sind Emotionen und Gefühle selbst ein wesentlicher Bestandteil dessen, was wir persönlich und sozial sind. Die Frage lautet also: Spielt das Wissen, wie Emotionen und Gefühle funktionieren, irgendeine Rolle für die Art und Weise, wie wir leben? Ich habe bereits die Vermutung geäußert, dass ein solches Wissen wichtig für die Steuerung des sozialen Lebens sein könnte, aber hier frage ich mich, ob es für die Steuerung der persönlichsten Lebensprozesse ebenso wichtig ist.

Diese Frage mit Spinoza zu verbinden ist deshalb sinnvoll, weil die Auffassung von der menschlichen Natur, die sich aus den Ergebnissen der modernen Biologie ergibt, einige Überschneidungen mit Spinozas Konzeption aufweist. Es gibt also gute Gründe, Spinozas Rezepte für die Zufriedenheit des Menschen zu betrachten.

Die bekanntesten Empfehlungen, die Spinoza gibt, sind ein System für ethisches Verhalten und ein Vorschriftenkatalog für einen demokratischen Staat. Doch Spinoza glaubt nicht, dass der Mensch nur eine Reihe von ethischen Regeln und die Gesetze eines demokratischen Staates zu befolgen braucht, um die höchste Form der Zufriedenheit zu erreichen – jene anhaltende Freude, die er mit der Erlösung oder dem Heil des Menschen gleichsetzt. Ich denke, darin würden ihm heute die meisten zustimmen. Viele Menschen scheinen heutzutage mehr vom Leben zu erwarten als moralisches und gesetzestreues Verhalten, mehr als die Befriedigung des Wunsches nach Liebe, Familie, Freundschaft und Gesundheit; mehr als die Belohnungen, die ihnen Tüchtigkeit in einem selbst gewählten Beruf verschafft (persönliche Befriedigung, Anerkennung durch andere, Ehrungen, finanzielle Entschädigungen), mehr als Lustbefriedigung und Besitz, mehr als die Identifizierung mit einem Land und der Menschheit insgesamt. Viele Menschen haben das Bedürfnis, zumindest bis zu einem gewissen Grad den Sinn ihres eigenen Lebens zu verstehen. Egal, ob sich dieses Bedürfnis klar oder verschwommen artikuliert, es läuft hinaus auf die Sehnsucht zu wissen, woher wir kommen und wohin wir gehen – vor allem Letzteres. Welchen Zweck, der größer als unsere unmittelbare Existenz wäre, könnte unser Leben haben? Mit der Sehnsucht stellt sich eine manchmal deutliche, manchmal eher ungenaue Antwort ein, sodass wir irgendeinen Zweck ahnen oder herbeiwünschen.

Nicht jeder Mensch hat solche Bedürfnisse. Je nach Persönlichkeit, Wissbegier, soziokulturellem Hintergrund und sogar Lebenszeit sind diese Bedürfnisse und Wünsche stärker oder schwächer. Häufig finden wir in der Jugend wenig Zeit, uns den Kopf über die Mängel der *Conditio humana* zu zerbrechen. Auch Glück ist ein wirksamer Filter. Viele Menschen wären verwirrt, würde man ihnen erzählen, dass man Bedürfnisse habe, die über Jugend, Gesundheit und Glück hinausgingen. Was sollen solche Hirngespinste? Doch bei denen, die solche Bedürfnisse haben, fragen wir uns, warum sie sich nach etwas sehnen, das sich entweder von allein oder gar nicht einstellt. Woher kommt dieser Wunsch nach so weit reichender Erkenntnis und Klarheit?

Man könnte erwidern, diese Sehnsucht sei eine tief verwurzelte Eigenschaft des menschlichen Geistes. Sie ist vorgegeben in der Verschaltung des menschlichen Gehirns und in dem Genpool, der sie hervorbringt, genauso vorgegeben wie die Eigenschaften, die uns zur systematischen Erforschung unseres eigenen Wesens und der uns umgebenden Welt veranlassen, wie die Eigenschaften, die uns dazu treiben, Erklärungen für die Objekte und die Situationen in dieser Welt zu sehen. Der evolutionäre Ursprung dieser Sehnsucht ist vollkommen plausibel, doch wir müssen für unsere Erklärung noch einen weiteren Faktor bemühen, wenn wir verstehen wollen, warum dieses Merkmal überhaupt in die genetische Ausstattung des Menschen aufgenommen wurde. Ich glaube, schon bei den frühen Menschen war ein solcher Faktor ebenso wirksam wie heute. Seine Beständigkeit hat damit zu tun, dass ihm ein einflussreicher biologischer Mechanismus zugrunde liegt. Der gleiche natürliche Selbsterhaltungstrieb, den Spinoza so luzid als das Wesen unseres Sein beschreibt, der *conatus*, wird auf den Plan gerufen, wenn wir uns mit der Realität des Leidens und vor allem der des Todes konfrontiert sehen: tatsächlich oder im Vorgriff, dem eigenen Leid oder dem uns nahe stehender Menschen. Die bloße Aussicht auf Leiden und Tod bringt den homöostatischen Prozess des Betrachters zum Erliegen. Der natürliche Drang nach Selbsterhaltung und Wohlbefinden reagiert auf den Zusammenbruch mit dem Bestreben, das Unvermeidliche abzuwenden und das Gleichgewicht wieder herzustellen. Diese Bestreben veranlasst uns, nach Ersatzstrategien für die gestörte Homöodynamik zu suchen, und die Wahrnehmung der misslichen Situation wird zum Anlass für tiefe Traurigkeit.

Es sei noch einmal gesagt, dass es aus den verschiedensten Gründen nicht allen Menschen immer und überall so ergehen wird. Doch für die vielen, die in der beschriebenen Art reagieren, hat diese Situation – egal, wie erfolgreich sie sich der Ausweglosigkeit und Dunkelheit entziehen – eine tragische Dimension, die ausschließlich dem Menschen vorbehalten ist. Wie kam es dazu?

Ich denke, diese Situation war zuerst dem Umstand zuzuschreiben, dass wir Gefühle haben – nicht nur Emotionen, sondern Gefühle –, vor allem Empathiegefühle, in denen uns unser natürliches, emotives Mitleid mit anderen vollkommen bewusst wird. Unter entsprechenden Umständen öffnet das Mitleid die Tür zur Traurigkeit. Zweitens war die Situation das Ergebnis zweier biologischer Gaben, des Bewusstseins und des Gedächtnisses, die wir zwar mit anderen Arten teilen, die aber beim Menschen ihre höchste Ausprägung und Entwicklungsstufe erreicht haben. Im strengen Sinne des Wortes bedeutet Bewusstsein das Vorhandensein eines Geistes mit einem Selbst, doch auf den Menschen bezogen bedeutet das Wort weit mehr. Mit Hilfe des autobiographischen Gedächtnisses stattet uns das Bewusstsein mit einem Selbst aus, das durch die Aufzeichnungen unserer individuellen Erfahrungen bereichert wird. In jeden neuen Augenblick, in dem wir uns als bewusste Wesen erfahren, bringen wir nicht nur die Umstände früherer Freuden und Traurigkeiten ein, sondern auch die imaginären Umstände unserer antizipierten Zukunft, jene Umstände, von denen wir annehmen, dass sie uns mehr Freude oder mehr Trauer bringen.

Besäßen wir Menschen nicht ein so hohes Bewusstseinsniveau, empfänden wir auch keine nennenswerte Seelenqual, keine Pein, und zwar weder heute noch in den Anfängen der Menschheit. Was wir nicht wissen, kann uns nicht quälen. Wären wir mit Bewusstsein begabt, aber weitgehend ohne Gedächtnis, könnte ebenfalls kaum von Ängsten und Qualen die Rede sein. Was wir in der Gegenwart wissen, aber nicht in den Kontext unserer persönlichen Geschichte einbetten können, vermag uns nur in der Gegenwart etwas auszumachen. Die Verbindung dieser beiden Eigenschaften – Bewusstsein und Gedächtnis – in Verbindung mit ihrer hohen Ausprägung erzeugt das menschliche Drama und verleiht ihm hin und wieder eine tragische Qualität. Glücklicherweise sind eben diese beiden Eigenschaften manchmal auch ein Quell grenzenloser Freude, die Eigenschaften, denen der Mensch seine ganze Herrlichkeit verdankt. Ein Leben auf dem Prüfstand zu führen ist nicht nur Fluch, sondern auch Privileg. So gesehen muss jedes Heilsprojekt des Menschen – jedes Projekt, das in der Lage ist, das Leben auf dem Prüfstand in ein zufriedenes Leben zu verwandeln – die Möglichkeit bieten, der durch Leiden und Tod heraufbeschworenen Pein zu widerstehen, sie zu überwinden und an ihrer Stelle Freude zu erzeugen. Die Neurobiologie der Emotionen und Gefühle lässt keinen Zweifel daran, dass die Freude und ihre Spielarten der Traurigkeit und verwandten Affekten vorzuziehen ist und sich für Gesundheit und kreative Entfaltung unseres Wesens als zuträglicher erweist. Vernünftigerweise sollten wir nach Freude suchen, egal, wie töricht und unrealistisch die Suche erscheinen mag. Wenn wir nicht auch in Bedrängnis und Not davon überzeugt sind, was für ein Glück es ist, am Leben zu sein, bemühen wir uns möglicherweise nicht genügend, diesen Zustand zu erhalten.

Die Gefahr von Tod und Leiden kann den homöostatischen Zustand tief greifend stören. Die frühen Menschen haben diese Störung erstmals empfunden, als sich ihnen entscheidende Aspekte der inneren Erlebniswelt erschlossen: soziale Emotionen und Empathiegefühle, Emotionen und Gefühle der Freude und der Traurigkeit, ein erweitertes Bewusstein mit einem autobiographischen Selbst und die Fähigkeit, sich Objekte und Ereignisse vorzustellen, die möglicherweise den Affektzustand verändern und das homöostatische Gleichgewicht wiederherstellen könnten. (Die ersten beiden Aspekte, Emotionen und Gefühle – egal, ob sozial oder nicht –, sind, wie gezeigt, bereits ansatzweise in subhumanen Arten vorhanden. Die letzten beiden, erweitertes Bewusstsein und Vorstellungsvermögen, waren überwiegend neue Eigenschaften, die erst beim Menschen in Erscheinung traten.) So begann sich die Sehnsucht nach homöostatischen Korrektiven als Reaktion auf alle Arten von Ängsten und seelischen Qualen einzustellen. Individuen, die in der Lage waren, sich solche Korrektive vorzustellen und ihr homöostatisches Gleichgewicht wiederzugewinnen, wurden mit einem längeren Leben und umfangreicherer Nachkommenschaft belohnt. Sie hatten bessere Aussichten, ihr Genom zu verbreiten, und mit ihm verbreitete sich die Neigung zu solchen Reaktionen. In der langen Abfolge der Generationen tauchten diese Sehnsucht und ihre positiven Konsequenzen immer wieder auf. Auf diese Weise könnte ein beträchtlicher Teil der Menschheit beides in seine genetische Ausstattung aufgenommen haben – die Voraussetzungen für das Gefühl persönlicher Traurigkeit und das Bestreben nach kompensatorischer Tröstung.

Versuche zur Erlösung des Menschen betreffen also Anpassung an den vorgestellten zukünftigen Tod, an körperlichen Schmerz und Seelenpein. (Nachdem der Begriff der Unsterblichkeit erfunden war, hatten solche Versuche natürlich auch das Ziel, ein Leben in der Hölle zu verhindern.) Die Geschichte solcher Versuche ist lang. Intelligente Individuen haben in faszinierenden Erzählungen unmittelbare Antworten auf die Tragödie gegeben, die das Ziel haben, die aus ihr resultierende Verzweiflung durch die Befolgung religiöser Gebote und Praktiken zu überwinden. (Damit will ich nicht behaupten, die Konfrontation mit Tod und Leiden sei der einzige Grund für die Entwicklung religiöser Erzählungen gewesen. Auch die Durchsetzung ethischer Verhaltensweisen dürfte ein wichtiger Faktor gewesen sein und könnte ebenso zum Überleben von Individuen beigetragen haben, deren Gruppen es gelang, moralische Überzeugungen einzuführen.) Einige der bekannteren Texte versprechen jenseitige Belohnungen, andere Tröstung für die Lebenden, doch die kompensatorische Zielsetzung ist beiden gleichermaßen eigen. In gewisser Weise ist Spinoza ein Teil dieser historischen Antwort. Nachdem er in einer Religionsgemeinschaft aufgewachsen war und die Lösung dieser Gemeinschaft zur Erlösung des Menschen verworfen hatte, musste er nach einer anderen suchen. Sowohl im *Tractatus* wie in der *Ethik* geht es nach der eingehenden Analyse dessen, was ist, darum, was sein sollte und wie es zu erreichen sei. Doch in erheblichem Maße ist Spinozas Lösung auch ein Bruch mit der Geschichte.

Spinozas Lösung

In Spinozas System ist ein Gott vorhanden, aber kein fürsorglicher Gott nach dem Bild des Menschen. Gott ist der Ursprung all dessen, was sich unseren Sinnen erschließt, und er ist all das, was ist, eine nicht verursachte und ewige Substanz mit unendlichen Attributen. Gott ist praktisch die Natur, und am deutlichsten manifestiert er sich in ihren Lebewesen. Diese Auffassung kommt in einer häufig zitierten spinozistischen Sentenz zum Ausdruck: *Deus sive natura* – Gott oder Natur.[1] Gott hat sich den Menschen nicht offenbart, wie es die Bibel beschreibt. Zu Spinozas Gott kann man nicht beten.

Wir müssen keine Angst vor diesem Gott haben, weil er uns nie bestrafen wird. Auch brauchen wir uns nicht um Belohnung von ihm zu bemühen, denn es sind keine zu erwarten. Das Einzige, was wir fürchten sollten, ist unser eigenes Verhalten. Begegnen wir anderen nicht freundlich genug, bestrafen wir uns selbst – hier und jetzt – und berauben uns der Möglichkeit, inneren Frieden und Glück zu erringen –, hier und jetzt. Behandeln wir andere Menschen dagegen liebevoll und freundlich, haben wir gute Aussichten, inneren Frieden und Glück zu erreichen – hier und jetzt. Die Handlungen eines Menschen sollten also nicht das Ziel haben, Gott zu gefallen, sondern vielmehr, sich in Einklang mit der Natur Gottes zu befinden. Wenn das geschieht, ist ein bisschen Glück und ein bisschen Erlösung erreicht. Jetzt. Spinoza versteht unter Erlösung oder Heil – *salus* – die immer wiederkehrenden Möglichkeiten, ein bisschen Glück zu erlangen, die in der Summe eine gesunde geistige Verfassung ergeben.[2]

Spinoza lehnte die Vorstellung ab, die Aussicht auf Lohn oder Strafe nach dem Tod sei ein geeigneter Anreiz zu ethischem Verhalten. In einem aufschlussreichen Brief beklagt er den Menschen, dessen Verhalten von solchen Erwägungen geleitet werde. »Er gehört zu jenen, die ihren Gelüsten folgten, würden sie nicht von der Furcht vor der Hölle gezügelt. Des Bösen enthält er sich und erfüllt Gottes Gebote wie ein Sklave gegen den eigenen Willen, und für seine Knechtschaft erwartet er, von Gott mit Gaben belohnt zu werden, die weit mehr nach seinem Geschmack sind als Gottes Liebe und weitgehend in Einklang stehen mit seiner natürlichen Abneigung gegen tugendhaftes Verhalten.«[3]

Spinoza lässt zwei verschiedene Heilswege gelten: einen, der allen zugänglich ist, und einen anderen, der mühsamer ist und nur denen offen steht, die über einen geschulten Verstand verfügen. Der allgemein zugängliche Weg setzt ein tugendhaftes Leben in einer tugendhaften *Civitas* voraus, Gehorsam gegenüber den Regeln eines demokratischen Staates und eine Haltung, die Gottes Wesen eingedenk ist, und zwar indirekt mit Hilfe einiger Bibelweisheiten. Der zweite Weg verlangt alles, was auch für den ersten notwendig ist, und darüber hinaus die intuitive oder anschauende Erkenntnis, die Spinoza mehr als alle anderen Verstandeskräfte schätzt und die ihrerseits auf unfangreichem Wissen und gründlichem Nachdenken beruht. (Spinoza hält die Intuition für die vornehmste Art, Wissen zu erwerben. Intuition ist Spinozas dritte Gattung der Erkenntnis. Doch diese Intuition stellt sich erst dann ein, wenn wir genügend Wissen zusammengetragen haben und über den nötigen Verstand verfügen, um es zu analysieren.) Wie nicht anders zu erwarten, findet Spinoza es vollkommen natürlich, dass die erwünschten Ergebnisse nur mit Mühe zu erreichen sind: »Denn wie sollte es geschehen, wenn das Heil so leicht zur Hand wäre und ohne viel Mühe gefunden werden könnte, daß es dennoch fast von jedermann vernachlässigt wird? Doch alles Vortreffliche ist ebenso schwierig wie selten.«[4]

Für die erste Form der Erlösung verwirft Spinoza die biblischen Erzählungen als Gottes Offenbarung, billigt aber die Weisheit, die in historischen Figuren wie Moses und Christus zum Ausdruck kommt. Spinoza hält die Bibel für eine wertvolle Quelle, aus der sich viel Wissen über die menschliche Natur und die gesellschaftliche Organisation gewinnen lässt.[5]

Der zweite Heilsweg setzt voraus, dass die Bedingungen für den ersten erfüllt sind – ein tugendhaftes Leben, unterstützt von einem soziopolitischen System, dessen Gesetze dem Einzelnen helfen, gerecht und mildtätig gegen andere zu sein –, geht aber noch darüber hinaus. In Übereinstimmung mit wissenschaftlichen Erkenntnissen verlangt Spinoza die Akzeptanz natürlicher Ereignisse. Beispielsweise lassen sich der Tod und der daraus resultierende Verlust nicht verhindern. Wir sollten uns damit abfinden. Spinozas Lösung verlangt vom Menschen auch den Bruch zwischen emotional besetzten Reizen, die negative Emotionen auslösen können – Leidenschaften wie Furcht, Wut, Eifersucht, Traurigkeit –, und den Mechanismen, die für die Ausführung der Emotionen zuständig sind. Stattdessen sollte sich der Mensch um emotional besetzte Reize bemühen, die in der Lage sind, positive Emotionen auszulösen. Dazu empfiehlt uns Spinoza, negative emotionale Reize in der Vorstellung zu wiederholen, um auf diese Weise eine Toleranz für negative Emotionen zu entwickeln und uns allmählich ein gewisses Geschick in der Erzeugung positiver anzueignen. Im Grunde betätigt sich Spinoza hier als geistiger Immunologe, der einen Impfstoff zur Erzeugung von Antikörpern gegen Leidenschaften entwickelt. Das ganze Unterfangen erinnert ein wenig an den Stoizismus, obwohl Spinoza kritisch anmerkt, der stoische Ansatz kranke an der Überzeugung, man könne die Emotionen vollkommen beherrschen. (Aus demselben Grund kritisiert er Descartes.) Nach meinem Eindruck war Spinoza stark genug, aber offenbar nicht stoisch genug.

Spinozas Lösung hängt von dem Einfluss des Geistes auf den emotionalen Prozess ab, und dieser Einfluss hängt wiederum davon ab, inwieweit wir in der Lage sind, die Ursachen für negative Emotionen zu entdecken, und inwieweit wir deren emotionalen Mechanismen kennen. Der Mensch muss die grundlegende Trennung zwischen emotional besetzten Reizen und dem Auslösemechanismus der Emotion kennen, damit er als Ersatz vernünftige emotional besetzte Reize liefern kann, die höchst positive Gefühlszustände hervorrufen. (Bei seinem psychoanalytischen Ansatz geht Freud teilweise von ganz ähnlichen Zielsetzungen aus.) Heute, da wir ein neues Verständnis für die Mechanismen von Emotionen und

Gefühlen entwickelt haben, ist Spinozas Zielsetzung noch näher gerückt. Schließlich fordert Spinozas Lösung den Menschen auf, sein Leben, das von Wissen und Vernunft geleitet sein soll, *sub specie aeternitatis*, unter dem Gesichtspunkt der Ewigkeit Gottes oder der Natur zu betrachten, statt die Unsterblichkeit des Einzelnen als Perspektive zu wählen. Die Ergebnisse dieser Bemühungen sind kompliziert und schwer voneinander zu trennen. Ein Resultat ist Freiheit, aber nicht die Art, von der in Erörterungen des freien Willens gewöhnlich die Rede ist, sondern eine viel radikalere Freiheit: eine Verringerung der objektbezogenen emotionalen Bedürfnisse, die uns versklaven. Eine andere Konsequenz ist, dass sich uns das Wesen der Conditio humana erschließt. Diese Intuition vermischt sich mit einem heiter-gelassenen Gefühl, zu dessen Komponenten Lust, Freude und Entzücken gehören, das sich aber wohl am ehesten mit dem Wort »Glückseligkeit« umreißen lässt, geht man von der transparenten Beschaffenheit des resultierenden Gefühls aus.[6] Dieses »geistige« Gefühl ist synonym mit einer geistigen Form der Liebe zu Gott – *amor intellectualis Dei*.[7]

Goethe bemerkte, dabei werde Liebe geschenkt, ohne Liebe zurückzufordern, und fragte sich, was wohl großzügiger und selbstloser sein könne. Doch Goethe sah das nicht ganz richtig. Der Einzelne bekommt durchaus etwas zurück, und zwar in Gestalt der wünschenswertesten Form menschlicher Freiheit. Spinoza glaubte, der Einzelne sei nur frei, wenn er ausschließlich nach Maßgabe seiner Natur und der eigenen Entschlüsse handle. Auch gelangt der Einzelne dadurch in den Zustand der wünschenswertesten Freude, die es in Spinozas Kanon gibt, einer Freude, die man sich vielleicht am besten als reines Gefühl vorstellt und die ausnahmsweise von seinem obligatorischen Körperzwilling befreit ist.

Nicht alle beurteilen Spinozas Lösung so freundlich wie Goethe; manch einer hält sie für hoffnungslos verworren.[8] Doch weder die Ernsthaftigkeit seines Bemühens noch das

Leid und die Kämpfe, die ihn dazu veranlasst haben, werden in Abrede gestellt. Der Held von Malamud, den ich im ersten Kapitel zu Wort kommen ließ, findet eine Minimalformel für diese Abschnitte in der *Ethik*:» ... er war drauf aus, sich zu einem freien Menschen zu machen.« Kein Zweifel kann auch daran bestehen, dass es Spinoza gelungen ist, Vernunft und Affekt auf eine moderne Weise miteinander zu verknüpfen. Spinozas Strategie, zur intuitiv erfassten Freiheit und Glückseligkeit zu gelangen, setzt Faktenwissen und Vernunft voraus. Eigenartig ist auch, dass jemand, der Beweise für die Augen des Geistes hielt, einen Großteil seines Lebens damit verbrachte, möglichst perfekte Linsen zu schleifen, Instrumente, die dem Geist halfen, viele neue Fakten zu sehen. Naturerforschung und Erkenntnis gehörten für Spinoza untrennbar zum Ernährungsprogramm des denkenden Menschen. Faszinierend der Gedanke, dass die Linsen, die er so geschickt zu schleifen verstand, und die Mikroskope, für die sie bestimmt waren, dazu dienten, besser zu sehen und damit Werkzeuge des Heils waren. Und wie zeittypisch: Spinoza lebte in einer Epoche, in der zahlreiche optische und mechanische Geräte entwickelt wurden, die einen doppelten Zweck hatten: wissenschaftliche Entdeckungen zu ermöglichen und den Entdeckungsprozess selbst zu einer Quelle der Freude zu machen.[9]

Ist Spinozas Lösung brauchbar?

Wie überzeugend ist Spinozas Lösung heute und wie brauchbar erscheint sie? Das Urteil scheint, damals wie heute, gemischt auszufallen.

Einige sehen in Spinozas Lösung eine wunderbare Möglichkeit, dem Leben einen Sinn zu geben und die menschliche Gesellschaft erträglicher zu machen. Spinozas Lösung hat das Ziel, uns Menschen die relative Unabhängigkeit zurückzugeben, die wir verloren haben, als wir in den Besitz des erweiterten Bewusstseins und des autobiographischen Gedächtnisses gelangten. Die Mittel sind dabei Vernunft und Gefühl. Die Vernunft weist uns den Weg, während das Gefühl uns in unserer Entschlossenheit bestärkt, klar zu sehen. Mir gefällt an Spinozas Lösung, dass sie die positiven Effekte der Freude unterstreicht, während sie Traurigkeit und Furcht ablehnt, und dass sie so entschlossen darangeht, nach der einen zu streben und die beiden anderen zu überwinden. Spinoza bejaht das Leben und nutzt die Emotionen und Gefühle als Werkzeuge, um es zu kräftigen und zu stärken – eine beachtliche Mischung aus Klugheit und wissenschaftlichem Weitblick. Auf dem Weg zum Horizont des Lebens hat es der Einzelne in der Hand, so zu leben, dass er den vollkommenen Zustand der Freude möglichst oft erreicht und auf diese Weise das Leben lebenswert macht. Da sich dieser Prozess auf die Natur gründet, verträgt sich Spinozas Lösung vollkommen mit dem Bild des Universums, das die Naturwissenschaften in den vergangenen vierhundert Jahren entworfen haben.

In anderer Hinsicht ist Spinozas Lösung problematisch. Nicht ganz wohl ist mir bei dem Gedanken, dass Spinozas Lösung anscheinend am besten in isolierter Selbstbezogenheit und ohne Nähe zu anderen funktioniert. Für unsere heutige Zeit scheint mir das eine recht unpraktische Askese zu sein. In der Ablehnung all der kleinen Annehmlichkeiten des Lebens geht Spinoza nicht ganz so weit wie die griechischen und römischen Stoiker, aber er kommt ihnen doch sehr nahe. Dazu sind wir zu gründlich verdorben, denn wir haben vom Apfel der Erkenntnis nicht nur gekostet, sondern ihn auch ganz gegessen. Der Versuch, uns vom Ballast der Dinge, Fakten und Gewohnheiten zu befreien, die unser hochtechnisiertes westliches Leben durchdringen, erscheint mir unrealistisch. Abgesehen davon, warum sollten wir? Warum halten wir uns nicht lieber an Aristoteles? Der sagt, das zufriedene Leben sei tugendhaft und glücklich, aber zur Zufriedenheit gehöre auch Gesundheit, Wohlstand, Liebe und Freundschaft. Wenig begeistert bin ich auch davon, dass Spinozas Lösung nach außen hin so passiv ist – mag seine innere Glückseligkeit auch noch so aktiv sein. Andere bedrückt, dass Spinozas Lösung bei der Ankunft am Horizont des Lebens nur den Tod zu bieten hat. Es gibt keine Befreiung vom Leiden und der Ungerechtigkeit, die Biologie und Gesellschaft dem Menschen regelmäßig auferlegen, gar nicht zu reden von einer Entschädigungen für all die Verluste, die wir auf dem Weg dorthin erleiden. Spinozas Gott ist eine Idee und kein Wesen aus Fleisch und Blut, wie es beispielsweise die christliche Religion erschaffen hat. Spinoza mag von Gott trunken gewesen sein, wie Novalis von ihm gesagt hat, aber sein Gott war eigentlich recht trocken.

Für all die Investitionen – Mut, Ausdauer, Opfer und Disziplin –, die notwendig sind, um die vollkommene Freude zu erlangen, hat uns Spinozas Lösung nur Momente der Vollkommenheit zu bieten. Es gibt flüchtige Ausblicke – aber worauf? Das Göttliche? Der Trost ist vergänglich, und schon warten wir wieder auf den nächsten dieser Momente, den nächsten Ausblick. Je nach Wesensart ist das für uns entweder schön oder einfach nicht genug. Doch der Umstand, dass diese Lösung manchem weder befriedigend oder tröstlich oder gar praktisch erscheinen mag, macht sie nicht weniger realistisch.

Wenn wir aus Spinozas Sicht die in *Hamlets* eingangs gestellte Frage »Wer da?« wiederholen – wer ist da, um uns in unserem Bestreben nach Selbsterhaltung fortbestehen zu lassen? –, ist die Antwort eindeutig. Niemand. Alleinsein ist die unabänderliche Realität. Christus ist am Kreuz ebenso allein wie Spinoza in den zerwühlten Kissen seines Totenbettes. Und doch eröffnet uns Spinoza eine Möglichkeit, dieser Realität zu entkommen, eine erhabene Illusion, mit der wir dem Leben begegnen können.

Zu Beginn dieses Buches habe ich Spinoza brillant und ärgerlich zugleich genannt. Gründe, warum ich ihn für brillant halte, gibt es mehr als genug. Doch ärgerlich finde ich unter anderem die ruhige Gewissheit, mit der er einem Konflikt begegnet, den der größte Teil der Menschheit noch nicht gelöst hat: dem Konflikt zwischen der Auffassung, dass Leiden und Tod natürliche biologische Phänomene sind, die wir gelassen hinnehmen sollten – fast alle gebildeten Menschen dürften sich über die Weisheit dieser Haltung einig sein –, und der nicht weniger natürlichen Neigung des menschlichen Geistes, sich gegen diese Weisheit aufzulehnen. Eine Wunde bleibt, und ich wünschte, es wäre nicht so. Sie sehen, Happyends sind mir lieber.

Spinozismus

Während Spinozas Entwurf einer säkularen Religion zu seiner Zeit gebrandmarkt und verfolgt wurde, ist er im 20. Jahrhundert wiederentdeckt und wiedererfunden worden. Beispielsweise hat Einstein über Gott und Religion ganz ähnlich gedacht. Den Gott des »naiven Menschen« beschrieb er als »ein Wesen, auf dessen Sorgfalt man hofft, dessen Strafen man fürchtet – ein sublimiertes Gefühl von der Art der Beziehung des Kindes zum Vater –, ein Wesen, zu dem man gewissermaßen in einer persönlichen Beziehung steht, so respektvoll diese auch sein mag.«[10]

Zur Beschreibung der eigenen religiösen Gefühle – der religiösen Gefühle des »Forschers« – schrieb Einstein, sie lägen »im verzückten Staunen über die Harmonie der Naturgesetzlichkeit, in der sich eine so überlegene Vernunft offenbart, daß alles Sinnvolle menschlichen Denkens und Anordnens dagegen ein gänzlich nichtiger Abglanz ist.«[11] An anderer Stelle spricht Einstein von diesem Gefühl mit wunderbar gewählten Worten, wenn er schreibt, es handle sich um »eine Art trunkener Freude und Verwunderung über die Schönheit und Erhabenheit dieser Welt, von welcher der Mensch eben noch eine schwache Ahnung erlangen kann. Es ist das Gefühl, aus welchem auch die wahre Forschung ihre geistige Kraft schöpft, das sich aber auch im Gesang der Vögel zu äußern scheint.«[12] Ich glaube, dieses Gefühl, das Einstein kosmisch nannte, ist verwandt mit Spinozas *amor intellectualis Dei*, obwohl es Unterschiede gibt. Einsteins kosmisches Gefühl ist überschwänglich, eine Mischung aus ehrfurchtsvollem Herzstillstand und herzbeschleunigender Vorbereitung auf die körperliche Vereinigung mit der Welt. Spinozas *amor* ist zurückhaltender. Die Vereinigung ist innerlich. Einstein scheint die beiden verschmolzen zu haben. Er glaubte, dass dieses kosmische Gefühl die religiösen Genies aller Zeiten ausgezeichnet, aber nie die Basis einer Kirche gebildet habe.»So kommt es, daß wir gerade unter den Häretikern aller Zeiten Menschen finden, die von dieser höchsten Religiosität erfüllt waren und ihren Zeitgenossen oft als Atheisten erschienen, manchmal auch als Heilige. Von diesem Gesichtspunkt aus betrachtet stehen Männer wie Demokrit, Franziskus von Assisi und Spinoza einander nahe.«[13]

Auch William James zeigt in seinem Denken eine gewisse Verwandtschaft mit Spinoza. Das mag überraschen, bedenkt man, welcher Abgrund von Zeit, Geographie und historischem Kontext die beiden Männer trennt. Natürlich war James' Beziehung zu Spinoza nicht von uneingeschränkter Akzeptanz geprägt. Aus der Biographie von R. W. B. Lewis erfahren wir, dass James Spinoza erstmals 1888 gelesen hat, als er an der Harvard University einen neuen Kurs über Religionsphilosophie abhielt. Aus diesem Kurs ging schließlich das Buch *Die Vielfalt religiöser Erfahrung* hervor, in dem die Vorlesungen aufgezeichnet sind, die James 1902/1902 in Edinburgh hielt.[14] James widersprach Spinoza in verschiedenen Aspekten. Beispielsweise wandte er sich gegen dessen provokante Prämisse:»Ich will die Handlungen und Triebe der Menschen analysieren, als ginge es um Linien, um ebene Flächen und feste Körper.« Solche »kaltblütigen Gleichsetzungen« waren nicht nach dem Geschmack des Genies von Cambridge, MA.[15] Ihm widerstrebte auch die, wie er fand, sonnige Begeisterung, die Spinoza dem Leben entgegenbrachte, diese »robuste Geistesart«.[16] Sein Grund ist faszinierend. James unterteilt die Menschen in zwei Arten: die mit einer »robusten Geistesart« und die mit einer kranken Seele. Erstere haben eine natürliche Veranlagung, über die Tragödie des Todes hinwegzusehen, über die Schrecken der Natur in ihren schlimmsten und raubtierhaftesten Zügen und die finsteren Winkel in der menschlichen Seele. Ärgerlich konstatiert James, dass Spinoza offenbar von »robuster Geistesart« ist, eine jener Seelen, die auf die Welt kommen mit »einer konstitutionellen Unfähigkeit für anhaltendes Leiden« und »einer Tendenz, die Dinge optimistisch zu sehen«. Den Spinozas dieser Welt schreibt James ins Stammbuch: »Übel ist eine Krankheit; und Kummer über die Krankheit ist selber eine zusätzliche Form von Krankheit, die die ursprünglichen Beschwerden nur vermehrt.«[17] Ihr Optimismus ist naturgegeben.

James dagegen war eine »kranke Seele«. Kranke Seelen sind nicht fähig, die Natur zu betrachten und sich an ihrem Schauspiel zu erfreuen, weil das Schauspiel oft genug entsetzlich und ungerecht ist. Man muss nicht depressiv sein, um die Welt mit den Augen der kranken Seele zu betrachten, obwohl James unter einer Stimmungsstörung litt – die wunderbare Ausarbeitung der *Vielfalt religiöser Erfahrung* gelang ihm während der Rekonvaleszenz nach einer schweren Depression. Merkwürdigerweise hält James die Krankheit aber für »gut«. Zwar müssen wir die Krankheit in ihrer schweren, pathologischen Form meiden, sollten sie aber bis zu einem gewissen Grade akzeptieren, weil sie uns zwingt, die Wirklichkeit ohne die verzerrende Optik wahrzunehmen, derer sich die sonnigen Gemüter stets bedienen. Eine gewisse Dosis Pessimismus tut daher gut.

Als James das Problem des menschlichen Heils in kognitiven und affektiven Begriffen niederlegt, befindet er sich auf dem Gipfel seiner begrifflichen Schärfe. Es ist allerdings anzumerken, dass er Spinozas Optimismus erheblich übertreibt. Ich glaube, Spinoza hatte keine Schwierigkeiten, die dunklen Seite der Natur zu erkennen, nachdem er ihre Auswirkungen am eigenen Leibe erfahren hatte. Doch er weigerte sich, die dunkle Seite zu akzeptieren und sie als negative Leidenschaft zum beherrschenden Zug des Menschen werden zu lassen. Er verstand die Dunkelheit als Teil unserer Existenz und empfahl Methoden, um sie zu minimieren. Spinoza hatte nicht von Natur aus ein heiteres Gemüt, sondern war zäh und mutig. Er rang um Heiterkeit. Nachdrücklich bemühte er sich, die Gefühle von Furcht und Traurigkeit zu unterdrücken, welche die Natur zugleich mit dem der Freude vermittelte. Denn die Entdeckung der Natur bedeutete zugleich auch die Entdeckung ihrer Grausamkeit und Gleichgültigkeit.

Doch abgesehen von den Einwänden, die James vorbringt, hat sein Heilsweg viel Ähnlichkeit mit dem Spinozas. Für beide hatte die Gotterfahrung privaten Charakter. Beide hielten öffentliche Rituale und Versammlungen für überflüssig, um der Erfahrung des Göttlichen teilhaftig zu werden. Tatsächlich sind James vehemente Argumente gegen die institutionalisierte Religion ausgesprochen spinozistisch. Sowohl James als auch Spinoza beschrieben die Erfahrung des Göttlichen als reines Gefühl, als ein lustvolles Gefühl, das Erfüllung, Sinn und Lebensfreude schenkt. Am Ende erweist sich als der entscheidende Unterschied zwischen den beiden Denkern der Ausgangspunkt, an dem die gesunden, erlösenden Gefühle beginnen. Bei Spinoza ist dieser Ausgangspunkt ein Gefühl vernünftiger Gelassenheit gegenüber der Welt. Bei James beginnt das Erlebnis des Göttlichen häufig am Nullpunkt seines negativen Naturgefühls. Ansonsten suchten James wie Spinoza in ihrem Inneren nach Gott. James nutzte die Anfänge der Psychologie im 19. Jahrhundert, an denen er entscheidend mitgewirkt hat, um die Quelle des Göttlichen nicht nur im Inneren des Menschen, sondern auch in seinem Unbewussten zu lokalisieren. Er beschrieb die religiöse Erfahrung als ein »Mehr«, teilte uns aber mit, dieses »Mehr«, mit dem wir uns in größere »Ferne« projizieren können, sei in Wirklichkeit ein »Näher«.

Spinoza und James empfehlen uns eine heilsame Anpassung in Form einer natürlichen Spiritualität. Ihr Gott ist insofern therapeutisch, als er das durch Seelenqualen verloren gegangene homöodynamische Gleichgewicht wiederherstellt. Doch keiner der beiden erwartete von seinem Gott, dass er dem Menschen zuhöre. Beide hielten die Wiederherstellung des Gleichgewichts für eine individuelle und innerliche Aufgabe, etwas, was sich dadurch erreichen lässt, dass man durch geeignetes Denken die richtigen Emotionen und Gefühle erzeugt. Beide erklärten sich den Prozess, indem sie den Menschen als bloßen Zufall subjektiver Individualität in einem weitgehend rätselhaften Universum ansahen. Keiner von ihn vermochte die tieferen Geheimnisse und Gesetzmäßigkeiten des Universums zu entschlüsseln.

Happyends?

Wie können wir zu einem Happyend gelangen in einem Universum, in dem selbst das heitere, sonnige Gemüt das menschliche Leid in all seinen Spielarten, von unvermeidlich bis verhinderbar, nicht übersehen kann? Es gibt viele Menschen, die bereits eine Antwort wissen, entweder in Gestalt eines tief empfundenen religiösen Glaubens oder in einem wirksamen Schutzschild gegen jede Form von Traurigkeit. Doch was ist mit all den anderen, denen keiner dieser beiden Wege offen steht? Die ehrliche Antwort lautet natürlich, dass ich es nicht weiß und dass es anmaßend wäre, Happyend-Rezepte für das Leben anderer zu liefern. Aber ich kann meine eigene Auffassung kurz umreißen.

Ein Weg zu einem Happyend, wie ich es mir wünsche, ergibt sich aus der Kombination einiger Gedanken von Spinoza mit einer etwas aktiveren Haltung gegenüber der uns umgebenden Welt. Dazu gehört eine Spiritualität, in der die Suche nach Verstehen mit Begeisterung und einer gewissen Disziplin betrieben wird und dadurch zur Quelle der Freude wird – wobei das Verstehen aus wissenschaftlicher Erkenntnis oder künstlerischer Erfahrung oder beidem gewonnen wird. Außerdem gehört zu dieser Lebenspraxis eine kämpferische Haltung, die auf der Überzeugung beruht, dass die tragische Situation der Menschheit zum Teil gebessert werden kann und dass es unsere Pflicht ist, etwas gegen ihre missliche Lage zu unternehmen. Zu den Vorzügen des wissenschaftlichen Fortschritts gehört, dass er es uns ermöglicht, intelligentes Handeln zu planen und so Leiden zu lindern. Durch eine Verbindung der Wissenschaft mit den besten humanitären Traditionen könnte ein neuer Weg zur Linderung des menschlichen Leids beschritten und der Menschheit neue Entfaltungsmöglichkeiten eröffnet werden.

Um diese Ansicht zu erläutern, möchte ich zunächst darlegen, was ich unter Spiritualität oder spirituellem Leben verstehe. Ein Freund von mir, der die Entwicklung in der Biologie mit großem Interesse verfolgt und mit dem gleichen Eifer nach spiritueller Erfahrung sucht, fragt mich häufig, ob sich Spiritualität aus neurobiologischer Sicht definieren und lokalisieren lasse. »Was ist Spiritualität?« und »Wo ist sie?«. Was soll ich darauf antworten? Ich muss gestehen, dass ich nichts übrig habe für die Versuche, nach neurologischen Erklärungen für religiöse Erlebnisse zu suchen, besonders wenn diese Versuche darauf hinauslaufen, ein Hirnzentrum für Gott zu finden und die Realität Gottes und der Religion dadurch zu rechtfertigen, dass man ihre Korrelate in Gehirn-Scans entdeckt.[18] Dennoch sind spirituelle Erfahrungen, egal, ob von religiöser oder anderer Art, geistige Prozesse. Sie sind biologische Prozesse von höchstem Komplexitätsniveau. Unter bestimmten Umständen treten sie im Gehirn eines gegebenen Organismus auf, und es gibt keinen Grund, warum sie sich verflüchtigen sollten, wenn wir diese Prozesse neurobiologisch beschreiben, vorausgesetzt, wir bleiben uns der Grenzen dieses Unterfangens bewusst. Hier sind nun die Antworten auf die Fragen meines Freundes.

Erstens ordne ich dem Begriff der Spiritualität ein intensives Erlebnis von Harmonie zu, das Empfinden, dass die Prozesse im Organismus mit größtmöglicher Vollkommenheit ablaufen. Dieses Erlebnis entfaltet sich in Verbindung mit dem Wunsch, anderen gegenüber freundlich und großzügig zu handeln. Bei einem spirituellen Erlebnis liegen also Gefühle einer bestimmten Art vor, die beherrscht werden von einer Spielart der Freude, die friedlich und gelassen ist. Das Zentrum jenes Gefühlskomplexes, den ich als spirituell bezeichne, liegt in einem Schnittpunkt von Erfahrungen: Reine Schönheit ist eine von ihnen. Die andere ist die Antizipationen von Handlungen, die in »einer friedlichen Stimmung« und mit »einer Vorherrschaft liebevoller Gemütsbewegungen« vorgenommen werden (die Zitate stammen von James, doch die Begriffe sind spinozistisch). Diese Erlebnisse können sich durch Rückkopplung verstärken und eine Zeitlang ohne äußere Einflüsse Bestand haben. So gesehen ist Spiritualität ein Indiz für das Organisationsschema, das einem ausgeglichenen, friedlichen und anderen Menschen wohlgesonnenen Leben zugrunde liegt. Man könnte die Vermutung wagen, dass Spiritualität möglicherweise die partielle Offenbarung des wirkenden Impulses ist, der einem Leben im Zustand einer gewissen Vollkommenheit zugrunde liegt. Wenn Gefühle, wie ich an früherer Stelle dieses Buches bereits geäußert habe, Indizien für den Zustand des Lebensprozesses sind, legen spirituelle Gefühle von etwas Tieferem Zeugnis ab, graben sie tiefer in die Substanz des Lebendigen. Sie bilden die Grundlage für die intuitive Erfassung des Lebensprozesses.[19]

Zweitens sind spirituelle Erfahrungen dem Menschen zuträglich. Meiner Meinung nach hatte Spinoza vollkommen Recht mit seiner Ansicht, dass die Freude und ihre Spielarten zu größerer funktioneller Vollkommenheit führen. Der gegenwärtige wissenschaftliche Kenntnisstand in Hinblick auf die Freude spricht für die These, dass sie aktiv gesucht werden sollte, weil sie förderlich ist. Entsprechend gilt, dass Traurigkeit und verwandte Affekte zu meiden sind, weil sie der Gesundheit abträglich sind. Daraus folgt, dass wir bestimmte soziale Normen befolgen müssen. Dafür sprechen die neueren Forschungsergebnisse, über die im vierten Kapitel berichtet wurde: Kooperatives menschliches Verhalten aktiviert Lust/Belohnungs-Systeme im Gehirn. Die Übertretung sozialer Normen verursacht Schuldgefühle, Scham oder Kummer, alles Spielarten der für die Gesundheit negativen Traurigkeit.

Drittens besitzen wir die Gabe, spirituelle Erfahrungen wachzurufen. Gebete und Rituale, im Kontext eines religiösen Ritus, sind Mittel, um spirituelle Erlebnisse zu erzeugen, doch es gibt auch andere Quellen. Häufig ist zu hören, die Säkularisierung und der krude Kommerz unserer Zeit würden den Zugang zur Spiritualität erschweren, so als würden die Ressourcen zur Erzeugung spiritueller Erlebnisse knapp. Ich halte das nicht für ganz richtig. Wir sind umgeben von Reizen, die spirituelle Erfahrung auslösen können, obwohl sie in der bunten Vielfalt unserer Umwelt ein bisschen verloren gehen und etwas von ihrer Wirksamkeit einbüßen. Ihnen fehlen auch die systematischen Bezugssysteme, die ihre Wirkung erhöhen könnten. Die Anschauung der Natur, das Nachdenken über wissenschaftliche Entdeckungen und die Erfahrung großer Kunst können sich in geeigneten Situationen als emotional besetzte Reize erweisen, die spirituelle Erfahrungen auslösen. Vergegenwärtigen Sie sich, wie leicht das die Musik von Bach, Mozart, Schubert oder Mahler bewirken kann. Das sind Gelegenheiten, positive Emotionen hervorzurufen, wo sich sonst negative Emotionen ausbreiten könnten – ganz so, wie es Spinoza empfiehlt. Allerdings ist offenkundig, dass die Art spiritueller Erlebnisse, von denen ich hier berichte, kein Äquivalent für eine Religion sind. Ihnen fehlt das Bezugssystem und damit auch der Glanz und die Großartigkeit, die so viele Menschen in den Bann der organisierten Religion ziehen. Feierliche Riten und das Erlebnis der Gemeinschaft erzeugen Abstufungen spiritueller Erfahrungen, die sich deutlich von den individuellen Erlebnissen unterscheiden.

Wenden wir uns nun der heiklen Frage zu, ob und wo sich die Spiritualität im menschlichen Organismus »lokalisieren« lässt. Ich glaube nicht, dass es im Sinne der guten alten phrenologischen Tradition ein Hirnzentrum der Spiritualität gibt. Doch wir können erklären, wie der Prozess, der zu einem spirituellen Zustand führt, neurologisch abläuft. Da das spirituelle Erlebnis ein Gefühlszustand von besonderer Form ist, denke ich, dass es neuronal gesehen auf den Strukturen und Funktionen beruht, die im dritten Kapitel beschrieben wurden, besonders vom Netz der somatosensorischen Hirnregionen. Spiritualität ist ein besonderer Zustand des Organismus, eine empfindliche Kombination aus bestimmten Körperkonfigurationen und bestimmten mentalen Konfigurationen. Ob solche Zustände bewahrt werden, hängt von der Fülle und Differenziertheit der Gedankenprozesse ab – der Gedanken über die Verfassung des eigenen Selbst und die anderer, über Vergangenheit und Zukunft, über konkrete und abstrakte Naturvorstellungen.

Wenn ich spirituelle Erlebnisse mit der Neurobiologie der Gefühle verknüpfe, habe ich nicht die Absicht, das Erhabene auf das Mechanische zurückzuführen und ihm damit seine Würde abzusprechen. Vielmehr möchte ich zeigen, dass die Erhabenheit der Spiritualität verkörpert ist in der Erhabenheit der Biologie und dass wir heute anfangen, den Prozess aus biologischer Sicht zu verstehen. Was die Ergebnisse dieses Prozesses angeht, so ist es weder erforderlich noch nützlich, diese erklären zu wollen: Die Erfahrung der Spiritualität spricht für sich selbst.

Wenn wir den physiologischen Prozess erklären, der dem spirituellen Erleben zugrunde liegt, so haben wir damit noch lange nicht das Geheimnis des Lebensprozesses gelöst, mit dem dieses besondere Gefühl verknüpft ist. Es offenbart die Verbindung mit dem Geheimnis, aber nicht das Geheimnis selbst. Spinoza und all die Theoretiker, die auf Elemente seines Denkens zurückgreifen, betrachten Gefühle in all ihren Verzweigungen – vom fortschreitenden Leben, wo es seinen Ursprung hat, bis zu den Quellen des Lebens, auf die es verweist.

Wie bereits gesagt braucht Spiritualität als Ergänzung eine kämpferische Haltung. Was heißt das? Objektiv betrachtet ist die Natur weder grausam noch gütig, doch in der Praxis dürfen wir durchaus eine subjektive und persönliche Perspektive einnehmen. So betrachtet tritt die moderne Biologie heute den Beweis an, dass die Natur noch grausamer und gleichgültiger ist, als wir einst dachten. Zwar werden wir Menschen völlig gleichberechtigt zu Opfern der beiläufigen, indifferenten Bosheit der Natur, sind aber nicht gezwungen, sie ohne Gegenwehr zu erdulden. Wir können nach Mitteln suchen, um uns gegen ihre scheinbare Grausamkeit und Gleichgültigkeit zu wehren. Die Natur hat keinen Plan zur Förderung des menschlichen Wohls, doch der Mensch als Geschöpf der Natur ist in der Lage, einen solchen Plan zu ersinnen. Eine kämpferische Haltung scheint – vielleicht in höherem Maße als die edle Illusion der spinozistischen Glückseligkeit – die Verheißung in sich zu tragen, dass wir uns nie allein fühlen werden, solange unsere Sorge dem Wohl anderer gilt.

Und damit bin ich an den Punkt gelangt, von dem aus ich die Frage beantworten kann, die ich am Anfang dieses Kapitels gestellt habe: Das Wissen um Emotionen, Gefühle und ihr Wirken ist von Bedeutung für die Art und Weise, wie wir leben. Auf der persönlichen Ebene ist das bereits hinreichend bekannt. Im Laufe der nächsten zwanzig Jahre, vielleicht schon früher, wird die Neurobiologie der Emotionen und Gefühle der Biomedizin ermöglichen, wirksame Behandlungsmethoden für Leid und Depression zu entwickeln. Die neuen Verfahren werden darauf ausgerichtet sein, spezielle Beeinträchtigungen eines normalen Prozesses zu korrigieren, statt global gegen die Symptome vorzugehen. In Verbindung mit psychologischen Therapien werden die neuen Behandlungsmethoden die Psychiatrie vollkommen umkrempeln. Die Therapieformen, die uns heute zur Verfügung stehen, werden uns dann so roh und archaisch erscheinen wie heute die Chirurgie ohne Anästhesie.

Auch auf sozialer Ebene wird dieses neue Wissen von Bedeutung sein. Die oben erörterte Beziehung zwischen Homöostase und der Steuerung des sozialen und persönlichen Lebens dürfte sich hier als hilfreich erweisen. Einige der regulatorischen Instrumente, über die der Mensch verfügt, sind im Laufe von Jahrmillionen Evolutionsgeschichte vervollkommnet worden, etwa im Fall der Triebe und Emotionen. Andere gibt es erst seit einigen Tausend Jahren, so die kodifizierten Systeme des Rechts und der soziopolitischen Organisation. Einige haben ihre höchste Vervollkommnungsstufe bereits erreicht und sind in genomischen Stein gemeißelt – sicherlich nicht unveränderlich, aber doch so fest gefügt, wie es biologische Phänomene eben sein können. Andere sind noch in der Entwicklung begriffen und ein Schmelztiegel vorläufiger Ansätze, die dazu bestimmt sind, die Conditio humana zu verbessern, doch an keiner Stelle dem Maß an Stabilität nahe, das für ein harmonisches Gleichgewicht des Lebens aller erforderlich ist. Und da liegt unsere Chance, einzugreifen und das menschliche Los zu verbessern.

Ich meine damit nicht, dass wir versuchen sollten, die gesellschaftlichen Verhältnisse genauso effizient zu steuern, wie das Gehirn die grundlegenden Lebensprozesse reguliert.

Das lässt sich wahrscheinlich nicht verwirklichen. Wir sollten uns realistischere Ziele setzen. Abgesehen davon reagieren wir angesichts der wiederholten Misserfolge solcher Versuche in Vergangenheit und Zukunft häufig mit verständlichem Zynismus. Tatsächlich ist die Versuchung, auf jede konzentrierte Bemühung eines planenden Eingriffs in die menschlichen Verhältnisse zu verzichten und das Ende der Zukunft auszurufen, sehr groß. Doch nichts kann unsere Niederlage rascher und endgültiger besiegeln als der Rückzug in eine isolierte Selbsterhaltung. So naiv und utopisch es auch erscheinen mag, vor allem nach der Lektüre der Morgenzeitung oder nach den Abendnachrichten – es gibt einfach keine Alternative zu dem Glauben, dass wir etwas bewegen können. Und wir haben einige Gründe, die dafür sprechen, dass dieser Glaube berechtigt ist. Beispielsweise werden wir bei der Lösung bestimmter Probleme wie Drogensucht und Gewalttätigkeit bessere Erfolgsaussichten haben, wenn wir uns dabei auf ein neues wissenschaftliches Verständnis des menschlichen Geistes stützen können, der auch das Wissen um die Steuerung der Lebensprozesse, das aus der Emotions- und Gefühlsforschung erwächst, einschließt. Gleiches wird vermutlich für große Teile der Sozialpolitik gelten. Zweifellos sind soziale Experimente in der Vergangenheit häufig an der Torheit der Pläne oder den Mängeln ihrer Ausführung gescheitert. Es könnte aber auch daran gelegen haben, dass diese Experimente auf falschen Vorstellungen vom menschlichen Geist basiert haben. Neben anderen negativen Folgen haben diese Fehleinschätzungen den Betroffenen Opfer abverlangt, die Menschen schwer fallen oder gänzlich unmöglich sind. Außerdem lag ihnen eine ignorante Missachtung jener Aspekte biologischer Steuerung zugrunde, die sich heute der wissenschaftlichen Forschung erschließen und die Spinoza intuitiv mit seinem Begriff des *conatus* erfasste. Und schließlich waren sie blind für die dunklen Seiten sozialer Emotionen, die sich in Tribalismus, Rassismus, Tyrannei und religiösem Fanatismus manifestieren. Doch das gehört der Vergangenheit an. Heute sind wir vorgewarnt und dürfen einen Neuanfang wagen. Ich denke, das neue Wissen könnte die Situation verändern. Deshalb sollten wir uns, inmitten von so viel Traurigkeit und ein bisschen Freude, an die Hoffnung halten – einen Affekt, den Spinoza bei all seiner Tapferkeit nicht so hoch geachtet hat, wie wir gewöhnlichen Sterblichen das tun sollten. Er definierte sie folgendermaßen:

Hoffnung ist eine unbeständige Freude, entsprungen aus der Idee eines zukünftigen oder vergangenen Dinges, über dessen Ausgang wir in gewisser Hinsicht zweifelhaft sind.[20]

Vor, während und nach Spinozas Zeit

1543 Tod von Kopernikus (geboren 1473), der die Ansicht vertreten hat, dass die Erde um die Sonne kreist und nicht umgekehrt.

1546 Tod von Martin Luther (geboren 1483), der 1521 von der katholischen Kirche exkommuniziert wurde und die lutherische Kirche gründete.

1564 Geburt von Galileo Galilei, William Shakespeare und Christopher Marlowe.
Tod von Jean Calvin, der 1536 den Calvinismus (die heutige Presbyterianische Kirche) begründete.

1580 Luis Camões veröffentlicht die *Lusiaden*.

1588 Geburt von Thomas Hobbes, dem englischen Philosophen, der zum menschlichen Geist einen eindeutig materialistischen Standpunkt bezog; er übte einen wichtigen Einfluss auf Spinoza aus.

1592 Tod von Michel de Montaigne (geboren 1533), dessen *Essays* 1588 erschienen und großen Einfluss auf ihre Zeit ausübten.
Christopher Marlowe stirbt bei einem Unfall.

1596 Geburt von René Descartes.

1601 Giordano Bruno stirbt auf dem Scheiterhaufen, weil er sich zu Kopernikus bekannt und pantheistische Überzeugungen vertreten hat.
William Shakespeares *Hamlet* wird in der endgültigen Fassung aufgeführt. Das Zeitalter der Fragen beginnt.

1604 Shakespeares *König Lear* wird aufgeführt.

Francis Bacons *Über die Würde und den Fortgang der Wissenschaften* erscheint.

Miguel de Cervantes *Don Quixote* wird veröffentlicht.

1606 Geburt von Rembrandt van Rijn.

1610 Galileo baut ein Teleskop. Seine Beobachtung der Sterne veranlasst ihn, die Auffassung des Kopernikus von der Bewegung der Sonne und der Erde zu übernehmen.

1616 Shakespeare stirbt mit 52 Jahren, immer noch damit beschäftigt, den *Hamlet* umzuschreiben.

Cervantes, 69, stirbt am selben Tag.

1629 Geburt von Christiaan Huygens (gestorben 1695), dem Astronomen und Physiker. Geistig ebenbürtiger Denker, Briefpartner, eine Zeitlang Nachbar und Käufer von Spinozas Linsen.

Geburt von John Locke.

1632 Geburt von Spinoza.

Rembrandt malt *Die Anatomie des Dr. Tulp*.

1633 Galilei wird verurteilt und unter Hausarrest gestellt.

Descartes überlegt es sich noch einmal, die Ansichten über die Natur des Menschen zu veröffentlichen, zu der er nach seinen Studien auf dem Gebiet der menschlichen Anatomie und Physiologie gelangt ist.

1633 William Harvey beschreibt den menschlichen Blutkreislauf.

1638 Geburt Ludwig XIV., der bis 1715 regieren wird.

1640 Uriel da Costa, ein portugiesischer Philosoph jüdischer Herkunft, als Katholik erzogen und später zum Judentum übergetreten, wird zunächst aus der portugiesischen Synagoge in Amsterdam ausgestoßen und dann wieder aufgenommen, allerdings erst nach einer körperlichen Strafe. Kurz darauf begeht er Selbstmord, hat aber zuvor sein Buch *Exemplar Vitae Humanae* beendet.

1642 Tod von Galilei.

Geburt von Isaac Newton (gestorben 1727).

1650	Tod von Descartes.
1652	Tod von Spinozas Vater, Miguel de Espinoza.
1656	Spinoza wird von der portugiesischen Synagoge exkommuniziert und an jedem weiteren Kontakt mit Juden, einschließlich seiner Freunde und Verwandten, gehindert. Danach lebt er bis 1670 allein in verschiedenen holländischen Städten.
1670	Spinoza zieht nach Den Haag. Anonyme Veröffentlichung von Spinozas *Tractatus Politicus Religiosus* auf Latein.
1677	Tod von Spinoza. Anonyme Publikation von Spinozas *Opera Posthuma* auf Latein. Zu der Sammlung gehört auch die *Ethik*.
1683	John Locke geht bis 1689 nach Holland ins Exil.
1678	Veröffentlichung von Spinozas Gesamtwerk auf Holländisch und Französisch. Weltliche und kirchliche Behörden erwirken ein Verbot von Spinozas Schriften in ganz Europa. Sein Werk zirkuliert illegal.
1687	Veröffentlichung von Newtons Abhandlung über die Gravitation.
1690	Locke veröffentlicht im Alter von 60 Jahren die Schriften *Essay über den menschlichen Verstand* und *Zwei Abhandlungen über die Regierung*.
1704	Locke stirbt mit 72 Jahren.
1743	Geburt von Thomas Jefferson.
1748	Montesquieu veröffentlicht *L'Esprit des Lois*.
1764	Voltaires *Philosophisches Wörterbuch* erscheint fünf Jahre nach *Candide*.
1772	Abschluss der Veröffentlichung der *Encyclopédie*, dem wichtigsten Werk der Aufklärung, unter Leitung von Denis Diderot und Jean-le-Rond d'Alembert.
1776	Jefferson verfasst die Unabhängigkeitserklärung.
1789	Französische Revolution.

Die Anatomie des Gehirns

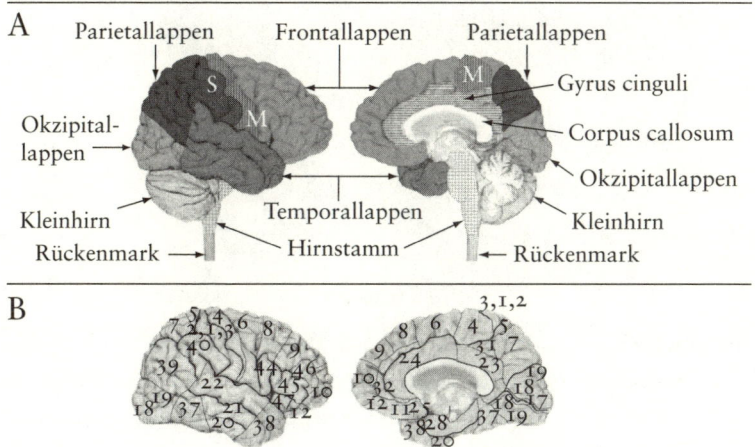

A
Parietallappen Frontallappen Parietallappen

S M Gyrus cinguli

Okzipitallappen M Corpus callosum

Okzipitallappen

Kleinhirn Temporallappen Kleinhirn

Rückenmark Hirnstamm Rückenmark

B

Abbildung 1: Die beiden oberen Darstellungen (A) zeigen die äußerlich sichtbaren Unterteilungen des Zentralnervensystems. Das Großhirn mit seinen vier Lappen (Okzipital-, Parietal-, Temporal- und Frontallappen) und dem Gyrus cinguli, das Kleinhirn, den Hirnstamm und das Rückenmark. Die linke Darstellung präsentiert die laterale (äußere) Ansicht der rechten Hirnhälfte, die rechte Darstellung die mediale (innere) Ansicht derselben Hirnhälfte. S = sensorisch, M = motorisch.

Die unteren Darstellungen (B) zeigen die gleichen lateralen und medialen Ansichten der rechten Hirnhälfte, allerdings ist hier die Großhirnrinde gemäß Brodmanns zytoarchetektonischen Regionen unterteilt: Jede Zahl entspricht einem Teil der Großhirnrinde, der an seiner typischen Zellarchitektur zu erkennen ist. Die typische Architektur ergibt sich, weil sich die Neuronentypen und ihre Schichtung von Areal zu Areal unterscheiden und weil die »Neuronenprojektionen«, die jedes Areal aus anderen Teilen des Gehirns erhält und an andere Teile sendet, je andere sind. Die vielfältige Architektur und der auffällig unterschiedliche Input und Output der Areale erklären, warum jedes Areal so individuell arbeitet und auf so einzigartige Weise zu den Funktionen des Ganzen beiträgt.

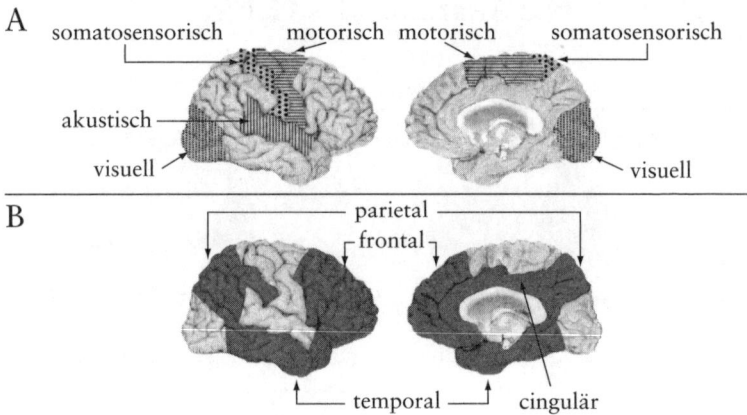

Abbildung 2: Die Großhirnbereiche. Die oberen Darstellungen (A) bilden die motorischen Kortexgebiete und die primären (so genannten »frühen«) Kortexgebiete für Sehen, Hören und Körperempfindungen (somatosensorisch) ab. Das Kortexgebiet der Insel ist nicht zu sehen, weil es durch den parietalen und frontalen Kortex verborgen ist (siehe Abbildung 3). Die schattigen Regionen in der unteren Darstellung (B) bedecken die Assoziationsareale der verschiedenen Großhirnlappen und des Gyrus cinguli. Diese Areale bezeichnet man als die Regionen »höherer Ordnung« oder der »integrativen« Funktionen.

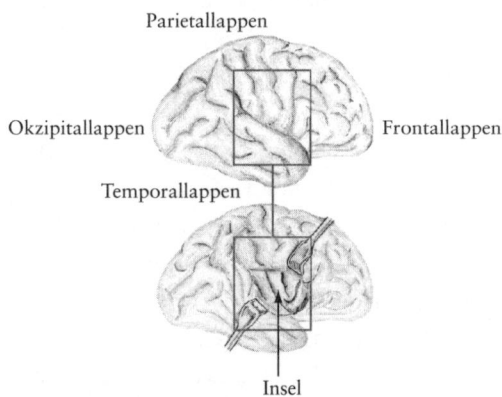

Abbildung 3: Eine Darstellung der Insel, eines entscheidenden Elements des somatosensorischen Kortex, das nur sichtbar ist, wenn die darüber liegenden Kortexschichten (vgl. A) entfernt werden (wie in B geschehen).

Anmerkungen

Kapitel 1

1 Die Hauptbedeutung des Wortes »Gefühl« ist eine Spielart der Erfahrung von Schmerz und Lust, wie sie sich in Emotionen und verwandten Phänomenen äußert; häufig wird es jedoch auch gebraucht, um zum Beispiel Tasterlebnisse zu beschreiben, wie sie uns zuteil werden, wenn wir die Form oder Oberflächenbeschaffenheit eines Objektes erkunden. Im vorliegenden Buch wird das Wort »Gefühl«, wenn nicht anders erwähnt, stets in seiner Hauptbedeutung verwendet.

2 Bau und Funktion des Nervensystems eines Lebewesens lassen sich auf verschiedenen Organisationsebenen untersuchen, vom Kleinen und Einfachen (den Molekülen, die ein Enzym oder einen Neurotransmitter bilden) bis zum Großen und Komplexen (den Systemen der Hirnregionen und ihren Vernetzungen, welche die Grundlage unseres Verhaltens und Denkens darstellen). Ein Großteil der Arbeit, die im vorliegenden Buch erörtert wird, bezieht sich vorwiegend auf die zweite Ebene – die Ebene der komplexen Systeme. Letztlich geht es darum, die Befunde dieser Ebene mit den Ergebnissen zu verknüpfen, die auf Ebenen darunter und darüber gewonnen wurden. Die Ebenen darunter betreffen Schaltkreise und Leitungsbahnen, Zellen und chemische Nervenimpulsübertragung. Bei den Ebenen darüber handelt es sich um geistige und soziale Phänomene. Trotz der größeren Bedeutung bestimmter Regionen für die Ausführung eines bestimmten Phänomens resultieren doch alle geistigen und Verhaltensprozesse aus gemeinsamen Operationen vieler Regionen, die die Gehirnsysteme – ob groß oder klein – konstituieren. Keine der höherentwickelten Funktionen des menschlichen Geistes – Wahrnehmung, Lernen und Gedächtnis, Emotionen und Gefühle, Aufmerksamkeit, Vernunft,

Sprache, Bewegung – entsteht in einem einzelnen Gehirnzentrum. Die Phrenologie – die Vorstellung, dass ein Gehirnzentrum eine hochorganisierte geistige Fähigkeit generiert – gehört der Vergangenheit an. Es stimmt jedoch, dass die unterscheidlichen Gehirnregionen hochspezialisiert hinsichtlich des Beitrags sind, den sie zur generellen Funktionsfähigkeit des Systems leisten können. Ihr Beitrag ist sowohl spezialisiert als auch flexibel, von der einzelnen Situation abhängig und von allgemeinen Einflüssen, ein wenig wie ein Streicher in einem Symphonieorchester, der in Abhängigkeit von seinen Kollegen, dem Dirigenten, seiner Stimmung usw. gut oder schlecht spielt.

Neben den modernen Bildgebungsmethoden, mit denen wir die Anatomie und die Funktion des Gehirns analysieren können, gibt es viele andere Möglichkeiten, das Gehirn zu untersuchen – von den Studien der elektrischen und magnetischen Phänomene, die Gehirnaktivität produzieren, bis zur Untersuchung des Gen-Ausdrucks eng begrenzter Gehirnregionen.

3   Jakow erläutert dem Richter, was Spinoza ihm bedeutet. Bernard Malumad, *Der Fixer*, München, Piper, 1966.

4   Spinoza, *Die Ethik*, Teil III, in: *Die Ethik, Schriften und Briefe*, hg. von Friedrich Bülow, Stuttgart, Kröner, 1976.

5   Spinoza, *Die Ethik*, Erster Teil, a. a. O.

6   Spinoza, *Die Ethik*, Erster Teil, a. a. O.

7   Spinoza, *Die Ethik,* Zweiter Teil, a. a. O.

8   Jean Pierre Changeux ist eine rühmliche Ausnahme. Er beendet sein Buch *Der neuronale Mensch* aus dem Jahr 1983 mit einem Spinoza-Zitat. Jean-Pierre Changeux, *Der neuronale Mensch*, Reinbek, Rowohlt, 1984. In dem gemeinsam mit Paul Ricoeur verfassten Buch *La nature et la règle*, Paris, Odile Jacob, 1998, erörtert er Spinozas Bedeutung für die Neurowissenschaft. Zu den Autoren, die eine Verbindung zwischen Spinoza und der modernen Psychologie oder Biologie sehen, gehören ferner Stuart Hampshire, *Spinoza*, New York, Penguin Books, 1951; Errol Harris, *The Foundations of Metaphysical Science*, New York, Humanities Press, 1965; Edwin Curley, *Behind the Geometrical Method: A Reading of Spinoza's Ethics*, Princeton, NJ, Princeton University Press, 1968.

9   In seinem Buch *Radical Enlightenment: Philosophy and the Making of Modernity*, New York, Oxford University Press, 2001, nennt Jonathan Israel überzeugende Gründe für die Auffassung, Spinoza habe einen verborgenen Einfluss auf die Aufklärung gehabt. Vgl. auch Kapitel sechs des vorliegenden Buchs zu Spinozas Rolle in der Aufklärung.

10   Gilles Deleuze, *Spinoza: A Practical Philosophy*, San Francisco, City Light Books, 1988; Michael Hardt, A. Negri, *Empire*, Cambridge, MA, Harvard University Press, 2000; Atlan, Henri, *La science est-elle inhumaine?*, Paris, Bayard, 2002.

11   Spinoza *Tractatus theologico-politicus*, [1670], KTGQ 4.1, 31 [!]

12   Simon Schama, *An Embarrassment of Riches*, New York, Random House, 1987.

13   Offenbar hat Descartes das Zitat zu Lebzeiten verwendet. Es stammt aus Ovids *Tristra*: »Bene qui latuit, bene vixit.«

Kapitel 2

1   Shakespeare, *Richard der Zweite*, IV. Aufz., 1. Szene.

2   Die Verwendung von »Geist« und »Körper« ist kein unbewusster Rückfall in den kartesischen Dualismus der Substanzen. Wie in Kapitel fünf erläutert, erwachsen für mich die Phänomene, die gemeinhin als »Geist« und »Körper« bezeichnet werden, zwar aus einer einzigen biologischen »Substanz«, aber ich behandle Geist und Körper als verschiedene Forschungsobjekte, und zwar aus dem gleichen Grund, warum ich zwischen Emotion und Gefühl unterscheide: weil ich hoffe, mit dieser Forschungsstrategie zum Verständnis jenes einheitlichen Ganzen beitragen zu können, das von Geist-Körper oder Emotion-Gefühl gebildet wird.

3   In seinen Ausführungen zu diesem Thema verwendet Spinoza weder das Wort »Emotion« noch das Wort »Gefühl«, sondern spricht von dem Affekt – lateinisch *affectus* –, einem Wort, das beiden Begriffen gerecht wird. Er sagt: »Unter Affekt verstehe ich die Erregungen unseres Körpers, durch welche das Tätigkeitsvermögen eben dieses

Körpers vermehrt oder vermindert, gefördert oder gehemmt wird, und zugleich die Ideen dieser Erregungen.« (Spinoza, *Die Ethik, III, Definitionen*) Möchte er die genaue Bedeutung klären, erläutert er den Affekt genauer und lässt uns wissen, ob er den weitgehend äußerlichen oder ausschließlich den inneren Aspekt des Phänomens meint, die Emotion oder das Gefühl. Vermutlich würde er die von mir vorgeschlagene Unterscheidung begrüßen, weil sie sich an einzelnen Ereignissen des »Erregungsprozesses« orientiert, genau wie Spinozas verwandte Begriffe *Begierde* und *Trieb*. Interessant ist in diesem Zusammenhang, dass die verbreitetste englische Übersetzung von Spinozas Werken – von R. H. M. Elwes, 1883 in England erschienen – das lateinische Wort *affectus* durch *emotion* widergibt und dadurch zur falschen Verwendung dieser Wörter beiträgt. In seiner modernen amerikanischen Übersetzung gibt Edwin Curley *affectus* korrekt durch *affects* wieder. Problematisch ist außerdem, dass Elwes Spinozas *laetitia* und *tristitia* als *pleasure* (Lust) und *pain* (Schmerz) widergibt, während die sehr viel treffendere Übersetzung *happiness* (Glück)/*joy* (Freude) und *sadness* (Traurigkeit)/*sorrow* (Leid) wäre.

4   Hines über Stephen Dedalus zu Buck Mulligan. Teil II. James Joyce, *Ulysses*, übersetzt von Georg Goyert, München, dtv, 1966, S. 280.

5   Noch treffender als Homöostase ist der Begriff Homöodynamik, weil er zum Ausdruck bringt, dass es in dem Prozess um ständige Anpassung geht und nicht um einen ein für alle Mal festgelegten Gleichgewichtszustand. Aus diesem Grund hat Steven Rose diesen Terminus vorgeschlagen. (Steven Rose, *Darwins gefährliche Erben. Biologie jenseits der egoistischen Gene*, München, Beck, 2000.)

6   Ross Buck, »Prime Theory: An Integrated View of Motivation and Emotion«, *Psychological Review*, 92, 1985, S. 389–413; Ross Buck, »The Biological Affects: A Typology«, *Psychological Review*, 106, 1999, S. 301–36.

7   Zum Problem der Klassifizierung von Emotionen vgl. Paul Griffiths, *What Emotions Really Are*, Chicago, University of Chicago Press, 1997.

8   Monica S. Moore, Jim DeZazzo, Alvin Y. Luk, Tim Tully, Carol M. Singh, Ulrike Heberlein, »Ethanol Intoxication in Drosophila: Genetic and Pharmacological Evidence for Regulation by the cAMP Signaling Pathway,« *Cell*, 93 (1998), S. 997–1007.

9   Ralph J. Greenspan, Giulio Tononi, Chiara Cirelli, Paul J. Shaw, »Sleep and the Fruit Fly,« *Trends in Neurosciences*, 24 (2001), S. 142–145.

10   Irving Kupfermann, Vincent Castellucci, Harold Pinsker, Eric Kandel, »Neuronal Correlates of Habituation and Dishabituation of the Gill-withdrawal Reflex in Aplysia,« *Science*, 167 (1970), S. 1743–1745.

11   Antonio R. Damasio, *Descartes' Irrtum: Fühlen, Denken und das menschliche Gehirn*, München, List, 1995. Bis zu einem gewissen Grade deckt sich Daniel Sterns Begriff der Vitalitätsaffekte mit dem Konzept der Hintergrundemotionen, Daniel N. Stern, *Die Lebenserfahrung des Säuglings*, 2. Aufl., Stuttgart, Klett-Cotta, 1992.

12   Paul Ekman, »An Argument for Basic Emotions«, *Cognition and Emotion*, 6 (1992), S. 169–200.

13   Jaak Panksepp, *Affective Neuroscience: The Foundations of Human and Emotions*, New York, Oxford University Press, 1998; Richard Davidson, »Prolegomenon to Emotion: Gleanings from Neuropsychology«, *Cognition and Emotion*, 6 (1992), S. 245–268; Richard Davidson und William Irwin, »The Functional Neuroanatomy of Emotion and Affective Style«, *Trends in Cognitive Sciences*, 3 (1999), S. 211–221; Raymond Dolan, Paul Fletcher, J. Morris, N. Kapur, J. F. Deakin, Christopher D. Frith, »Neural Activation During Covert Processing of Positive Emotional Facial Expressions«, *Neuro-Image*, 4 (1996), S. 194–200; Joseph LeDoux, *Das Netz der Gefühle, Wie Emotionen entstehen*, München, Hanser, 1998; Michael Davis und Y. Lee, »Fear and Anxiety: Possible Roles of the Amygdala and Bed Nucleus of the Stria Terminalis«, *Cognition and Emotion*, 12 (1998), S. 277–305; Edmund Rolls, *The Brain and Emotion*, New York, Oxford University Press, 1999; Ralph Adolphs, Daniel Tranel, Antonio R. Damasio, »Impaired Recognition of Emotion in Facial

Expressions Following Bilateral Damage to the Human Amygdala«, *Nature*, 372 (1994), S. 669–672; Ralph Adolphs, Daniel Tranel, Antonio R. Damasio, »The Human Amygdala in Social Judgment«, *Nature*, 393 (1998), S. 470–474; Ralph Adolphs, »Social Cognition and the Human Brain«, *Trends in Cognitive Sciences*, 3 (1999), S. 469–479; Ralph Adolphs, Hanna Damasio, Daniel Tranel, Gregory Cooper, Antonio R. Damasio, »A Role for Somatosensory Cortices in the Visual Recognition of Emotion as Revealed by 3-D Lesion Mapping«, *The Journal of Neuroscience*, 20 (2000): 2683–2690; Ralph Adolphs, »Neural Mechanisms for Recognizing Emotion«, *Current Opinion in Neurobiology*, 12 (2002), S. 169–178; Jean-Didier Vincent, *Biologie des Begehrens*, Reinbek, Rowohlt, 1990; Nico Frijda, *The Emotions*, Cambridge, U.K., New York, Cambridge University Press, 1986; Karl Pribram, *Languages of the Brain: Experimental Paradoxes and Principles in Neuropsychology*, Englewood Cliffs, NJ, Prentice-Hall, 1971.

14   Paul Rozin, L. Lower, R. Ebert, »Varieties of Disgust Faces and the Structure of Disgust«, *Journal of Personality and Social Psychology*, 66 (1994), S. 870–881.

15   Richard Davidson und W. Irwin, a.a.O; Raymond Dolan, u.a., a.a.O.; Helen Mayberg, Mario Liotti, Steven K. Brannan, Scott McGinnis, Roderick K. Mahurin, Paul A. Jerabek, J. Arturo Silva, Janet L. Tekell, C.C. Martin, Jack L. Lancaster, Peter T. Fox, »Reciprocal Limbic-cortical Function and Negative Mood: Converging PET Findings in Depression and Normal Sadness«, *American Journal of Psychiatry*, 156 (1999)S. 675–682; Richard Lane, Eric M. Reiman, Geoffry L. Ahern, Gary E. Schwartz, Richard J. Davidson, »Neuroanatomical Correlates of Happiness, Sadness, and Disgust«, *American Journal of Psychiatry*, 154 (1997), S. 926–933; Wayne Drevets, J.L. Price, J.R. Simpson Jr., R.D. Todd, T. Reich, M. Vannier, M.E. Raichle, »Subgenual Prefrontal Cortex Abnormalities in Mood Disorders«, *Nature*, 386 (1997), S. 824–827.

16   Frans de Waal, *Der gute Affe. Der Ursprung von Recht und Unrecht bei Menschen und anderen Tieren*, München, Hanser, 1997; Hans Kummer, *The Quest of the Sacred Baboon*, Princeton, NJ,

Princeton University Press, 1995; Bernd Heinrich, *Die Weisheit der Raben*, München, List, 2002; Marc D. Hauser, *Wilde Intelligenz. Was Tiere wirklich denken*, München, Beck, 2001.

17 Robert Hinde, »Relations Between Levels of Complexity in the Behavioral Sciences«, *Journal of Nervous and Mental Disease*, 177 (1989), S. 655–667.

18 Cornelia Bargmann, »From the Nose to the Brain«, *Nature*, 384 (1996), S. 512–513.

19 Zu einer modernen Erörterung möglicher Interaktionen zwischen der Welt der Affekte und der der Evolution vgl. Jaak Panksepp, *Affective Neuroscience: The Foundations of Human and Emotions*, a. a. O.; und Mark Solms, *The Brain and the Inner World: An Introduction to the Neuroscience of Subjective Experience*, New York, Other Press, 2001.

20 Ross Buck, a. a. O.

21 Antonio R. Damasio, »Fundamental Feelings«, *Nature*, 413 (2001), S. 781. Mit dieser provisorischen Definition verfolge ich die Absicht, eine so spezifische wie umfassende Beschreibung wie möglich zu liefern, dabei aber die forschungsbedingte Trennung zwischen Emotion und Gefühl zu berücksichtigen, die ich vorgeschlagen habe. Es gibt mentale Elemente in dieser Definition (die Bewertung/Darbietung eines emotional besetzten Reizes), neurale und körperlich-physiologische Elemente, eine evolutionäre Perspektive und eine Formulierung des funktionalen Zweckes. Die Definition vermeidet einen eingeschränkten Standpunkt, wie es etwa geschieht, wenn Emotionen definiert werden als »Zustände, die durch Belohnung und Bestrafung hervorgerufen werden«, wobei »eine Belohnung alles ist, wofür ein Tier Arbeit leistet«, und »eine Bestrafung alles, wofür ein Tier Arbeit leistet, um es zu vermeiden und vor ihm zu fliehen«; so vorgeschlagen von E. T. Rolls in: *Behavioral and Brain Sciences*, 23 (2000), S. 177–234.

22 Das Hauptgewicht meiner Darlegungen liegt jedoch auf den Prozessen, die nach der Bewertungsphase stattfinden, weil diese Phase noch kaum verstanden wird und weil sie uns hoffentlich etwas über die neurobiologischen Grundlagen für jenen Teil des Zyklus ver-

raten, der für die Gefühle verantwortlich ist. Glücklicherweise ist der Bewertungsprozess teilweise der Selbstbeobachtung zugänglich und ist zudem eingehend untersucht worden, wobei die Forschung auf eine großen Erfahrungsschatz zurückgreifen kann, der nicht nur auf den Seiten philosophischer Werke niedergelegt wurde, sondern auch in der Literatur, wie Martha Nussbaum überzeugend dargelegt hat. (Martha Nussbaum, *Upheavals of Thought,* New York, Cambridge University Press, 2001). Wie bereits erwähnt, liegt der Fokus meiner Untersuchung auf den neurobiologischen Mechanismen, die an der Erzeugung einer Emotion beteiligt sind.

23   Aus Studien, die sich mit der Amygdala beschäftigen, geht hervor, dass ein bestimmter Glutamatrezeptor, der so genannte NMDA-Rezeptor, bei diesen Prozessen eine Schlüsselrolle spielt, besonders die NR2B-Untereinheit. Beispielsweise verhindert eine Schädigung dieser Untereinheit Furchtkonditionierung; anderseits kann die gleiche Untereinheit gentechnisch veranlasst werden, die emotionalen Lernprozesse zu intensivieren. Der NMDA-Rezeptor ist auch an der Aktivierung eines Enzyms beteiligt – der cAMP-abhängigen Protein-Kinase –, die für die Proteinsynthese und neues Lernen unabdingbar ist. Vgl. E. Kandel, S. Schwartz, T. Jessell, *Principles of Neural Science,* McGraw-Hill, 4. Aufl., 2002, die Kapitel über Lernen und Gedächtnis; LeDoux, J. *The Synoptic Self,* New York, Simon and Schuster, 2002.

24   Joseph LeDoux, a. a. O.; Ralph Adolphs, a. a. O.; Richard Dolan, a. a. O.; David Amaral, »The Primate Amygdala and the Neurobiology of Social Behavior: Implications for Understanding Social Anxiety«, *Biological Psychiatry,* 51 (2002), S. 11–17; Lawrence Weiskrantz, »Behavioral Changes Associated With Ablations of the Amygdaloid Complex in Monkeys«, *Journal of Comparative and Physiological Psychology,* 49 (1956), S. 381–391.

25   Hiroyuki Oya, Hiroto Kawasaki, Matthew Howard, Ralph Adolphs: »Electrophysiological Responses Recorded in the Human Amygdala Discriminate Emotion Categories of Visual Stimuli«, *The Journal of Neuroscience* (in Vorbereitung).

26   Paul Whalen, S. L. Rauch, N. L. Etcoff, S. C. McInerney, M. B. Lee, M. A. Jenike, »Masked Presentations of Emotional Facial Expressions Modulate Amygdala Activity Without Explicit Knowledge«, *Journal of Neuroscience*, 18 (1998), S. 411–418.

27   Arne Ohman, J. J. Scares, »Emotional Conditioning to Masked Stimuli: Expectancies for Aversive Outcomes' Following Nonrecognized Fear-relevant Stimuli«, *Journal of Experimental Psychology: General*, 127 (1998), S. 69–82; T. S. Morris, A. Ohman. R. J. Dolan, »Conscious and Unconscious Emotional Learning in the Human Amygdala«, Nature, 393 (1998), S. 467–470.

28   P. Vuilleumier, S. Schwartz, »Modulation of Visual Perception by Eye Gaze Direction in Patients with Spatial Neglect and Extinction«, *NeuroReport*, 12 (2001), S. 2101–2104; P. Vuilleumier, S. Schwartz, »Beware and Be Aware: Capture of Spatial Attention by Fear-related Stimuli in Neglect«, *NeuroReport*, 12 (2001), S. 1119–1122; P. Vuilleumier, S. Schwartz, »Emotional Facial Expressions Capture Attention«, *Neurology*, 56 (2001), S. 153–158. B. de Gelder, J. Vroomen, G. Pourtois, L. Weiskrantz, »Nonconscious Recognition of Affect in the Absence of Striate Cortex«, *NeuroReport*, 10 (1999), S. 3759–3763.

29   Antonio R. Damasio, Daniel Tranel, Hanna Damasio, »Somatic Markers and the Guidance of Behavior: Theory and Preliminary Testing,« in: H. S. Levin, H. M. Eisenberg und A. L. Benton (Hg.), *Frontal Lobe Function and Dysfunction*, New York, Oxford University Press, 1991, S. 217–229; Antonio Damasio, »The Somatic Marker Hypothesis and the Possible Functions of the Prefrontal Cortex,« *Transactions of the Royal Society*, London, 351, (1996), S. 1413–1420; Antoine Bechara, Antonio R. Damasio, Hanna Damasio, Steven Anderson, »Insensitivity to Future Consequences Following Damage to Human Prefrontal Cortex«, *Cognition*, 50 (1994), S. 7–15; Antoine Bechara, Daniel Tranel, Hanna Damasio, Antonio R. Damasio, »Failure to Respond Autonomically to Anticipated Future Outcomes Following Damage to Prefrontal Cortex«, *Cerebral Cortex*, 6 (1996), S. 215–225; Antoine Bechara, Hanna Damasio, Daniel Tranel, Antonio R. Damasio, »Deciding Advanta-

geously Before Knowing the Advantageous Strategy«, *Science*, 275 (1997), S. 1293–1294.

30 Hiroto Kawasaki, Ralph Adolphs, Olaf Kaufman, Hanna Damasio, Antonio R. Damasio, Mark Granner, Hans Bakken, Tomokatsu Hori, Matthew A. Howard, »Single-unit Responses to Emotional Visual Stimuli Recorded in Human Ventral Prefrontal Cortex«, *Neuroscience*, 4 (2001), S. 15-16.

31 Jaak Panksepp, *Affective Neuroscience: The Foundations of Human and Emotions*, a. a. O.

32 Paul Ekman, »Facial Expressions of Emotion: New Findings, New Questions«, *Psychological Science*, 3 (1992), S. 34–38.

33 B. P. Bejjani, P. Damier, I. Arnulf, L. Thivard, A. M. Bonnet, D. Dormont, P. Cornu, B. Pidoux, Y. Samson, Y. Agid, »Transient Acute Depression Induced by High-frequency Deep-brain Stimulation«, *New England Journal of Medicine*, 340 (1999), S. 1476–1480.

34 Itzhak Fried, C. L. Wilson, K. A. MacDonald, E. J. Behnke, »Electric Current Stimulates Laughter«, *Nature*, 391 (1998), S. 650.

35 Antonio R. Damasio, *Descartes' Irrtum: Fühlen, Denken und das menschliche Gehirn*, a. a. O.

36 Josef Parvizi, Steven Anderson, Coleman Martin, Hanna Damasio, Antonio R. Damasio, »Pathological Laughter and Crying: a link to the cerebellum«, *Brain*, 124 (2001), S. 1708–1719.

37 Möglicherweise passt das Kleinhirn das Lach- und Weinverhalten an bestimmte Kontexte an, zum Beispiel soziale Situationen, in denen solche Verhaltensweisen eher unterdrückt werden sollten. Vielleicht wird im Kleinhirn auch die Schwelle festgelegt, bei welcher der Effektor-Mechanismus auf einen Reiz reagiert und auf diese Art Lachen oder Weinen hervorruft oder nicht. Diese modulatorische Kleinhirnaktivität würde sich automatisch als eine Folge von Lernen einstellen (das heißt, als die Verknüpfung bestimmter sozialer Kontexte mit bestimmten Ausprägungen und Stufen emotionaler Reaktionen). Diese modulatorischen Aufgaben kann das Kleinhirn aus zwei Gründen wahrnehmen. Erstens, weil es Signale von Endhirnstrukturen empfängt, die den kognitiven/sozialen Kontext eines Reizes vermitteln und die ihm erlauben, solche Kontexte zu berücksich-

tigen. Zweitens, weil es die Projektionen auf den Hirnstamm und zu den Induktor- und Effektorregionen des Endhirns dem Kleinhirn ermöglichen, die Reaktionen zu koordinieren, die in ihrer Gesamheit Lachen oder Weinen konstituieren. Zu diesen Reaktionen gehören die Koordination der Bewegungen von Gesicht, Rachen und Kehlkopf sowie von rhythmischen Zwerchfellbewegungen. Vgl. Schmahmann zu einer Erörterung der Frage, welche Schaltkreise und Funktionen des Kleinhirns in diesem Zusammenhang relevant sind. Jeremy D. Schmahmann, Deepak N. Pandya,»Anatomic Organization of the Basilar Pontine Projections from Prefrontal Cortices in Rhesus Monkey«, *Journal of Neuroscience*, 17 (1997a), S. 438–58; Jeremy D. Schmahmann, Deepak N. Pandya,»The Cerebrocerebellar System«, *International Review of Neurobiology*, 41 (1997b), S. 31–60.

Kapitel 3

1   Suzanne Langer hat in ihren Büchern scharfsinnige Analysen des Phänomens Gefühl vorgelegt, etwa in *Philosophie auf neuem Weg. Das Symbol im Denken, im Ritus und in der Kunst*, Mittenwald, Mäander Kunstverlag, 1979; *Philosophical Sketches*, Johns Hopkins Press, 1962. Suzanne Langer und ihr Doktorvater Alfred North Whitehead vertreten in dieser Frage ähnliche Auffassungen, wie übrigens auch der Philosoph Errol Harris, dessen Arbeit ich nach einem Hinweis von Samuel Attard kennen lernte, als die Niederschrift des vorliegenden Buches fast abgeschlossen war. Errol E. Harris, *The Foundations of Metaphysical Science*, New York, S. Humanities Press, 1965.

2   Mein Kollege David Rudrauf glaubt, dass der Widerstand gegen Veränderung eine Hauptursache für unser emotionales Erleben ist, eine Idee, die sich weitgehend mit Francisco Varelas allgemeiner Beschreibung des Organismus aus biologischer Sicht deckt. Nach dieser Hypothese entspringt unser Gefühl teilweise aus dem Widerstand gegen den Aufruhr, den eine Emotion hervorruft, aus

dem Bestreben, die stattfindende emotive Störung in den Griff zu bekommen.

3   Das betrifft die Frage der *Qualia* – das sei für jene angemerkt, denen diese viel diskutierte Frage am Herzen liegt –, doch hier ist nicht der Ort, die Frage zu erörtern. Nur so viel sei gesagt, dass der Begriff der Qualia transparenter wird, wenn die Gefühle in dem breiteren theoretischen Rahmen erörtert werden, den ich hier entworfen habe, und wenn wir uns darüber im Klaren sind, dass kaum eine Wahrnehmung stattfindet, ohne eine »emotive« Störung zu verursachen.

4   Thomas Insel, »A Neurobiological Basis of Social Attachment«, *American Journal of Psychiatry*, 154 (1997), S. 726–736.

5   Zu einer modernen, wissenschaftsorientierten Auseinandersetzung mit Sexualität, Bindung und romantischer Liebe vgl. Carol Gilligan, *The Birth of Pleasure*, New York, Knopf, 2002; Jean-Didier Vincent, *Biologie des Begehrens*, Reinbek, Rowohlt, 1990; Alain Prochiantz, *La Biologie dans le Boudoir*, Paris, Editions Odile Jacob, 1995. Leser, die sich für die klassischen Ansichten zu diesem Thema interessieren, seien auf Gustave Flaubert, Stendhal, James Joyce und Marcel Proust verwiesen.

6   Antonio R. Damasio, Thomas J. Grabowski, Antoine Bechara, Hanna Damasio, Laura L.B. Ponto, Josef Parvizi, Richard D. Hichwa, »Subcortical and Cortical Brain Activity During the Feeling of Self-generated Emotions«, *Nature Neuroscience*, 3 (2000) S. 1049–1056.

7   Hugo D. Critchley, Christopher J. Mathias, Raymond J. Dolan, »Neuroanatomical Basis for First- and Second-order Representations of Bodily States«, *Nature Neuroscience* 4 (2001), S. 207–212. Zu anderen funktionalen Bildgebungsstudien über Emotionen/Gefühle vgl.: Helen S., Mayberg u.a., »Reciprocal Limbic-cortical Function and Negative Mood: Converging PET Findings in Depression and Normal Sadness«, 1999, a.a.O., S. 675–682; Richard Lane u.a., »Neuroanatomical Correlates of Happiness, Sadness, and Disgust«, a.a.O.; Wayne Drevets u.a., »Subgenual Prefrontal Cortex Abnormalities in Mood Disorders«, a.a.O.; Hugo D. Critchley, Rebecca Elliot, Christopher J. Mathias, Raymond J.

Dolan, »Neural Activity Relating to Generation and Representation of Galvanic Skin Conductance Responses: A Functional Magnetic Resonance Imaging Study«, *Journal of Neuroscience*, 20 (2000), S. 3033–3040.

8   Dana M. Small, Robert J. Zatorre, Alain Dagher, Alan C. Evans, Marilyn Jones-Gotman, »Changes in Brain Activity Related to Eating Chocolate: From Pleasure to Aversion«, *Brain*, 124 (2001), S. 1720–1733; A. Bartels, Semir Zeki, »The Neural Basis of Romantic Love«, *Neuro-Report* 11 (2000), S. 3829–3834; Lisa M. Shin, Darin D. Dougherty, Scott P. Orr, Roger K. Pitman, Mark Lasko, Michael L. Maddin, Nathaniel M. Alpert, Alan J. Fischman, Scott L. Rauch, »Activation of Anterior Paralimbic Structures During Guilt-related Script-driven Imagery«, *Society of Biological Psychiatry*, 48 (2000), S. 43–50; Sherif Karama, Andre Roch Lecours, Jean-Maxime Leroux, Pierre Bourgouin, Gilles Beaudoin, Sven Joubert, Mario Beauregard, »Areas of Brain Activation in Males and Females During Viewing of Erotic Film Excerpts«, *Human Brain Mapping*, 16 (2002), S. 1–13.

9   Jaak Panksepp, »The Emotional Sources of Chills Induced by Music«, *Music Perception*, 13 (1995), S. 171–207.

10   Anne J. Blood, Robert J. Zatorre, »Intensely Pleasurable Responses to Music Correlate with Activity in Brain Regions Implicated in Reward and Emotion«, *Proceedings of the National Academy of Sciences*, 98 (2001), S. 11818–11823.

11   Abraham Goldstein, »Thrills in Response to Music and Other Stimuli,« *Physiological Psychology*, 3 (1980), S. 126–169. Wir wissen, dass die Einnahme von Naxalon, einer Substanz, die die Wirkung von Opioiden blockiert, solche Gänsehauterlebnisse verhindert, was darauf schließen lässt, dass Opioide tatsächlich diese Gefühle vermitteln.

12   Kenneth L. Casey, »Concepts of Pain Mechanisms: The Contribution of Functional Imaging of the Human Brain«, *Progress in Brain Research*, 129 (2000), S. 277–287.

13   In einem ähnlichen Experiment konnte Pierre Rainville die neuronalen Korrelate schmerzähnlicher Gefühle voneinander tren-

nen – den »Schmerzaffekt«, definiert als die Unannehmlichkeit des Schmerzes, als der Wunsch, ihn zu beenden, von der reinen Schmerzempfindung. Der »Schmerzaffekt« aktivierte Gyrus cinguli und Insel, während die »Schmerzempfindung« vor allem das Kortexareal SI betraf, eine Region, die nach unserer Ansicht in geringerem Maße an Emotionen beteiligt ist. Pierre Rainville, Gary H. Duncan, Donald D. Price, Benoitt Carrier, M. Catherine Bushnell, »Pain Affect Encoded in Human Anterior Cingulate but not Somatosensory Cortex«, *Science*, 277 (1997), S. 968–971.

14 Derek Denton, Robert Shade, Frank Zamarippa, Gary Egan, John Blair-West, Michael McKinley, Jack Lancaster, Peter Fox, »Neuroimaging of Genesis and Satiation of Thirst and an Interoceptor-driven Theory of Origins of Primary Consciousness«, *Proceedings of the National Academy of Sciences*, 96 (1999), S. 5304–5309.

15 Terrence V. Sewards, Mark A. Sewards, »The Awareness of Thirst: Proposed Neural Correlates«, *Consciousness & Cognition: An International Journal*, 9 (2000), S. 463–487.

16 Balwinder S. Athwal, Karen J. Berkley, Imran Hussain, Angela Brennan, Michael Craggs, Ryuji Sakakibara, Richard S. J. Frackowiak, Clare J. Fowler, »Brain Responses to Changes in Bladder Volume and Urge to Void in Healthy Men«, *Brain*, 124 (2001), S. 369–377; Blok, Bertil, Antoon T. M. Willemsen, Gert Holstege, »A PET Study on Brain Control of Micturition in Humans«, *Brain*, 120 (1997), S. 111–121.

17 Sherif Karama u. a., »Areas of Brain Activation in Males and Females During Viewing of Erotic Film Excerpts«, a. a. O.

18 David H. Hubel, *Auge und Gehirn. Neurobiologie des Sehens*, Heidelberg, Spektrum der Wissenschaft, 1990.

19 John S. Morris liefert einen kurzen Überblick zum gegenwärtigen Stand der Forschung in: *Trends in Cognitive Sciences*, 6 (2002), S. 317–319.

20 Arthur D. Craig hat die These formuliert, dass die zur Insel führenden Bahnen einen eigenen Thalamuskern, VMpo, verwenden, um zum insulären Kortex zu projizieren. Innerhalb des insulären Kortex werden die Signale, die über diese Bahnen eintreffen, in Sub-

regionen verarbeitet, die in diesem Abschnitt von hinten nach vorn aufeinander folgen. Das ähnelt der subregionalen Organisation der Sehbahnen im okzipitalen Kortex jenseits des primären visuellen Kortex (VI). Mit anderen Worten, wahrscheinlich beruhen Gefühle – ganz ähnlich wie das Sehen – auf der Verarbeitung in eng vernetzten Subregionen.

21   Arthur D. Craig, »How do you feel? Interoception: The Sense of the Physiological Condition of the Body«, *Nature Reviews*, 3 (2002), S. 655–666; D. Andrew, Arthur D. Craig, »Spinothalamic Lamina I Neurons Selectively Sensitive to Histamine: A Central Neural Pathway for Itch«, *Nature Neuroscience*, 4 (2001), S. 72–77; Arthur D. Craig, Kewei Chen, Daniel J. Bandy, Eric M. Reiman, »Thermosensory Activation of Insular Cortex«, *Nature Neuroscience*, 3 (2000), S. 184–190.

22   Alain Berthoz, *Le Sens du Mouvement*, Paris, Editions Odile Jacob, 1997.

23   Antoine Lutz, Jean-Philippe Lachaux, Jacques Martinerie, Francisco Varela, »Guiding the Study of Brain Dynamics by Using First-person Data: Synchrony Patterns Correlate With Ongoing Conscious States During a Simple Visual Task«, *Proceedings of the National Academy of Science*, 99 (2002), S. 1586–1591.

24   Richard Bandler, Michael T. Shipley, »Columnar Organization in the Rat Midbrain Periaqueductal Gray: Modules for Emotional Expression?« *Trends in Neurosciences*, 17 (1994), S. 379–389; Michael M. Behbehani, »Functional Characteristics of the Midbrain Periaqueductal Gray,« *Progress in Neurobiology*, 46 (1995), S. 575–605.

25   Giacomo Rizzolatti, Luciano Fadiga, Leonardo Fogassi, Vittorio Gallese, »Resonance Behaviors and Mirror Neurons«, *Archives Italiennes de Biologie*, 137 (1999), S. 85–100; Giacomo Rizzolatti, Leonardo Fogassi, Vittorio Gallese, »Neurophysiological Mechanisms Underlying the Understanding and Imitation of Action«, *Nature Reviews Neuroscience*, 2 (2001), S. 661–670; Giacomo Rizzolatti, Luciano Fadiga, Vittorio Gallese, Leonardo Fogassi, »Premotor Cortex and the Recognition of Motor Actions«, *Cognitive Brain*

Research, 3 (1996), S. 131–141; Ritta Haari, Nina Forss, Sari Avikainen, Erika Kirveskari, Stephan Salenius, Giacomo Rizzolatti, »Activation of Human Primary Motor Cortex During Action Observation: A Neuro-magnetic Study«, *Proceedings of the National Academy of Sciences*, 95 (1998), S. 15061–15065.

26   Ralph Adolphs, u. a., »A Role for Somatosensory Cortices in the Visual Recognition of Emotions as revealed by 3-D Lesion Mapping«, a. a. O.

27   Siehe Antonio R. Damasio, *Descartes' Irrtum: Fühlen, Denken und das menschliche Gehirn*, a. a. O.; *Ich fühle, also bin ich, Die Entschlüsselung des Bewusstseins*, München, List, 2000.

28   Ulf Dimberg, Monika Thunberg, Kurt Elmehed, »Unconscious Facial Reactions to Emotional Facial Expressions«, *Psychological Science*, II (2000), S. 86–89.

29   Taco J. DeVries, Toni S. Shippenberg, »Neural Systems Underlying Opiate Addiction«, *Journal of Neuroscience,* 22 (2002), S. 3321–3325; Jon-Kar Zubieta, Yolanda R. Smith, Joshua A. Bueller, Yanjun Xu, Michael R. Kilbourn, Douglas M. Jewett, Charles R. Meyer, Robert A. Koeppe, Christian S. Stohler, »Regional Mµ Opioid Receptor Regulation of Sensory and Affective Dimensions of Pain«, *Science*, 293 (2001), S. 311–315; Jon-Kar Zubieta, Yolanda R. Smith, Joshua A. Bueller, Yanjun Xu, Michael R. Kilbourn, Douglas M. Jewett, Charles R. Meyer, Robert A. Koeppe, Christian S. Stohler, »Mµ-Opioid Receptor-Mediated Antinociception Differs in Men and Women.« *Journal of Neuroscience*, 22 (2002), S. 5100–5107.

30   Wolfram Schultz, Leon Tremblay, Jeffrey R. Hollerman, »Reward Prediction in Primate Basal Ganglia and Frontal Cortex«, *Neuropharmacology*, 37 (1998), S. 421–429; Ann E. Kelley and Kent C. Berridge, »The Neuroscience of Natural Rewards: Relevance to Addictive Drugs«, *Journal of Neuroscience*, 22 (2002), S. 3306–3311.

31   Eine Anzahl Websites, die sich mit Drogenabhängigkeit beschäftigen, bieten Beschreibungen von Drogenerlebnissen: http://www.erowid.org/index.shtml.

32   Tace. J. DeVries u. a., »Neural Systems Underlying Opiate Addiction«, a. a. O.

33   Die Aktivierung der Insel ist wahrscheinlich das Hauptkorrelat der Gefühle. Die Aktivierung des Gyrus cinguli geht wohl größtenteils mit der regulatorischen Antwort einher, die von Drogen ausgelöst wird. Natürlich wird die Reaktion des Atmungsapparats Teil dessen, was das Individuum fühlt. Alex Gamma, Alfred Buck, Thomas Berthold, Daniel Hell, Franz X. Vollenweider, »3,4-Methylenedioxymethamphetamine (MDMA) Modulates Cortical and Limbic Brain Activity as Measured by [H_2O_{15}]-PET in Healthy Humans«, Neuropsychopharmacology, 23 (2000), S. 388–395; Louise A. Sell, John S. Morris, Jenny Beam, Richard J. Frackowiak, Karl J. Friston, Raymond J. Dolan, »Neural Responses Associated With Cue-invoked Emotional States and Heroin in Opiate Addicts«, Drug and Alcohol Dependence, 60 (2000), S. 207–216; Bruce Wexler, C. H. Gottschalk, Robert K. Fulbright, Isak Prohovnik, Cheryl M. Lacadie, Bruce J. Rounsaville, John C. Gore, »Functional Magnetic Resonance Imaging of Cocaine Craving«, American Journal of Psychiatry, 158 (2001), S. 86–95; Luis C. Maas, Scott E. Lukas, Marc J. Kaufman, Roger D. Weiss, Sarah L. Daniels, Veronica W. Rogers, Thellea J. Kukes, and Perry F. Renshaw, »Functional Magnetic Resonance Imaging of Human Brain Activation During Cue-induced Cocaine Craving«, American Journal of Psychiatry, 155 (1998), S. 124–126; Anna Rose Childress, P. David Mozley, William McElgin, Josh Fitzgerald, Martin Reivich, and Charles P. O'Brien, »Limbic Activation During Cue-induced Cocaine Craving«, American Journal of Psychiatry, 156 (1999), S. 11–18; Daniel S. O'Leary, Robert I. Block, Julie A. Koeppel, Michael Flaum, Susan K. Schultz, Nancy C. Andreasen, Laura Boles Ponto, G. Leonard Watkins, Richard R. Hurtig, Richard D. Hichwa, »Effects of Smoking Marijuana on Brain Perfusion and Cognition«, Neuropsychopharmacology, 26 (2002), S. 802–816.

34   Rodney A. Brooks, Menschenmaschinen – wie uns die Zukunftstechnologien neu erschaffen, Frankfurt, Campus Verlag, 2002.

Kapitel 4

1 Das Wort *laetitia* ist richtig übersetzt mit »Freude« oder »Hochstimmung« (letztere Übersetzung schlägt Amelie Rorty vor in: *Spinoza on the Pathos of Idolatrous Love and the Hilarity of True Love*, in: Amelie Rorty (Hg.), *Explaining Emotions*, Berkeley, University of California Press, 1980). *Laetitia* ist auch mit »Lust« übersetzt worden, was meiner Meinung nach an der Sache vorbeigeht. *Tristitia* wird am besten mit Traurigkeit oder Trauer übersetzt, obwohl es auch allgemein negative Affekte wie Furcht und Wut bezeichnen kann. Wenn Spinoza von größerer oder geringerer Vollkommenheit spricht, fügt er in der Regel das Wort »Übergang« hinzu. Das ist eine nützliche Ergänzung, weil sie die Aufmerksamkeit auf die dynamische Natur des Affektprozesses lenkt, doch sie wird dann irreführend, wenn sie den Eindruck erweckt, die Übergänge selbst seien der wichtigste Teil der Prozesse.

2 Interessant in diesem Zusammenhang ist die Beobachtung, dass auf dem modernen Forschungsgebiet der neuronalen Netze bestimmte Funktionsweisen als »harmonisch« bezeichnet werden. Es gibt sogar »maximal harmonische Zustände«. Das Wesen der Harmonie ist in biologischen und künstlichen Prozessen gleich: Leichtigkeit, Effizienz, Geschwindigkeit, Kraft.

3 Zu einer Beschreibung der Depression als Krankheitsverhalten vgl. Bruce G. Charlton, »The Malaise Theory of Depression: Major Depressive Disorder is Sickness Behavior and Antidepressants are Analgesic,« *Medical Hypotheses*, 54 (2000), S. 126–130. Zu Beschreibungen der Depressionserfahrung vgl. William Styron, *Sturz in die Nacht. Die Geschichte einer Depression*, Köln, Kiepenheuer und Witsch, 1991; Kay Jamieson, *An Unquiet Mind*, New York, Knopf, 1995; und Andrew Solomon, *Saturns Schatten. Die dunklen Welten der Depression*, Frankfurt, Fischer, 2001.

4 Siehe Antonio R. Damasio, *Descartes' Irrtum. Fühlen, Denken und das menschliche Gehirn*, a.a.O.; Antonio R. Damasio, »The Somatic Marker Hypothesis and the Possible Functions of the Refrontal Cortex«, a.a.O.

5   Antoine Bechara u. a.,»Insensitivity to Future Consequences Following Damage to Human Prefrontal Cortex«, a. a. O.; Antonio R. Damasio, Steven Anderson,»The Frontal Lobes«, in: K. M. Heilman und E. Valenstein (Hg.), *Clinical Neuropsychology, Fourth Edition*, New York, Oxford University Press, 2002; Facundo Manes, Barbara Sahakian, Luke Clark, Robert Rogers, Nagui Antoun, Mike Aitken, Trevor Robbins,»Decision-making Processes Following Damage to the Prefrontal Cortex«, *Brain*, 125 (2002), S. 624–639; Daniel Tranel, Antoine Bechara, Natalie Denburg,»Asymmetric Functional Roles of Right and Left Ventromedial Prefrontal Cortices in Social Conduct, Decision-making, and Emotional Processing«, *Cortex* (in Vorbereitung).

6   Zu Einzelheiten der neuronalen und kognitiven Aspekte des Arbeitsgedächtnisses vgl. Patricia Goldman-Rakic,»Regional and Cellular Fractionation of Working Memory«, *Proceedings of the National Academy of Sciences of the United States of America*, 93 (1996), S. 13473–13480, und Alan Baddeley,»Recent Developments in Working Memory«, *Current Opinion in Neurobiology*, 8 (1998), S. 234–238. Zu allgemeinen Erörterungen der Funktionen des präfrontalen Kortex vgl. Joaquin Fuster, *Memory in the Cerebral Cortex*, Cambridge, MA, London, UK, MIT Press, 1995; und Elkhonon Goldberg, *Die Regie im Gehirn. Wo wir Pläne schmieden und Entscheidungen treffen*, Kirchzarten bei Freiburg, VAK-Verlag, 2002.

7   Jeffrey Saver, Antonio R. Damasio,»Preserved Access and Processing of Social Knowledge in a Patient With Acquired Sociopathy Due to Ventromedial Frontal Damage«, *Neuropsychologia*, 29 (1991), S. 1241–1249.

8   Antonio R. Damasio, *Descartes' Irrtum. Fühlen, Denken und das menschliche Gehirn*, a. a. O.

9   Als ich vor zwanzig Jahren anfing, diese Ansichten in der Öffentlichkeit zu vertreten, wurden sie mit einer Mischung aus Verwirrung und Ablehnung aufgenommen. Zunächst hatte ich als Belege nur Einzelfälle, und in der Literatur gab es nichts, auf das ich mich berufen konnte, abgesehen von einem Artikel des Neuroanatomen

Walle Nauta über die mögliche Rolle des frontalen Kortex für die Emotion:»The Problem of the Frontal Lobe: a Reinterpretation«, *Journal of Psychiatric Research*, 8 (1971), S. 167–187. Inzwischen gibt es zahlreiche Belege für die These, und entsprechend hat ihre Akzeptanz zugenommen, z. B. Antoine Bechara, u. a.,»Insensitivity to Future Consequences Following Damage to Human Prefrontal Cortex«, a. a. O.; Antoine Bechara, u. a.,»Failure to Respond Autonomically to Anticipated Future Outcomes Following Damage to Prefrontal Cortex«, a. a. O.; Antoine Bechara u. a.,»Deciding Advantageously Before Knowing the Advantageous Strategy«, a. a. O.; Antoine Bechara, Hanna Damasio, Antonio R. Damasio, Greg P. Lee, »Different Contributions of the Human Amygdala and Ventromedial Prefrontal Cortex to Decision-making«, *Journal of Neuroscience*, 19 (1999), S. 5473–5481; Antoine Bechara, Hanna Damasio, Antonio R. Damasio,»Emotion, Decision-making, and the Orbitofrontal Cortex«, *Cerebral Cortex*, 10 (2000), S. 295–307; Shibley Rahman, Barbara J. Sahakian, Rudolph N. Cardinal, Robert D. Rogers, Trevor W. Robbins,»Decision Making and Neuropsychiatry«, *Trends in Cognitive Sciences*, 5 (2001), S. 271–277; Geir Overskeid,»The Slave of the Passions: Experiencing Problems and Selecting Solutions«, *Review of General Psychology*, 4 (2000), S. 284–309; George Loewenstein, E. U. Webber, C. K. Hsee,»Risk as Feelings«, *Psychological Bulletin*, 127 (2001), S. 267–286; Jean-P. Royet, David Zaid, Remy Versace, Nicolas Costes, Frank Lavenne, Olivier Koenig, and Remi Gervais,»Emotional Responses to Pleasant and Unpleasant Olfactory, Visual, and Auditory Stimuli: A Positron Emission Tomography Study«, *Journal of Neuroscience*, 20 (2000), S. 7752–7759.

10   Stefan P. Heck, *Reasonable Behavior: Making the Public Sensible*, University of California, San Diego, 1998. Ronald de Sousa, *Die Rationalität des Gefühls*, Frankfurt, Suhrkamp, 1997. Martha Nussbaum, *Upheavals of Thought*, a. a. O.

11   Ralph Adolphs u. a.,»Impaired Recognition of Emotion in Facial Expressions Following Bilateral Damage to the Human Amygdala«, a. a. O.

12 James K. Rilling, David A. Gutman, Thorsten R. Zeh, Giuseppe Pagnoni, Gregory S. Berns und Clinton D. Kilts, »A Neural Basis for Social Cooperation«, *Neuron*, 35 (2002), S. 395–405.

13 Steven Anderson, Antoine Bechara, Hanna Damasio, Daniel Tranel, Antonio R. Damasio, »Impairment of Social and Moral Behavior Related to Early Damage in Human Prefrontal Cortex«, *Nature Neuroscience*, 2 (1999), S. 1032–1037.

14 Diese Auffassung wird durch die Befunde an anderen Patienten untermauert. Sie leiden an einer Schädigung von Gehirnregionen, die den präfrontalen Kortex über die Voraussetzungen einer Situation informieren – beispielsweise einer Läsion des rechten inferotemporalen Kortex. In Zusammenarbeit mit meinen Kollegen Steven Anderson und Hanna Damasio habe ich festgestellt, dass bei einer Schädigung dieser Region in frühen Jahren die Entwicklung geeigneter sozialer Verhaltensweisen zum Stillstand kommt. In der Praxis ähnelt das Ergebnis dem Verhalten, das Erwachsene mit einer präfrontalen Läsion zeigen.

15 Jonathan Haidt, »The Moral Emotions«, in: R. J. Davidson, K. Scherer und H. H. Goldsmith (Hg.) *Handbook of Affective Sciences*, Oxford University Press (in Vorbereitung); R. A. Shweder und J. Haidt, »The Cultural Psychology of the Emotions: Ancient and New«, in: M. Lewis und J. Haviland (Hg.), *Handbook of Emotions*, 2. Aufl., New York, Guilford, 2000.

16 E. O. Wilsons Projekt *Consilience* – »Einheit des Wisses« – ist ein Beispiel für eine Einstellung, die unser Wissen voranbringen könnte, indem sie Biologie und Geisteswissenschaften zusammenführt. Edward O. Wilson, *Die Einheit des Wissens*, Berlin, Siedler, 1998.

17 Es sei angemerkt, dass alle diese Bemerkungen über die Ethik nur ethisches Verhalten und seine möglichen biologischen Ursachen und Mechanismen im Rahmen der deskriptiven Ethik betreffen. Ich beziehe mich nicht auf Fragen der normativen Ethik oder Metaethik.

18 Frans de Waal, *Der gute Affe. Der Ursprung von Recht und Unrecht bei Menschen und anderen Tieren*, a. a. O; B. Heinrich, *Die Weisheit der Raben*, a. a. O.; Hans Kummer, *The Quest of the Sacred*

Baboon, a.a.O. Das Altruismusexperiment an Rhesusaffen wird erörtert in: Marc Hauser, *Wilde Intelligenz. Was Tiere wirklich denken*, a.a.O., und wurde durchgeführt von Robert Miller: R.E. Miller, J. Banks, H. Kuwhara, »The Communication of Affect in Monkeys: Cooperative Conditioning«, *Journal of Genetic Psychology*, 108 (1966), S. 121–134; R.E. Miller, »Experimental Approaches to the Physiological and Behavioral Concomitants of affective communication in Rhesus Monkeys«, in: S.A. Altmann (Hg.), *Social Communication Among Primates*, Chicago, University of Chicago Press, 1967.

19   Gene sind nicht nur notwendig, um ein Gehirn von bestimmter Art zu konstruieren, das mit den beschriebenen Strukturen ausgestattet ist, sondern die Genexpression ist auch für Lernprozesse und die Reparatur von Hirnstrukturen erforderlich. Außerdem hängt die Genexpression während Entwicklung und Reife von der Interaktion mit der Umwelt ab. Bei der ausführlichen Erörterung dieser Frage stütze ich mich auf eine umfangreiche, vielseitige und gelegentlich polemische Literatur auf den Gebieten der Evolutionspsychologie, Neurobiologie und Populationsgenetik. Es folgen einige wichtigen Schriften in chronologischer Reihenfolge: William Hamilton, »The Genetical Evolution of Social Behaviour«, Teil 1 und 2, *Journal of Theoretical Biology*, 7 (1964), S. 1–52; George Williams, *Adaptation and Natural Selection: A Critique of Some Current Evolutionary Thought*, Princeton, NJ, Princeton University Press, 1966; Edward O. Wilson, *Sociobiology: The New Synthesis*, Cambridge, MA, Harvard University Press, 1975; Richard Dawkins, *Das egoistische Gen*, Berlin, Springer, 1978; Stephen Jay Gould, *Der falsch vermessene Mensch*, Basel, Birkhäuser, 1981; Steven Rose, Richard Lewontin, Leo Kamin, *Not in Our Genes*, Harmondsworth, Penguin, 1984; Leda Cosmides, John Tooby, *The Adapted Mind: Evolutionary Psychology and the Generation of Culture*, New York, Oxford University Press, 1992; Helena Cronin, John Smith, *The Ant and the Peacock: Altruism and Sexual Selection from Darwin to Today*, Cambridge, U.K, Cambridge University Press, 1993; Richard C. Lewontin, Biology *as* Ideology: *The Doctrine of DNA*, New York, Harper

Collins, 1992; Carol Tavris, *The Mismeasure of Women*, New York, Simon and Schuster, 1992; Robert Wright, *Diesseits von Gut und Böse. Die biologischen Grundlagen unserer Ethik*, München, Limes, 1966; Mark Ridley, *Evolution*, Basel, Birkhäuser, 1990; Steven Rose, *Darwins gefährliche Erben. Biologie jenseits der egoistischen Gene*, München, Beck, 2000; Edward O. Wilson, *Die Einheit des Wissens*, a. a. O.; Steven Pinker, *Wie das Denken im Kopf entsteht*, München, Kindler, 1998; Patrick Bateson und Martin Paul, *Design for a Life: How Behaviour Develops*, London, Jonathan Cape, 1999; Hilary Rose und Steven Rose (Hg.) *Alas, Poor Darwin*, New York, Harmony Books, 2000; Melvin Konner, *Die unvollkommene Gattung. Biologische Grundlagen und die Natur des Menschen*, Basel, Birkhäuser, 1983; Robert Trivers, *Natural Selection and Social Theory: Selected Papers of Robert L. Trivers*, New York, Oxford University Press, 2002.

20 Vgl. Martha Nussbaum, *Upheavals of Thought*, a. a. O. und ihre Erörterung der Rolle der Emotionen für die Rechtsprechung im Allgemeinen und die Anwendung des Rechts im Besonderen.

21 William Safire hat unlängst den Begriff »Neuroethik« verwendet und bezog sich dabei auf die Debatte über die ethischen Fragen, die durch neue Therapien neurologischer und psychiatrischer Störungen aufgeworfen werden. Einige der hier erörterten Probleme gehören sicherlich in das Umfeld dieser Debatte, doch die Ziele der »Neuroethik« unterscheiden sich von meinen Überlegungen. Vor mehr als zehn Jahren hat Jean-Pierre Changeux den Begriff Neuroethik im Sinne der hier zugrunde gelegten Fragestellungen verwendet, und zwar auf einem wegweisenden Symposium über Biologie und Ethik, das unter der Ägide des Institut Pasteur in Paris stattfand.

22 Die Blüte der neuen Werkzeuge sozialer Kontrolle wurde wahrscheinlich eingeleitet durch so unterschiedliche Phänomene wie Klimaveränderungen und die Entwicklung von symbolischer Darstellung und Landwirtschaft. Vgl. William Calvin, *Der Schritt aus der Kälte. Klimakatastrophen und die Entwicklung der menschlichen Intelligenz*, München, Hanser, 1997; *A Brain for All Seasons: Human Evolution and Abrupt Climate Change*, Chicago und London, Uni-

versity of Chicago Press, 2002; Terrence Deacon, *The Symbolic Species: The Co-evolution of Language and the Brain*, New York, W. W. Norton und Company, 1997; Jared Diamond, *Arm und reich. Die Schicksale menschlicher Gesellschaften*, Frankfurt, Fischer, 1998.

23 Obwohl eine Erörterung der historischen Zusammenhänge dieser Ideen mein Fachwissen übersteigt, möchte ich doch auf eine Brücke zwischen zwei traditionellen Ansichten über die Ethik und den verwandten Aspekt der Gerechtigkeit hinweisen – zwischen der Auffassung der schottischen Aufklärung und der kantischen Position. Nach Ansicht der schottischen Aufklärung gründet sich Gerechtigkeit auf Emotionen, besonders auf positive moralische Emotionen wie das Mitgefühl, das danach ein wesentlicher Bestandteil des natürlichen menschlichen Verhaltens ist. Man kann moralische Emotionen pflegen, aber sie müssen nicht gelehrt werden. Größtenteils sind sie der Menschheit im Rahmen der natürlichen Tugend angeboren. Auf der Grundlage solcher Emotionen und selbstverständlich mit Hilfe von Wissen und Vernunft werden schließlich ethische Regeln, Gesetze und Rechtssysteme kodifiziert. Adam Smith und David Hume sind bekannte Vertreter dieser Auffassung, obwohl sich die Ansätze zu dieser Idee wohl schon bei Aristoteles finden. (Adam Smith, A *Theory of Moral Sentiment*, Cambridge, UK, New York, Cambridge University Press, 2002; David Hume, *Über den Verstand, Drittes Buch: Über die Moral*, Hamburg, Meiner, 1978.)

Die andere Auffassung geht auf Kant zurück und findet ihren modernen Ausdruck in dem Werk von John Rawls. Sie lehnt die Emotionen als mögliche Grundlage der Gerechtigkeit ab und entscheidet sich stattdessen für die Vernunft (als das einzig angemessene Fundament von Ethik, Gesetzen und Gerechtigkeit). Die kantische Auffassung traut keinen Emotionen, egal, welcher Art, weil sie sie für unzuverlässig und sogar gefährlich hält. Kant lehnt die Weisheit der Emotionen ab, diesen differenzierten und geduldigen Prozess, in dessen Verlauf die Evolution einige nützliche Richtlinien für die Kontrolle des sozialen Lebens zusammengetragen hat. Gerechterweise ist hinzuzufügen, dass Kant damit auch die weniger weisen und grausamen Aspekte der Natur ablehnt, wie sie im Apparat der Emotionen zum

Ausdruck kommen. Seine radikale Ablehnung garantiert, dass er von den natürlich moralischen Emotionen nicht hinters Licht geführt wird. Stattdessen setzt er auf die menschliche Vernunft und Kreativität und glaubt, mit ihnen ließen sich bessere Lösungen finden, als es der Evolution ohne gezielte menschliche Bemühungen je gelungen sei oder noch gelingen werde. Darin liegt das Problem, weil die Vernunft ohne Unterstützung des Gefühls ein ebenso schlechter Ratgeber sein kann wie die natürlichen Emotionen. (Vgl. Robert Wright, *Diesseits von Gut und Böse. Die biologischen Grundlagen unserer Ethik*, München, Limes, 1966, zu einer scharfsinnigen Erörterung der Gefahren, die sich aus dem Vertrauen auf alle naturgegebenen Aspekte im Bereich der Ethik ergeben. Zu einem Überblick über die kantischen und Humeschen Ansichten zum moralischen Urteil vgl. Jonathan Haidt, »The Emotional Dog and Its Rational Tail«, *Psychological Review*, 198 (2001), S. 814–834. Vgl. auch Paul M. Churchland, *Rules, Know-How, and the Future of Moral Cognition* in *Moral Epistemology Naturalized,* hg. von Richmond Campbell und Bruce Hunter, Calgary, University of Calgary Press, 2000; Robert C. Solomon, *A Passion for Justice*, Boston, Addison-Wesley, 1990; John Rawls, *Eine Theorie der Gerechtigkeit*, Frankfurt, Suhrkamp, 2000).

Auch die schottische Ansicht hat ihre Grenzen. Das Bild, das die schottische Schule entwirft, ist ein bisschen zu freundlich. Es orientiert sich nicht so sehr an dem abstoßenden und rohen Menschenbild, das Thomas Hobbes zeichnet, sondern greift auf die Tugendhaftigkeit und den Adel des Menschen zurück, wie wir sie von Jean-Jacques Rousseau kennen, obwohl die beiden Auffassung nicht zu verwechseln sind. Denn neben den »positiven« moralischen Emotionen nennen die Schotten auch »negative«, wie zum Beispiel Groll, Rachsucht und Entrüstung, die für die Konstruktion von Gerechtigkeit genauso wichtig sind. Ich denke, die Rolle der Emotionen und Gefühle in der Gerechtigkeit geht weit über die der evolutionär bedingten moralischen Gefühle hinaus. Nach meiner Auffassung haben Traurigkeit und Freude eine wichtige Rolle bei der Konstruktion von Gerechtigkeit gespielt und spielen sie immer noch. Beispielsweise gestattet uns die persönliche Erfahrung der Trauer bei Verlust, die Trauer der anderen zu verstehen. Natürliches Mitgefühl weckt in uns das Verständnis für das Problem der anderen, doch persönlich empfundenes Leid vertieft unser Empfinden für das Leid, das jemand anderes zum Ausdruck bringt und fühlt. Mit anderen Worten, die persönliche Trauer ermöglicht uns, von Sympathie zur Empathie zu gelangen. Die persönliche Traurigkeit wäre ein gutes Sprungbrett für die Überlegung, welche Umstände Traurigkeit verursachen und wie sie sich in Zukunft vermeiden lassen. Die Informationen, die wir durch Emotionen und Gefühle gewinnen, lassen sich nicht nur dazu verwenden, bessere Instrumente der Gerechtigkeit zu schaffen, sondern auch, Bedingungen herzustellen, unter denen Gerechtigkeit eher möglich ist.

24   Spinoza, *Theologisch-Politischer Traktat*, Hamburg, Meiner, 1955, S. 77–78.

25   James L. McGaugh, Larry Cahill, Benno Roozendaal, »Involvement of the Amygdala in Memory Storage: Interaction With Other Brain Systems«, (Forschungsüberblick) *Proceedings of the National Academy of Sciences of the United States of America*, 93 (1996), S. 13508–13514. James L. McGaugh, Larry Cahill, Benno Roozendaal, »Involvement of the Amygdala in Memory Storage: Interaction With Other Brain Systems«, *Proceedings of the National Academy of Sciences of the United States of America*, 93 (1996), S. 13508–13514; Ralph Adolphs, Larry Cahill, Rina Schul, Ralf Babinski, »Impaired Memory for Emotional Stimuli Following Bilateral Damage to the Human Amygdala«, *Learning and Memory*, 4 (1997), S. 291–300; Kevin S. LaBar, Joseph E. LeDoux, Dennis D. Spencer, Elizabeth A. Phelps, »Impaired Fear Conditioning Following Unilateral Temporal Lobectomy in Humans«, *Journal of Neuroscience*, 15 (1995), S. 6846–6855; Antoine Bechara, Daniel Tranel, Hanna Damasio, Ralph Adolphs, Charles Rockland, Antonio Damasio, »A Double Dissociation Of Conditioning and Declarative Knowledge Relative to the Amygdala and Hippocampus in Humans«, *Science*, 269 (1995), S. 1115–1118.

Kapitel 5

1   In meinem Buch *Ich fühle, also bin ich* gehe ich näher auf die Unterscheidung zwischen Geist und Bewusstsein ein (Antonio R. Damasio, 2000, a. a. O.).

2   Sehr eingehend ist das Leib-Seele-Problem von den zeitgenössischen Philosophen des Geistes untersucht wurden, darunter David Armstrong, *The Mind-Body Problem: An Opinionated Introduction*, Oxford, Großbritannien, Boulder, Colorado, Westview Press, 1999; Paul Churchland und Patricia Churchland, *On the Contrary*, Boston, MIT Press, 1998; Patricia Churchland, *Brain-Wise*, Cambridge, MA, MIT Press, 2002; Patricia Churchland, Paul Churchland, »Neural Worlds and Real Worlds«, *Nature Neuroscience Reviews*, 2002; Daniel Dennett, *Philosophie des menschlichen Bewusstseins*, Hamburg, Hoffmann und Campe, 1994; David Chalmers, *The Conscious Mind*, New York, Oxford University Press, 1996; Thomas Metzinger, *Conscious Experience*, Paderborn, Germany: Imprint Academic/Schoeningh, 1995; Galen Strawson, *Mental Reality*, Cambridge, MA, MIT Press, 1994; Ned Block, Owen Flanagan, Guven Guzeldere (Hg.), *The Nature of Consciousness: Philosophical Debates*, Cambridge, MA, MIT Press, 1997; und John Searle, *Die Wiederentdeckung des Geistes*, München, Artemis und Winkler, 1993; von Philosophen der jüngeren Vergangenheit: Herbert Feigl, *Das parallelistische Fehlverständnis des Physischen und des Psychischen*, Maisenheim am Glahn, Hain, 1977; Edmund Husserl, *Vorlesungen zum inneren Zeitbewusstsein*, Tübingen, Niemeyer, 2000; Maurice Merleau-Ponty, *Phänomenologie der Wahrnehmung*, München, de Gruyter, 1966; und von modernen Biologen, darunter: Jean Piaget, *Biologie und Erkenntnis. Über die Beziehungen zwischen organischen Regulationen und kognitiven Prozessen*, Frankfurt, Fischer, 1974; Jean-Pierre Changeux, *Der neuronale Mensch*, Reinbek, Rowohlt, 1984; Francis Crick, *Was die Seele wirklich ist. Die naturwissenschaftliche Erforschung des Bewusstseins*, München, Artemis und Winkler, 1994; und Gerald Edelman, *Göttliche Luft, vernichtendes Feuer. Wie der*

Geist im Gehirn entsteht, Die revolutionäre Vision des Medizin-Nobelpreisträgers, München, Piper, 1995; Francisco Varela,»Neurophenomenology: A Methodological Remedy to the Hard Problem«, *Journal of Consciousness Studies*, 3 (1996), S. 330–350; Francisco Varela und Jonathan Shear,»First-person Methodologies: Why, When and How«, *Journal of Con-sciousness Studies*, 6 (1999), S. 1–14.

3   Die Nieuwe Kerk war eine der ersten protestantischen Kirchen, die in Holland erbaut wurden (1649–1656), und war wirklich neu, weil sie von Anfang an im Geiste der Reformierten Kirche konzipiert worden war. Es war also keine katholische Kirche, deren Schmuck man einfach entfernt hatte. Heute ist sie ein Ort, an dem viele kulturelle Veranstaltungen in Den Haag stattfinden. Der Konflikt, der in der Architektur zum Ausdruck kommt, ist typisch für das Zeitalter. Gemäß der Ästhetik der Reformierten Kirche musste das Gebäude auf jede Prachtentfaltung verzichten; doch als Repräsentant eben dieser Kirche durfte das Gebäude nicht wirklich bescheiden auftreten. Einen ähnlichen Konflikt findet man fünfzig Kilometer weiter im Nordosten – in der portugiesischen Synagoge von Amsterdam, ebenfalls ein Bauwerk aus dieser Zeit (1675 abgeschlossen) und in ähnlicher Weise hin- und hergerissen zwischen Bescheidenheit und Stolz. Das vorhersagbare Ergebnis ist, dass die Nieuwe Kerk kahl und imposant zugleich ist. Von dem erhöhten Altar, der als Bühne dient, bietet das Podium einen atemberaubenden Blick auf den riesigen Raum.

4   Descartes, Briefwechsel mit der Prinzessin von Böhmen.

5   Gilbert Keith Chesterton,»Die Einfalt des Pater Brown«, in: *Pater-Brown-Geschichten: 24 Detektivgeschichten*, Frankfurt, Insel, 1989.

6   Der Neurochirurg Wilder Penfield untersuchte dieses Phänomen an zahlreichen epileptischen Patienten, die er behandelte. Vermutlich beginnt der Prozess im Kortex der Insel und greift dann auf andere Abschnitte des somatosensorischen Komplexes über, was mit den neuen Forschungsergebnissen in Einklang stünde, die im dritten Kapitel erörtert wurden. Wilder Penfield, Herbert Jasper, *Epilepsy*

and the Functional Anatomy of the Human Brain, Boston, Little Brown, 1954.

7   Die andere Interpretation lautet, dass die Bewusstlosigkeit nichts mit den Veränderungen des Körperempfindens zu tun hat und dass sie auch dann aufgetreten wäre, wenn diese veränderten Körperempfindungen nicht eingetreten wären. Auch ohne Körperaura tritt Bewusstlosigkeit bei verschiedenen Anfallsarten auf. Doch bei diesen Anfällen wäre denkbar, dass es zur Bewusstlosigkeit kommt, weil der Körperinput inaktiviert wird, bevor andere Anfallsmechanismen andere Manifestationen wie zum Beispiel Krämpfe verursachen.

8   Oliver Sacks, in: *Der Tag, an dem mein Bein fortging*, Reinbek, Rowohlt, 1989, und Vilayanur Ramachandran, in: *Die blinde Frau, die sehen kann*, Reinbek, Rowohlt, 2001, haben Veränderungen in der Wahrnehmung von Gliedmaßen eingehend beschrieben.

9   Sacks' Patientin litt unter einem Verlust anderer propriozeptiver Empfindungen, weil die Nervenbahnen beeinträchtigt waren, die Signale von den Muskeln an das Zentralnervensystem übertrugen. Oliver Sacks, in: *Der Mann, der seine Frau mit einem Hut verwechselte*, Reinbek, Rowohlt, 1987. Es gibt auch interessante neue Untersuchungsergebnisse, die darauf schließen lassen, dass so genannte außerkörperliche Erfahrungen durch direkte Reizung des rechten somatosensorischen Kortex ausgelöst werden können, und zwar im Bereich des Gyrus angularis. Bei einer derartigen Stimulation berichtete eine Patientin von einer Trennung ihres Körpers von ihren mentalen Aktivitäten. Während der Stimulation hatte sie die Vorstellung, sich an der Decke ihres Krankenzimmers zu befinden, von wo aus sie einen Teil ihres Körpers betrachtete. Diese Ergebnisse sprechen für die Annahme, dass unser Körperempfinden von den neuronalen Abbildungen innerhalb eines aus vielen Komponenten bestehenden Systems abhängt, das ausschließlich diesem Zweck dient. Teile des Systems befinden sich im rechten Kortex, andere Teile in subkortikalen Regionen. Funktionsstörungen, die den größten Teil des Systems auf kortikaler Ebene erfassen, heben unsere Körperempfindungen auf und beeinträchtigen die geistigen Prozesse. Funktionsstörungen,

die auf einen Abschnitt beschränkt sind, führen zu partiellen Symptomen wie Asomatognosie und seltsamen Erlebnissen wie außerkörperlichen Zuständen. Umfangreiche subkortikale Funktionsstörungen, wie bei einer extensiven Schädigung des Tegmentum des Hirnstamms, schädigen das System in der Regel besonders weit reichend. Vgl. Olaf Blanke u. a., »Leaving Your Body Behind«, *Nature* (2002), in Vorbereitung.

10   Karten und Repräsentationen. Antonio R. Damasio, Hanna Damasio, »Cortical Systems for Retrieval of Concrete Knowledge: The Convergence zone framework«, in: Christof Koch (Hg.), *Large-Scale Neuronal Theories of the Brain*, Cambridge, MA, MIT Press, 1994, S. 61–74; Antonio R. Damasio, »Time-locked Multiregional Retroactivation: A Systems Level Proposal for the Neural Substrates of Recall and Recognition«, *Cognition*, 33 (1989), S. 25–62; Antonio R. Damasio, »The Brain Binds Entities and Events by Multiregional Activation from Convergence Zones«, *Neural Computation*, 1 (1989), S. 123–132.

11   Vgl. zu Erörterungen dieser Frage Francis Crick, *Was die Seele wirklich ist. Die naturwissenschaftliche Erforschung des Bewusstseins*, a. a. O.; Giulio Tononi und Gerald Edelman, »Consciousness and Complexity«, *Science* 282 (1998), 1846–1851; and Jean-Pierre Changeux, Paul Ricoeur, Ce *qui nous fait penser. La nature et la règle*, Paris, Editions Odile Jacob, 1998. Zu den Problemen, denen sich die neurobiologische Bewusstseinsforschung gegenübersieht, vgl. Antonio R. Damasio, *Ich fühle, also bin ich. Die Entschlüsselung des Bewusstseins*, a. a. O.

12   Die Vorstellung, dass sowohl die Lern- als auch die Wahrnehmungsprozesse auf der »Selektion« neuronaler Elemente aus einem vorhandenen Repertoire beruhen, ist relativ neu. Vgl. Jean-Pierre Changeux, *Der neuronale Mensch*, a. a. O. Gerald Edelman, *Unser Gehirn, ein dynamisches System. Die Theorie des neuronalen Darwinismus und die biologischen Grundlagen der Wahrnehmung*, München, Piper, 1993.

13   David Hubel, *Auge und Gehirn, Neurobiologie des Sehens*, a. a. O.

14   Roger B. Tootell, Eugene Switkes, Michael S. Silverman, Susan L. Hamilton, »Functional Anatomy of Macaque Striate Cortex. II. Retinotopic organization«, *The Journal of Neuroscience*, 8 (1988), S. 1531–1568.

15   Joanna Aizenberg, Alexei Tkachenko, Steve Weiner, Lia Addadi, Gordon Hendler, »Calcitic Microlenses as Part of the Photoreceptor System in Brittlestars«, *Nature*, 412 (2001), S. 819–822; Roy Sambles, »Armed for Light Sensing«, *Nature*, 412 (2001), S. 783.

16   Samer Hattar, Hsi-Wen Liao, Motoharu Takao, David M. Berson, King-Wai Yau, »Melanopsin-containing Retinal Ganglion Cells: Architecture Projections, and Intrinsic Photosensitivity«, *Science*, 295 (2002), S. 1065–1070; David M. Berson, Felice Dunn, Motoharu Takao, »Phototransduction by Retinal Ganglion Cells that Set the Circadian Clock«, *Science*, 295 (2002), S. 1070–1073.

17   Nicholas Humphrey, *Die Naturgeschichte des Ich*, Hamburg, Hoffmann und Campe, 1995.

18   David Hubel, Margaret Livingstone, »Segregation of Form, Color, and Stereopsis in Primate Area 18«, *The Journal of Neuroscience*, 7 (1987). S. 3378–3415; Semir Zeki *A Vision of the Brain*, Oxford, Boston, Blackwell Scientific Publications, 1993.

19   George Lakoff, Mark Johnson, *Leben in Metaphern. Konstruktion und Gebrauch von Sprachbildern*, Heidelberg, Carl Auer, 1998, und George Lakoff, Mark Johnson, *Philosophy in the Flesh*, New York, Basic Books, 1999; Mark Johnson, *The Body in the Mind*, Chicago, University of Chicago Press, 1987.

20   David H. Hubel, *Auge und Gehirn, Neurobiologie des Sehens*, a. a. O.

21   Hier ist zu erläutern, welche Art von Reduktionismus diesen Überlegungen zugrunde liegt. Die geistige Ebene der biologischen Phänomene besitzt Eigenschaften, die auf der Ebene der neuronalen Kartierungen nicht vorhanden sind. Ich hoffe, mit einer reduktionistischen Forschungsstrategie werden wir irgendwann erklären können, wie wir von der Ebene der »neuronalen Kartierungen« zu der »mentalen« Ebene gelangen, obwohl sich die mentale Ebene nicht

auf die der neuronalen Kartierungen wird »reduzieren« lassen, weil jene emergente Eigenschaften besitzt, die von der Ebene der neuronalen Kartierungen selbst hervorgebracht werden. Diese emergenten Eigenschaften haben nichts mit Zauberei zu tun, wohl aber wissen wir so wenig darüber, dass sie uns rätselhaft bleiben.

22   Spinoza, *Ethik*, Erster Teil, II, Von der Natur und dem Ursprunge des Geistes, Begriffsbestimmungen 3.

23   Spinoza, *Ethik*, Teil II, dreizehnter Lehrsatz.

24   Spinoza, *Ethik*, Teil II, neunzehnter Lehrsatz, Beweis.

25   Spinoza, *Ethik*, Teil II, dreiundzwanzigster Lehrsatz.

26   Spinoza, *Ethik*, Teil II, dreizehnter Lehrsatz, Beweis.

27   Spinoza, *Ethik*, Teil II, dreizehnter Lehrsatz, Folgesatz.

28   ibid.

29   Spinoza, *Ethik*, Teil II, sechzehnter Lehrsatz, Folgesatz I.

30   Spinoza, *Ethik*, Teil II, sechsundzwanzigster Lehrsatz.

31   Spinoza, *Ethik*, Teil I, Anhang.

32   Zu einer Erläuterung dieser Hypothese und ihrer möglichen neuronalen Entsprechung vgl. *Ich fühle, also bin ich*, a. a. O.

33   Spinoza, *Ethik*, Dritter Teil, zweiter Lehrsatz, Erläuterung.

34   Edwin Curley entwirft in: *Behind the Geometric Method: A Reading of Spinoza's Ethics*, a. a. O., ein Bild von Spinozas Denken, das sich mit der hier vertretenen Ansicht deckt. Gleiches gilt für: Gilles Deleuze, *Spinoza: A Practical Philosophy*, a. a. O.

35   Die Unsterblichkeit des Geistes spielt eine merkwürdige und wechselhafte Rolle in der Geschichte des jüdischen Denkens. Wer allerdings zu Spinozas Zeiten die Unsterblichkeit der Seele leugnete, beging in den Augen der Rabbiner und der einflussreichen Mitglieder der jüdischen Gemeinde eine Ketzerei und stellte auch für die christliche Gemeinde, welche die Juden in Holland willkommen geheißen hatte, ein Problem dar. Zu einer aufschlussreichen Erörterung dieser Frage vgl. Steven Nadler, *Spinoza's Heresy*, New York, Oxford University Press, 2002.

36   Simon Schama, *Rembrandts Augen*, Berlin, Siedler, 2000.

37   Zu einer ganz anderen, aber nicht minder faszinierenden Interpretation dessen, was auf diesem Bild geschieht, vgl. W. G. Sebald,

Die Ringe des Saturn. Sebald glaubt, Rembrandt habe die Schändung eines menschlichen Körpers durch Tulp und seine Kollegen dadurch anprangern wollen, dass er das Gesicht von Aris Kindt liebevoll herausgearbeitet habe, jenem unglücklichen Dieb, der erst wenige Stunden zuvor gehängt worden war und an dieser Veranstaltung keineswegs freiwillig teilnahm. Allerdings irrt Sebald, wenn er behauptet, Rembrandt habe absichtlich einen Fehler bei der Abbildung von Kindts linker Hand gemacht, die anatomisch korrekt ist. Winfried Georg Sebald, *Die Ringe des Saturn*, Frankfurt, Eichborn, 2001.

Kapitel 6

1   Alfred North Whitehead, *Wissenschaft und moderne Welt*, Zürich, Morgarten, 1949.

2   Diogo Aurelio vertritt diese Auffassung recht überzeugend: *Imaginacdo e Poder,* Lissabon, Colibri, 2000. Vgl. auch Carl Gebhardt, »Rembrandt y Spinoza«, *Revista de Occidente.*

3   Simon Schama, *An Embarrassment of Riches,* a. a. O.

4   Hana Debora war die zweite Frau von Miguel de Espinoza und halb so alt wie er. Sie stammte aus einer illustren Familie von Ärzten, Philosophen und Theologen und wurde in der nordportugiesischen Stadt Porto von ihrer Mutter Maria Nunes erzogen. Sie kam nach Amsterdam, um Spinozas Vater, der gerade Witwer geworden war, zu heiraten und ihm Kinder zu gebären.

5   In dem Buch *Um Bicho da Terra,* Lissabon, Guimares Editores, 1984, liefert Agustina Bessa Luis eine fiktive Beschreibung des Lebens im Porto des 16. Jahrhunderts, von der ich mich zu diesem Satz anregen ließ.

6   Steven Nadler, *Spinoza: A Life,* Cambridge, Großbritannien, New York, Cambridge University Press, 1999.

7   Marilena Chaui, A *Nervura do Real,* Sao Paulo, Companhia das Letras, 1999.

8   A. H. de Oliveira Marques, *History of Portugal,* Bd. I, New York, Columbia University Press, 1972; Francisco Bettencourt,

História das Inquisicões Portugal, Espanha e Itália XV-XIX, São Paulo, Companhia das Letras, 1994; Cecil Roth, *A History of the Marranos*, New York, Meridian Books, 1959.

9 Marques, *History of Portugal*; Bettencourt; *História das Inquisicões Portugal*, a. a. O.; Roth, *A History of Marranos*, a. a. O.

10 Bettencourt, *História das Inquisicões Portugal, a. a. O.*; António José Saraiva, *O crepúsco da idade média em Portugal*, a. a. O.; Marques, *History of Portugal*, a. a. O.

11 Leon Poliakov, *Histoire de l'antisémitisme*, Paris, Calmann-Levy, 1955.

12 C. Gebhardt, zitiert in: Gabriel Albiac, *La Synagogue Vide*, Paris, Presses Universitaires de France, 1994.

13 Frederick Pollock, *Spinoza: His Life and Philosophy*, London, C. Kegan Paul & Co., 1880.

14 Lucas, der am wenigsten verlässliche Autor unter Spinozas Biographen, behauptet zwar, Spinoza habe eine Antwort aufgesetzt, doch davon fehlt jede Spur. Wahrscheinlich hat er eine solche Antwort nie geplant.

15 Luis Machado de Abreu, *A Recepção de Spinoza em Portugal*, in: *Sob o Olhar de Spinoza*, Aveiro, Portugal, Universidade de Aveiro, 1999.

16 Maria Luisa Ribeiro Ferreira, *A Dinâmica da Razão na Filosofia de Espinosa*, Lissabon, Gulbenkian Foundation, 1997.

17 Jonathan I. Israel, *Radical Enlightenment: Philosophy and the Making of Modernity 1650–1750*, Oxford University Press, 2001.

18 Locke war in religiösen Fragen keineswegs radikal. Er war ein gläubiger Mensch und fand eine sichere und wenig anstößige Form, einige radikale spinozistische Ideen zu äußern. Andererseits lässt sich schwer vorstellen, dass Locke nicht von Spinoza beeinflusst war. Er lebte von 1683 bis 1689 in seinem Amsterdamer Exil, kurz nach Spinozas Tod, also in der Zeit, in der Spinozas Ideen am hitzigsten diskutiert und als besonders skandalös empfunden wurden. Es war der Zeitraum, welcher der Publikation von Lockes eigenem Werk voranging (die *Essays* und die beiden Abhandlungen erschienen erst ab

1690). John Locke, *Essay über den menschlichen Verstand*, Berlin, Akademie Verlag, 1997; John Locke, *Zwei Abhandlungen über die Regierung*, Fankfurt, Suhrkamp, 1983.

19   Voltaire, *Les Systèmes, Œuvres*, Paris, Moland, 1993, Bd. X, S. 170. Der Originaltext lautet wie folgt:

Alors un petit juif, au long nez, au teint blême,
Pauvre, mais satisfait, pensif et retiré,
Esprit subtil et creux, moins lu que célébré
Caché sous le manteau de Descartes, son maître,
Marchant a pas comptés, s'approche du grand être:
Pardonnez-moi, dit-il, en lui parlant tout bas,
Mais je pense, entre nous, que vous n'existez pas.

20   Gabriel Albiac, *La Synagogue Vide*, a. a. O.

21   Johann Wolfgang von Goethe, *Aus meinem Leben. Dichtung und Wahrheit*, dritter Teil, vierzehntes Buch. Sämtliche Werke, Bd. 10, Zürich, Artemis, 1977.

22   Georg Wilhelm Friedrich Hegel, Vorlesungen über die Geschichte der Philosophie, Bd. III.

23   Rundschreiben des Spinoza-Komitees, *A Statue to Spinoza*, 1876, in: Fredrick Pollock, *Spinoza: His Life and Philosophy*, London, C. Kegan Paul & Co., 1880, Anhang D.

24   Frederick Pollock, *Spinoza: His Life and Philosophy*, a. a. O.

25   Siegfried Hessing, »Freud et Spinoza«, *Revue Philosophique*, 2 (1977), S. 168.(Original französisch)

26   Hessing, a. a. O., S. 169. (Original französisch)

27   Jacques Lacan, *Les quatre concepts fondamentaux de la psychanalyse*, Paris, Edition Le Seuil, 1973.

28   Albert Einstein, *Aus meinen späten Jahren*, Frankfurt, Ullstein, 1993.

29   Margaret Gullan-Whur, *Within Reason: A Life of Spinoza*, New York, St. Martin's Press, 2000. Sowohl Stuart Hampshire, (*Spinoza*, a. a. O.) als auch Steven Nadler (*Spinoza*, a. a. O.) haben die Auffassung vertreten, dass Glasstaub seine Erkrankung mitverursacht haben könnte.

30   Hampshire, ibid.

31   Zu keinem Zeitpunkt seines Lebens kann man Spinoza nach meiner Ansicht oder der seiner wichtigsten Biographen – Colerus, Pollock, Nadler, Gullan-Whur – als Autist bezeichnen oder sein Verhalten dem Asperger-Syndrom zurechnen, wie es kürzlich der Psychiater Michael Fitzgerald getan hat: Michael Fitzgerald,»Was Spinoza Autistic?«, *The Philosophers' Magazine*, 14, Frühjahr 2001. Autisten haben große soziale Schwierigkeiten, leiden meist unter einem Mangel an Empathie und führen häufig ein einsames, sozial verarmtes Leben. Es gibt keinen Anhaltspunkt dafür, dass Spinoza schwer wiegende soziale Probleme gehabt hätte – abgesehen von denen, die er wegen seiner Lehren mit der jüdischen Gemeinde und den Vertretern von Staat und Kirche hatte. Berücksichtigt man seine engen Freundschaften, die herzliche Verbindung mit der Familie van der Spijk und die vielen Besucher, die er täglich empfing, scheint er nicht isolierter als Descartes gelebt zu haben. Es gibt Grund zu der Annahme, dass er ein geselliger junger Mann gewesen ist, und zahlreiche Abschnitte in seinen Schriften lassen darauf schließen, dass er in seiner Amsterdamer Zeit vielfältige sexuelle Erfahrungen gesammelt hat. Noch wichtiger, die Diagnose ist kaum in Einklang zu bringen mit Spinozas tief reichendem Verständnis für die Vorgänge im Menschen und der Gesellschaft. Er lässt kein Anzeichen für einen Mangel an Empathie erkennen. Selbst die Arroganz und das Überlegenheitsgefühl seiner Jugend – kaum überraschend bei einem jungen Intellektuellen seines Formats – scheinen sich im Laufe der Jahre gelegt zu haben.

Kapitel 7

1   Die Formulierung erweckt den Eindruck, Gott und Natur seien ein und dasselbe. Das ist jedoch nicht ganz richtig. Spinoza macht einen feinen Unterschied zwischen dem Teil der Natur, der hervorbringend und damit näher an der traditionellen Vorstellung vom Schöpfer ist – *Natura naturans* (schaffende Natur) –, und dem Teil der Natur, der das Ergebnis der Schöpfung ist – *Natura naturata*

(geschaffene Natur). Zu einer Erörterung dieser Frage vgl. Steven Nadler, *Spinoza's Heresy*, a. a. O.

2   Für Spinoza findet die Erlösung privat und persönlich statt, aber mit Hilfe von anderen in der Gesellschaft. Der Staat kann die persönlichen und gesellschaftlichen Bemühungen erleichtern. Dazu muss er demokratisch sein, gerechte Gesetze haben und seinen Bürgern ermöglichen, frei von Furcht zu leben. Dass Spinoza in der Politik ein Hilfsmittel für die Erlösung sieht, unterscheidet ihn von Hobbes, seinem älteren Zeitgenossen. (Zu diesem Unterschied vgl. Maria Luisa Ribeiro Ferreira, *A Dinâmica da Razão na Filosofia de Espinosa*, a. a. O.) Für Hobbes muss ein gutes politisches System dem Staat, in dem der Einzelne Untertan ist, ein reibungsloses Funktionieren ermöglichen. Nach Spinoza hilft ein gutes politisches System einem freien Bürger, Erlösung zu erlangen.

3   Spinozas Korrespondenz. Brief XLIX in: Robert Harvey Monro Elwes, *Improvement of the Understanding, Ethics and Correspondence of Benedict de Spinoza*, Washington, Dunne, 1901.

4   Spinoza, *Ethik*, a. a. O., Fünfter Teil, Zweiundvierzigster Lehrsatz, Erläuterungen.

5   Hören wir, was Spinoza im *Theologisch-politischen Traktat* (a. a. O. S. 271) dazu sagt: »Bevor ich jedoch zu anderem fortschreite, will ich hier noch ausdrücklich bemerken, obwohl es schon gesagt ist, daß ich die Heilige Schrift oder die Offenbarung hinsichtlich ihrer Nützlichkeit und Notwendigkeit sehr hoch schätze. Denn da wir durch die natürliche Erleuchtung nicht begreifen können, daß der schlichte Gehorsam der Weg zur Seligkeit ist, sondern da nur die Offenbarung lehrt, daß dies aus der besonderen Gnade Gottes, die wir mit der Vernunft nicht erfassen können, geschieht, so ergibt sich, daß die Schrift den Sterblichen einen sehr großen Trost gewährt. Da alle Menschen unbedingt gehorchen können und es, verglichen mit der ganzen Menschheit, nur sehr wenige gibt, die durch die bloße Leitung der Vernunft eine tugendhafte Lebensführung erreichen, so müßten wir an dem Heile fast aller Menschen zweifeln, wenn wir das Zeugnis der Schrift nicht hätten.«

Diese tief empfundene Einstellung straft alle Karikaturen Lüge, die

Spinoza als Verkörperung des Teufels darstellen. Der späte Spinoza riet allen Menschen in seinem Umfeld, überwiegend Christen, in ihrer Kirche zu bleiben, was meist die protestantische Kirche war. Er drängte die Kinder, zum Gottesdienst zu gehen, und hörte sich auch selbst die Predigten von Colerus an, dem lutherischen Pastor, der in das einst von Spinoza gemietete Haus in der Stilleverkade einzog und zunächst sein Freund und später sein Biograph wurde. Spinoza glaubte nicht an den Gott der Vorsehung oder das ewige Leben, machte sich aber nie über den Glauben anderer lustig. Tatsächlich ging Spinoza außerordentlich behutsam mit der Gläubigkeit ungebildeter Menschen um. Über Fragen der Religion sprach er nur im intellektuellen Kollegenkreis. Wie erwähnt, gestattete er keine holländische Übersetzung seiner Werke, um zu verhindern, dass seine Ideen allzu rasch jene Menschen erreichten, die nicht fähig waren, sie zu verarbeiten. Tatsächlich war auch kaum jemand von denen, die seine Schriften im lateinischen Original gelesen hatten, in der Lage, sie gelassen aufzunehmen, doch er hat sicherlich mit allen Mitteln zu verhindern versucht, dass seine Ideen einen Flächenbrand entfachten. Er weigerte sich, zur Leitfigur einer geistigen Bewegung zu werden, was ihm wohl unschwer gelungen wäre, wenn er gewollt hätte. Hätte ihm das gefallen, einmal angenommen, es wäre möglich gewesen, eine solche öffentliche Rolle zu übernehmen, ohne Freiheit oder Leben zu verlieren? In seinem Artikel über Spinoza äußert Pierre Bayle *(Dictionnaire Historique et Critique,* Rotterdam, 1702) die Vermutung, eine solche Rolle hätte Spinoza durchaus zugesagt. Nach dem Bild, das ich mir von Spinoza mache, bezweifle ich das. Zumindest in Den Haag dürfte Spinoza keinen solchen Ehrgeiz mehr gehegt haben.

6   Spinoza, *Ethik*, Fünfter Teil, zweiunddreißigster sowie sechsunddreißigster Lehrsatz und ihre Erläuterungen.

7   Diese Form des intellektuellen Prozesses und seine affektiven Konsequenzen erörtert Fernando Gil in: *Modos de Evidencia*, Lissabon, Imprensa Nacional, 1986.
Spinozas Lösung trägt den Stempel vieler Einflüsse. Wie Susan James – in: Tom Sorrell (Hg.), *The Rise of Modern Philosophy*, Oxford,

Clarendon Press, 1993 – überzeugend darlegt, könnte ein entscheidender Einfluss von den griechischen und römischen Stoikern ausgegangen sein. Der jüdische Einfluss zeigt sich in der Betonung des diesseitigen Lebens im Gegensatz zum jenseitigen, in dem Nachdruck, der auf dem ethischen Verhalten liegt, und in der Verknüpfung von ethischen Werten mit soziopolitischer Organisation, ein Merkmal, das sich durch alle Erzählungen des Alten Testaments zieht. Ein gewisser Einfluss mag auch aus der Kabbala kommen. Zwar steht Spinoza den abergläubischen Aspekten der Kabbala kritisch gegenüber, doch übernimmt sein System von der Kabbala die Verehrung für »ein Geheimnis ohne Gesicht«, wie Maria Luisa Ribeiro Ferreira es nennt, in: *A Dinâmica da Razão na Filosofia de Espinosa*, a. a. O. Auch der christliche Einfluss ist erkennbar. In Spinozas System kann der *amor intellectualis Dei* nur in einem Menschen Wurzeln schlagen, der in seinem Verhalten dem Beispiel Christi folgt: voll bedingungsloser Achtung und Liebe für andere, mildtätig gegen jedermann, bescheiden und eingedenk der geringen Bedeutung des Einzelnen gemessen an der Größe des Universums. Spinoza umging das Christentum, aber nahm Christus in sein System auf. Tatsächlich könnte er den letzten Abschnitt seines Lebens nach dem Vorbild Christi gestaltet haben. Er scheint Christus mit dem stoischen Zug der Marranen-Tradition verschmolzen zu haben und zur höchsten Freude gelangt zu sein, indem er sich viele kleinere Freuden auf dem Weg dorthin versagt hat.

Sehr deutlich kommt dieser Zusammenhang bei C. S. Peirce zum Ausdruck: »Spinozas Ideen sind vorrangig Ideen zur Beeinflussung menschlichen Verhaltens. Wenn wir, wie Jesus empfiehlt, ethische und philosophische Lehren nach ihren Früchten zu beurteilen haben, können wir nicht umhin, Spinoza als gewichtige Autorität einzustufen, denn vermutlich hat kaum ein Autor der Neuzeit so viele Menschen zu einer erhabenen Lebensweise bewogen. Obgleich seine Lehre viele nicht-christliche Elemente enthält, sind sie nicht-christlich nur in geistiger, nicht aber in praktischer Hinsicht. Zumindest teilweise ist der Spinozismus lediglich eine Sonderentwicklung des Christentums, und das praktische Ergebnis dieser Philosophie ist ent-

schieden christlicher als irgendein heutiges System der Theologie.«
(Charles Sanders Peirce, »Spinoza's Ethic«, *The Nation*, Bd. LIX
(1894), S. 344–345.)

8   Jonathan Bennett, *A Study of Spinoza's Ethics*, Indianapolis,
IN, Hackett Publishing Company, 1984.

9   Vgl. Barbara Stafford, *Devices of Wonder: From the World in
a Box to Images on a Screen*, Los Angeles, Getty Research Institute,
2001.

10   Albert Einstein, *Mein Weltbild*, a. a. O., S. 21.

11   a. a. O., S. 22.

12   a. a. O., S. 101.

13   a. a. O. S. 20.

14   Richard Warrington Baldwin Lewis, *The Jameses*, New York,
Farrar, Straus und Giroux, 1991.

15   William James, *Die Vielfalt religiöser Erfahrung. Eine Studie
über die menschliche Natur.* Übers. von Eilert Herms, Freiburg, Wal-
ter-Verlag, 1979, S. 21 f.

16   William James, a. a. O., S. 96.

17   William James, a. a. O., S. 129.

18   Zu einem klaren Wort über die Mängel solcher Versuche vgl.
Jerome Groopman, »God on the Brain«, *The New Yorker*, 17. Sep-
tember (2001), S. 165–168.

19   Ich möchte hinzufügen, dass es natürlich noch viele andere
Formen spiritueller Erfahrungen gibt, und den Eindruck vermeiden,
ich wäre in diesem Punkt dogmatisch. Einige spirituelle Erlebnisse
treten weniger in Form eines Gefühls auf als vielmehr in Gestalt
großer geistiger Klarheit, als fokussierte, selbstlose Aufmerksamkeit.
Auf unsere Erörterung des Leib-Seele-Problems bezogen könnte man
sagen, dass die meisten Formen spiritueller Erfahrung eine bestimmte
Konfiguration des Körpers verlangen, der aktiv in eine bestimmte
Verfassung versetzt wird.

20   Spinoza, *Ethik*, Dritter Teil, Begriffsbestimmungen der Affekte, a. a. O.

Danksagung

Zunächst und vor allem bin ich den Kollegen und Freunden verpflichtet, die das Manuskript in verschiedenen Stadien seiner Entwicklung gelesen haben, manchmal mehr als einmal, und mir so viele wertvolle Anregungen und Vorschläge zukommen ließen. Ich finde keine angemessenen Worte, um ihnen für ihre Großzügigkeit zu danken. Dazu gehören Jean-Pierre Changeux, David Hubel, Charles Rockland, Steven Nadler, Stewart Hampshire, Patricia Churchland, Paul Churchland, Thomas Metzinger, Oliver Sacks, Stefan Heck, Fernando Gil, David Rudrauf, Peter Sacks, Peter Brook, John Burnham Schwartz und Jack Fromkin. An den Unstimmigkeiten und Fehlern, die trotzdem geblieben sind, trifft sie natürlich keine Schuld.

Genauso hilfreich waren meine Kollegen an der University of Iowa und dem Salk Institute, vor allem Antoine Bechara, Ralph Adolphs, Daniel Tranel und Josef Parvizi, die das Manuskript ebenfalls lasen und hilfreiche Vorschläge machten. Wie immer danke ich dem National Institute of Neurological Diseases and Stroke und der Mathers Foundation, ohne deren Unterstützung wir niemals die einzigartigen Bedingungen für Wissenschaftler, Patienten und Studenten in der Abteilung für kognitive Neurowissenschaft des Fachbereichs Neurologie an der University of Iowa hätten schaffen können.

Weiterhin gilt mein Dank all denen, die mir im Laufe der letzten fünf Jahre bei den verschiedenen bibliographischen Recherchen halfen, die für dieses Projekt erforderlich waren:

Maria de Sousa und Jose Horta, die in protugiesischen Bibliotheken viele alte Manuskripte über Spinoza aufstöberten; Margaret Gullan-Whur, Maria Luisa Ribeiro Ferreira und Diogo Pires Aurelio, drei Spinoza-Experten, die meine viele Fragen zu dem großen Mann geduldig beantworteten; Mariana Anagnostopoulus, die einen ganz wichtigen Hinweis auf die Stoiker für mich fand; Thomas Casey, der einige Fragen zur Boeing 777 klärte; und Arthur Bonfield, mit dem ich ein äußerst aufschlussreiches Gespräch über Thomas Jefferson und John Locke führte. Ich danke auch Theo van der Werf, dem Sekretär der niederländischen Spinozagesellschaft, der mir die Besuche in Spinozas Haus erleichterte.

Mein Assistent Neal Purdum koordinierte die verschiedenen Teile des Manuskripts mit bemerkenswerter Professionalität und Geduld; er tippte auch den größten Teil mit der Hilfe von Betty Redeker, deren Fähigkeit, meine Handschrift zu lesen, nach zwanzig Jahren ans Wunderbare grenzt. Tausend Dank an beide für ihr Engagement, desgleichen an Ken Manzel, der mir ebenso wie Carol Devore wiederholt bei Bibliotheksrecherchen behilflich war.

Herzlichen Dank auch an Donna Wares für die hervorragende redaktionelle Arbeit und an David Hough, der aus den vielen verschiedenen Teilen und Ideen schließlich ein Buch gemacht hat. Mein Dank geht auch an meine deutsche Verlegerin Dr. Doris Janhsen und die Lektorin Berrit Barlet, die die deutsche Übersetzung dieses Buches vorbereitet haben.

Dieses Buch wäre ohne die Begeisterung und die Unterstützung meiner langjährigen Freunde Jane Isay und Michael Carlisle nicht entstanden – und Hanna Damasio, Kollegin, schlimmste Kritikerin, beste Kritikerin und tagtägliche Quelle der Inspiration und Vernunft.

Bildnachweis

S. 304: Spinoza-Portrait von Jean Charles François, abgebildet bei A.Savérien, *Histoire de Philosphes Modernes*, Paris 1761

Alle anderen Illustrationen im Innenteil (Figuren, Diagramme und Zeichnungen) stammen von Hanna Damasio. Die Zeichnungen ohne Bildunterschrift zeigen: S. 18: Spinozas Haus in der Paviljoensgracht 72–74 in Den Haag; Seite 27 : Eine Statur von Spinoza; S. 30: Spinozas Grab im Kirchhof hinter der Nieuwen Kerk; S. 215: Die portugiesische Synagoge in Amsterdam; S. 257: Spinozas Haus in Rijnsburg; S. 59: Eine Büste von Spinoza; S. 78: Ein Blick in die alte Synagoge von Amsterdam.

Der Verlag dankt für die freundliche Genehmigung des Abdrucks.

Register